Zu RONDO 5/6 gehören:

• Schulbuch	Print	5702-80
	🔗 Digital-Lizenz, 15 Monate	5702-807
• Arbeitsheft 5		5702-81
• Arbeitsheft 6		5702-82
• Handbuch		5702-83
• Der Unterrichtsgestalter – RONDO	Test-Lizenz, 3 Monate	5702-8373
	Digital-Lizenz, 120 Monate	5702-837
	12 x Digital-Lizenz, 120 Monate	5702-8372
• Kopiervorlagen	Print	5702-84
	🔗 Digital-Lizenz, 120 Monate	5702-847
	Print & Digital	5702-8474
• Lieder und Musikstücke, 5 CDs (CD A, B, C, D, E)		5702-86
• Instrumental-Arrangements zu den Liedern, 2 CDs (CD 1, 2)		5702-87

◉ A 1 bedeutet: Hörbeispiel Nr. 1 auf CD A

1 Bei den grau gekennzeichneten Aufgaben kannst du entscheiden, ob du den einfachen oder den kniffligen Weg wählst.

Die Wörter, die in den Info- und Aufgabentexten **fett** gedruckt sind, werden in Kapitel 23 näher erklärt.

Bestell-Nr. 5702-80 · ISBN 978-3-619-57280-9
erarbeitet von Wolfgang Junge, Sabine Schaal, Kurt Schlegel,
Matthias Schurwanz, Andrea Spengler nach der Ausgabe
„RONDO 5/6" (5701-80) von Reinhard Bartel, Roselinde Bartel,
Wolfgang Junge, Karl-Heinz Keller, Othmar Kist, Kurt Schlegel

© 2016 Mildenberger Verlag GmbH, 77610 Offenburg
www.mildenberger-verlag.de
E-Mail: info@mildenberger-verlag.de
4. Auflage 2025

Redaktion: Dr. Mirja Piltz
Grafik: Mildenberger Verlag GmbH
Illustrationen: Konrad Algermissen, 21493 Basthorst
      Benjamin König, 85617 Lorenzenberg
      Elisabeth Lottermoser, 33334 Gütersloh
      Achim Schulte, 44263 Dortmund
      Jutta Wetzel, 53721 Siegburg
Notensatz: Susanne Höppner, 23992 Neukloster
Druck: Grafisches Centrum Cuno GmbH & Co. KG, 39240 Calbe
Gedruckt auf umweltfreundlichen Papieren

RONDO
5/6

Herausgeber und Herausgeberin

Wolfgang Junge
Sabine Schaal

Autoren und Autorinnen

Wolfgang Junge
Sabine Schaal
Kurt Schlegel
Matthias Schurwanz
Andrea Spengler

Notensatz

Susanne Höppner

Illustrationen

Konrad Algermissen
Benjamin König
Elisabeth Lottermoser
Achim Schulte
Jutta Wetzel

Inhalt

Hi, guten Morgen!

A 1

Refrain

Hi, gu-ten Mor-gen! Will-kom-men, hal-lo. Ja, sin-gen und tan-zen,

das macht uns froh. Klat-schen und schnip-sen, seit ran und seit.

Hier ist Mu-sik zu je-der Zeit, sing noch ein-mal: Zeit.

Strophe (Sprechvers)

Mu-sic makes me cool and fresh! One, two, three, arms up and crash.

Shake, shake, shake the hips left, right, fin-ish with a bod-y slight.

Text, Melodie und Rhythmus: Andrea Spengler

Begleitung (Beatboxing)

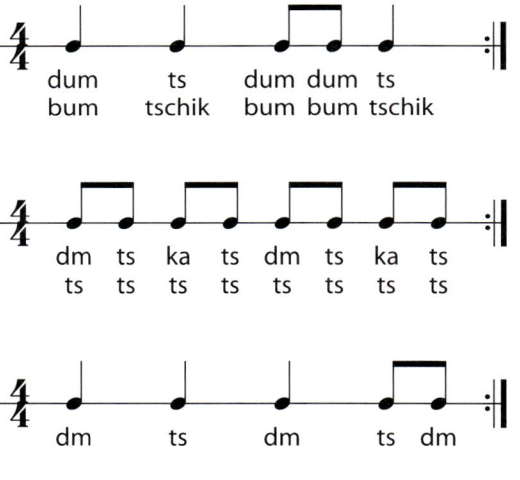

dum ts dum dum ts
bum tschik bum bum tschik

dm ts ka ts dm ts ka ts
ts ts ts ts ts ts ts ts

dm ts dm ts dm

1 Singt den Refrain des Lieds (A 1) und erfindet für jedes Begrüßungswort eine andere Geste.

2 Übt den Sprechvers zu zweit ein und gestaltet ihn mit **Bodypercussion**. Präsentiert eure Ergebnisse.

3 Bildet Gruppen und gestaltet zum Sprechvers eine **Beatboxing**-Begleitung mit den vorgegebenen und eigenen **Beatboxing**-Bausteinen. Präsentiert eure Ergebnisse und überlegt, was ihr noch verbessern könntet.

4 Gestaltet eine eigene Fassung des Lieds. Setzt dafür den Refrain, die Strophe und die Begleitung unterschiedlich ein.

Hey, hey, sunny girl!

A 2

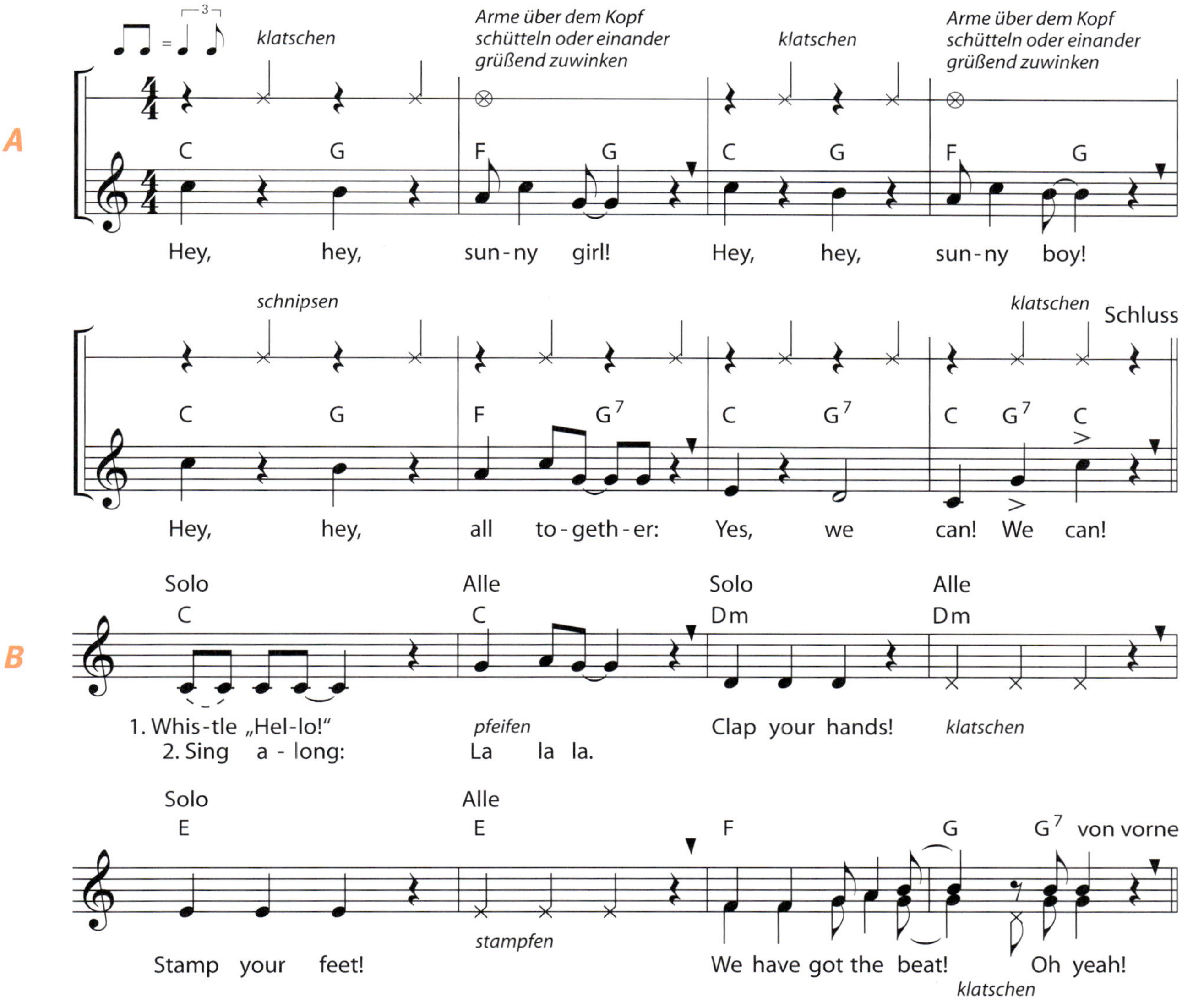

A

klatschen | Arme über dem Kopf schütteln oder einander grüßend zuwinken | klatschen | Arme über dem Kopf schütteln oder einander grüßend zuwinken

C G F G C G F G

Hey, hey, sun-ny girl! Hey, hey, sun-ny boy!

schnipsen | klatschen Schluss

C G F G⁷ C G⁷ C G⁷ C

Hey, hey, all to-geth-er: Yes, we can! We can!

B

Solo | Alle | Solo | Alle
C | C | Dm | Dm

1. Whis-tle „Hel-lo!" | pfeifen | Clap your hands! | klatschen
2. Sing a-long: | La la la.

Solo | Alle
E | E | F | G G⁷ von vorne

Stamp your feet! | stampfen | We have got the beat! | Oh yeah!
 | | | klatschen

Text, Melodie und Gestaltung: Lorenz Maierhofer

1 Sprecht den Text des Lieds und übt die Bewegungen dazu ein.

2 Singt das Lied (A 2) und führt gleichzeitig die Bewegungen aus.

3 Singt den A-Teil in Gruppen: die „boys" Takt 1 und 2, die „girls" Takt 3 und 4 und alle Takt 5 bis 8.

4 Gestaltet das Lied pantomimisch: Singt es stumm im Kopf und führt nur die Bewegungen aus.

5 Erfindet im B-Teil beim Pfeifen, Klatschen und Stampfen eigene Rhythmen.

Singen macht Spaß

A 3

Kanon

1 D   A   Hm   D

Sin - gen macht Spaß,   Sin - gen tut gut,   ja,

G   Em⁷   Asus4   A

Sin - gen macht mun - ter und Sin - gen macht Mut!

2 D   A   Hm   D

Sin - gen macht froh,   denn Sin - gen hat Charme,   die

G   Em⁷   Asus4   A

Tö - ne neh - men uns in den Arm.

3 D   A   Hm   D

All uns - re Stim - men, sie

G   Em⁷   Asus4   A

klin - gen mit im gro - ßen Chor, im Klang der Welt.

Text und Melodie: Uli Führe

Begleitung

Glocken-spiel

Metallo-fon

Bassklang-stäbe

3-mal

1 Singt den Kanon (A 3) dreistimmig und achtet auf **Tempo** und **Artikulation**.

2 Gestaltet eine Begleitung passend zum Kanon. Ordnet z. B. jeder Kanonstimme eine Begleitstimme zu.

3 Erfindet zu jeder Begleitstimme eine Rhythmusstimme. Holt euch Anregungen von S. 34. Setzt Instrumente, Alltagsgegenstände und / oder Körperinstrumente ein. Erstellt eine Verlaufsskizze.

4 Präsentiert eure Ergebnisse und wertet sie gemeinsam aus. Überlegt, was ihr noch verbessern könntet.

Warm-ups

Warm-up 1: Begrüßung

re / li
stampfen

Handflächen
aneinander-
reiben

auf die
Oberschenkel
patschen

klatschen

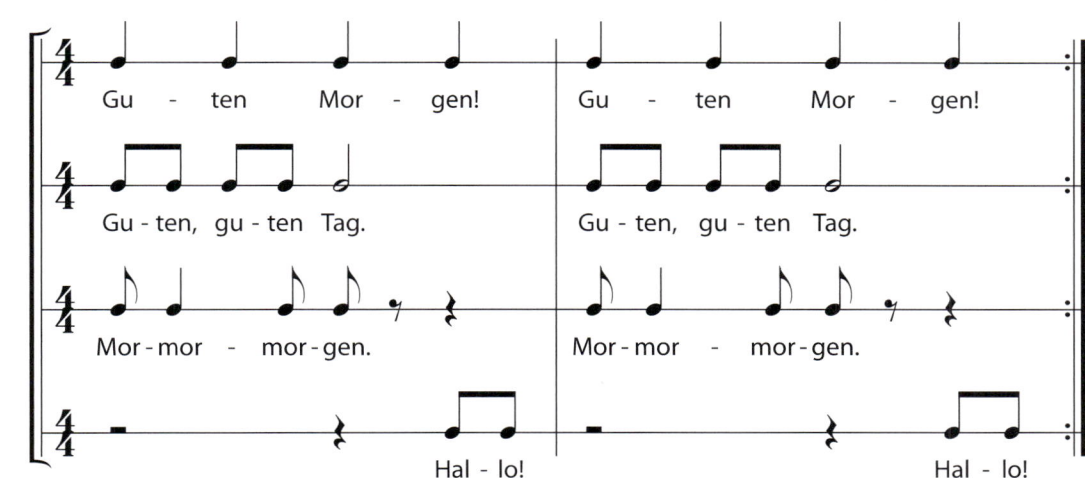

Text und Rhythmus: Sabine Schaal

Warm-up 2: Schultischmusik

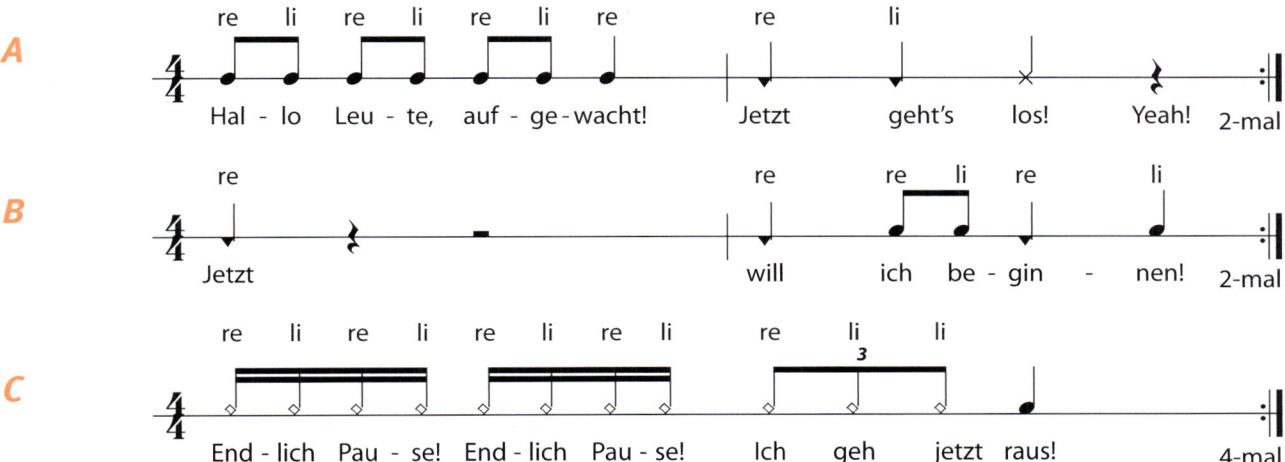

Text und Rhythmus: Sabine Schaal

Spieltechnik

mit der Faust auf
den Tisch schlagen

klatschen

mit dem Finger auf
den Tisch schlagen

mit der flachen
Hand auf den Tisch
schlagen

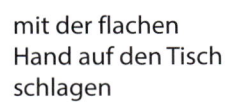

1 Gestaltet die Warm-ups (A 4, 5) in Gruppen. Achtet besonders auf die jeweilige Spieltechnik.

2 Wenn ihr eure Stimme gut könnt, sprecht den Text stumm im Kopf mit. Hört beim Ausführen der Warm-ups auf die unterschiedlichen **Klangfarben**. Präsentiert eure Ergebnisse.

3 Benennt die verschiedenen **Noten-** und **Pausenwerte** in den Warm-ups.

4 Erfindet eigene Warm-ups. Verwendet hierfür die euch bekannten **Noten-** und **Pausenwerte**.

Materialpercussion

Klassenzimmer-Konzert

Spieltechniken

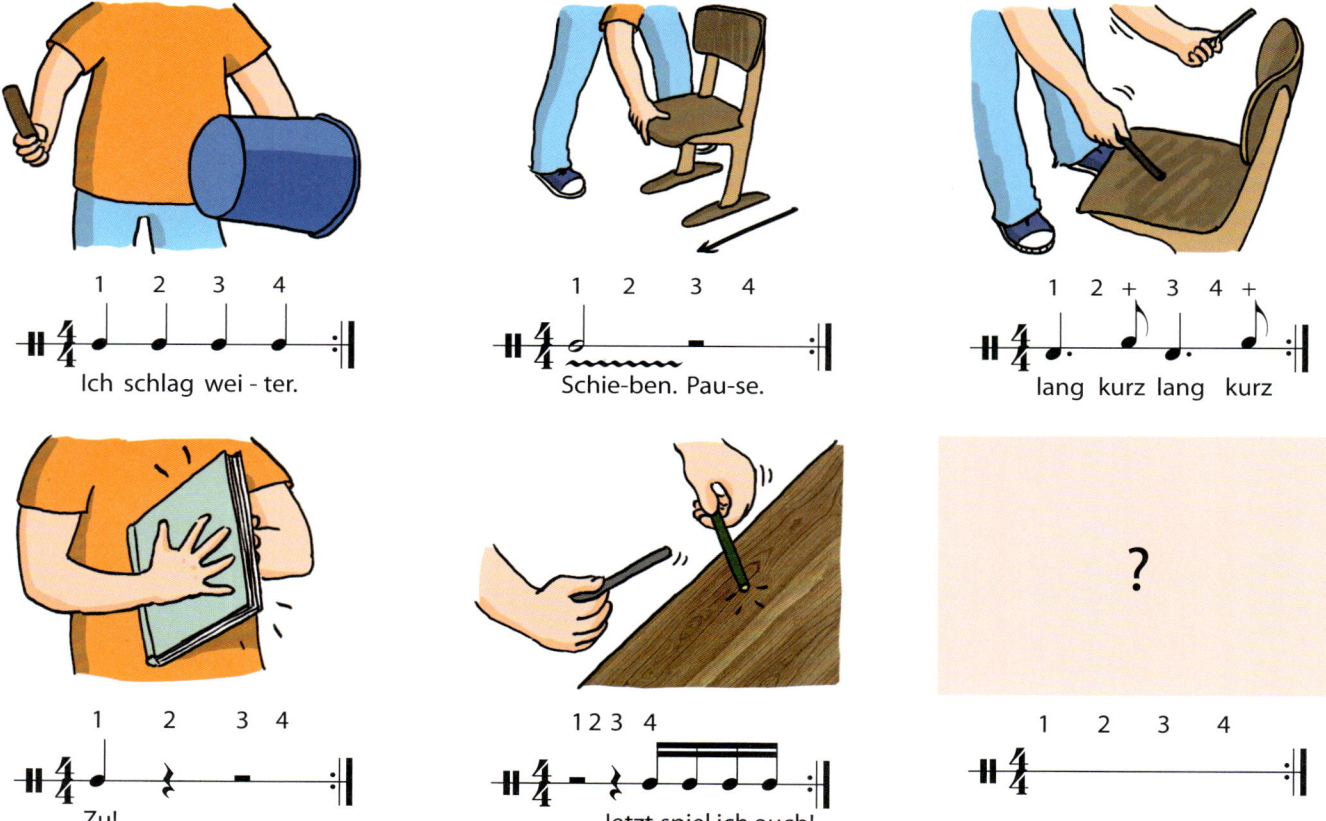

1. Sucht in eurem Klassenraum nach Gegenständen, mit denen ihr verschiedene Klänge und Rhythmen gestalten könnt. Experimentiert mit ihnen. Variiert eure Spieltechnik und achtet dabei auf unterschiedliche **Parameter (Dynamik, Tempo, Artikulation)**.

2. Wählt einen Klanggegenstand aus, malt ihn auf und schreibt einen Rhythmus dazu.

3. Bildet Gruppen und gestaltet aus den vorgegebenen und euren eigenen Klanggegenständen und Rhythmen ein Klassenzimmer-Konzert. Schreibt eure Komposition mit Noten auf und präsentiert sie der Klasse.

Flaschenpörkaschen

Intro und Zwischenspiel

Einzeln im Raum umherlaufen. Bei der 4. Wiederholung einen Partner finden.

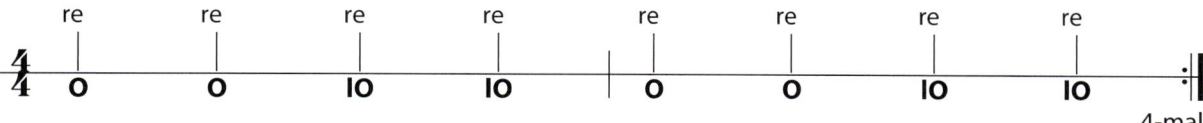

4-mal

Refrain

Die Partner stehen sich dicht gegenüber.

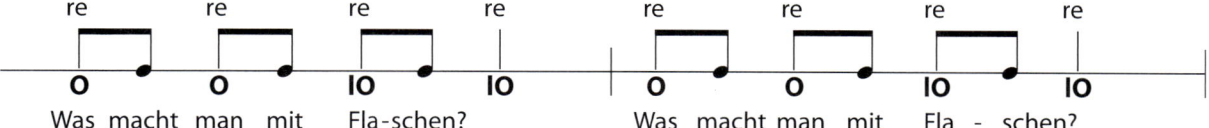

Was macht man mit Fla-schen? Was macht man mit Fla - schen?

Na - tür - lich Fla - schen - pör - ka - schen!

Strophe

Zusammen mit dem Partner spielen.

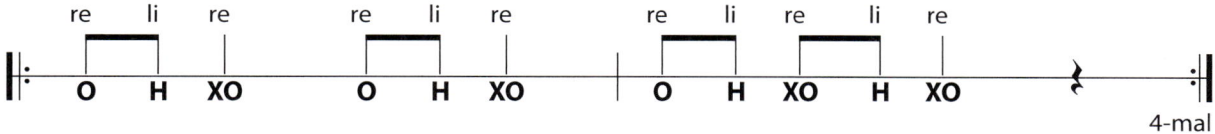

4-mal

Text und Rhythmus: Ulrich Moritz

Tipps zur Spieltechnik

Abgesägte Flaschen aus Plastik können im Sitzen oder Stehen gespielt werden. Am besten haltet ihr die Flasche am Flaschenhals fest. Den besten Klang erreicht ihr, wenn ihr die Flasche dicht an der abgesägten Kante anschlagt.

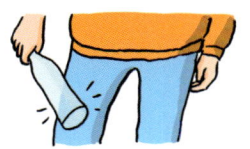

Flasche gegen den Oberschenkel schlagen

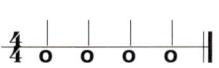

Flasche gegen den Handballen schlagen

Linke Hand auf den linken Oberschenkel patschen

Flasche gegen eine Partnerflasche schlagen

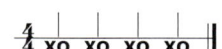

1 Experimentiert mit den verschiedenen Klangmöglichkeiten und Spieltechniken von abgesägten Plastikflaschen. Erfindet zu den vorgegebenen Techniken weitere hinzu und überlegt euch für diese eine eigene Notationsweise.

2 Gestaltet das Stück „Flaschenpörkaschen" mit unterschiedlichen Partnern. Verwendet dabei die **Form**teile **Intro**/Zwischenspiel, Refrain und Strophe. Notiert euren eigenen Ablaufplan.

3 Erfindet mit eigenen Klängen und Spieltechniken eine weitere Strophe zu „Flaschenpörkaschen".

Übungen zur Entspannung

A 6

Mit beiden Händen den Himmel stützen

Stellt die Füße in Schulterbreite nebeneinander. Pendelt leicht hin und her, bis ihr euch im Gleichgewicht fühlt.

Hebt die Arme in einer Kreisbewegung nach oben.

Senkt die Arme vor das Gesicht. Die Handflächen liegen dabei aufeinander. Atmet dabei aus.

Verschränkt die Hände und dreht sie nach oben.

Streckt die Arme mit dem Einatmen nach oben. Der Blick geht dabei mit. Die Hände stützen nun gedanklich den Himmel. Haltet die Spannung und zählt bis fünf.

Der Blick geht wieder langsam nach vorne. Hebt die Fersen an und senkt sie wieder.

Lasst nun die Arme von oben seitlich in einem großen Bogen nach unten sinken. Atmet dabei aus.

nach Tai Chi und Qigong

1 Führt die Entspannungsübung aus.

2 Hört „Dub Space" (A 6) und führt die Übung dazu aus. Sprecht anschließend über die Musik (**Tempo**, **Dynamik**, Stimmung …). Begründet, warum die Musik und die Bewegungen gut zusammenpassen.

3 Verwendet zur Untermalung der Bewegungen auch andere Musikstücke.

4 Erfindet eigene Entspannungsübungen. Holt euch Anregungen aus dem Internet oder der Bücherei oder befragt entsprechende Lehrkräfte in eurer Umgebung.

Kreis des Vertrauens

Bildet 6er-Gruppen. Einer von euch stellt sich mit geschlossenen oder verbundenen Augen in die Kreismitte, die fünf Verbleibenden stellen sich im Kreis um ihn herum und legen ihre Hände an Schultern, Rücken oder Arme des in der Mitte stehenden Schülers. Nun fangen die Außenstehenden langsam an, den Schüler in der Kreismitte hin und her zu pendeln, ohne die Hände von ihm wegzunehmen.
Der in der Mitte Stehende darf jetzt vollkommen entspannen und soll sich den anderen um ihn herum anvertrauen.

Tipp:
Ihr könnt zu diesem Spiel auch eine Entspannungsmusik hören.

Entspannungsspaziergang

Bildet 8er-Gruppen. Jede Gruppe stellt sich in einer Gasse (→ S. 232) auf. Verteilt euch so im Raum, dass ihr alle Platz findet. Ein Kind beginnt langsam durch die Gasse hindurchzugehen. Die Kinder, an denen es vorübergeht, streicheln es oder massieren es ganz zart am Arm. Ist das Kind am Ende der Gasse angekommen, wird es von einem der hinteren Kinder abgelöst, das dann in umgekehrter Reihenfolge durch die Gasse geht. Jeder von euch sollte einmal drankommen.

Tipp:
Dieser Spaziergang ist besonders entspannend, wenn ihr passende Musik dazu hört.

nach Almuth Bartl

5 Führt die Spiele „Kreis des Vertrauens" und „Entspannungsspaziergang" zunächst ohne Musik durch. Sprecht über eure Gefühle und Empfindungen dabei.

6 Führt die Spiele erneut aus, diesmal zu „Durch das Weltall schweben" (A 7) von Martin Buntrock. Wie haben sich eure Gefühle und Empfindungen verändert?

7 Überlegt in Gruppen, wie ihr die Entspannungsspiele variieren könnt, oder erfindet neue Spiele und probiert sie aus.

Die Stimme – ein wundervolles Instrument

Unsere Stimme kann viel

Unsere Stimme kann sehr viele Töne und Klänge hervorbringen. Sie kann flüstern, schreien, summen, brummen, rufen, kreischen, trillern und noch vieles mehr. Kein einziges Musikinstrument ist in der Lage, alle Ausdrucksmöglichkeiten der menschlichen Stimme auszuschöpfen.

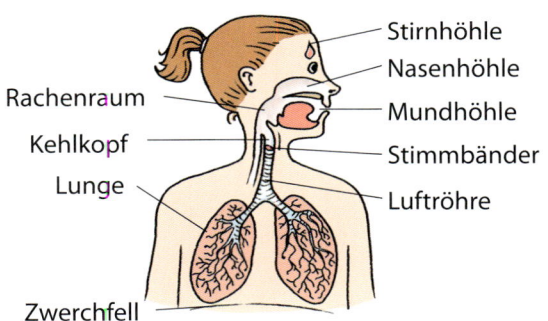

Stirnhöhle
Nasenhöhle
Rachenraum
Mundhöhle
Kehlkopf
Stimmbänder
Lunge
Luftröhre
Zwerchfell

Der Stimmapparat

Lunge, Kehlkopf und die Resonanzräume (Rachenraum, Mund-, Nasen- und Stirnhöhle) bilden den Stimmapparat. Zur Erzeugung von Tönen und Klängen wirken im Körper bis zu 70 Muskeln zusammen.

Die Tonerzeugung

Im Kehlkopf befinden sich die Stimmlippen. Diese sind beim normalen Atmen entspannt. Die Stimmritze ist dabei geöffnet. Zur Tonerzeugung strömt die ausgeatmete Luft durch den Kehlkopf. Die Stimmlippen werden gespannt und die Stimmritze schließt sich. Die Luft drückt nun die Stimmlippen etwas auseinander und bringt diese zum Schwingen.

Querschnitt durch den Kehlkopf

Stellung bei ruhigem Atem

Stimmlippen sind geöffnet.

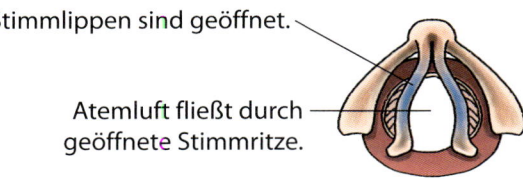

Atemluft fließt durch geöffnete Stimmritze.

Stellung bei Tonerzeugung

Stimmlippen sind geschlossen.

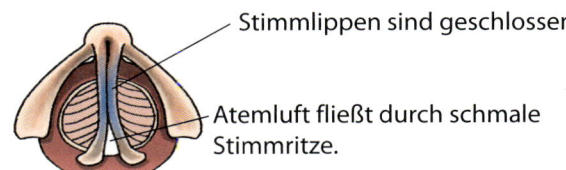

Atemluft fließt durch schmale Stimmritze.

Hohe und tiefe Töne

Je angespannter die Stimmlippen sind, desto schneller schwingen sie und umso höher klingt der Ton. Sind die Stimmlippen entspannter, schwingen sie langsamer und der Ton klingt tiefer. Die Tonhöhe ist aber auch von der Länge und Dicke der Stimmlippen abhängig. Die Stimmlippen eines Babys sind nur ca. 6 mm lang. Bei einer Frau mit einer Sopranstimme sind die Stimmlippen ca. 15 mm lang, bei einem Mann mit einer Bassstimme hingegen 25 mm (→ S. 221).

Die Funktion der Resonanzräume

Der im Kehlkopf entstandene Klang wird in den Hohlräumen von Rachen, Mund, Nase, Stirn und Brust verstärkt und als Laut hörbar gemacht. Diese Hohlräume werden als Resonanzräume bezeichnet.

Jede Stimme ist einmalig

Zunge, Gaumen, Lippen und Zähne verleihen dem Ton zusätzlich Klangfarben, wodurch jede Stimme einen unverwechselbaren, eigenen Klang hat (→ S. 17).

1 Probiert die Ausdrucksmöglichkeiten eurer Stimme aus. Ertastet euren Kehlkopf beim Singen von hohen und tiefen Tönen, beim leisen und lauten Sprechen.

2 Versucht beim Sprechen und Singen die Schwingungen in den Resonanzräumen zu spüren. Legt dabei eure Hand auf die entsprechenden Körperstellen.

3 Bringt Saiten oder Gummibänder unterschiedlicher Länge und Dicke zum Schwingen. Diskutiert eure Ergebnisse.

4 Reflektiert darüber, was für Veränderungen in eurem täglichen Leben Stimmschäden bewirken würden. Recherchiert im Internet oder befragt Sängerinnen und Sänger über die Vermeidung von Stimmschäden.

Atemübungen und Atem-Spiele

Die richtige Singhaltung

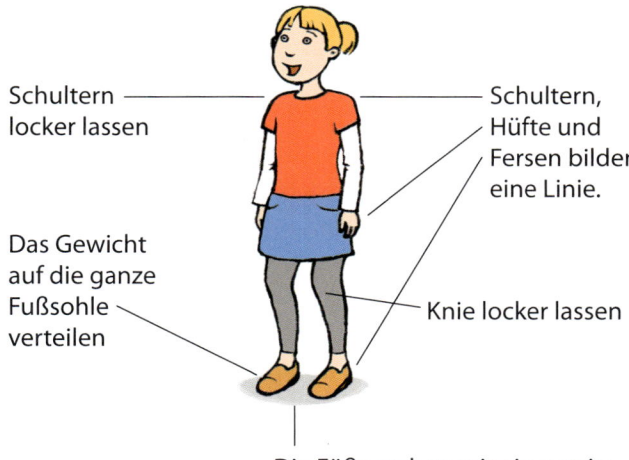

Schultern locker lassen

Schultern, Hüfte und Fersen bilden eine Linie.

Das Gewicht auf die ganze Fußsohle verteilen

Knie locker lassen

Die Füße stehen mit ein wenig Abstand parallel zueinander.

Die Bauchatmung

Für das Singen wird die sogenannte „Atemstütze" genutzt, eine besondere Art der Atemtechnik. Sie wird auch Bauch- oder Zwerchfellatmung genannt. Beim Einatmen durch die Nase zieht sich das Zwerchfell zusammen und der Bauch wird dicker. Das Zwerchfell ist eine Muskel- und Sehnen- platte, die die Brust- und die Bauchhöhle voneinander trennt. Beim Ausatmen durch den Mund erfolgt die Ent- spannung des Zwerchfells. Der Bauch wird wieder flacher.

Atemspiel „Wattebausch"

Sucht euch jeweils zu zweit einen Platz im Musikraum. Je- des Paar erhält einen Wattebausch und eine Handtrommel.

Ein Kind hält die Handtrommel mit beiden Händen waagerecht vor den Mund des anderen Kindes. Dieses legt den Wattebausch auf die Handtrommel und beginnt mit einer kontrollierten Ausatmung, mal mit langen, mal mit kurzen Atemstößen, den Wattebausch zu bewegen.

Atem-Kanon

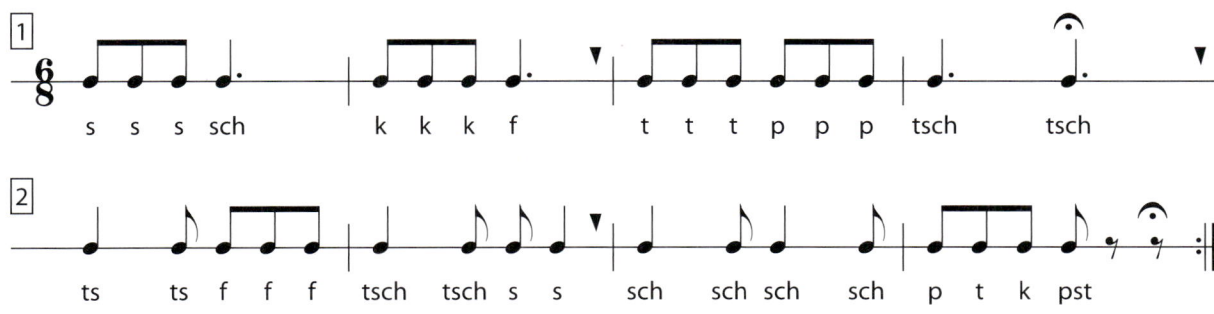

Text und Rhythmus: Rainer Pachner

1 Legt eure Hände auf euren Bauch. Atmet ruhig ein und aus. Spürt euren Atem im Liegen, Sitzen und Stehen. Beschreibt, wie sich eure Atmung in den drei Positionen verändert.

2 Gestaltet das Atemspiel „Wattebausch". Achtet dabei auf die richtige Körperhaltung und die Zwerchfelltätig- keit beim Atmen. Wie weit könnt ihr den Wattebausch mit einem Luftstoß bewegen? Wie viele kurze Luft- stöße braucht ihr, bis euer Wattebausch von der Trommel fällt? Vergleicht eure Ergebnisse. Verwendet beim Ausatmen auch die Silben „sch", „pf" und „t".

3 Denkt euch weitere Atem-Spiele aus.

4 Gestaltet den Atem-Kanon und verändert dabei **Tempo** und **Dynamik**.

5 Beschreibt, wie sich der Bauch beim Atmen im Atem-Spiel und im Atem-Kanon verändert. Vergleicht eure Ergebnisse.

Stimmübungen

Zungenstellung „Teppich"

Bei den folgenden Stimmübungen ist es wichtig, dass die Zunge wie ein Teppich im Mund liegt. Öffne hierfür den Mund weit und lege die Zunge flach und locker an die unteren Schneidezähne.

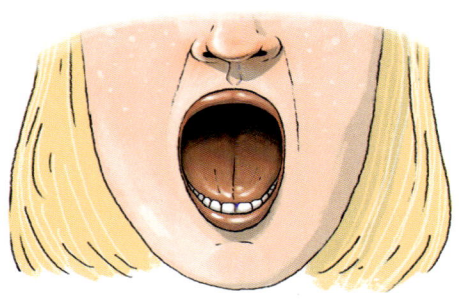

Sternschnuppen-Regen

Führe die Bewegung einer vom Himmel fallenden Sternschnuppe mit einem Arm aus.

Singe gleichzeitig zu der Bewegung ein Glissando von oben nach unten.

ah

Die Sonne geht auf

Führe mit den Armen eine wiederkehrende große Kreisbewegung aus.

‖: Die Son-   ne geht   auf :‖   über uns!
4-mal

Übungen, Text und Melodie: Friedhilde Trüün

Die Artikulation

Sprechvers

Am zehnten Zehnten
zehn Uhr zehn
zogen zehn zahme Ziegen
zehn Zentner Zucker
zum Zoo.

Liedanfänge mit weichem Vokaleinsatz singen

Singe unterschiedliche Liedanfänge auf Vokalen, z. B. das Lied
„O du stille Zeit" (S. 33). Öffne für einen weichen Vokaleinsatz
den Mund weit und lege die Zunge wie einen Teppich vor die
unteren Schneidezähne.

Denke vor dem Singen des Vokals an ein weiches „h".

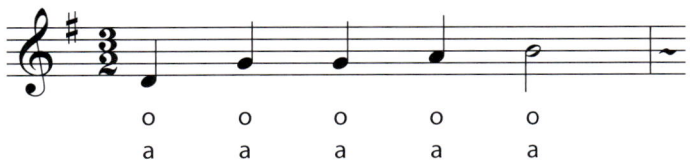

Die Aktivierung des Zwerchfells und der Kopfstimme

Kleine Hunde bellen

Belle wie ein Hundewel-
pe. Stemme dabei deine
Hände in die Taille und
fühle die Stöße deines
Zwerchfells.

Kätzchen miauen

Miaue wie ein kleines Kätz-
chen. Hilf dir beim Singen
mit einer Armbewegung
von oben nach unten.

nach Friedhilde Trüün

1 Stellt euch in der richtigen Singhaltung (➔ S. 13) auf. Atmet ruhig durch die Nase ein
und durch den Mund aus. Achtet dabei auf die Bauch- oder Zwerchfellatmung (➔ S.13).

2 Wendet die richtige Zungenstellung („Teppich") an und gestaltet die Stimmübungen.

3 Stellt mit den Stimmübungen die Ausdrucksmöglichkeiten eurer Stimme dar:
hoch, tief, laut, leise, müde, wach, fröhlich, geheimnisvoll.

4 Reflektiert beim Singen der Stimmübungen über die korrekte Tonbildung, die richtige
Intonation und die unterschiedliche **Artikulation**.

Stimm-Spiele

Mit einem Ton auf Wanderschaft gehen

Nehmt euch zu zweit ein Melodieinstrument. Sucht euch einen Ton aus, den einer von euch anspielt. Der andere von euch summt oder singt diesen Ton nach und geht summend oder singend bis zu einem vereinbarten Ziel, z. B. Tür, Bücherregal oder Instrumentenschrank, und wieder zurück. Wieder beim Instrument angekommen, überprüft ihr beide, ob der Ton gehalten wurde. Anschließend wird getauscht.

Gesangsverein

Setzt euch in einen Stuhlkreis. Ihr bekommt Zettel mit drei unterschiedlichen, euch bekannten Liedtiteln. Jeder liest für sich den Liedtitel auf dem Zettel. Ihr dürft den Liedtitel nicht verraten. Auf ein Zeichen hin geht ihr euer Lied summend durch den Raum. Wenn ihr jemanden hört, der dasselbe Lied summt, dann hakt ihr euch bei ihm ein. Geht gemeinsam summend weiter, bis sich alle mit demselben Lied gefunden haben. Die Gruppe, die sich gefunden hat, setzt sich nebeneinander in den Stuhlkreis.

Kofferpacken

Bildet Gruppen und spielt „Kofferpacken". Einer von euch nennt einen Gegenstand, der in den Koffer gepackt werden soll. Ein zweiter von euch wiederholt den Namen des Gegenstandes und fügt einen neuen hinzu. Ein dritter wiederholt die beiden zuvor genannten Gegenstände und hängt einen dritten Namen an und so weiter. Nach einer bestimmten Anzahl von Gegenständen könnt ihr den Koffer schließen und einen neuen Koffer packen.

Packt jetzt statt Gegenstände Töne in unterschiedlichen Tonhöhen in den Koffer. Legt zuerst eine Silbe fest („do", „du", „no"). Wie klingt eure „Koffermelodie"?

1 Gestaltet die Spiele in eurem Musikraum.

2 Überlegt in Gruppen, wie ihr die Spiele variieren könnt, oder denkt euch eigene Spiele aus.

Hörübungen und Hör-Spiele

Entfernungshören

Nehmt euch ein Blatt Papier und einen Stift.
Setzt euch auf einer Seite des Musikraums
auf den Boden. Blickt alle zur Wand.
Zeichnet auf dem Blatt ein Kreuz ein, das
eure Position anzeigt.
Fünf Schüler verteilen sich im Raum. Auf ein
Zeichen sprechen sie nacheinander einen
Rap oder singen ein Lied. Findet heraus, wer
gesungen hat, und tragt in eurem Blatt ein,
in welcher Entfernung er zu euch stand.

Variante:
Ihr könnt dieses Spiel statt mit der Stimme
auch mit Instrumenten durchführen. Statt
der Namen der Kinder tragt ihr dann die
Instrumentennamen ein.

Ich höre dich

Bildet 5er-Gruppen. Vier von euch bilden
einen Kreis. Das fünfte Kind stellt sich mit
verbundenen oder geschlossenen Augen in
die Mitte des Kreises. Ein Kind der vier ruft
den Namen eines im Kreis stehenden Kindes
hinein. Das ist das Signal für alle, mit dem
Sprechen oder Singen zu beginnen.
Das in der Mitte stehende Kind muss aus
dem Stimmengewirr heraus das zuvor ge-
nannte Kind erkennen und auf es zeigen.

Variante:
Alle vier im Kreis stehenden Kinder sprechen oder singen. Ein zuvor festgelegtes
Kind hört plötzlich auf zu sprechen oder zu
singen. Das in der Mitte stehende Kind muss
den Namen des Kindes nennen, das nicht
mehr zu hören ist.

1 Gestaltet die Spiele in eurem Musikraum.

2 Vergleicht eure Ergebnisse beim „Entfernungshören". Diskutiert darüber,
warum die Ergebnisse häufig so unterschiedlich ausfallen.

3 Überlegt in Gruppen, wie ihr die Spiele weiter variieren könnt,
oder erfindet neue Spiele und probiert sie aus.

Das Gehör

Das Gehör ist ein wichtiges Sinnesorgan. Es ist klein, aber sehr leistungsfähig. Durch das Gehör können wir mit Menschen und mit unserer Umwelt in Kontakt treten. Das Gehör ermöglicht uns, unzähligen Geräuschen, Klängen und Tönen zu begegnen, die unser Leben bereichern, aber auch beeinträchtigen können. Das Gehör warnt uns auch vor Gefahren. Gleichzeitig ist das Gehör sehr empfindlich und kann leicht verletzt werden (→ S. 19).

Das Ohr

Das Ohr besteht aus 3 Teilen: Außenohr, Mittelohr und Innenohr.

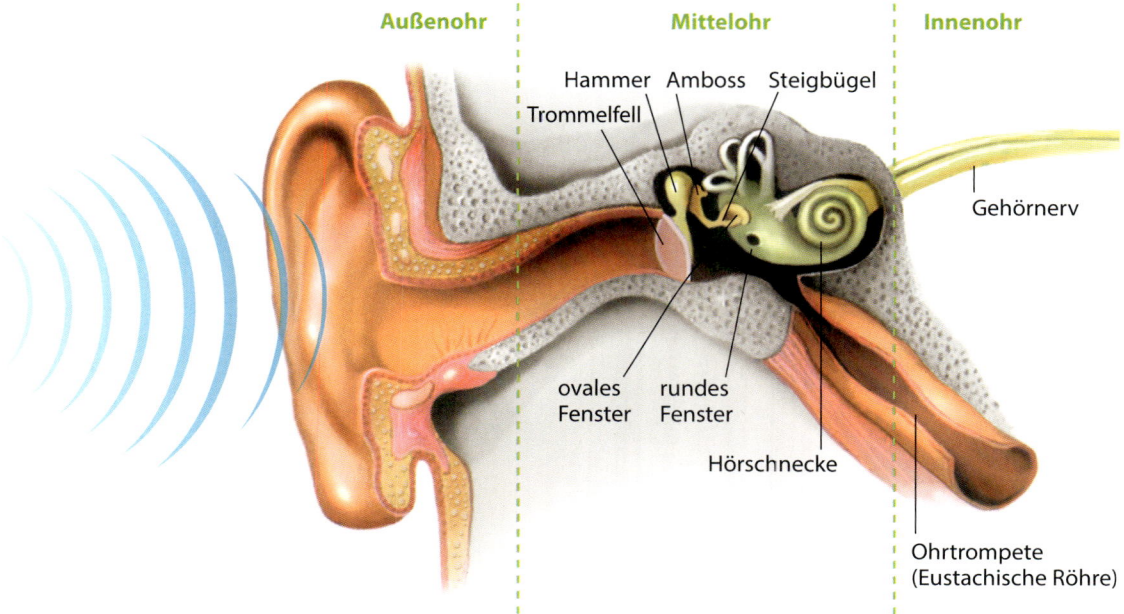

Was geschieht im Außenohr?

Die trichterförmige Ohrmuschel fängt die Schallwellen ein. Von dort gelangen sie durch den Gehörgang bis ans Trommelfell und versetzen es in Schwingungen.

Was geschieht im Mittelohr?

Das Mittelohr umfasst ca. 5 mm. Dieser Bereich ist mit Luft gefüllt. Hammer, Amboss und Steigbügel sind Gehörknöchelchen, die die durch das Trommelfell weitergegebenen Schwingungen aufnehmen, verstärken und über das ovale Fenster zum Innenohr weiterleiten. Ist das Ohr einem lauten Geräusch ausgesetzt, kann es sich ein Stück weit selbst schützen: Ein winziger Muskel verschiebt den Steigbügel und die Lautstärke wird deutlich verringert weitergeleitet. Das Mittelohr ist durch die Ohrtrompete mit dem Nasen-Rachen-Raum verbunden. Eine schwere Erkältung kann sich über die Ohrtrompete ausbreiten und eine Mittelohrentzündung verursachen.

Was geschieht im Innenohr?

Das Innenohr ist sehr empfindlich. Daher liegt es gut geschützt im Schädelknochen. Die weitergeleiteten Schwingungen kommen bis in die Hörschnecke, die mit Flüssigkeit gefüllt ist. Dort befinden sich dünne Wände und zwischen ihnen ca. 10.000 winzige, empfindliche Sinneshärchen. Die Wände geraten ebenfalls in Schwingung. Das führt dazu, dass sich die Sinneshärchen verbiegen. Dabei erzeugen sie elektrische Signale, die über den Gehörnerv an das Gehirn geleitet werden. Im Gehirn werden die Signale z. B. als Sprache, Geräusch oder Ton erkannt. Erst dann hören wir etwas. Hörschäden, die durch laute Geräusche oder Musik (→ S. 19) entstanden sind, betreffen oft die Sinneshärchen. Diese sind dann verklebt oder abgebrochen. Abgebrochene Sinneshärchen wachsen nicht mehr nach.

1 Nehmt eine bequeme Sitzhaltung ein. Hört drei Minuten lang in die Stille hinein und schreibt anschließend auf, was ihr gehört habt. Vergleicht eure Ergebnisse. Was ist euch aufgefallen?

2 Lest den Text und beschreibt anschließend mit eigenen Worten, wie ein Geräusch für uns hörbar wird.

3 Erklärt, warum wir nach einem zu lauten Geräusch für einen Moment alles gedämpft hören.

Das Gehör schützen

Lärm ist gefährlich

Lärmempfinden ist bei jedem Menschen anders: Es gibt Menschen, denen laute Geräusche Spaß machen, für andere sind sie störend. Unabhängig davon aber wird Lärm ab einer bestimmten Lautstärke für jeden Menschen gefährlich und kann das Gehör irreparabel schädigen. Wie ihr in der Tabelle seht, können Hörschäden schon vor Erreichen der Schmerzgrenze (rot) eintreten. Viele Menschen spüren dann gar nicht, wie ihr Gehör geschädigt wird. Gefährlich ist es, wenn laute Geräusche über einen längeren Zeitraum ohne Ruhepause auf das Ohr einwirken.

Ebenso gefährlich sind plötzlich auftretende, kurze, sehr laute Geräusche wie Silvesterknaller oder ein Schrei. Entscheidend ist aber auch der Abstand der Schallquelle zum Ohr: Je größer der Abstand zwischen Schallquelle und Ohr, desto mehr nimmt die Lautstärke ab.

Lärm ist messbar

Düsenjet, Trillerpfeife direkt am Ohr	130 dB
Presslufthammer, Donner	120 dB
Kettensäge, Autohupe	110 dB
Gewitter, Lastwagen	90 dB
Moped, Schulhof (Pause), Staubsauger	80 dB
Straßenverkehr, Fahrradklingel	70 dB
Lautes Gespräch, MP3-Player (Pegelgrenze)	60 dB
Leise Musik	50 dB
Leises Gespräch	40 dB
Flüstern, leichter Wind	30 dB
Laubrascheln	20 dB
Atmen	10 dB

Die Lautstärke wird in Dezibel (dB) gemessen. Schon eine Zunahme von 10 dB entspricht einer Verdoppelung der Lautstärke.

Die Lautstärke wird mit einem Schallpegelmesser gemessen. Diese Geräte gibt es im Internethandel, in Elektronikmärkten oder als App zum Herunterladen.

Das Gehör wird bei jahrelanger Belastung von 90 – 110 dB (orange) geschädigt. Ab 130 dB (rot) kann eine dauerhafte Schädigung schon bei einer einmaligen Einwirkung eintreten. Die Schmerzgrenze wird bei 120 dB erreicht. Ist ein Mensch diesem Lärm ausgesetzt, dann hält er sich automatisch die Ohren zu.

Eine hohe Lärmbelastung gefährdet nicht nur das Gehör, sondern wirkt sich auch negativ auf das gesamte Wohlbefinden aus: Schlafstörungen, Konzentrationsstörungen und Stresssymptome können auftreten.

Musikhören über Kopfhörer

Bei vielen MP3-Geräten kann eine Pegelgrenze (s. Tabelle) eingeschaltet werden. Doch häufig hören viele Menschen ihre Musik viele Stunden lang mit einem Schallpegel von 85 bis 110 dB. Das führt langfristig nicht nur zu Hörschäden, sondern stört gelegentlich auch andere Menschen, die unfreiwillig mithören müssen.

Um das Gesundheitsrisiko beim Musikhören über Kopfhörer zu verringern, sollten Ohrstöpsel durch Kopfhörer ersetzt werden. Denn Kopfhörer schirmen Außengeräusche besser ab. Die Musik braucht dann nicht so laut gestellt zu werden.

1 Beschreibt Situationen, in denen bei euch Hörprobleme durch hohe Geräuscheinwirkung aufgetreten sind.

2 Lest die Texte und erläutert die Gefahren, die vom Lärm ausgehen.

3 Besorgt euch Schallpegelmesser und untersucht Schallquellen an eurer Schule. Fertigt eine Tabelle an. Stellt eure Ergebnisse im Schulgebäude aus.

4 Reflektiert darüber, was Hörschäden für Veränderungen in eurem täglichen Leben bewirken würden.

5 Was könnt ihr tun, um beim Hören von Musik über Kopfhörer Hörschäden zu vermeiden? Entwickelt gemeinsam Ideen. Informiert euch zusätzlich im Internet.

Vom Aufgang der Sonne

A 8

Kanon

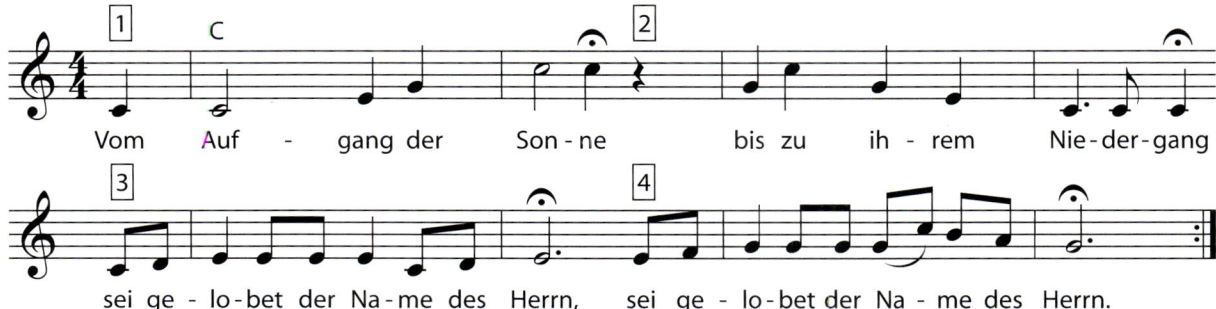

Vom Auf - gang der Son - ne bis zu ih - rem Nie - der - gang

sei ge - lo - bet der Na - me des Herrn, sei ge - lo - bet der Na - me des Herrn.

Text: aus der Bibel   Melodie: Paul Ernst Ruppel

Begleitung

Glockenspiel

Metallofon

Xylofon

Triangel

Becken

7-mal *p*

1. Singt den Kanon (A 8) vierstimmig. Beschreibt oder interpretiert die Textaussage.

2. Begleitet den Kanon mit Instrumenten. Achtet auf die Lautstärke (**p**).

3. Stellt durch eine Klanggestaltung mit Instrumenten und Stimme den Sonnenaufgang dar. Achtet dabei auf **Klangfarbe**, **Dynamik** und **Tempo**. Notiert eure Ergebnisse grafisch.

4. Präsentiert eure Klanggestaltungen und wertet sie mithilfe vorgegebener (➤ Kap. 24) oder eigener Kriterien aus. Begründet eure Ergebnisse. Nutzt diese dann zur Überarbeitung eurer Klanggestaltungen.

5. Nehmt den Kanon mit der Klanggestaltung als Vorspiel und mit der Begleitung auf. Hört euch die Aufnahmen an und überlegt, was ihr noch verbessern könntet.

Morning has broken

A 9

1. Morn - ing has brok - en like the first morn - ing,

black - bird has spok - en like the first bird.

Praise for the sing - ing, praise for the morn - ing,

praise for them spring - ing fresh from the world.

2. Sweet the rain's new fall, sunlit from heaven
like the first dewfall on the first grass.
Praise for the sweetness of the wet garden,
sprung in completeness where his feet pass.

3. Mine is the sunlight, mine is the morning,
born of the one light, Eden saw play.
Praise with elation, praise every morning
God's recreation of the new day.

4. Morning has broken like the first morning.
…

Text: Eleanor Farjeon   Melodie: Cat Stevens

Cat Stevens, ca. 1975

Yusuf, 2015

Steven Demetre Georgiou wurde 1948 in London geboren. Schon in jungen Jahren lernte er Gitarre. Er trat unter dem Künstlernamen Cat Stevens auf, weil er glaubte, dass dieser Name besser für das englische Publikum geeignet wäre. Anfangs hatte er mit seiner Musik nur mittelmäßigen Erfolg.

1968 erkrankte Cat Stevens an Tuberkulose. In dieser Zeit schrieb er viele Lieder und beschäftigte sich mit Religion und Meditation. Erst nach einem Jahr war er wieder vollständig gesund. Die danach veröffentlichten Songs waren nun viel erfolgreicher. Das Gedicht „Morning has broken", das er 1971 nach der Melodie eines alten Kirchenlieds vertonte, wurde weltberühmt, so wie viele weitere Songs von ihm. Cat Stevens wurde zu einem weltweit gefragten Star.

1975 wäre er fast im Meer ertrunken. Seine Rettung bezeichnete er als Gottesfügung. Daraufhin beschäftigte er sich wieder verstärkt mit Religion. 1978 trat er zum muslimischen Glauben über und nannte sich Yusuf Islam. Seine Karriere als Musiker gab er vorerst auf.

Seit 2006 tritt er wieder auf und veröffentlicht CDs. Sein Künstlername ist nun Yusuf.

1 Hört das Lied (A 9) und singt oder summt die Melodie mit.

2 Findet heraus, wie der Morgen hier musikalisch dargestellt wird.

3 Singt oder spielt den Melodieanfang von „Morning has broken" und „Vom Aufgang der Sonne" (→ S. 20). Vergleicht die Melodien miteinander: Achtet auf **Noten-** und **Pausenwerte**, **Taktart** und Tonsprünge. Schreibt auf, was euch auffällt.

4 Benennt Unterschiede und Gemeinsamkeiten in den Biografien von Yusuf und anderen Künstlern. Beachtet dabei auch die Musikstile und die Zeit, in der sie leben oder gelebt haben.

Gute Morge! – Ein Schuwiduwamorgen

Kanon

Text und Melodie: Uli Führe

1 Stellt euch in einem zugewandten Paarkreis auf. Der Außenkreis singt: „Gute Morge! …", der Innenkreis singt: „Nei, ich hab träumt, …", beide Kreise singen: „mit me Schuwiduwa …". Bei dem Wort „Krach" klatscht ihr euch ab. Während der **Viertelpause** geht der Außenkreis nach rechts zum nächsten Partner.

2 Singt das Lied (A 10) in der schwäbisch-alemannischen Fassung, in eurem eigenen Dialekt oder auf Hochdeutsch.

3 Denkt euch eigene Texte in den Sprachen aus, die in eurer Klasse vorkommen.

4 Setzt das Lied szenisch um. Überlegt euch zusätzlich eine Rahmenhandlung. Filmt eure Ergebnisse und überlegt beim Anschauen des Films, was ihr noch verbessern könntet.

Morning has come

Kanon

Morn - ing has come. Night is a - way.

Rise with the sun and wel - come the day.

Text und Melodie: aus England

1. Singt das Lied (A 11) einstimmig und stellt den Melodieverlauf mit Legeplättchen dar (→ Kap. 24).
   Singt das Lied dann als vierstimmigen Kanon und erstellt mit dem Text eine Verlaufsskizze.

2. Überlegt euch passende Bewegungen für die einzelnen Kanon-Einsätze. Singt den Kanon und führt die Bewegungen dazu aus.

3. Begleitet den Kanon mit Instrumenten.

4. Erfindet einen Ablaufplan mit Gesang und Instrumentalspiel. Setzt die Instrumente abwechselnd ein (Vor- und Nachspiel, einstimmig / mehrstimmig). Notiert den Ablauf.

5. Präsentiert eure Ergebnisse. Sprecht über die Unterschiede eurer Präsentationen.

Edvard Grieg: Morgenstimmung

 A 12

Edvard Grieg (1843 – 1907)

Der Norweger Edvard Grieg wurde 1843 in Bergen geboren. Von seiner Mutter, die Pianistin war, erhielt er den ersten Klavierunterricht.

Im Alter von 15 Jahren ging er nach Leipzig, um Musik zu studieren. Nach fünf Jahren kehrte er in seine Heimat zurück. Anschließend lebte und arbeitete er als Komponist, Dirigent und Pianist unter anderem in Dänemark, Frankreich und Italien. Grieg starb 1907 in seiner Heimatstadt.

Der norwegische Dichter Henrik Ibsen schrieb das Schauspiel „Peer Gynt". Es erzählt die Geschichte des Bauernsohns Peer Gynt, der ruhelos durch die Welt reist und viele Abenteuer erlebt, bis er alt und arm nach Hause zurückkehrt.

Zu diesem Schauspiel komponierte Grieg die Bühnenmusik, die er Jahre später in zwei „Peer-Gynt-Suiten" zusammenfasste (→ S. 194, 195). Das bekannteste Stück daraus ist die „Morgenstimmung".

Thema „Morgenstimmung"

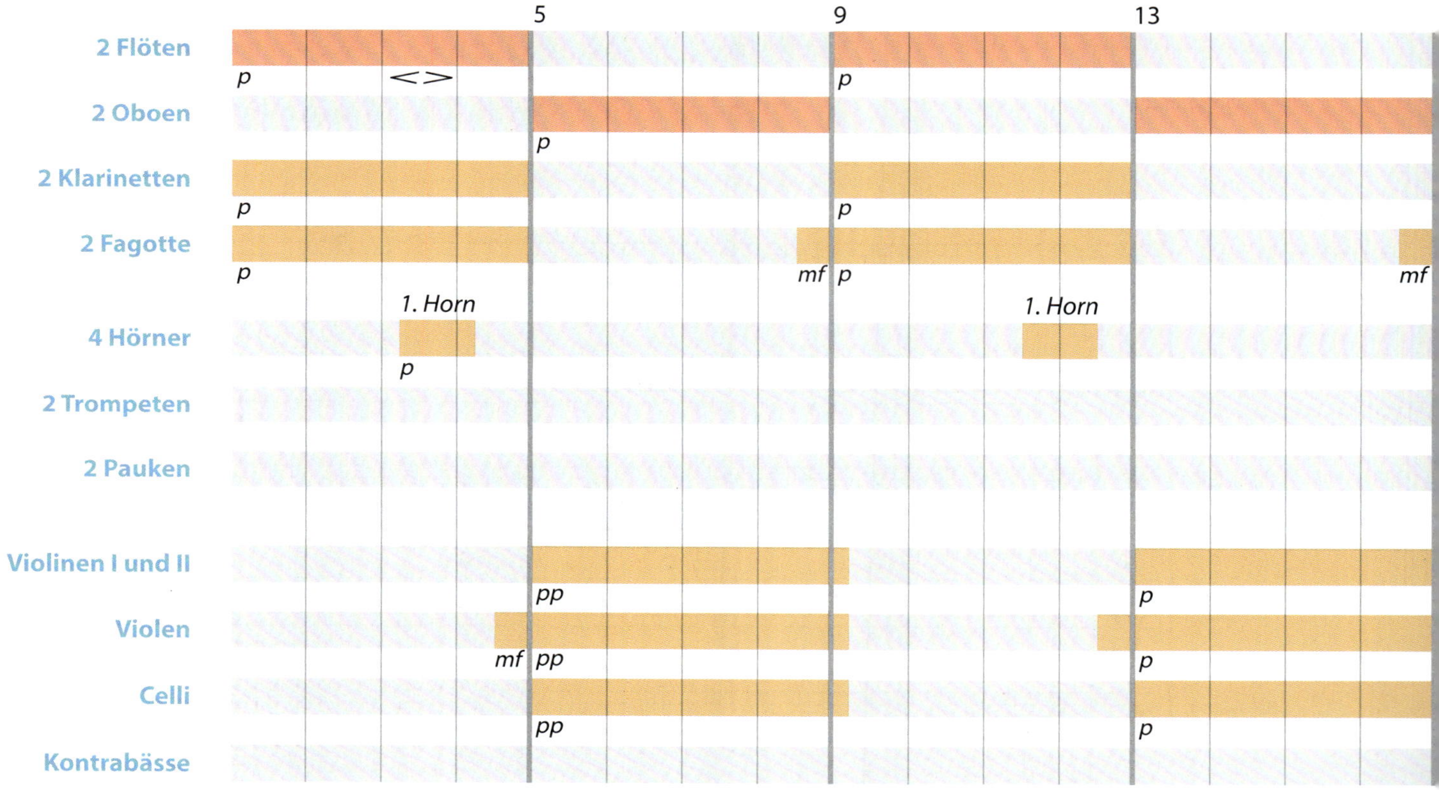

Allegretto pastorale ♩. = 60

(Notenbeispiel / Partitur-Übersicht)

				5				9				13			
2 Flöten	p	< >						p							
2 Oboen				p											
2 Klarinetten	p							p							
2 Fagotte	p							mf · p							mf
4 Hörner		1. Horn · p								1. Horn					
2 Trompeten															
2 Pauken															
Violinen I und II				pp							p				
Violen			mf · pp								p				
Celli				pp							p				
Kontrabässe															

1. Hört den Anfang der „Morgenstimmung" (A 12). Achtet auf den Klang und die Einsätze der Instrumente, die Dynamik und die Melodie. Bildet dann kleine Gruppen, sprecht über eure Höreindrücke und vergleicht sie miteinander. Was ist euch besonders aufgefallen?

2. Stellt die Stimmung der Musik mit einem selbst gemalten Bild oder einer Bewegungsgestaltung dar. Hört dazu mehrmals die Musik.

3. Hört die Musik und verfolgt das Thema (→ Kap. 13) am Notenbild. Achtet dabei auch auf die **Artikulation**.

4. Zeigt den Wechsel der Soloinstrumente beim Spielen des Themas durch unterschiedliche Handzeichen oder Körperbewegungen an.

Mögliche Fragen zum Ablaufplan

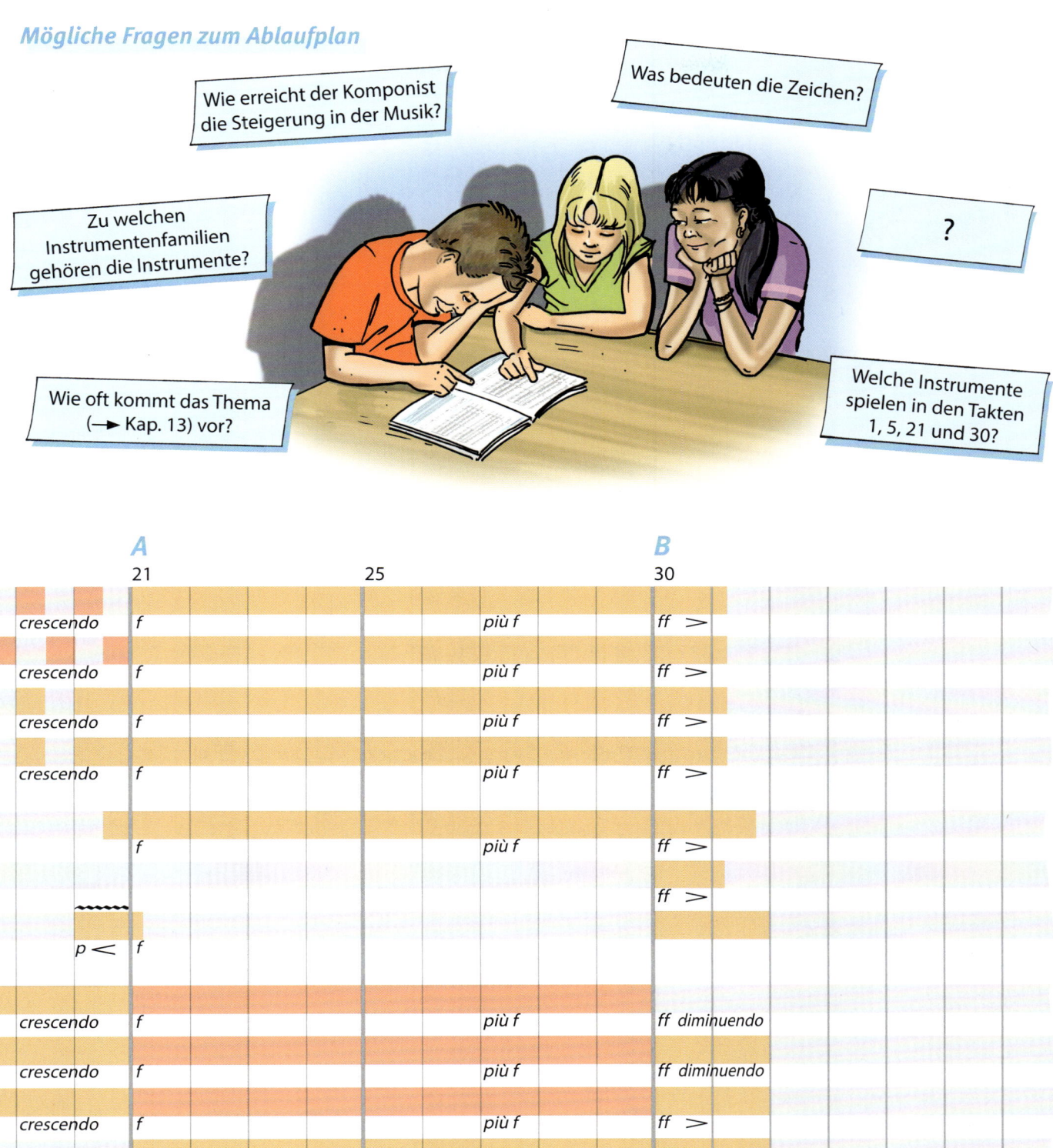

Wie erreicht der Komponist die Steigerung in der Musik?

Was bedeuten die Zeichen?

Zu welchen Instrumentenfamilien gehören die Instrumente?

?

Wie oft kommt das Thema (→ Kap. 13) vor?

Welche Instrumente spielen in den Takten 1, 5, 21 und 30?

5 Bildet 3er-Gruppen und betrachtet den Ablaufplan. Was fällt euch auf? Überlegt euch Fragen, die ihr den anderen Gruppen stellen wollt.

6 Setzt euch mit je einer anderen Gruppe zusammen und befragt euch gegenseitig. Ihr könnt auch im Internet, im Lexikon oder in Kap. 23 weitere Informationen einholen. Stellt eure Ergebnisse aus.

7 Hört die Musik mehrmals und betrachtet dabei den Ablaufplan. Verfolgt jedes Mal ein anderes Instrument oder eine andere Instrumentenfamilie und achtet auf die **Vortragsbezeichnungen**. Bezieht auch eure Ergebnisse aus Aufgabe 5 und 6 mit ein.

Morgenmusik

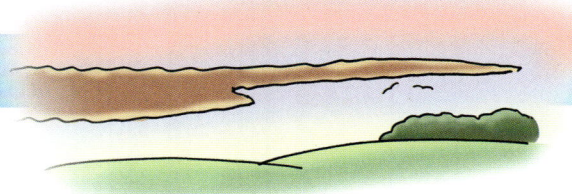

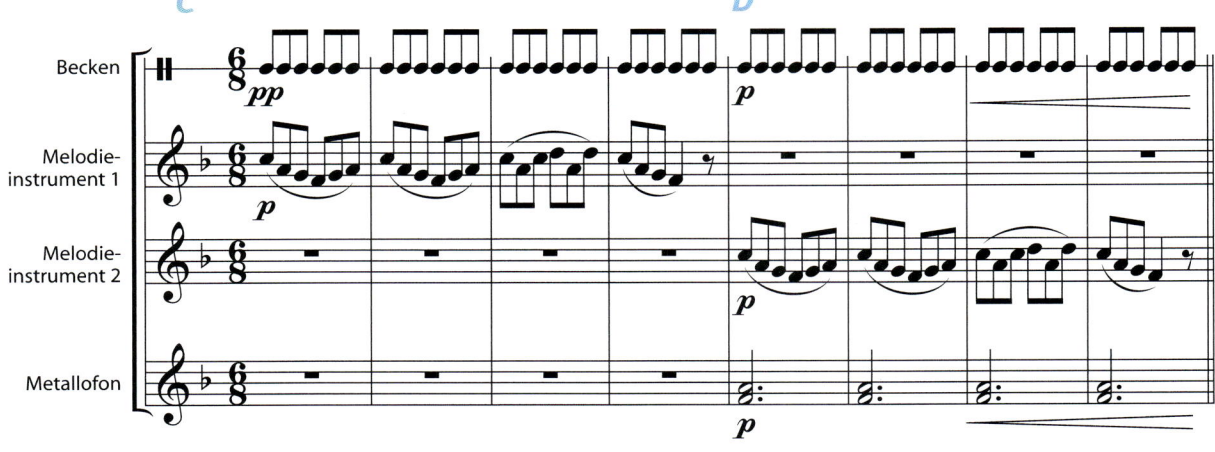

Bausteine für die rhythmische Begleitung

1 Betrachtet die **Partitur** der vereinfachten Fassung der „Morgenstimmung" von Edvard Grieg. Benennt und erklärt die **Taktart**, die **Noten-** und **Pausenwerte** und die **Vortragsbezeichnungen**.

2 Findet den Puls des 6/8-**Takts**, indem ihr bei Zählzeit 1 und 4 mit den Fingerspitzen auf den Tisch tippt. Auf den Zählzeiten 2, 3, 5 und 6 könnt ihr leise klatschen. Singt nach und nach das **Thema** auf Silben dazu.

3 Wählt passende Melodieinstrumente aus und ordnet sie entsprechend ihrer **Klangfarbe** den beiden Stimmen zu. Übt die „Morgenmusik" ein. Beachtet die **Vortragsbezeichnungen**.

4 Erfindet eine rhythmische Begleitung und einen viertaktigen Schluss mit den vorgegebenen oder eigenen Rhythmusbausteinen. Schreibt eure Ergebnisse auf.

Der Tag erwacht

Text

Es ist noch früh am Morgen. Du liegst in deinem Bett, bist aber schon wach und hörst viele Geräusche: Die ersten Vögel zwitschern. Du hörst einen Kuckuck. Der Wind weht leise durch die Bäume im Garten. Von Ferne läuten die Kirchenglocken. Es ist 7 Uhr. Im Treppenhaus hörst du Schritte. Sie kommen näher und verklingen wieder. Eine Tür schlägt zu. Ein Hund bellt in der Ferne. Auf der Straße fahren einzelne Autos vorbei. Der Verkehr wird stärker. Die Autos hupen. Im Flur hörst du Stimmen …

Plötzlich klingelt der Wecker und du musst aufstehen.

Bilder

  ?

Motive

  ?

Klang-partitur

Geschichte			?
Flöten			
Glockenspiel			
?	?	?	?

1. Ordnet die beiden Bilder den entsprechenden Textstellen zu. Malt die Bilder ab und zeichnet weitere zum Text passende Bilder. Legt sie in die richtige Reihenfolge.

2. Spielt oder singt die **Motive** und ordnet sie dem Text zu. Findet weitere **Motive** für andere Textstellen.

3. Bildet Gruppen und vertont den Text mithilfe der Bilder. Setzt dafür Instrumente, Alltagsgegenstände und die Stimme ein. Achtet auf **Dynamik** und **Klangfarbe**. Erstellt eine Klangpartitur.

4. Beurteilt eure Ergebnisse und die der anderen nach vorgegebenen (→ Kap. 24) und selbst gewählten Kriterien.

Joseph Haydn: *Sonnenaufgang*

 A 13

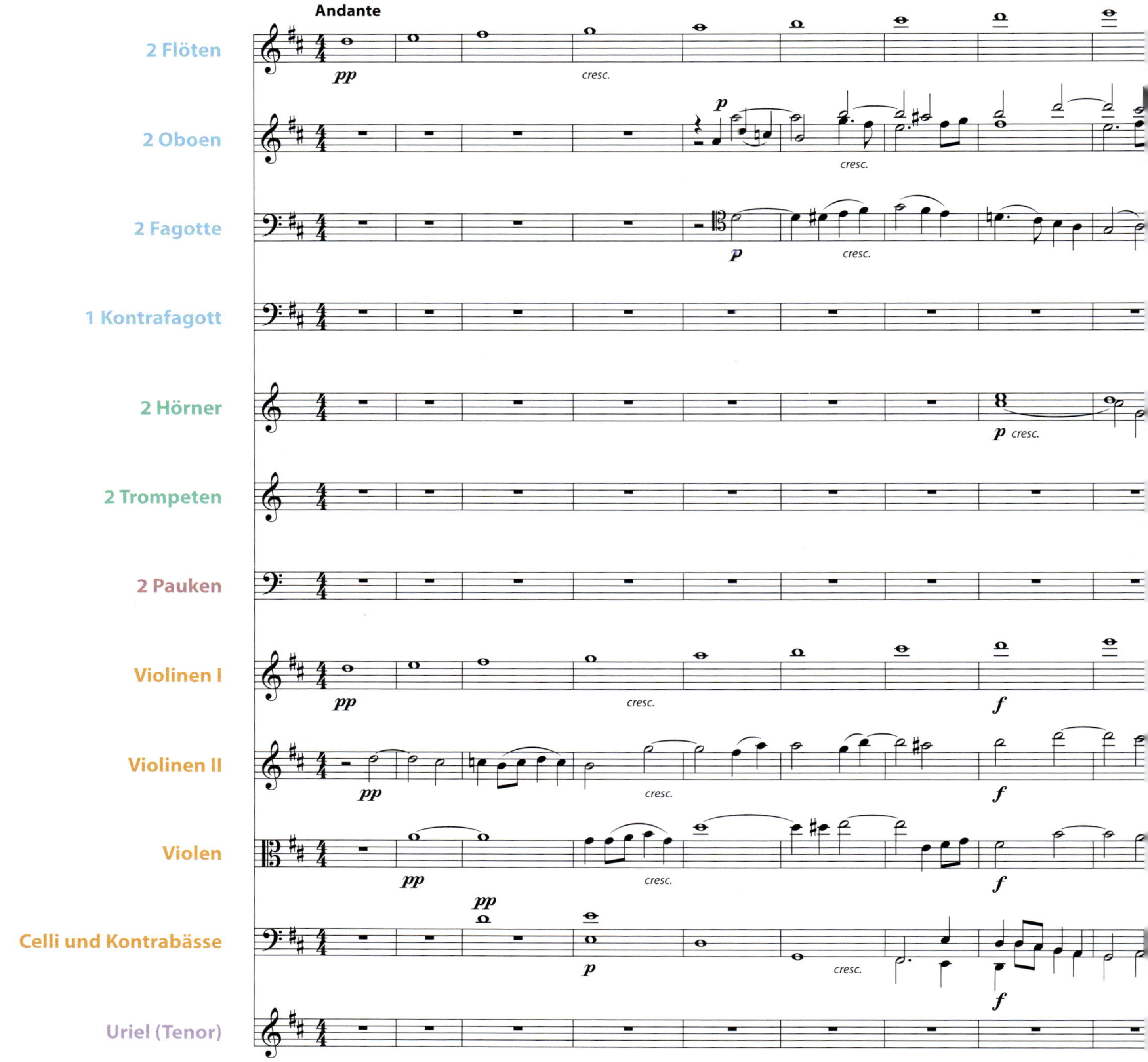

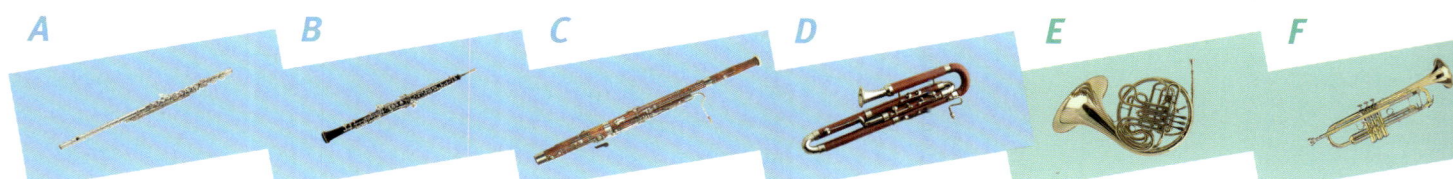

A　B　C　D　E　F

1 Hört den „Sonnenaufgang" (A 13) mit geschlossenen Augen. Beschreibt anschließend, wie die Musik auf euch wirkt und welche Stimmung von ihr ausgeht.

2 Betrachtet die **Partitur** und sprecht über die Instrumente und Instrumentenfamilien, die Melodieverläufe, die **Noten-** und **Pausenwerte** und die **Vortragsbezeichnungen**.

3 Lest beim Hören der Musik die **Partitur** mit und achtet auf die musikalische Umsetzung der in Aufgabe 2 besprochenen **Parameter** und Merkmale.

In vol-lem Glan-ze stei-get jetzt die Son-ne strah-lend auf;

G **H** **I** **J** **K** **L**

4 Spielt die Flötenstimme auf einem Melodieinstrument zur Musik mit.

5 Stellt einen Zusammenhang zwischen dem Titel des Stücks, der Musik und der **Partitur** her.

6 Vergleicht den „Sonnenaufgang" mit der „Morgenstimmung" (→ S. 24/25). Achtet dabei auf Instrumente, **Tempo**, **Dynamik**, **Klangfarbe** und **Form**. Was haben beide Musikstücke gemeinsam? Was unterscheidet sie?

James Last: Morgens um sieben

Der 1929 in Bremen geborene James Last war Bandleader, Komponist, Arrangeur und Musikproduzent. Mit seinem Orchester und Chor wurde er weltberühmt. Sein Sound war einzigartig und unverwechselbar. 1968 komponierte er „Morgens um sieben ist die Welt noch in Ordnung" als Titelmusik zum gleichnamigen Film.

James Last starb 2015 in Florida, USA.

Thema

A Zwischen den Einwürfen von Piccoloflöte und Posaune spielen Trompeten jeweils leise einen kurzen Ton.

B Piccoloflöte und Posaune wechseln sich mit kurzen Tonfolgen ab.

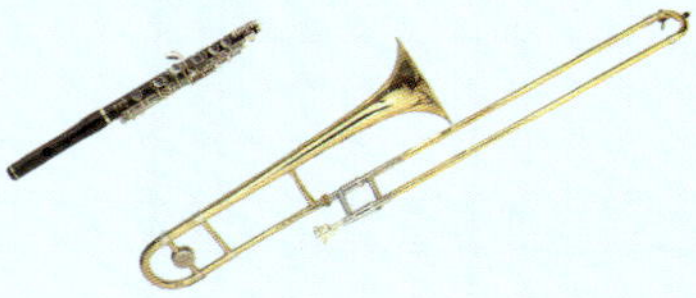

C Die Trompeten spielen das Thema. Violinen und Chor (gesummt) untermalen leise.

D Glocken ertönen. Die Trompeten spielen leise. Die Musik verklingt.

E Die Violinen spielen eine ruhige Oberstimme. Das Thema erklingt höher und lauter.

F Schlagzeug und Posaune beginnen.

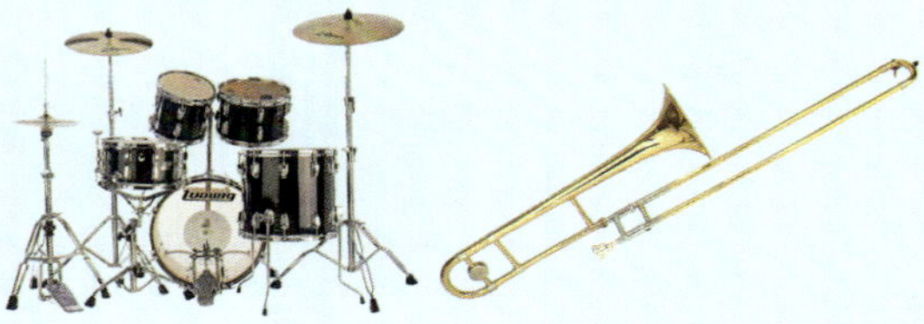

G Die Piccoloflöte bringt kurze Einwürfe.

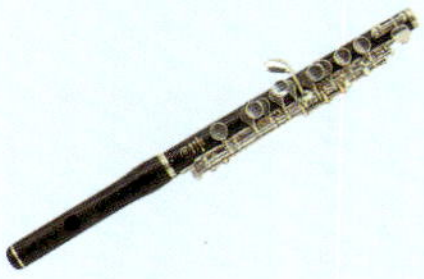

H Die Violinen spielen lebhafte Tonfolgen von oben nach unten.

1 Hört „Morgens um sieben ist die Welt noch in Ordnung" (A 14) von James Last. Beschreibt die Musik: Instrumente, **Tempo (ritardando)**, **Dynamik (crescendo, decrescendo)** und Thema (➔ Kap. 13).

2 Spielt das Thema auf einem Melodieinstrument oder singt es auf Silben. Hört dann den Anfang des Stücks und zeigt an, wann das Thema zu hören ist.

3 Betrachtet die Kärtchen A bis H, beschreibt die Instrumente (Material, Klang, Spielweise ➔ Kap. 24) und sprecht über die Besetzung des **Chors** (➔ S. 221).

4 Hört die Musik und findet die Unterschiede der 8 **Form**teile. Die Kärtchen A bis H helfen euch dabei.

5 Ordnet die Kärtchen den **Form**teilen der Musik zu. Schreibt den **Form**verlauf auf.

Ding, dong, die Abendglocke klingt

 A 15

Sprechkanon

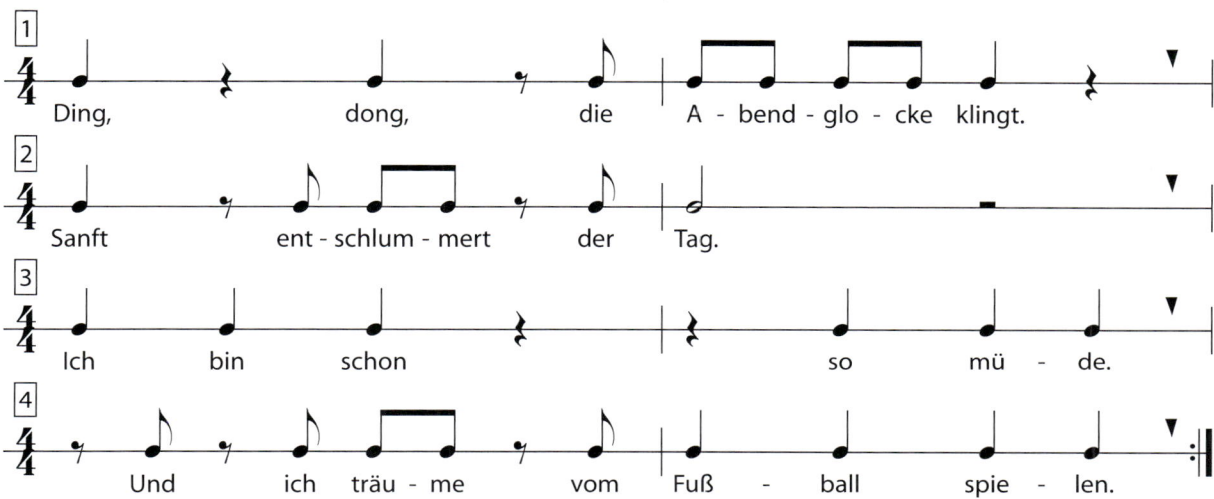

1. Ding, dong, die A-bend-glo-cke klingt.
2. Sanft ent-schlum-mert der Tag.
3. Ich bin schon so mü-de.
4. Und ich träu-me vom Fuß-ball spie-len.

Text und Rhythmus: Kurt Schlegel

Begleitung

Schellenring
Klanghölzer
Pauke
Glockenspiel

4-mal

1 Teilt euch in Gruppen auf und gestaltet den Kanon (A 15) mit unterschiedlicher **Dynamik**. Schreibt den Text ab und tragt die entsprechenden **dynamischen** Zeichen ein.

2 Übt die Begleitung zum Sprechkanon ein.

3 Bildet eine Sprechgruppe und eine Schauspielgruppe: Die eine Gruppe spricht den Text, die andere Gruppe stellt den Text pantomimisch dar.

4 Warum ist die Stelle „Und ich träume vom …" besonders schwer zu sprechen?

5 Wovon träumt ihr? Ersetzt „Fußball spielen" durch euren Traum.

Geht die Abendsonne schlafen

 A 16

1. Geht die A - bend - son-ne schla - fen, kommt der Stern-an - zün - de - mann,

und der steckt die viel - len Ster - ne hoch am dun-klen Him - mel an.

Ei-ner nach dem an-dern flammt sil - ber - hell auf blau - em Samt,

und in - mit-ten all der Ster - ne knipst er an die Mond-la - ter-ne.

2. Horch, die Abendglocken läuten! Tagwind spricht zum Abendwind:
„Freund, das Stündlein hat geschlagen, da dein Abenddienst beginnt.
Lebe wohl, ich kann nun gehen. Fange du jetzt an zu wehn!"
Und der Sternanzündemann zieht daheim den Schlafrock an.
Geht die Abendsonne schlafen, kommt der Sternanzündemann,
und der steckt die vielen Sterne hoch am dunklen Himmel an.

Text: Mascha Kaléko   Melodie: Hella Heizmann

1 Hört das Lied (A 16) und sprecht über eure Höreindrücke (Wirkung, Stimmung, Textinhalt).

2 Hört das Lied erneut und klatscht nach und nach das **Metrum** mit. Benennt die **Taktart** des Lieds.

3 Sprecht den Liedtext im Melodierhythmus und klatscht leise den **Grundschlag** dazu.

4 Erfindet eine zum Lied passende rhythmische Begleitung mit Triangel und Becken. Setzt die Instrumente abwechselnd, zeilenweise oder zusammen auf die Zählzeiten 1 und 3 ein.

5 Singt das Lied ausdrucksvoll. Achtet dabei auch auf Atemzeichen, Pausen und Wiederholungen in der Melodie. Spielt eure Begleitung dazu.

O du stille Zeit

A 17, 18

1. O du stil - le Zeit! Kommst, eh wir's ge - dacht,

ü - ber die Ber - ge weit, ü - ber die Ber - ge weit, gu - te Nacht.

ü - ber die Ber - ge weit, ü - ber die Ber - ge weit, gu - te Nacht.

2. In der Einsamkeit rauscht es nun so sacht
über die Berge weit, über die Berge weit, gute Nacht!

Text: nach Joseph von Eichendorff   Melodie und Satz: Cesar Bresgen

Vor-, Zwischen- und Nachspiel

Flöten

Metallofon

Bassklangstäbe

1 Übt die drei Stimmen des Lieds (A 17) nacheinander ein und singt das Lied dann dreistimmig.

2 Ändert den Text, z. B.: „… über die Täler weit …".

3 Hört „Nocturne op. 9, Nr. 1" (A 18) von Frédéric Chopin. Sprecht über eure Höreindrücke (**Dynamik**, **Tempo**, Melodieverlauf, Stimmung ➔ Kap. 24).

4 Vertont eine Abendstimmung mit Instrumenten und Alltagsgegenständen. Bezieht die Ergebnisse aus Aufgabe 3 in eure Klanggestaltungen mit ein.

5 Präsentiert eure Ergebnisse und wertet sie mit vorgegebenen (➔ Kap. 24) und eigenen Kriterien aus. Nutzt anschließend die Auswertungen zur Überarbeitung eurer Klanggestaltungen.

Mit Rhythmusbausteinen musizieren

Rhythmusbausteine im 2/4-Takt

1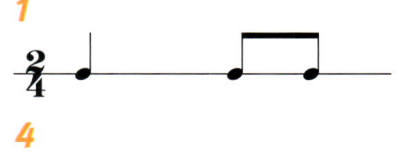
2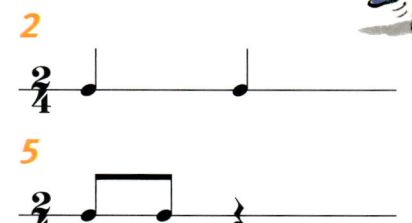
3

4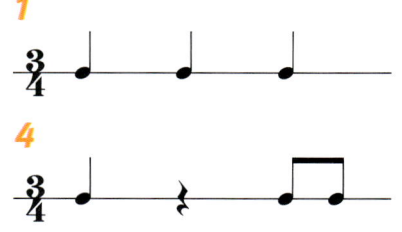
5
6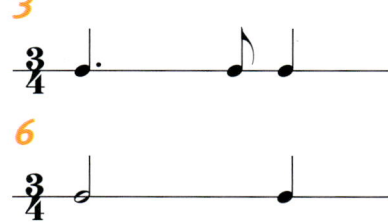

Rhythmusbausteine im 3/4-Takt

1
2
3

4
5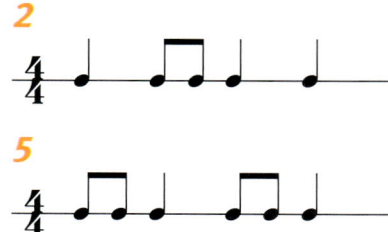
6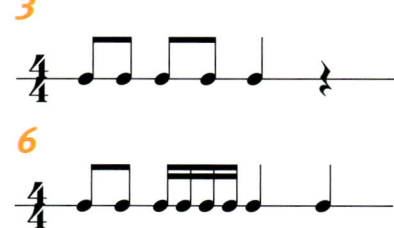

Rhythmusbausteine im 4/4-Takt

1
2
3

4
5
6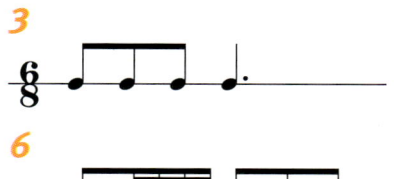

Rhythmusbausteine im 6/8-Takt

1
2
3

4
5
6

1 Stellt euch im Kreis auf und tippt mit den Füßen einen gemeinsamen **Grundschlag**. Klatscht einige Rhythmusbausteine dazu.

2 Übt die Rhythmusbausteine ein: Sprecht zuerst über die **Noten-** und **Pausenwerte**. Teilt euch in zwei Gruppen: Die einen klatschen Rhythmusbausteine vor, die anderen finden heraus, welche Bausteine es waren. Führt dann mit den Bausteinen Echoübungen durch. Behaltet den **Grundschlag** bei. Übt die Rhythmusbausteine im 2/4-, 4/4- und 6/8-**Takt** auch mithilfe von **Solmisationssilben** ein.

3 Bildet Gruppen und setzt die vorgegebenen oder eigene Rhythmusbausteine zu mehrtaktigen Rhythmusstücken zusammen. Schreibt eure Ergebnisse auf.

4 Sucht Lieder und Musikstücke und erkennt deren **Taktart**. Spielt eure Rhythmusstücke dazu.

5 Erfindet mehrstimmige Rhythmusstücke. Präsentiert sie mit Stimme, **Bodypercussion** oder Rhythmusinstrumenten.

Musikalisches Menü

 A 19

Lauch - sup - pe, Lauch - sup - pe.

Sau - er - kraut und Wurst, Sau - er - kraut und Wurst.

Reis. Reis.

Gu - lasch, Gu - lasch.

Sup - pen - grün, Sup - pen - grün.

Eis mit Sah - ne, Eis mit Sah - ne, Eis mit Sah - ne, Eis mit Sah - ne.

Tor - te, Tor - te.

Mir ist schlecht, ach! Mir ist schlecht, ach!

Text und Rhythmus: Werner Stadler

Röhrentrommel

Klanghölzer

Bongos

Rassel

Vibraslap

Triangel

Cabasa

Guiro

1 Benennt die **Noten-** und **Pausenwerte** und übt den Text im Rhythmus (A 19) ein.

2 Lasst euch vom Text anregen und reflektiert über das Thema Ernährung (Herkunft von Lebensmitteln, gesunde Ernährung, eigene Essgewohnheiten).

3 Ordnet die Wortkarten den einzelnen Stimmen zu. Achtet dabei auf **Klangfarbe**, Tonhöhenunterschiede, Klangmöglichkeiten und Spieltechnik der Instrumente. Übt nun das Stück mit den Instrumenten ein. Präsentiert eure Ergebnisse und besprecht sie.

4 Gestaltet das „Musikalische Menü" in Gruppen. Überlegt euch einen Ablauf (z. B. Einsatz von Instrumenten und Stimme, mehrere Stimmen zusammen, Solo- und Gruppenvortrag, letzte Zeile alle gemeinsam) und schreibt ihn auf. Achtet beim Vortrag auch auf **Tempo**, **Artikulation**, **Dynamik** und Zusammenspiel.

5 Nehmt eure Ergebnisse auf. Hört euch die Aufnahmen an und überlegt, was ihr noch verbessern könntet.

Mamaliye

A 20

„Mamaliye" ist ein südafrikanisches Preislied. Preislieder sind in der Tradition Afrikas tief verwurzelt. Aus diesem Grund spielen sie im Leben der afrikanischen Bevölkerung eine zentrale Rolle. In „Mamaliye" wird die Mutter gepriesen.

Übersetzung des Textes:

Mamaliye,	Mütter,
sibonga wena!	wir sagen euch Dank!

Lied

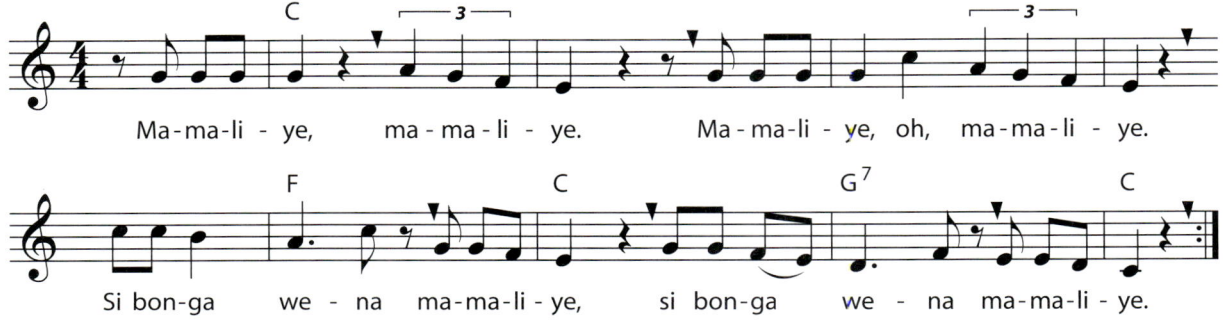

Ma-ma-li - ye, ma-ma-li - ye. Ma-ma-li - ye, oh, ma-ma-li - ye.

Si bon-ga we - na ma-ma-li - ye, si bon-ga we - na ma-ma-li - ye.

Text und Melodie: aus Südafrika

Aussprache:

Das „w" in „wena" wird wie das „w" im englischen Wort „well" gesprochen.

Begleitung

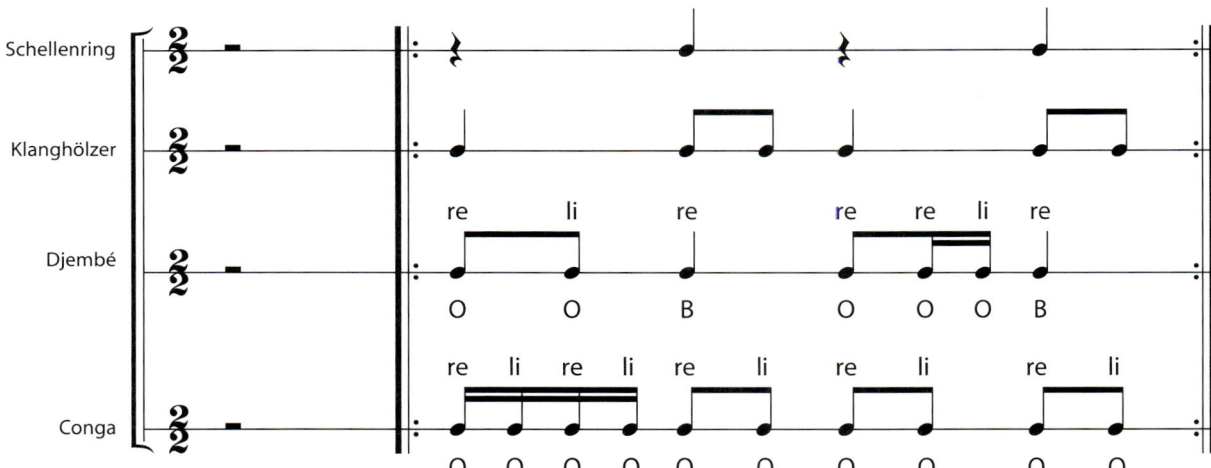

Schlagtechnik:

O = Open, B = Bass

---

1 Übt das Lied (A 20) ein. Nennt die **Noten-** und **Pausenwerte**, sprecht den Text im Melodierhythmus und klatscht dazu.

2 Gestaltet passende Bewegungen zum Lied, z. B. Seit – Tipp – Seit – Tipp (re – li – re – li). Holt euch weitere Anregungen für Schritte aus dem Internet und aus Kapitel 24.

3 Spielt das **Metrum** mit der Handtrommel und übt die Begleitung dazu ein. Achtet dabei auf die Schlagtechnik und das **Tempo**.

4 Begleitet das Lied mit euren Bewegungen und spielt die Begleitung dazu.

5 Gestaltet die Begleitung auch mit Alltagsgegenständen, z. B. mit Bechern, Abwaschschüsseln, Plastiktellern und Kochlöffeln.

Listen to the beat

A 21

Refrain

Dm
Lis - ten to the beat and lis - ten to the sound,

C   Dm
let your hips go round an' round!

Strophe

1. Tap to the front and tap to the back, snap your fin-gers and shake your head.

2. Move to the left and move to the right, put your hands on your pants and kick to the side.

3. Jump to the right and turn a - round, clap your hands and then sit down.

Text, Melodie und Rhythmus: Doris Gröblacher

1 Benennt die **Noten-** und **Pausenwerte** und übt das Lied zur CD (A 21) ein. Gestaltet die Bewegungen zum Text.

2 Bildet Gruppen und ordnet euch den Sprechtexten 1 bis 3 zu. Präsentiert das Lied und achtet dabei auf das **Tempo** und auf **synchrone** Bewegungen.

3 Erfindet einen weiteren Sprechteil mit entsprechenden Bewegungen.

4 Bereitet eine Präsentation des Lieds und eurer eigenen Teile vor. Erstellt einen Ablaufplan. Führt das Lied auf.

En la tierra Mocoví

A 22

A

In-dio bus-can-do_en el mon - te   dul-ce vai-na_de a - ma-pic,
Mmh …

siem-pre mi - ran-do la crí - a   con vi - ve-za ta - lo - quí.

B

In - dia ma - dre, bue - na ma - dre, te - jien-do ba - jo_el ma - tic,

es - pe - ran - do pa - dre rí - o, tra - yen - do mu - cha na - shic.

Text und Melodie: Guiche Aizenberg / Ariel Ramirez

Begleitung

Holzblock-trommel

Triangel

Pauke

Röhren-trommel

Metallofon

Bass-klangstäbe

10-mal

Zum Lied

Das Lied beschreibt, wie die Mocoví in früheren Zeiten in Argentinien lebten.

Die Übersetzung des Textes lautet:

Im Land der Mocoví

Der Indio sucht auf dem Berg süße Samenhülsen des Johannisbrotbaums. Er beobachtet dabei wachsam die Tierzucht.

Mutter India, gute Mutter, webt unter der Weide, wartend auf den Fluss, der viele Fische bringen wird.

---

1 Übt das Lied (A 22) ein. Benennt die **Noten-** und **Pausenwerte**, sprecht den Text im Melodierhythmus und klatscht dazu und sucht im Notenbild nach **Motiven** und singt sie mehrmals. Teilt das Lied auf: Zwei **Solo**-Sänger singen den Text, die Klasse singt: „Mmh …".

2 Schreibt die Begleitung ab und setzt Zählzeiten unter die Zeilen. Findet heraus, welche Stimmen an welchen Stellen zusammenspielen. Übt zuerst den **Bordun** (Metallofon und Bassklangstäbe) ein.

3 Spielt die Begleitung zum Lied oder erfindet ein Vor- und Nachspiel mit Tönen aus der **Pentatonik**.

Abschalten!

  A 23

Intro

Di - dil - li - dip   dip   dip.   Di - dil - li - dip   dip   dip.

Refrain

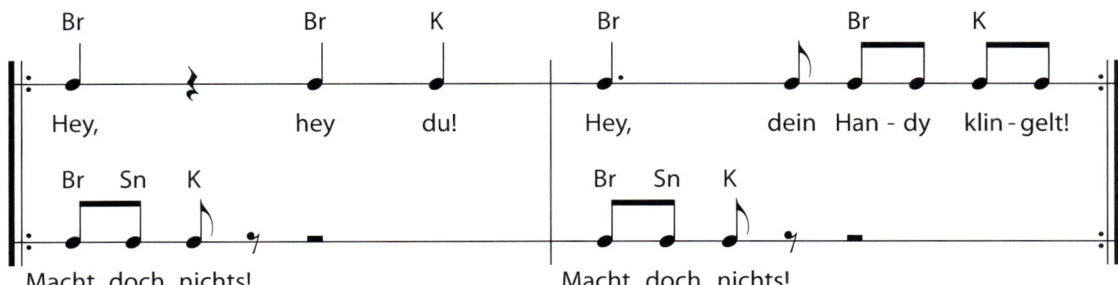

Hey,   hey   du!   Hey,   dein Han - dy   klin - gelt!

Macht doch nichts!   Macht doch nichts!

Strophe

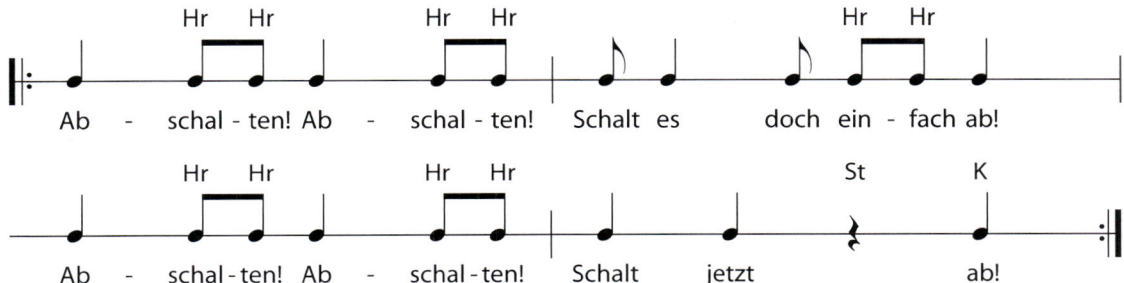

Ab - schal - ten! Ab - schal - ten! Schalt es   doch ein - fach ab!

Ab - schal - ten! Ab - schal - ten! Schalt   jetzt   ab!

Text und Rhythmus: Sabine Schaal

K   Os   St   Sn   Br   Hr

1 Übt das Rhythmical (A 23) ein. Benennt die **Noten-** und **Pausenwerte** und sprecht den Text im Rhythmus. Übt auch die **Bodypercussion** mit ein.

2 Gestaltet das Rhythmical in Gruppen: Überlegt euch einen Ablauf mit einer eigenen Reihenfolge der einzelnen Teile.

3 Erfindet einen Schlussteil und schreibt ihn auf.

4 Präsentiert eure Ergebnisse und überlegt, was ihr noch verbessern könntet.

Becher-Rap

Rap (Strophen)

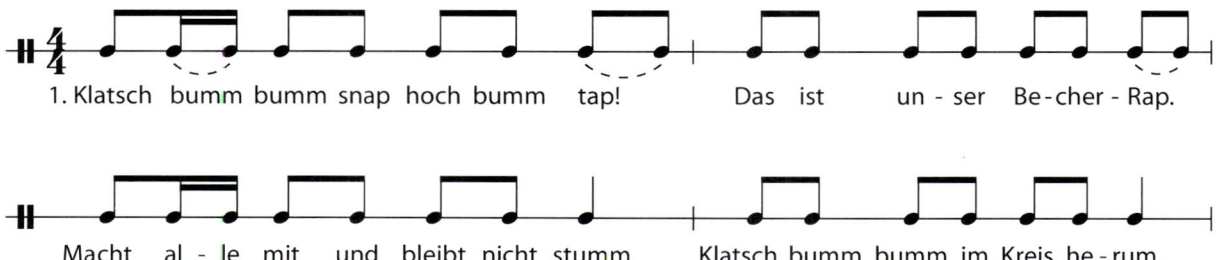

1. Klatsch bumm bumm snap hoch bumm tap! Das ist un - ser Be - cher - Rap.

Macht al - le mit und bleibt nicht stumm. Klatsch bumm bumm im Kreis he - rum.

2. Schnell, gib ihn weiter, lass ihn fliegen
   Dieser Beat lässt keinen liegen.
   Hoch, wieder runter! Alle wach?
   Seid dabei! Wir machen Krach!

3. Wir wollen rappen, snappen, tappen.
   Alle Becher werden steppen.
   Schaut alle her und macht jetzt mit!
   So geht unser Becher-Hit!

Zwischenspiel

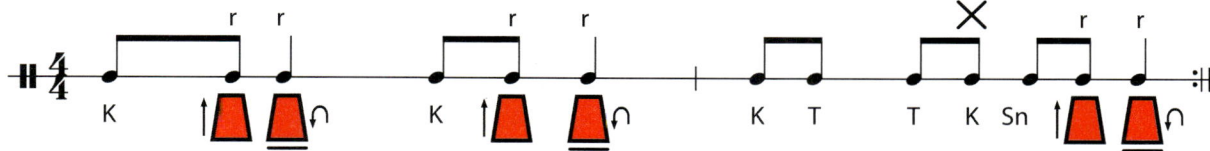

Begleitung

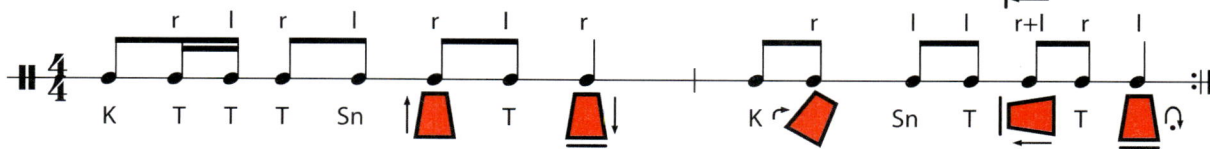

Text, Rhythmus und Gestaltung: Matthias Schurwanz

Instrumentalbegleitung

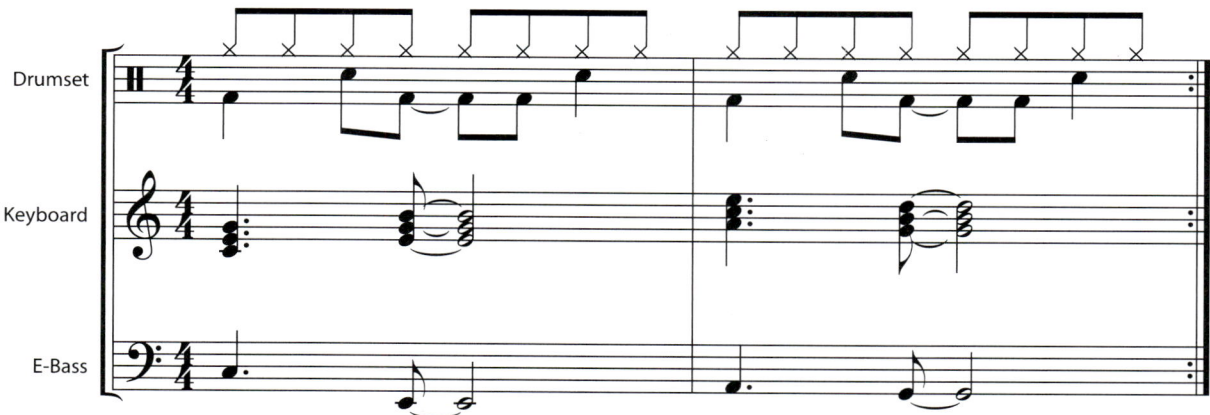

Ablauf der Begleitung

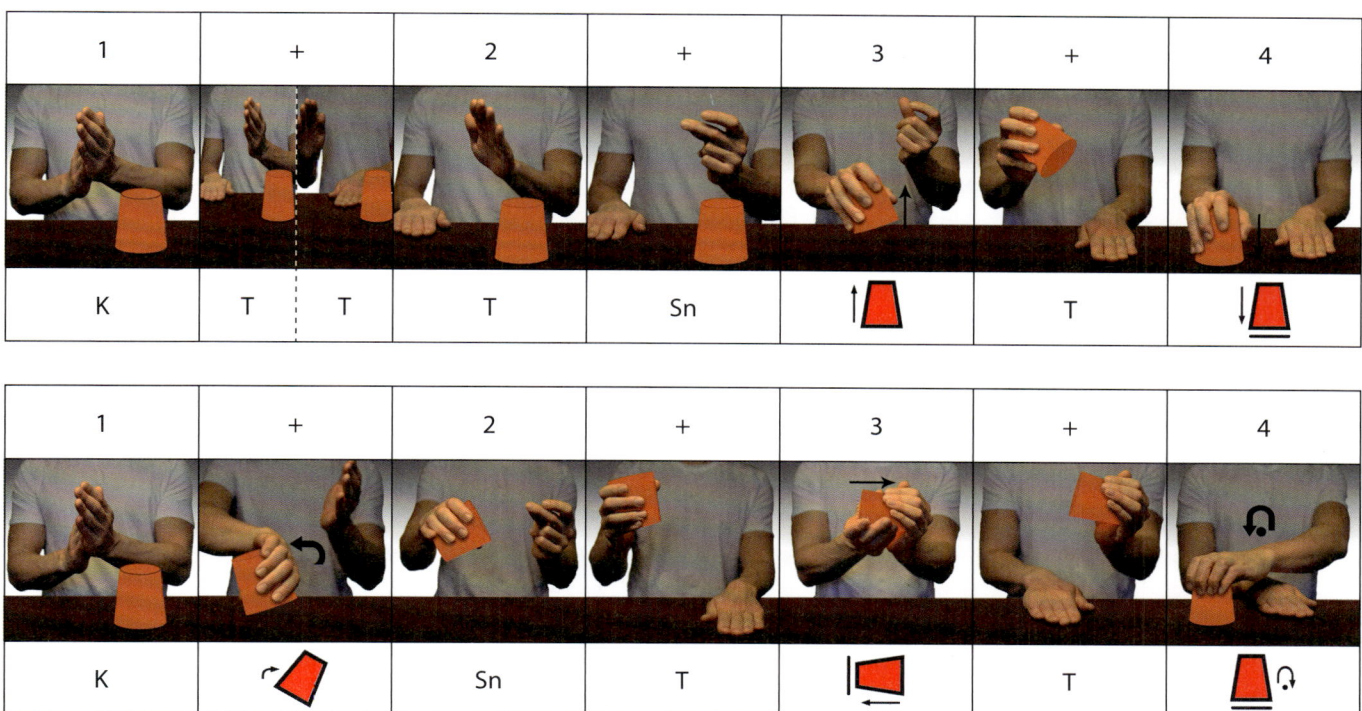

1	+	2	+	3	+	4
K	T T	T	Sn	↑	T	↓

1	+	2	+	3	+	4
K	↰	Sn	T	◁	T	⤸

Abkürzungen und Symbole

K = Klatsch	↰ = Becher mit der rechten Hand hochheben und drehen
T = Tisch	◁ = Becher mit dem Becherboden voran in die andere Hand wechseln
Sn = Schnips	⤸ = Becher über die rechte Hand mit der Öffnung nach unten auf den Tisch abstellen
↑ = Becher hochheben	⤹ = Becher mit der Öffnung nach unten vor den linken Nachbarn stellen / nach links versetzt auf den Tisch stellen (wenn man alleine übt)
= Becher mit der Öffnung nach unten auf den Tisch abstellen	✕ = Mit dem Nachbarn abklatschen / klatschen (wenn man alleine übt)

Ablauf (Vorschlag)

	Rap 1. Strophe		Rap 2. Strophe		Rap 3. Strophe
Begleitung	Begleitung	Zwischenspiel	Begleitung	Zwischenspiel	Begleitung

1 Bildet Gruppen und übt die Begleitung und das Zwischenspiel ein. Rappt anschließend die Strophen (A 24) dazu.

2 Übt die Instrumentalbegleitung (A 25) ein.

3 Erfindet eine **Performance**, in der ihr den „Becher-Rap" einbauen könnt. Setzt auch die Instrumentalbegleitung ein. Schreibt eine eigene Verlaufsskizze auf.

Der Bolero

 A 26

Maurice Ravel (1875 – 1937)

Maurice Ravel wurde 1875 in Frankreich geboren. Sein Vater stammte aus der Schweiz, seine Mutter war Spanierin. Mit sieben Jahren erhielt Ravel den ersten Klavierunterricht, und schon mit 14 Jahren besuchte er das Musikkonservatorium von Paris, wo er Klavier und Komposition studierte.

Ravels „Bolero" wurde 1928 in der Pariser Oper mit großem Erfolg uraufgeführt. Auf der Bühne wurde ein schwach beleuchtetes spanisches Café dargestellt. Zur leise einsetzenden Musik begann eine junge Frau, den Bolero (spanischer Tanz im 3/4-Takt) zu tanzen. Nach und nach wurden die anderen Gäste des Cafés von der immer lauter werdenden Musik und dem Rhythmus mitgerissen und tanzten mit. Doch nicht nur diese dynamische Steigerung faszinierte die Zuschauer, sondern auch der dauernd wechselnde Klang der Melodien, der sich durch die unterschiedlich eingesetzten Instrumente ergab.

Insgesamt 18-mal werden die Melodien A und B gespielt, erst von einzelnen Instrumenten, dann von mehreren in unterschiedlichen Kombinationen.

Rhythmus

Melodie A

Melodie B

Melodieinstrumente der ersten 7 Teile des „Bolero"

1 Querflöte	**2** B-Klarinette	**3** Fagott	**4** Es-Klarinette
5 Oboe	**6** Querflöte / Trompete	**7** Tenorsaxofon	usw. bis Teil 19

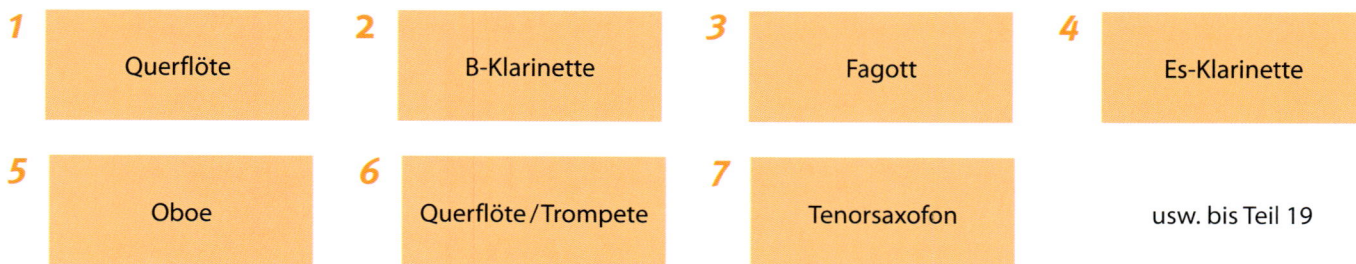

1 Hört den „Bolero" (A 26) von Maurice Ravel und achtet auf den Rhythmus. Betrachtet das Rhythmus-Notenbild und benennt die **Notenwerte**. Klopft den Rhythmus mit zwei Fingern zur Musik.

2 Hört den „Bolero" und verfolgt die Melodien A und B am Notenbild. Hört die Musik erneut und zeigt beim Hören auf die entsprechenden Instrumentenkarten.

3 Hört den „Bolero" bis Teil 11. Sprecht dann über **Dynamik**, **Tempo** und Wirkung der Musik (→ Kap. 24).

4 Gestaltet die im Text beschriebene Szene im spanischen Café nach. Legt fest, wann neue Tanzende hinzukommen (Melodieeinsatz, Instrumenteneinsatz).

Jimmy Page wurde 1944 in Großbritannien geboren. Mit 12 Jahren kaufte er sich von seinem angesparten Geld eine E-Gitarre, denn dieses Instrument faszinierte ihn sehr. Das E-Gitarren-spiel brachte er sich selbst bei. Von 1966 bis 1968 spielte er in der Band „The Yardbirds", zwei Jahre später gründete er die Hardrock-Band „Led Zeppelin", mit der er weltberühmt wurde.

Als Jimmy Page noch zusammen mit dem Gitarristen Jeff Beck bei den „Yardbirds" spielte, schrieb er „Beck's Bolero". Dazu hatte ihn der Rhythmus von Ravels „Bolero" angeregt. Jeff Beck nahm das Stück auf und so entstand ein energiegeladenes Rockmusikstück, das durch den besonderen Klang der E-Gitarre und die beigefügten Klangeffekte große Begeisterung bei den Fans entfachte.

Jimmy Page

Rhythmus von „Beck's Bolero"

Rhythmus

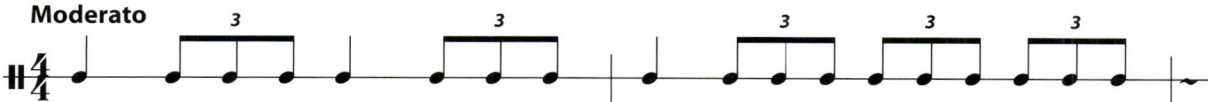

Melodie A

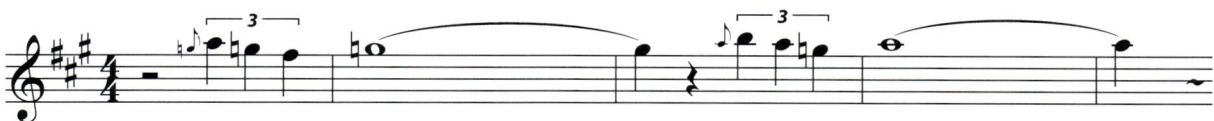

Melodie B

Jeff Beck (links) und Jimmy Page (2. von links) 1966 mit den „Yardbirds"

Jeff Beck und Jimmy Page

5 Hört „Beck's Bolero" (A 27) und beschreibt anschließend die Musik.

6 Klopft den Rhythmus mit zwei Fingern zur Musik. Benennt die **Notenwerte** des Rhythmus-Notenbildes.

7 Hört die Musik erneut und verfolgt die Anfänge der Melodien A und B am Notenbild mit. Wie oft kommen die beiden Melodien vor?

8 Vergleicht „Beck's Bolero" mit dem „Bolero" von Maurice Ravel (Wirkung, Instrumente, Rhythmus, **Takt**, Aufbau, **Dynamik**, **Tempo**, **Artikulation**). Schreibt eure Ergebnisse auf.

9 Vergleicht die Biografien von Maurice Ravel und Jimmy Page: Was ist gleich, ähnlich, anders? Woran kann man erkennen, in welcher Zeit sie gelebt haben?

Antonio Vivaldi: Die vier Jahreszeiten

○ A 28 – 31

1725 komponierte Antonio Vivaldi (1678 – 1741) vier Konzerte für Violine und Streichorchester mit dem Namen „Die vier Jahreszeiten". Um die Musik verständlicher zu machen, fügte Vivaldi den Konzerten kleine Gedichte (Sonette) hinzu.

Der Frühling

Der Frühling ist gekommen und freudig
begrüßen ihn die Vögel mit heiterem Gesang.
Wenn die Zephirwinde schmeicheln,
murmeln süß die Quellen.

Wenn der Himmel sich in Schwarz hüllt,   hart
Blitz und Donner erschrecken,
verstummt der Vögel Gesang   spannend
und lebt im wiedergewonnenen Licht erst auf.

Der Sommer

Unter der lastenden Hitze der Sonne
dürsten Menschen und Herde und versengt die Pinie,
erhebt der Kuckuck die Stimme
und mit ihm singen Taube und Stieglitz.

schnell

rhythmisch

Der Herbst

schreitend

Glücklich feiert der Bauer
mit Tanz und Gesang die gute Ernte,
und vom süßen Weine des Bacchus entflammt,   hell
endet der Genuss im Schlummer.

Der Winter

Zu gefrorenem Schnee erstarrend,
bei Kälte und grausamem Wind,
hackenschlagend, wärmesuchend,
zähneklappernd.

schleppend

leise

Übersetzung der Sonette: Ingrid Hermann

1 Bildet Gruppen und ordnet euch den vier Jahreszeiten zu. Wählt passende Instrumente und Alltagsgegenstände aus und vertont die vier Gedichte (Sonette).

2 Bewertet eure Ergebnisse (→ Kap. 24).

3 Hört die Anfänge der vier Konzerte (A 28 – 31). Beschreibt eure Höreindrücke (Wirkung, Stimmung, **Klangfarbe**, **Tempo**, **Dynamik**, **Artikulation**). Berücksichtigt dabei eure Ergebnisse aus Aufgabe 2.

4 Beschreibt die Notenbilder (**Noten- und Pausenwerte**, Tonwiederholungen, Tonsprünge). Ordnet die Wortkarten-Paare der Musik und den Notenbildern zu.

5 Hört die Musik erneut und benennt die **Tongeschlechter** der vier Musikstücke (zweimal **Dur**, zweimal **Moll**).

Der Frühling – Mitspielsatz

⊙ A 31

Der 1. Satz aus „Der Frühling" von Antonio Vivaldi besteht aus 6 Ritornellen (wiederkehrenden Teilen) und 5 Zwischenspielen. Die Solo-Violine ist in den Zwischenspielen gut zu hören.

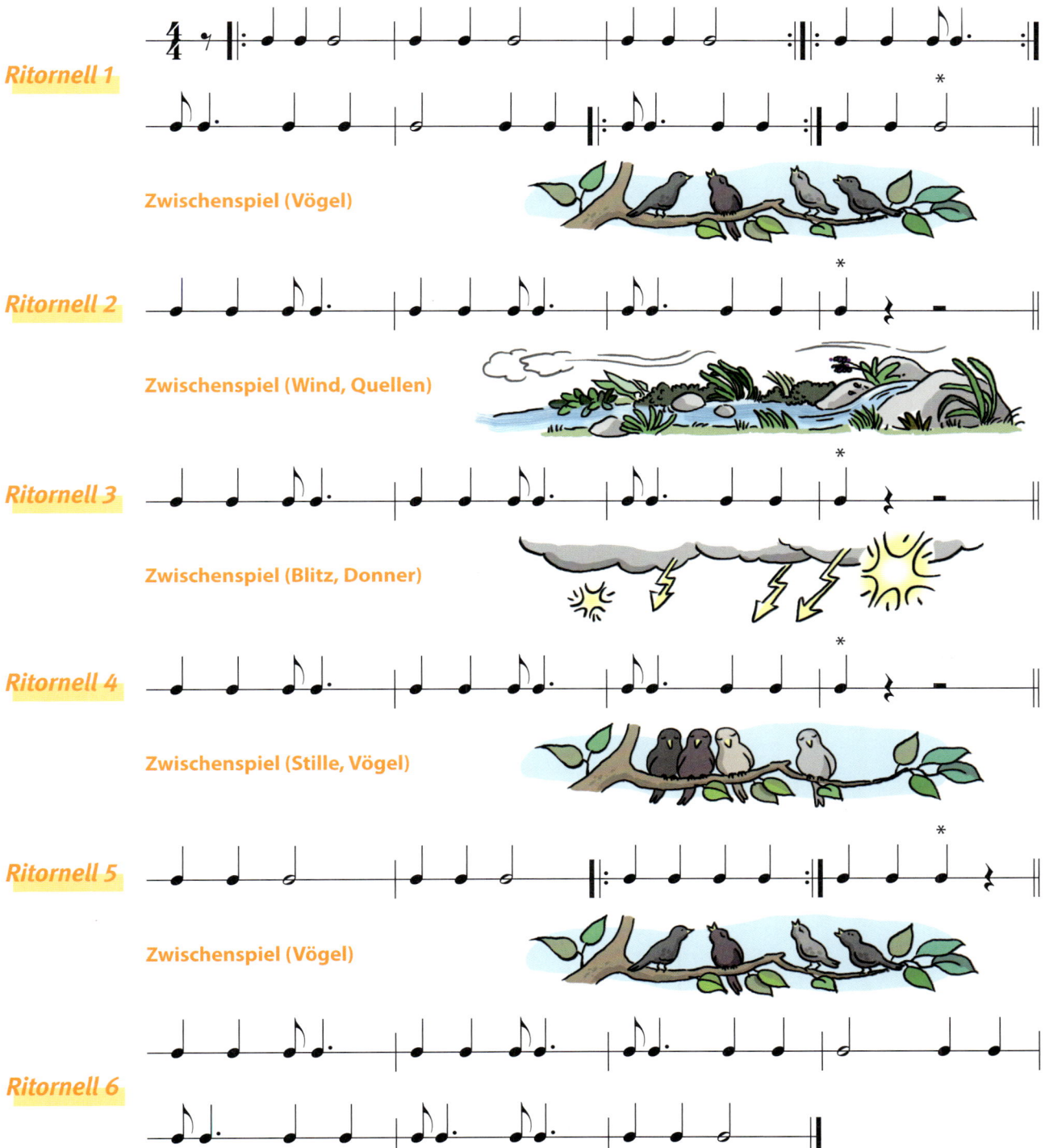

Ritornell 1

Zwischenspiel (Vögel)

Ritornell 2

Zwischenspiel (Wind, Quellen)

Ritornell 3

Zwischenspiel (Blitz, Donner)

Ritornell 4

Zwischenspiel (Stille, Vögel)

Ritornell 5

Zwischenspiel (Vögel)

Ritornell 6

1 Hört den 1. **Satz** aus „Der Frühling" (A 31) und zeigt den Wechsel von Ritornell und Zwischenspiel an.

2 Bildet 6 Gruppen und ordnet euch den Ritornellen zu. Schreibt die Ritornelle ab und setzt die Zählzeiten darunter. Benennt die **Noten-** und **Pausenwerte** und übt dann die Ritornelle ein (klatschen, zählen). Bezieht auch die rhythmische **Solmisation** mit ein.

3 Sucht zur Musik passende Rhythmusinstrumente aus und übt den gesamten Mitspielsatz ein. Die Zwischenspiele beginnen an den mit * gekennzeichneten Stellen.

4 Nehmt eure Ergebnisse auf und überlegt beim Anhören der Aufnahme, was ihr noch verbessern könntet.

Frühlingskantate

Nicht lange mehr ist Winter (Kanon)

1 G — D — G
Nicht lan - ge mehr ist Win - ter, schon glänzt der Son - ne Schein,

2 G — D — G
dann kehrt mit neu - en Lie - dern der Früh - ling bei uns ein.

3 G — D — G
Im Fel - de singt die Ler - che, der Ku - ckuck ruft im Hain:

4 G — D — G
Ku - ckuck, Ku - ckuck, da wol - len wir uns freun.

Text und Melodie: volkstümlich

Nun will der Lenz uns grüßen

G — D — G C — D G
1. Nun will der Lenz uns grü - ßen, von Mit - tag weht es lau,
aus al - len E - cken sprie - ßen die Blu - men rot und blau.

G — D G — D G — D
Draus wob die brau - ne Hei - de sich ein Ge - wand gar fein

H Em Am D G C — D G
und lädt im Fest - tags - klei - de zum Mai - en - tan - ze ein.

2. Waldvöglein Lieder singen, wie ihr sie nur begehrt,
drum auf zum frohen Springen, die Reis' ist Goldes wert!
Hei, unter grünen Linden, da leuchten weiße Kleid'!
Heija, nun hat uns Kindern ein End all Wintersleid.

Text: nach Neidhart von Reuenthal
Melodie: nach einem Reigenlied

Grüß Gott, du schöner Maien

1. Grüß Gott, du schö-ner Mai - en, da bist du wie-drum hier,
tust jung und alt er - freu - en mit dei-ner Blu-men Zier.

Die lie-ben Vög-lein al - le, sie sin-gen al - so hell;

Frau Nach-ti-gall mit Schal - le hat die für-nehms-te Stell.

2. Die kalten Wind verstummen, der Himmel ist gar blau.
   die lieben Bienlein summen daher von grüner Au.
   O holde Lust im Maien, da alles neu erblüht,
   du kannst mir sehr erfreuen mein Herz und mein Gemüt.

Text und Melodie: aus dem 16. Jahrhundert
Satz: Johann Jakob Schäublin

Frühlings-Rhythmical

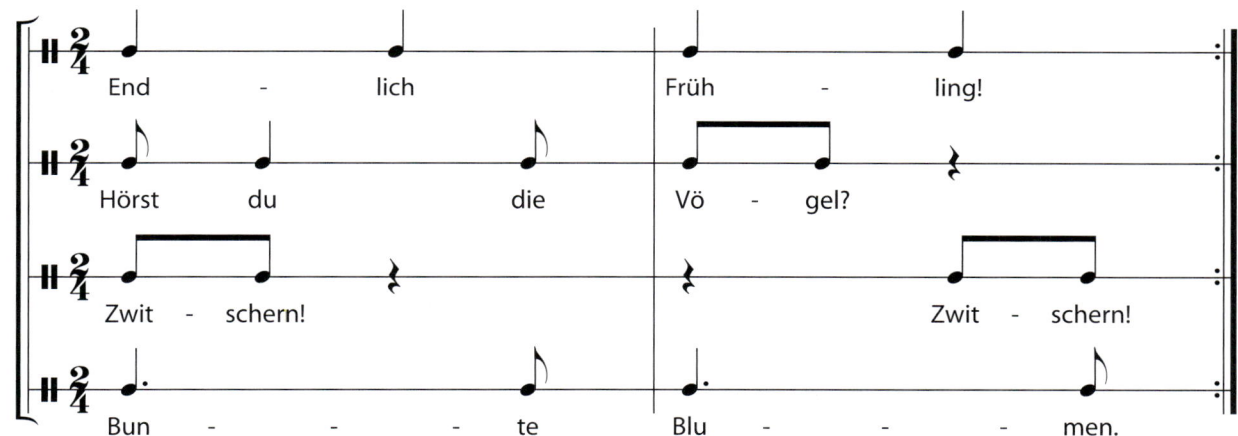

End - lich Früh - ling!

Hörst du die Vö - gel?

Zwit - schern! Zwit - schern!

Bun - - te Blu - - men.

Text und Rhythmus: Sabine Schaal

1 Erarbeitet den Melodieverlauf der Oberstimme von „Grüß Gott, du schöner Maien"
(A 34) mit Legeplättchen nach Gehör (➤ Kap. 24) und vergleicht ihn dann mit dem
Notenbild. Was ist gleich, ähnlich, anders? Kennzeichnet die **Liedform** mit Buchstaben.

2 Übt das „Frühlings-Rhythmical" ein. Erfindet weitere Sprechrhythmen und fügt sie in
das Rhythmical ein. Ihr könnt auch Textpassagen aus den Frühlingsliedern verwenden.

3 Stellt die Lieder (A 32 – 34) und das Rhythmical zu einer kleinen **Kantate** zusammen.
Bezieht weitere Frühlingslieder, Gedichte oder Sprechstücke in eure **Kantate** mit ein.

4 Plant und gestaltet ein Klassenkonzert mit eurer Frühlings-**Kantate**.

Komm, lieber Mai

A 35, 36

Wolfgang Amadeus Mozart komponierte das Kunstlied „Komm, lieber Mai", das zu einem sehr bekannten Volkslied wurde. Mozart verwendete die Liedmelodie auch in seinem Klavierkonzert Nr. 27.

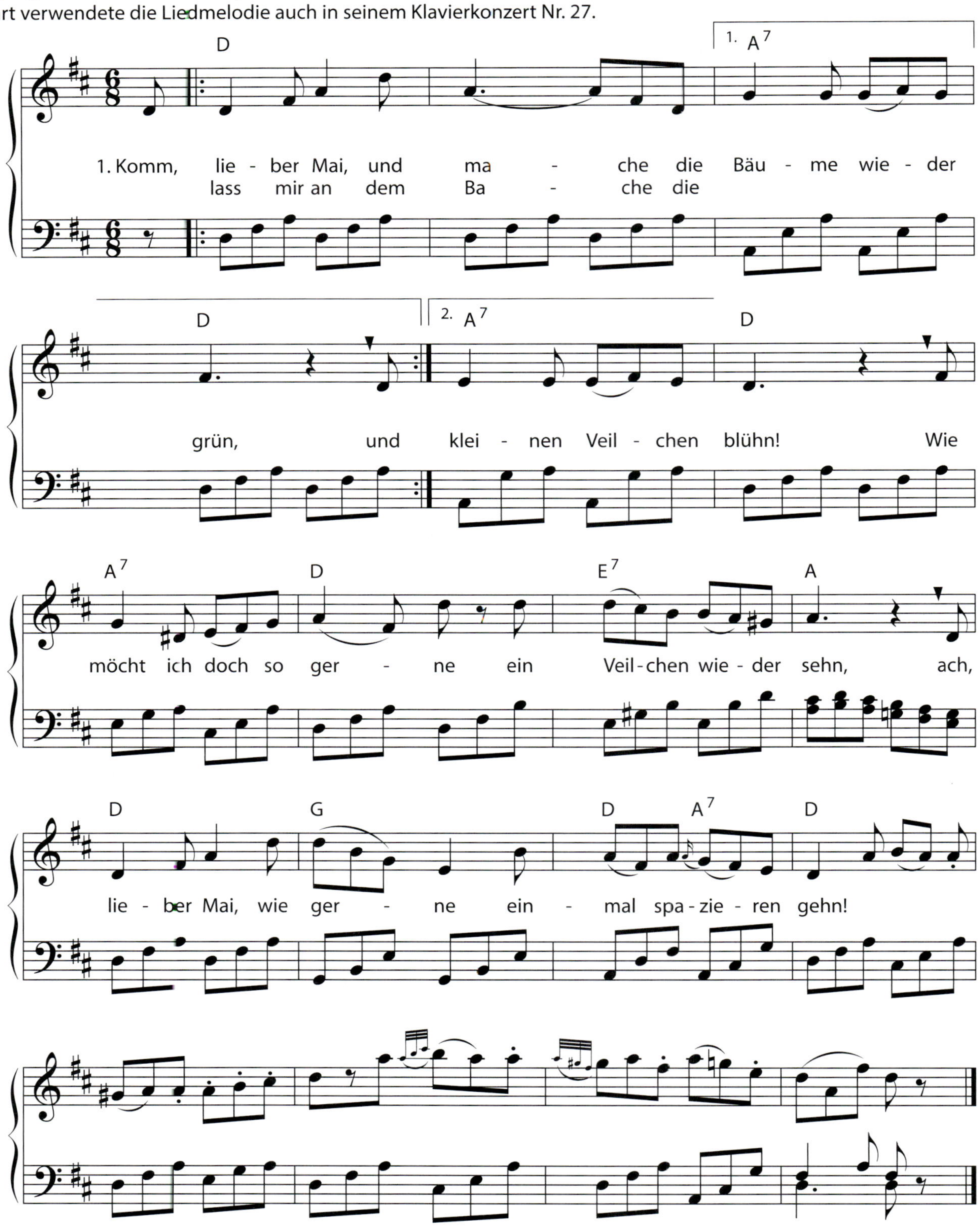
D
1. A7
1. Komm, lie - ber Mai, und ma - che die Bäu - me wie - der
lass mir an dem Ba - che die
D
2. A7
D
grün, und klei - nen Veil - chen blühn! Wie
A7
D
E7
A
möcht ich doch so ger - ne ein Veil-chen wie - der sehn, ach,
D
G
D
A7
D
lie - ber Mai, wie ger - ne ein - mal spa - zie - ren gehn!

Text: Christian Adolf Overbeck *Melodie und Satz: W. A. Mozart*

1 Singt das Lied (A 35). An welchen Stellen passen Melodieverlauf und Text besonders gut zusammen?

2 Tippt mit drei Fingern das **Metrum** im 6/8-**Takt** und verfolgt die Klavierstimme im **Bassschlüssel**.

3 Wie heißen die **Notennamen** der Noten auf die Zählzeiten 1 und 4 im **Bassschlüssel**? Spielt sie zum Lied.

4 Hört einen Ausschnitt aus Mozarts Klavierkonzert (A 36). Wie oft kommt das Thema (→ Kap. 13) vor?

Sommersonne, weißer Sand

A 37

Strophe

1. Som-mer-son - ne, wei - ßer Sand, ei - ne In - sel im blau-en Meer,

mit den Wol - ken Träu-me ziehn, bringt der Wind sie uns her.

Refrain

Un - ter den Ster - nen des Sü - dens im wei-ten Meer,

Lie - der er - klin - gen, bringt der Wind sie uns her.

2. Möwen zeichnen in der Luft
   Perlenketten uns in das Blau,
   und ein Wind bringt kühle Luft,
   riecht nach Meer, Salz und Tau.

3. Federfreunde, wenn ihr geht,
   träumen wir von eurem Flug,
   fühlen dabei, was ihr seht,
   kriegen niemals genug.

Vor-, Zwischen- und Nachspiel

Xylofon

1. 2.

Glockenspiel

Text: Roland Leibold, Peter Weickgenannt   Melodie: Roland Leibold

---

1 Singt das Lied (A 37). Übt die Stimmen im Refrain zunächst nacheinander und dann zweistimmig ein.

2 Erfindet für das Vor-, Zwischen- und Nachspiel und den Refrain eine Begleitung mit Rhythmusinstrumenten.

3 Erfindet für die Strophen einen Wintertext (z. B. „Winterlandschaft, es ist kalt …"). Behaltet hierfür den Melodierhythmus bei. Ersetzt im Refrain die Textbausteine „im weiten Meer" durch „im eis'gen Meer". Einigt euch auf weitere Verschiedenheiten zwischen dem Sommer- und eurem Winterlied, z. B. **Tempo**, Ausdruck und **Artikulation** eurer Stimme, **Dynamik**, Instrumentenauswahl.

Herbstzeit

Strophe

1. Weht ein küh-ler Wind ü-bers Land, weht ein küh-ler Wind ü-bers Land.

Fär - ben sich die Blät - ter bunt, rei - fen Früch - te, saf - tig, rund.

Refrain

Som - mer-zeit ist vor-bei, Herbst reicht uns die gold-ne Hand. gold-ne Hand.

2. Weht ein kühler Wind übers Land, weht ein kühler Wind übers Land.
   Blätter tanzen, Regen fällt, Nebel steigen, weiße Welt.
   ||: Sommerzeit, ist vorbei, Herbst reicht uns die goldne Hand. :||

Begleitung Strophe

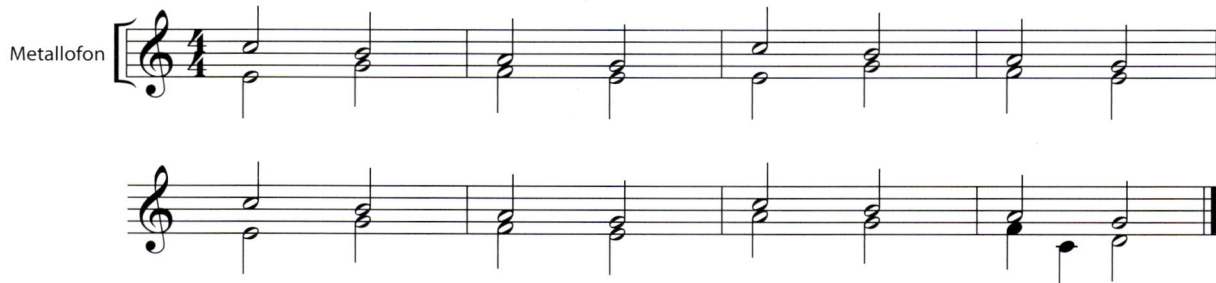

Metallofon

Begleitung Refrain

Flöte

Metallofon

Bassklang-stäbe

Text und Melodie: Roland Leibold

1 Betrachtet das Notenbild und sucht nach Motiven, Motiv-Wiederholungen, Wiederholungen auf anderer Stufe und Antworten (➜ Kap. 13). Übt das Lied (A 38) ein.

2 Sucht Stichwörter (z. B. Vögel, fliegen, Ort zu Ort, fort) und erfindet damit für die zweite Zeile des Lieds eigene Texte.

3 Begleitet das Lied mit Instrumenten. Erfindet eine passende Begleitung auf der Cajón. Ergänzt den Refrain mit weiteren Rhythmusinstrumenten.

He! Was ist los – Hejo, spann den Wagen an

A 39, 40

Rap

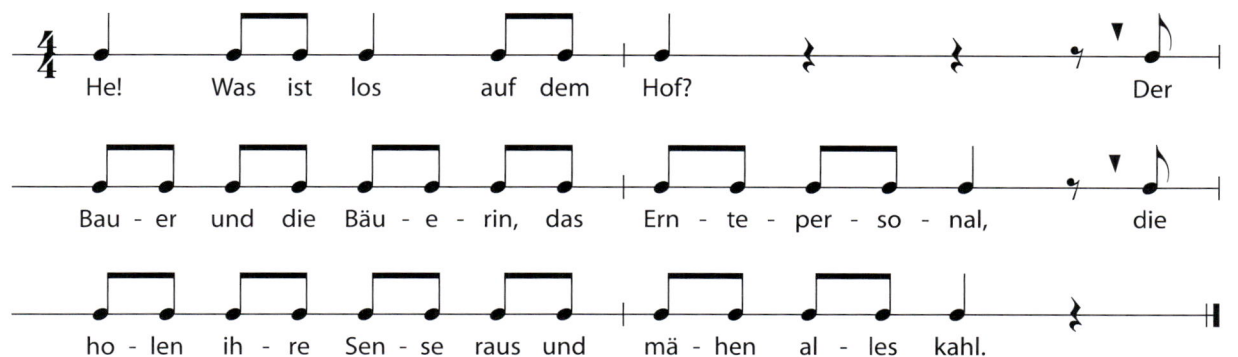

He! Was ist los auf dem Hof? Der
Bau - er und die Bäu - e - rin, das Ern - te - per - so - nal, die
ho - len ih - re Sen - se raus und mä - hen al - les kahl.

Text und Rhythmus: Achim Rheinschmidt

Kanon

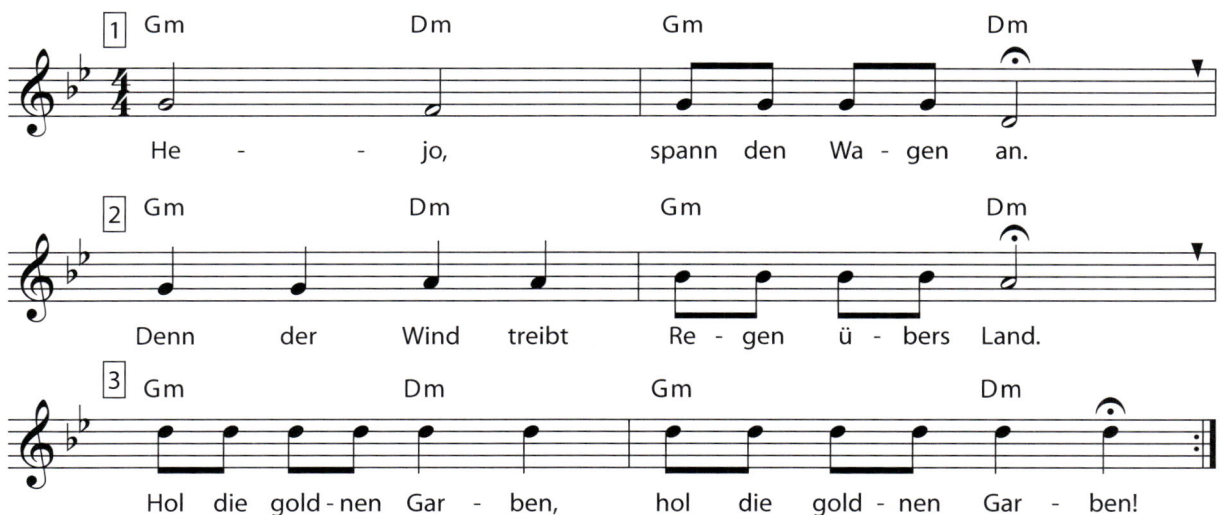

1 He - jo, spann den Wa - gen an.

2 Denn der Wind treibt Re - gen ü - bers Land.

3 Hol die gold - nen Gar - ben, hol die gold - nen Gar - ben!

Text: volkstümlich   Melodie: aus England

1 Sprecht den Rap. Schnipst dabei auf die Zählzeiten 1 und 3 und klatscht auf die Zählzeiten 2 und 4.

2 Erfindet zum Rap (A 39) eine Schlagzeugbegleitung (→ S. 136). Ihr könnt auch einen Drum-Computer einsetzen oder das Schlagzeug durch diverse Rhythmusinstrumente ersetzen. Schreibt eure Begleitung auf.

3 Singt den Kanon (A 40) dreistimmig und eine weitere Gruppe oder ein Solo-Rapper spricht den Text dazu. Übt das Zusammenspiel, beurteilt eure Ergebnisse und begründet eure Entscheidungen (→ Kap. 24).

4 Gestaltet eine Präsentation mit Kanon, Rap und Begleitung: einstimmig, dreistimmig, Kanon und Rap zusammen, Rap alleine, mit und ohne instrumentale Begleitung.

5 Nehmt eure Musik auf und überlegt beim Anhören der Aufnahme, was ihr noch verbessern könntet.

Herr Winter stammt vom Kaukasus

A 41

1. Herr Win-ter stammt vom Kau-ka-sus. Er ist ein al-ter Mann,
hat ei-nen Wi-ckel um die Brust und sie-ben Män-tel an.

Er hat seit tau-send Jah-ren schon die Gicht im lin-ken Bein.

Drum web-te man in sei-nen Thron zehn Kat-zen-fel-le ein.

2. Sein dicker Schal aus Wolle ist geschlungen um den Hals.
Der Nordwind ist sein Leibgardist, der Westwind ebenfalls.
Als starke Wachen schützen ihn der Raureif und der Frost.
Auch machte er zum Paladin den strengen Wind aus Ost.

3. Herr Winter ist ein armer Mann, denn springt im warmen März
der kecke junge Lenz heran, schleicht Angst ihm in das Herz.
Ja, die Tyrannen sind nicht froh, Tyrannen sind verbittert.
Sie selber zittern ebenso, wie man vor ihnen zittert.

Text: James Krüss   Melodie: Heinz Lemmermann

Begleitung

1. Singt das Lied (A 41) mit passendem Ausdruck.

2. Sprecht über den Liedtext (Kaukasus, Gicht, Leibgardist, Paladin …) und gestaltet den Inhalt des Lieds als pantomimisches Spiel.

3. Übt die Begleitung ein. Gestaltet mit der Rhythmusbegleitung ein Vor-, Zwischen- und Nachspiel.

4. Erfindet eine weitere Strophe für den Monat April. Beachtet dabei, dass sich die Worte am Ende der Zeilen reimen. Präsentiert eure Ergebnisse.

Weißer Winterwald

 A 42

Glo - cken - klang   aus der Fer - ne,
Schnee und Eis   hört man knis - tern,

ü - ber uns   leuch - ten Ster - ne,
weil wir leis   nur noch flüs - tern,

kein Mensch weit und breit,   nur wir sind zu zweit,
wir füh - len uns ganz   wie Gre - tel und Hans,

Schluss
wan - dern durch den wei - ßen Win - ter - wald.
wan - dern durch den wei - ßen Win - ter - wald.

Lei - se, lei - se fal - len wei - ße Flo - cken   und ein Reh tritt aus dem Wald he - raus.

von vorne bis Schluss
(ohne Wdh.)

Brau - ne Au - gen bli - cken ganz er - schro - cken. Ist dir der Wald zu kalt, komm mit nach Haus.

Deutscher Text: Knut Schwielow   Melodie: Felix Bernard

Begleitung

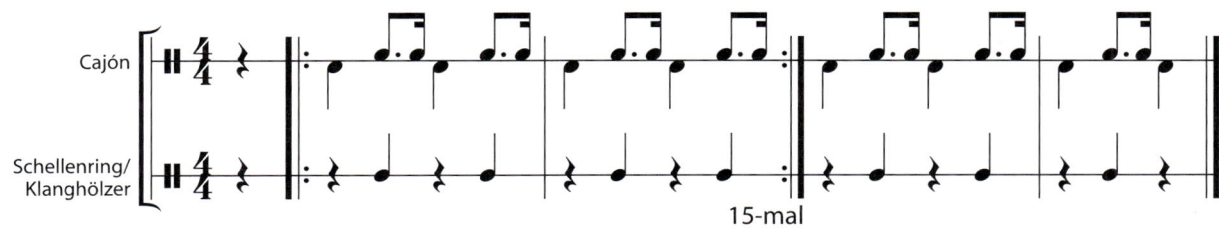

Cajón

Schellenring/
Klanghölzer

15-mal

1 Übt das Lied (A 42) ein. Betrachtet den Melodieverlauf. Was ist gleich, ähnlich, anders? Kennzeichnet die **Liedform** mit Buchstaben.

2 Gestaltet das Lied mit unterschiedlichem Ausdruck. Variiert die Parameter **Dynamik** und **Tempo**. Beschreibt, wie sich das Lied verändert.

3 Spielt die Begleitung zum Lied.

4 Vergleicht alle Jahreszeitenlieder dieses Kapitels miteinander. Schreibt auf, was euch auffällt.

Zum Jazz frei tanzen

Avishai Cohen

Avishai Cohen wurde 1970 in Israel geboren. Er ist Jazz-Bassist, Sänger und Komponist des Modern Jazz.

Avishai Cohen stammt aus einer musikalischen Familie. Im Alter von 9 Jahren begann er mit dem Klavierspiel. Mit 14 Jahren fing er an, sich für Jazz zu interessieren.

Nach seinem Militärdienst in Israel zog Avishai Cohen nach New York und spielte von nun an akustischen Bass. 2003 gründete er zusammen mit dem Schlagzeuger Mark Guilliana und dem Pianisten Shai Maestro das Avishai Cohen **Trio**.

2008 nahm das **Trio** das Jazzstück „Gently Disturbed" auf.

Heute lebt Avishai Cohen wieder in Israel.

Fragen zur Musik

- Bleibt der Rhythmus gleich oder ändert er sich?
- Gibt es Solo-Einwürfe?
- Gibt es Pausen?
- Spielen die Instrumente gleichzeitig oder nacheinander?
- Klingt die Musik weich oder hart?

Ich höre auf das Schlagzeug und stelle die Besonderheiten im Rhythmus dar.

Ich höre auf den Bass und stelle die sich wiederholende Tonfolge dar.

Das Klavier spielt eine fließende Melodie.

weiche Bewegungen

?

Besonderheiten im Rhythmus

Das Schlagzeug ist nicht zu hören.

nicht bewegen (freeze)

Ich höre auf das Klavier und stelle die fließenden Bewegungen dar.

schnelle, rhythmische Hand- und Armbewegungen

?

1 Hört „Gently Disturbed" (A 43) von Avishai Cohen und lauft allein, zu zweit oder zu dritt im **Metrum** der Musik durch den Raum.

2 Bildet 3er-Gruppen und hört die Musik erneut. Sprecht über Auffälligkeiten und schreibt diese dann auf gelbe Wortkarten. Nutzt dafür auch die vorgegebenen Fragen zur Musik.

3 Erarbeitet in der Gruppe passende Bewegungen zu den unterschiedlichen Instrumenten, die ihr hört, und schreibt sie auf grüne Wortkarten.

4 Entscheidet euch, wer welches Instrument darstellt, und führt eure Bewegungsgestaltung zur Musik aus. Drückt die Stimmung und die Wirkung der Musik durch passende Bewegungen und Gesten aus.

5 Filmt eure Bewegungsgestaltung. Beurteilt eure eigenen Ergebnisse und die der anderen Gruppen. Begründet eure Aussagen. Verwendet dafür auch die Wortkarten aus Aufgabe 2. Überlegt gemeinsam, was ihr noch verbessern könntet.

Wild-One-Mixer – der Backbeat im Tanz

 A 44

Der „Mixer" ist ein aus Amerika stammender Partnerwechsel-Tanz. Beim „Wild-One-Mixer" findet der Partnerwechsel im zweiten Teil des Tanzes statt. Dieser Teil ist durch das Klatschen im Backbeat gekennzeichnet. Beim Backbeat liegt die Betonung in einem 4/4-Takt auf den Zählzeiten 2 und 4.

Aufstellung: Zugewandter Paarkreis, Zweihandfassung; der Innenkreis beginnt mit links, der Außenkreis beginnt mit rechts.

Teil A

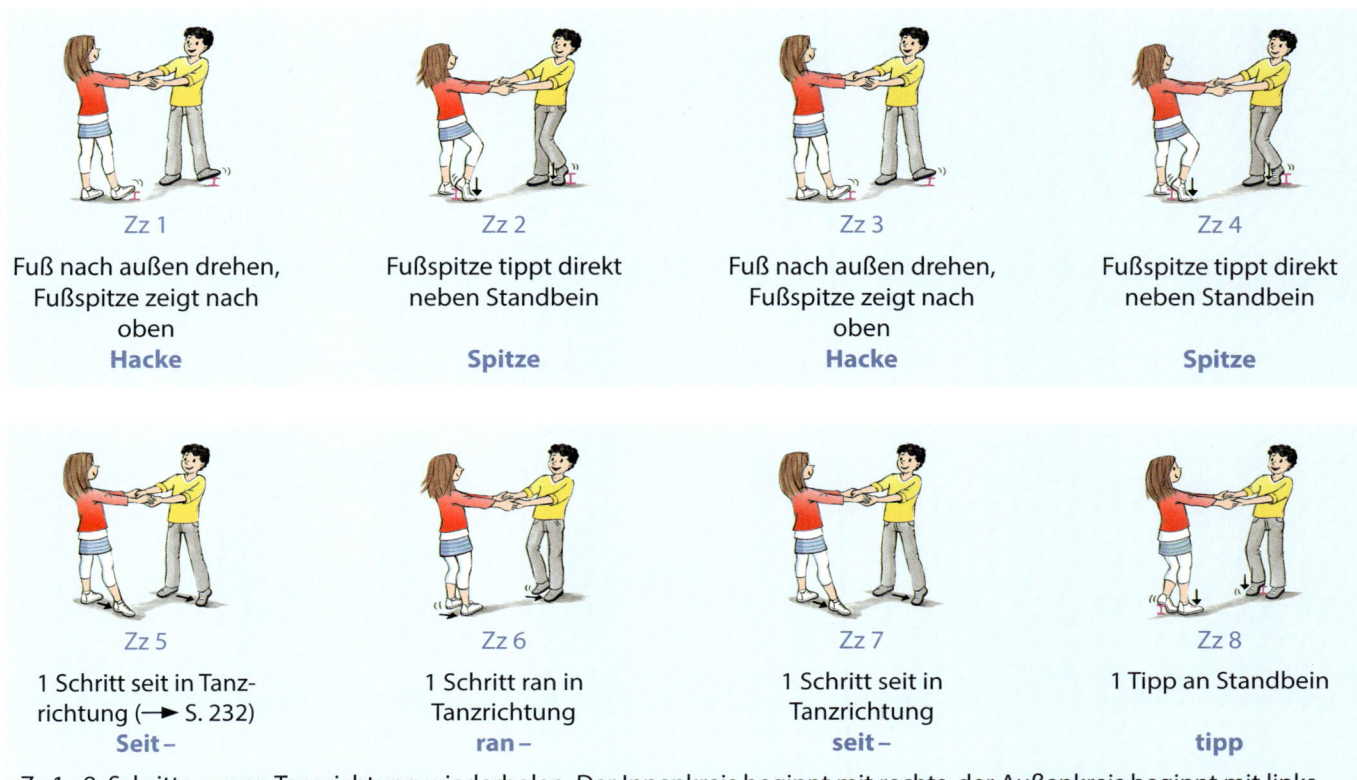

Zz 1	Zz 2	Zz 3	Zz 4
Fuß nach außen drehen, Fußspitze zeigt nach oben **Hacke**	Fußspitze tippt direkt neben Standbein **Spitze**	Fuß nach außen drehen, Fußspitze zeigt nach oben **Hacke**	Fußspitze tippt direkt neben Standbein **Spitze**

Zz 5	Zz 6	Zz 7	Zz 8
1 Schritt seit in Tanzrichtung (→ S. 232) **Seit –**	1 Schritt ran in Tanzrichtung **ran –**	1 Schritt seit in Tanzrichtung **seit –**	1 Tipp an Standbein **tipp**

Zz 1–8: Schritte gegen Tanzrichtung wiederholen. Der Innenkreis beginnt mit rechts, der Außenkreis beginnt mit links.

Teil B

Backbeat: Zz 1 – 8

Zz 1/3/5/7	Zz 2/4/6/8	Zz 1–8
Mit beiden Füßen rückwärts hüpfen **Hüpf –**	In die Hände klatschen **klatsch**	Mit 4 langsamen Schritten auf den nächsten rechten Partner zugehen

4-mal

1 Gestaltet den „Wild-One-Mixer" (A 44) mithilfe der Tanzbeschreibung und der Tanzsprache. Beginnt den Tanz in Tanzrichtung (→ Kap. 24).

2 Übt den Tanz zuerst ohne Partnerwechsel.

3 Klatscht den Backbeat auch beim Partnerwechsel. Denkt euch Varianten für das Klatschen aus (schnipsen, schnalzen, patschen …).

4 Tanzt den Seit-ran-seit-tipp-Schritt im Außenkreis mit Drehungen in die jeweilige Tanzrichtung.

Kartoffel-Boogie

A 45, 46

Boogie-Woogie-Grundschritt

Abgebildet sind die Jungenschritte. Die Mädchen beginnen mit dem rechten Fuß.

Schritt (lang)	**Schritt** (lang)	**Stütz –** (kurz)	**Schritt** (kurz)

Schritt mit li nach li	Schritt mit re nach re	Schritt mit li nach hinten. Die li Ferse bleibt oben, der re Fuß hebt leicht ab.	Schritt mit re am Platz. Der li Fuß macht sich wieder für den ersten Schritt des Grundschritts bereit.

Paarweise: Swing-out-Schritt

Er: Grundschritt mit li Sie: 1 Schritt mit re nach rechts	Er: Grundschritt mit re, dabei rechte Hand lösen Sie: 1 Schritt mit li nach links außen	Beide: Stützschritt nach hinten, er mit li, sie mit re	Beide: Stützschritt nach vorn, er mit re, sie mit li

Paarweise: Swing-in-Schritt

Er: Grundschritt mit li Sie: 1 Schritt mit re nach vorn	Beide: in Zweihandfassung Grundschritt zu Ende tanzen	Beide: in Zweihandfassung Stützschritt	Beide: in Zweihandfassung Stützschritt zu Ende

1 Steht mit den Füßen schulterbreit und übt den Boogie-Woogie-Grundschritt zuerst einzeln ein.

2 Stellt euch dann mit einem Partner in der Zweihandfassung auf (→ Kap. 24) und übt den Grundschritt gemeinsam. Einigt euch darauf, wer den Jungenschritt tanzt. Der Mädchenschritt beginnt gegengleich mit dem rechten Fuß. Übt in dieser Aufstellung auch den Swing-out-Schritt und den Swing-in-Schritt.

3 Übt das Lied „Kartoffel-Boogie" (A 45) ein und tanzt die Boogie-Woogie-Schritte dazu. Beginnt nach dem **Auftakt**.

4 Erfindet weitere Boogie-Woogie-Bewegungen. Holt euch hierfür Anregungen aus dem Internet.

5 Tanzt den Boogie-Woogie mit den vorgegebenen und euren Schritten zu „In the Mood" (A 46) von Glenn Miller.

Text: Marianne Küpper   Melodie: Lisa Wittmann

It's Raining Men

Geri Halliwell

Geraldine „Geri" Estelle Halliwell wurde 1972 in England geboren. Sie ist Pop-Sängerin, Songwriterin, Autorin und Schauspielerin.

Bevor sie ihre Musikkarriere startete, arbeitete sie als Model. In den 1990er-Jahren wurde Halliwell als eines der fünf „Spice Girls" berühmt. Diese Girlgroup war eine der erfolgreichsten in den 1990er-Jahren.

2001 veröffentlichte Halliwell bereits ihr zweites Soloalbum. Das Album enthält u. a. eine Cover-Version des alten „Weather-Girls"-Hits „It's Raining Men". Halliwells Version des Lieds wurde für den Soundtrack des Films „Bridget Jones – Schokolade zum Frühstück" verwendet. Der Song wurde ein großer internationaler Erfolg und 2002 als bestes internationales Lied des Jahres mit einem Preis ausgezeichnet.

Tanzbausteine

1. Karo-Schritt
Zählzeit (Zz) 1 – 4

Zz 1	Zz 2	Zz 3	Zz 4
Re kreuzt vor li auf gedachte obere Spitze des Karos	Mit li 1 Schritt nach li auf gedachte linke Spitze des Karos	Mit re 1 Schritt rück auf gedachte untere Spitze des Karos	Li kreuzt vor re auf gedachte rechte Spitze des Karos
Kreuz –	**seit –**	**rück –**	**kreuz**

2. Tipp-tipp-seit-ran-seit-Schritt
Zz 1 – 4

    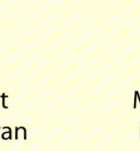 

Zz 1	Zz 2	Zz 3	und	Zz 4
Re tippt unbelastet nach rechts seitwärts	Re tippt unbelastet an li Fuß	Mit re 1 Schritt belastet nach rechts seitwärts	Mit li 1 Schritt belastet an re ran	Mit re 1 Schritt belastet nach rechts seitwärts
Tipp –	**tipp –**	**seit –**	**ran –**	**seit**

Zz 5 – 8: Schritte nach links gegengleich wiederholen.

3. Kick-ball-change-Schritt

Zz 1 – 2

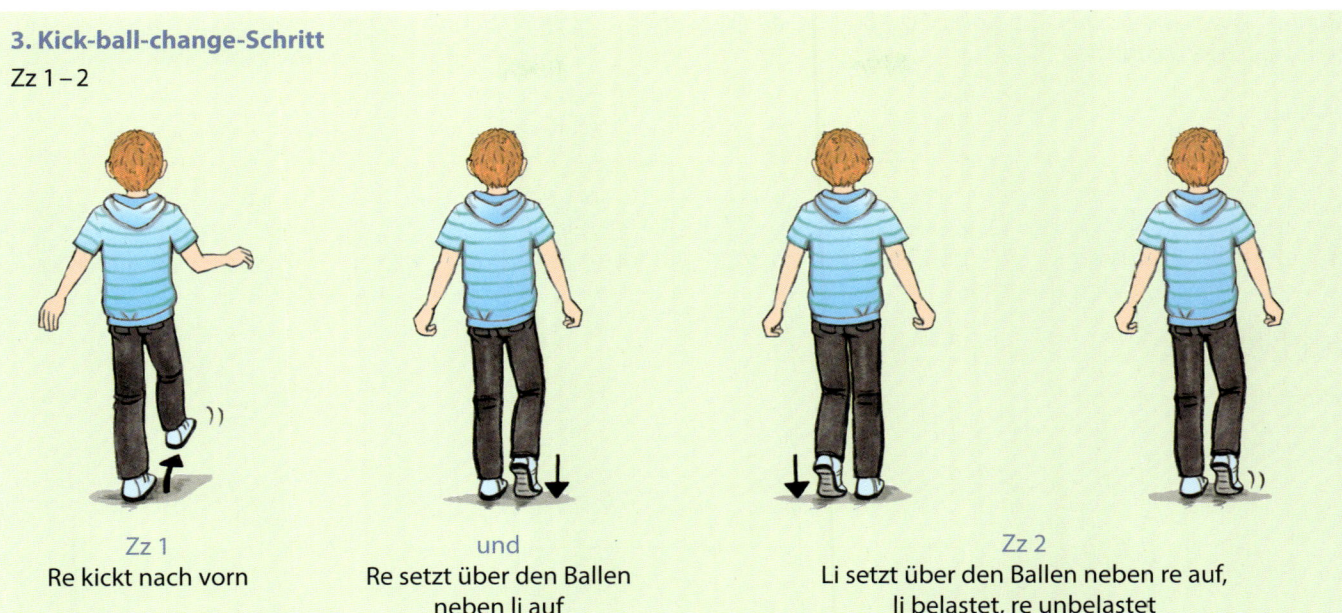

Zz 1	und	Zz 2
Re kickt nach vorn	Re setzt über den Ballen neben li auf	Li setzt über den Ballen neben re auf, li belastet, re unbelastet
Kick –	**ball –**	**change**

4. Spot-turn-Schritt

Zz 1 – 4

Zz 1	Zz 2	Zz 3	Zz 4
Re Ballen 1 Schritt vorwärts, ½ Drehung um linke Schulter	Li wird belastet, re ist für den nächsten Schritt frei	Re Ballen 1 Schritt vorwärts, ½ Drehung um linke Schulter	Li wird belastet, re ist für den nächsten Schritt frei
Spot –	**turn**	**Spot –**	**turn**

1 Hört den **Formverlauf** (**Intro**, **Bridge**, Refrain, **Outro**, Strophe) von „It's Raining Men" (A 47) heraus. Zählt dabei immer bis 8. Notiert eure Ergebnisse.

2 Übt die Tanzbausteine anhand der Tanzbeschreibungen und der Tanzsprache ein. Achtet darauf, die Bewegungen immer über 8 Zählzeiten auszuführen.

3 Erfindet eigene Tanzbausteine über 8 Zählzeiten. Holt euch dafür Anregungen aus dem Internet oder aus Kapitel 24.

4 Stellt euch in Formation auf Lücke (→ S. 233) und gestaltet eine **Choreografie** mit den vorgegebenen und eigenen Tanzbausteinen.

5 Setzt für eure **Choreografie** passende Requisiten (Regenschirm, Regenjacke, Gummistiefel …) ein.

Zodiac

 A 48

„Zodiac" ist ein israelischer Pop-Song des Komponisten Yoni Ro'eh. Das Wort stammt vom griechischen „Zodiakos" ab und bedeutet „Tierkreiszeichen".

Ablauf

Intro	A	B	A	B	A	B	Outro (= A)
4 x 8 Zz + 4 Zz	4 x 8 Zz	4 x 8 Zz	4 x 8 Zz	4 x 8 Zz	4 x 8 Zz	4 x 8 Zz	3 x 8 Zz

Begleitung

A

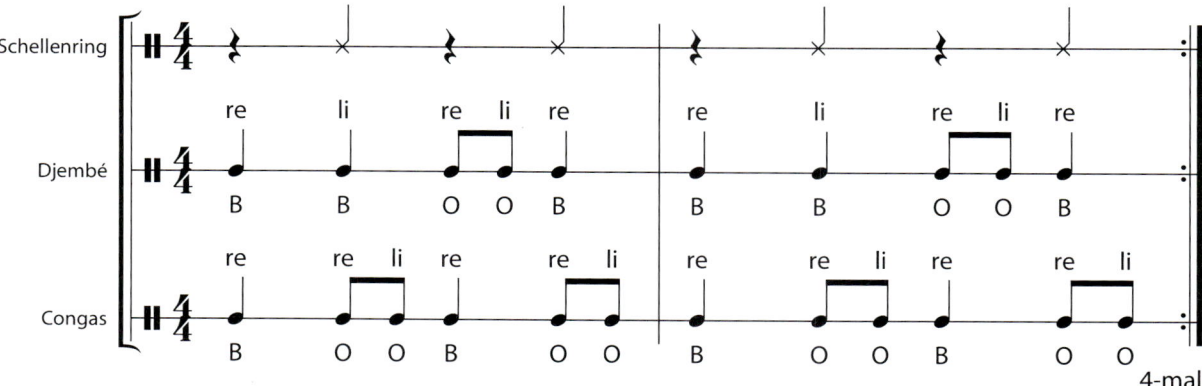

B

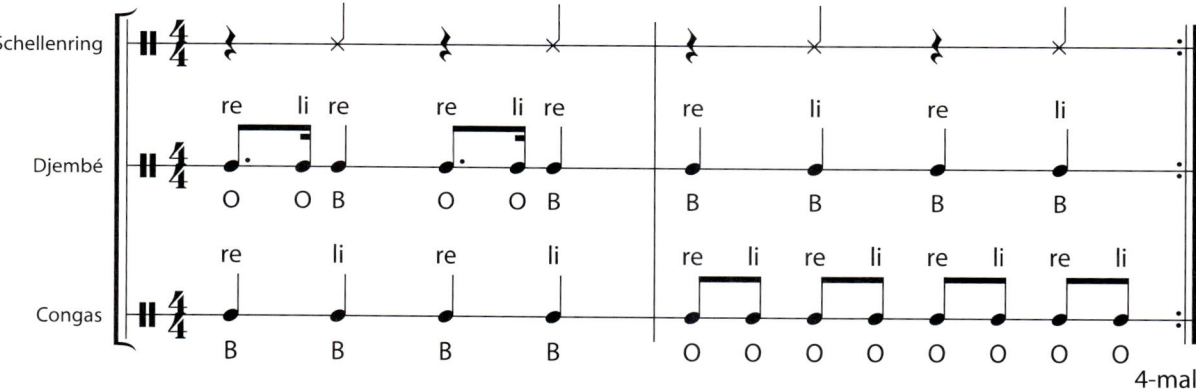

Schlagtechnik:

O = Open, B = Bass

1 Hört „Zodiac" (A 48) und klatscht zu Teil A und patscht zu Teil B im Metrum. Verfolgt dabei das Formschema.

2 Benennt die **Noten-** und **Pausenwerte** der Begleitung und gestaltet sie mit der entsprechenden Schlagtechnik zu den Teilen A und B. Spielt sie zur Musik.

3 Erfindet weitere Begleitstimmen.

4 Erarbeitet die Schrittfolge zu Teil A (→ S. 61) anhand der Tanzbeschreibung und der Tanzsprache.

5 Variiert den Pendelschritt durch 1/4-Drehungen um die linke Schulter. Beginnt hierfür mit dem Pendelschritt nach vorn.

Schrittfolge Teil A

Seit-ran-seit-tipp-Schritt
1 x 8 Zz

Zz 1 / 3 / 5	Zz 2 / 4 / 6	Zz 7	Zz 8
Re 1 Schritt seit nach rechts, dabei beide Arme nach rechts	Li 1 Schritt ran an re, dabei beide Arme vor den Körper	Re 1 Schritt seit nach rechts, dabei beide Arme nach rechts	Li 1 Tipp ran an re, dabei beide Arme vor den Körper
Seit –	**ran –**	**seit –**	**tipp**

Seit-ran-seit-tipp-Schritt gegengleich nach links wiederholen (1 x 8 Zz)

Pendelschritt
1 x 8 Zz

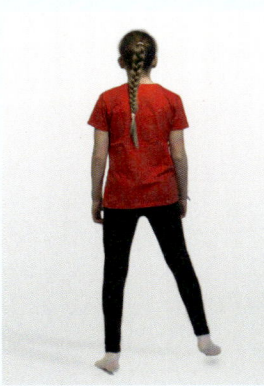 

Zz 1 / 3 / 5 / 7	Zz 2 / 4 / 6 / 8
Re 1 Schritt nach rechts, dabei das Gewicht leicht auf re verlagern	Li 1 Schritt nach links, dabei das Gewicht leicht auf li verlagern.
Pen –	**del**

Schritt-Tipp und Drehung
1 x 8 Zz

Zz 1 / 3	Zz 2 / 4

Re 1 Schritt seit nach rechts
Li tippt neben re, dabei in die Hände klatschen
Wiederholung gegengleich

Schritt –   **tipp**

Ganze Drehung (1 x 4 Zz) in 4 Schritten
re – li – re – li um rechte Schulter

---

6 Erfindet für Teil B eine eigene Schrittfolge. Achtet dabei darauf, dass der Beginn von Teil B zum Ende von Teil A passt. Schreibt die Schrittfolge für euren Teil B auf und fügt den vorgegebenen Teil A vor Teil B.

7 Präsentiert euren Tanz zur Musik. Beurteilt eure Ergebnisse und die der anderen (→ Kap. 24). Begründet eure Aussagen.

8 Spielt die Begleitung zu eurem Tanz.

Im Frühtau zu Berge

 A 49

1. Im Früh - tau zu Ber - ge wir zieh'n, fal - le - ra!

Es grü - nen die Wäl - der, die Höh'n, fal - le - ra!

Wir wan - dern oh - ne Sor - gen und sin - gen in den Mor - gen,

noch e - he im Ta - le die Häh - ne kräh'n.

2. Ihr alten und hochweisen Leut, fallera,
   ihr denkt wohl, wir wären nicht gescheit, fallera!
   Wer wollte aber singen, wenn wir schon Grillen fingen,
   in dieser herrlichen Frühlingszeit.

3. Werft ab alle Sorgen und Qual, fallera,
   und wandert mit uns aus dem Tal, fallera!
   Wir sind hinausgegangen, den Sonnenschein zu fangen.
   Kommt mit und versucht es doch selbst einmal.

Deutscher Text: Walther Hensel   Melodie: aus Schweden   Satz: Klaus Wolf

1 Hört das Lied (A 49) in einer **Chor**-Aufnahme und sammelt eure Höreindrücke: Wirkung, Melodierhythmus, Melodieverlauf, Textinhalt, **Dynamik**, **Tempo**.

2 Hört das Lied erneut und findet heraus, welche Stimmen jeweils singen. Informiert euch über das Singen im **Chor** auf S. 221.

3 Singt das Lied und geht im **Grundschlag** durch den Raum. Klatscht dazu abwechselnd auf die Zählzeiten 1 und 3 und die Zählzeiten 1, 2 und 3. Nennt anschließend Gründe, warum dieses Lied oft beim Wandern gesungen wird. Bezieht dabei auch eure Ergebnisse aus Aufgabe 1 mit ein.

4 Singt das Lied mit passendem Ausdruck auch zweistimmig.

Es, es, es und es

Handwerksgesellen früher

Früher gingen Lehrlinge nach dem Abschluss ihrer drei- bis fünfjährigen Lehrzeit auf Wanderschaft. In jedem Ort, in dem sie sich aufhielten, arbeiteten sie für einen Meister. Dadurch lernten sie verschiedene Arbeitsweisen kennen und sammelten viel Lebenserfahrung. Von ca. 1250 bis ca. 1850 war die Wanderschaft eine Voraussetzung für die Zulassung zur Meisterprüfung. Die Wanderjahre waren für viele Lehrlinge nicht einfach.

Lied

1. Es, es, es und es, es ist ein har-ter Schluss,
weil, weil, weil und weil, weil ich aus Frank-furt

muss! Drum schlag' ich Frank-furt aus dem Sinn und wen-de mich, Gott

weiß, wo - hin. Ich will mein Glück pro - bie - ren, mar - schie - ren.

2. ‖: Er, er, er und er, Herr Meister, leb er wohl! :‖
Ich sag's ihm grad frei ins Gesicht, seine Arbeit,
die gefällt mir nicht. Ich will …

3. ‖: Sie, sie, sie und sie, Frau Meist'rin, leb sie wohl! :‖
Ich sag's ihr grad frei ins Gesicht, ihr Speck und Kraut,
das schmeckt mir nicht. Ich will …

4. ‖: Er, er, er und er, Herr Wirt, nun leb er wohl! :‖
Hätt' er die Kreide nicht doppelt geschrieb'n,
so wär ich länger dageblieb'n. Ich will …

5. ‖: Ihr, ihr, ihr und ihr, ihr Jungfern, lebet wohl! :‖
Ich wünsche euch zu guter Letzt
ein' andern, der meine Stell ersetzt. Ich will …

6. ‖: Ihr, ihr, ihr und ihr, ihr Brüder, lebet wohl! :‖
Hab ich euch was zu Leid getan,
so bitt ich um Verzeihung an. Ich will …

Text und Melodie: volkstümlich

Handwerksgesellen heute

Lehrlinge werden heute auch Auszubildende (Azubis) genannt. Nach einer Lehrzeit von zwei bis drei Jahren legen die Lehrlinge ihre Gesellenprüfung ab und arbeiten dann als Gesellen in einem Betrieb. Nach ein paar Jahren können sie sich zur Meisterprüfung anmelden.

1 Singt das Lied (B 1) mit passendem Ausdruck.

2 Sprecht über den Textinhalt. Wie bewertet ihr das Leben eines Handwerkergesellen in früherer Zeit?

3 Nennt die beiden abgebildeten und weitere Handwerksberufe.

4 Lest die Informationstexte und recherchiert im Internet oder befragt junge Handwerkerinnen und Handwerker über die Handwerksausbildung heute. Vergleicht die Handwerksausbildung früher und heute.

Eine Karawane zieht durch die Wüste

Vorspiel

1 Beschreibt das Bild der vorbeiziehenden Karawane. Was für Geräusche und Klänge sind möglicherweise zu hören? Wie verhält es sich mit dem **Tempo** und der **Dynamik**? Notiert eure Ergebnisse auf Wortkarten.

2 Benennt die **Notenwerte** und **Notennamen** und übt dann das Vorspiel und die Begleitung ein.

3 Stellt eine sich nähernde Karawane musikalisch dar. Bezieht eure Ergebnisse aus Aufgabe 1 mit ein. Entscheidet, womit ihr beginnen wollt: mit dem **Chor**, den Rhythmusinstrumenten oder mit dem **Bordun**.

4 Singt das Wüstenlied (→ S. 65), z. B. auf „mh", „na", „du". Lasst es von einem **Solo**sänger oder einer kleinen Gruppe singen.

Wüstenlied

Mh mh…

Melodie: aus Palästina

Begleitung

Sum ga-li ga-li ga-li, sum ga-li ga-li, sum ga-li ga-li ga-li, sum ga-li ga-li.

Zwischenspiele

1

2

5 Begleitet das Wüstenlied mit Instrumenten und **Chor**. Setzt auch die Zwischenspiele ein.

6 Gestaltet mit den Bausteinen A bis G (→ S. 64) ein zur wegziehenden Karawane passendes Nachspiel, indem eine Gruppe nach der anderen aufhört.

7 Schreibt einen Ablaufplan für eure Musik auf. Tragt auch **Vortragsbezeichnungen** mit ein. Nehmt eure Musik auf und beurteilt beim Hören der Aufnahme euer eigenes Spiel und das der anderen (→ Kap. 24).

8 Baut eure Verbesserungsvorschläge in eine weitere Aufnahme mit ein.

Alexander Borodin: Eine Steppenskizze aus Mittelasien

B 2–5

Alexander Borodin wurde in St. Petersburg, Russland, geboren. Schon als Kind interessierte er sich sehr für Musik. Er spielte Klavier und komponierte. Er studierte Chemie und Medizin und wurde ein geachteter Wissenschaftler und Arzt. Daneben fand er aber auch immer Zeit zum Komponieren. Im Jahre 1880 komponierte er das Orchesterwerk „Eine Steppenskizze aus Mittelasien". Mit gezielt eingesetzten musikalischen Mitteln gelingt es Borodin, eine vorbeiziehende Karawane darzustellen: In der Weite der Steppe nähert sie sich langsam, zieht vorbei und entfernt sich dann allmählich. Beim Hören der Musik kann man den Inhalt fast wie in einem Film verfolgen.

*Alexander Borodin
(1833 – 1887)*

A
pp

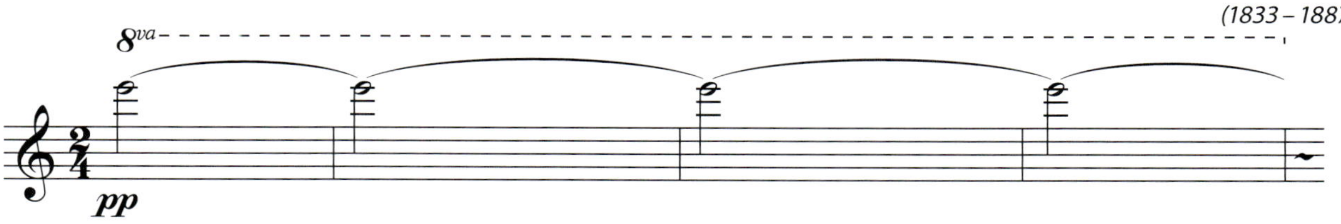

B
p cantabile   dim.

C
espressivo
p

D
p

1 Beschreibt das Karawanen-Bild. Wie könnte es klingen?

2 Beschreibt die Notenbilder A bis D (Melodieverlauf, **Noten-** und **Pausenwerte**, **Vortragsbezeichnungen**). Ordnet sie den Hörbeispielen B 2 – 5 zu. Begründet eure Entscheidungen.

3 Ordnet die vier Überschriften (→ S. 67) den Hörbeispielen und Notenbildern zu und begründet eure Entscheidungen.

Überschriften

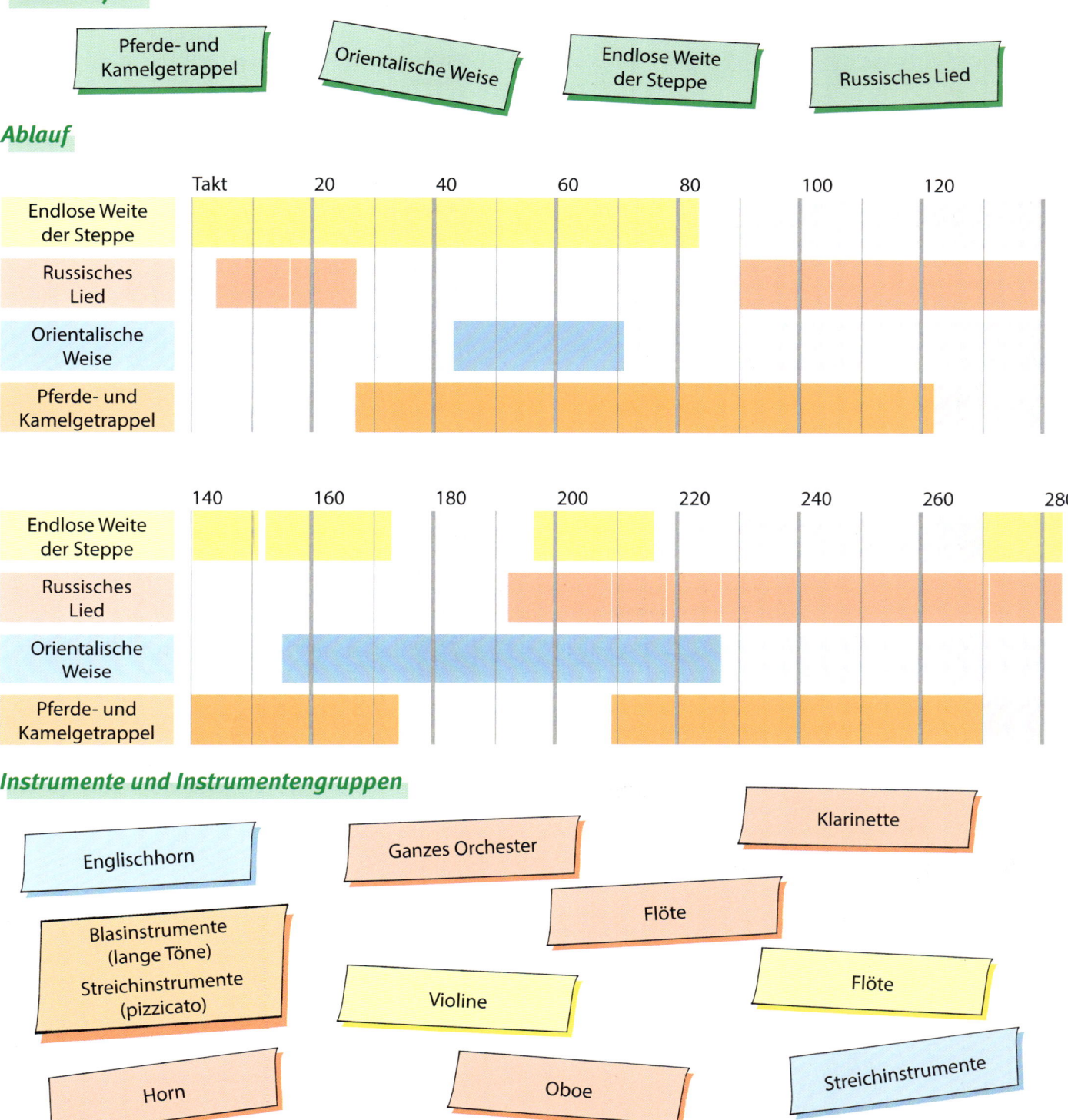

Pferde- und Kamelgetrappel

Orientalische Weise

Endlose Weite der Steppe

Russisches Lied

Ablauf

Instrumente und Instrumentengruppen

Englischhorn

Ganzes Orchester

Klarinette

Flöte

Blasinstrumente (lange Töne)
Streichinstrumente (pizzicato)

Violine

Flöte

Horn

Oboe

Streichinstrumente

---

4 Hört das gesamte Werk (B 6) und beschreibt die Musik, z. B. Wirkung, Instrumente, **Dynamik**, **Klangfarbe**, **Tempo**. Vergleicht eure Höreindrücke mit den musikalischen Erfahrungen, die ihr auf S. 64/65 gesammelt habt.

5 Hört die Musik erneut und verfolgt sie am Ablaufplan. Findet mithilfe der Karten heraus, welche Instrumente und Instrumentengruppen wann zu hören sind.

6 Warum hat Borodin für die Darstellung der endlosen Weite der Steppe Liegetöne verwendet? Wo würdet ihr die **dynamischen** Zeichen **pp**, **p**, **mf** und **ff** einsetzen? Begründet eure Entscheidungen.

7 Nehmt eine entspannte Körperhaltung ein, hört das gesamte Werk erneut und stellt euch dabei die herannahende, vorbeiziehende und sich dann entfernende Karawane vor.

Mit der Bahn unterwegs

Arthur Honegger (1892 – 1955)

Arthur Honegger war ein französisch-schweizerischer Komponist. Schon früh erhielt er Musikunterricht, als Jugendlicher begann er zu komponieren. Später studierte er in Zürich und Paris Violine und Musiktheorie, Komposition und Dirigieren. Mit seinem Werk „Pacific 231" (1923) wurde Arthur Honegger weltberühmt. Darin beschreibt er die Fahrt eines Schnellzugs, der von einer schweren Pacific-Dampflokomotive angetrieben wird.

Zu Beginn des 20. Jahrhunderts waren die Pacific-Dampflokomotiven die modernsten Lokomotiven in Europa. Die Zahl „231" bezieht sich auf die Anzahl der Radachsen: vorne zwei, in der Mitte drei und hinten eine.

Grafische Notation

Beschreibung

A

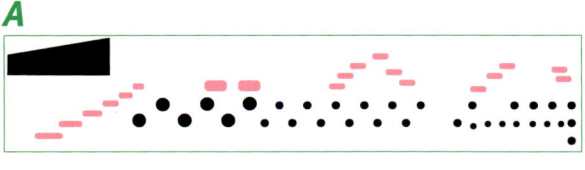

1

Das ruhige Atmen der Dampflokomotive im Stillstand.

B

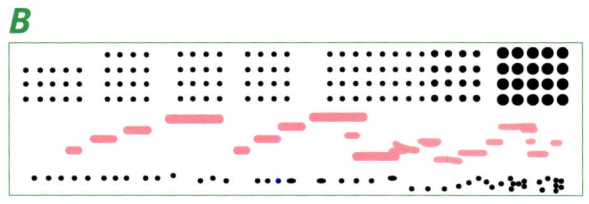

2

Die Anstrengung beim Anfahren und das Zunehmen der Geschwindigkeit.

C

3

Der Zug stürmt mit hoher Geschwindigkeit durch die Nacht.

Wortkarten

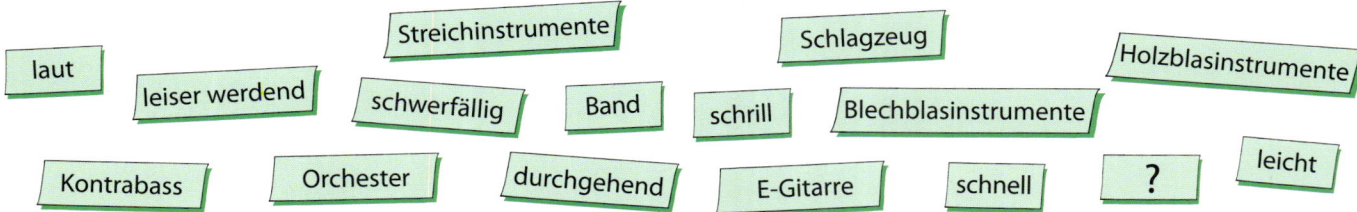

Streichinstrumente · Schlagzeug · Holzblasinstrumente · laut · leiser werdend · schwerfällig · Band · schrill · Blechblasinstrumente · Kontrabass · Orchester · durchgehend · E-Gitarre · schnell · ? · leicht

1. Lest die Texte auf den Seiten 68/69 und vergleicht sie miteinander.

2. Hört 3 Auszüge aus „Pacific 231" (B 7 – 9) von Arthur Honegger und 3 Auszüge aus „Last train home" von Pat Metheny (B 10 – 12) und ordnet sie den Beschreibungen und grafischen Notationen zu.

3. Hört nun beide Werke (B 13, 14), beschreibt die Musik (→ Kap. 24) und vergleicht sie miteinander bezüglich Wirkung, Instrumente, **Tempo**, **Klangfarbe**, **Dynamik** und Aufbau. Woran erkennt ihr, dass beide Werke eine Bahnfahrt beschreiben? Was ist gleich, ähnlich, anders? Als Gesprächsvorbereitung könnt ihr den beiden Werken die Wortkarten zuordnen.

4. Verfasst kurze Texte mit den Ergebnissen eurer Vergleiche und benutzt dafür auch Fachbegriffe (→ Kap. 23).

Pat Metheny ist ein US-amerikanischer Jazzgitarrist. Er wurde 1954 geboren. Mit acht Jahren lernte er Trompete, mit zwölf wechselte er zur Gitarre. Schon drei Jahre später spielte er mit vielen bekannten Jazzmusikern zusammen. Mit 18 Jahren wurde er in Miami Universitätsdozent für Jazzgitarre. Heute gilt er als einer der erfolgreichsten Fusion-Jazzmusiker der Welt. Sein Stil und sein Gitarrenklang sind unverwechselbar. Insgesamt erhielt Metheny 20 Grammys. In „Last train home" (1987) beschreibt die „Pat Metheny Group" mit musikalischen Mitteln eine Bahnfahrt. Neben dem weichen Gitarrenklang beindrucken auch die Virtuosität und Ausdauer des Bassisten und des Schlagzeugers.

Pat Metheny

Grafische Notation

A

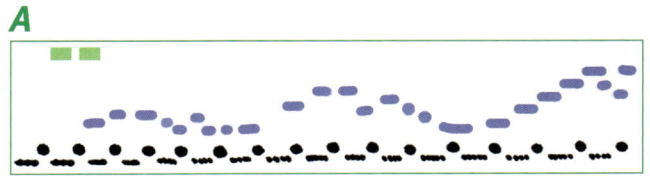

B

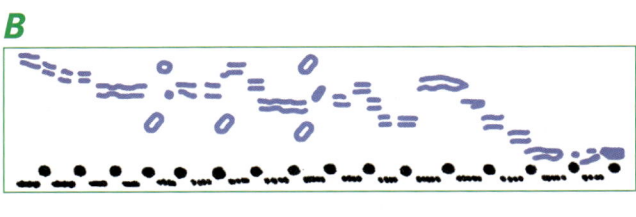

C

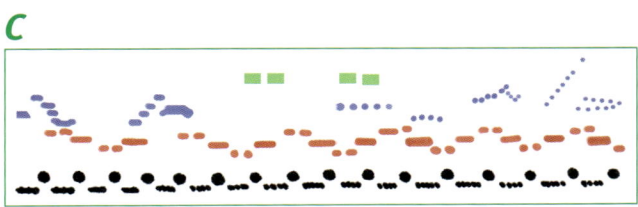

Beschreibung

1

Der Zug hat seine Höchstgeschwindigkeit erreicht und rast durch die Landschaft.

2

Mit hoher Geschwindigkeit entfernt sich der Zug, bis er kaum noch zu hören ist.

3

Die Fahrgäste sind fröhlich und genießen die Bahnfahrt.

Tipps für das Texteschreiben

- Entscheidet euch für eine Perspektive, aus der ihr schreiben wollt: Reist ihr mit oder beobachtet ihr die Bahnfahrt von außen?

- Beschreibt die Merkmale der Musik, z. B. Tempo, Lautstärke, Melodieverläufe, Klangfarbe, Formteile.
  Beispiele: Der Zug nimmt langsam Fahrt an (accelerando). Aus der Ferne sind die Signale der Lokomotive zu hören.

- Lasst euch auch durch die Beschreibungen und Wortkarten anregen.

- Achtet darauf, dass die Musik an manchen Stellen für sich spricht und die Zuhörer den Text auf sich wirken lassen können.

- Tragt eure Textentwürfe immer wieder zur Musik vor; so entstehen oft weitere Ideen.

5 Welche Instrumente stellen bei „Last train home" den fahrenden Zug dar? Hört dazu die Musik erneut (B 14).

6 Schreibt Texte über eine Bahnfahrt. Sie sollen entweder zu „Pacific 231" oder zu „Last train home" passen. Ordnet euch den Werken zu und verteilt euch auf zwei Räume.

7 Hört die Musik und skizziert erste Textideen. Nutzt die Hilfen für das Texteschreiben.

8 Tragt eure Ergebnisse zur Musik vor. Beurteilt eure Ergebnisse und die der anderen und begründet eure Aussagen (→ Kap. 24). Überlegt gemeinsam, was ihr noch verbessern könntet.

Tarzan – das Musical

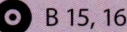 B 15, 16

Das Musical ist wie die Oper, die Operette und das Singspiel eine Form von Musiktheater.

Im Musical wird eine szenische Handlung mit Musik, Tanz und Gesang verbunden. Die Darstellerinnen und Darsteller im Musical sind gleichzeitig Schauspielende und Singende.

Ein Musiktheaterstück besteht meist aus mehreren Teilen, den **Akten** (→ S. 190), welche ihrerseits in **Szenen** unterteilt werden.

Die einzelnen Musikstücke einer **Szene** unterscheiden sich nach Textinhalt und Stellung im Gesamtstück. Wie in der Oper und der Operette üblich, kann auch ein Musical mit einer **Ouvertüre** (→ S. 190) beginnen. Was in der Oper die **Arie** (→ S. 190) ist, heißt im Musical Song. Durch den Song wird die Handlung vorübergehend unterbrochen, sodass der darstellenden Figur mehr Raum gegeben wird, ihren Gefühlen und Empfindungen gesanglich und szenisch Ausdruck zu verleihen. Im Musical werden, anders als in Oper und Operette, vermehrt Tanz und Bewegungschoreografien eingebunden.

Handlung

Im Jahr 1888 überlebt ein junges Paar mit seinem Baby nur knapp ein Schiffsunglück und wird an einen menschenleeren Strand in Afrika gespült. Ein Baumhaus dient ihnen als neues Zuhause.

Nach einem Angriff des Leoparden Sabor auf die Eltern bleibt das Menschenbaby Tarzan als Waise zurück.

Wenig später findet das Gorillaweibchen Kala, das seinen Sohn kurz zuvor ebenfalls durch einen Angriff von Sabor verloren hat, das weinende Menschenkind. Kala zieht Tarzan in der Gemeinschaft der Gorillas groß.

Der kleine Tarzan beobachtet die Gorillas.

Tarzan und Jane

Jahre später, als eine Expeditionsgruppe den Dschungel bereist, trifft Tarzan auf andere Menschen. Durch diese Begegnung wird er mit seiner wahren Herkunft konfrontiert. Die junge Forscherin Jane weckt sein Interesse. Schließlich verliebt sich Tarzan in Jane.

Als der zwielichtige Expeditionsführer Clayton Tarzan täuscht und die Gorillas in Gefahr bringt, erkennt Tarzan, dass nicht alle Menschen so gut sind wie Jane.

Tarzan muss die Entscheidung seines Lebens treffen: Hält er zu seiner Gorillafamilie und seiner Heimat, dem Dschungel, oder geht er mit seiner Liebe Jane fort?
Für Tarzan beginnt ein Kampf um seine Identität, seine Familie und seine Liebe.

---

1 Lest den Text zur Handlung des Musicals „Tarzan". Sprecht über den Inhalt des Textes und die Gefühle der unterschiedlichen Figuren der Geschichte: Tarzan als Baby, Kala, Jane, Clayton, Tarzan als Erwachsener.

2 Hört zwei Versionen des Lieds „Dir gehört mein Herz" (B 15, 16) von Phil Collins. Was fühlen Kala, Tarzan und Jane in diesem Moment? Begründet eure Meinung.

3 Schreibt den Text heraus und singt sowohl das **Solo** von Kala als auch das **Duett** von Tarzan und Jane.

4 Wie wird die Gefühlswelt der Figuren von der Musik unterstützt? Begründet eure Meinung.

Zwei Welten – Beginn

Hör die Wör - ter, die dein Schick - sal prä - gen.

Zwei Wel - ten, ei - ne Fa - mi - li - e.

Glaub an dich, ver - trau da - rauf. Das

Le - ben zeigt dir, wie.

Deutscher Text: Frank Lenart   Melodie: Phil Collins

Zwei Welten – Abschlusschor

Jane: Mit jedem Ende kommt ein neuer Anfang.

Tarzan: Zwei Welten – eine Familie.

Beide: Glaub an dich, vertrau darauf.
            Das Leben zeigt dir, wie.

Chorus 1: Nach jedem Ende kommt ein neuer Anfang.
            Zwei Welten – eine Familie.
            Glaub an dich, vertrau darauf.
            Das Leben zeigt, das Leben zeigt dir, wie.

Chorus 2: Hör die Wörter, die ein Schicksal prägen.
            Zwei Welten – eine Familie.

5 Hört den Beginn des Songs „Zwei Welten" (B 17) von Phil Collins. Beschreibt, wie Tarzans Unsicherheit musikalisch dargestellt wird: **Tempo**, **Stimmlage**, Text, Ausdruck, **Dynamik**.

6 Singt den Beginn des Lieds mit passendem stimmlichen Ausdruck.

7 Hört den Abschluss**chor** des Lieds (B 18). Wie hat sich Tarzans Stimmung verändert? Begründet eure Meinung anhand der Musik (Stimmeneinsatz, **Tempo**, Instrumente, Ausdruck).

8 Singt den Abschluss**chor** mit verteilten Rollen (**Solo**, **Duett** und **Chor**) zur Musik.

9 Interpretiert die Aussage des Textes des Abschluss**chors**.

Samuel Barber – Adagio for Strings

 B 19

Samuel Barber (1910 – 1981)

Samuel Barber war ein US-amerikanischer Komponist. Bereits im Alter von 7 Jahren begann er mit dem Komponieren. Zwei Jahre später entschied er sich für den Beruf des Komponisten.

Im Alter von 26 Jahren schrieb Barber das **Streichquartett** in B-Dur op. 11, dessen 2. Satz er für Streichorchester arrangierte. Dieser Satz trägt die Überschrift „Adagio for Strings" und wurde eines von Barbers populärsten Werken.

Wegen seiner emotionalen Intensität wurde das Stück mehrfach als Filmmusik verwendet, so z. B. in dem mit einem Oscar® gekrönten Antikriegsfilm „Platoon".

Am 11. September 2001 verübten Terroristen Anschläge auf das World Trade Center in New York. Bei dieser Attacke wurden die Twin Towers gänzlich zerstört und viele Menschen kamen ums Leben. Die ganze Welt war schockiert. Überall wurde getrauert, den Opfern der Anschläge gedacht und mit den Familien und Angehörigen mitgefühlt. Bei den Trauerfeiern anlässlich dieser Terroranschläge wurde das „Adagio for Strings" sehr häufig gespielt.

Auch bei anderen Trauerfeiern, wie z. B. für die Opfer des Terroranschlags auf die Satirezeitschrift „Charlie Hebdo" in Paris 2015 oder bei Beerdigungen berühmter Persönlichkeiten, ist dieses Werk immer wieder zu hören.

1 Hört das Stück „**Adagio** for Strings" (B 19) von Samuel Barber. Sprecht über die Musik (→ Kap. 24) und die Gefühle, die sie in euch auslöst.

2 Hört die Musik erneut und überlegt, warum gerade diese Musik vielen Menschen in ihrer Trauer hilft. Begründet eure Meinung. Berücksichtigt hierfür Instrumente, **Artikulation**, **Dynamik** und **Tempo** der Musik.

3 Malt ein Bild zur Musik. Wählt passende Farben und Formen aus.

4 Was hört ihr für Musik, wenn ihr traurig seid?

Straßen unserer Stadt

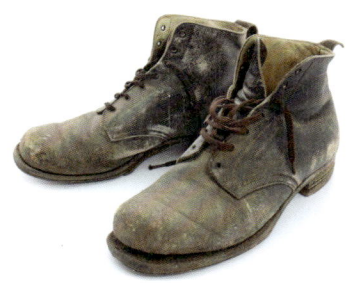

B 20

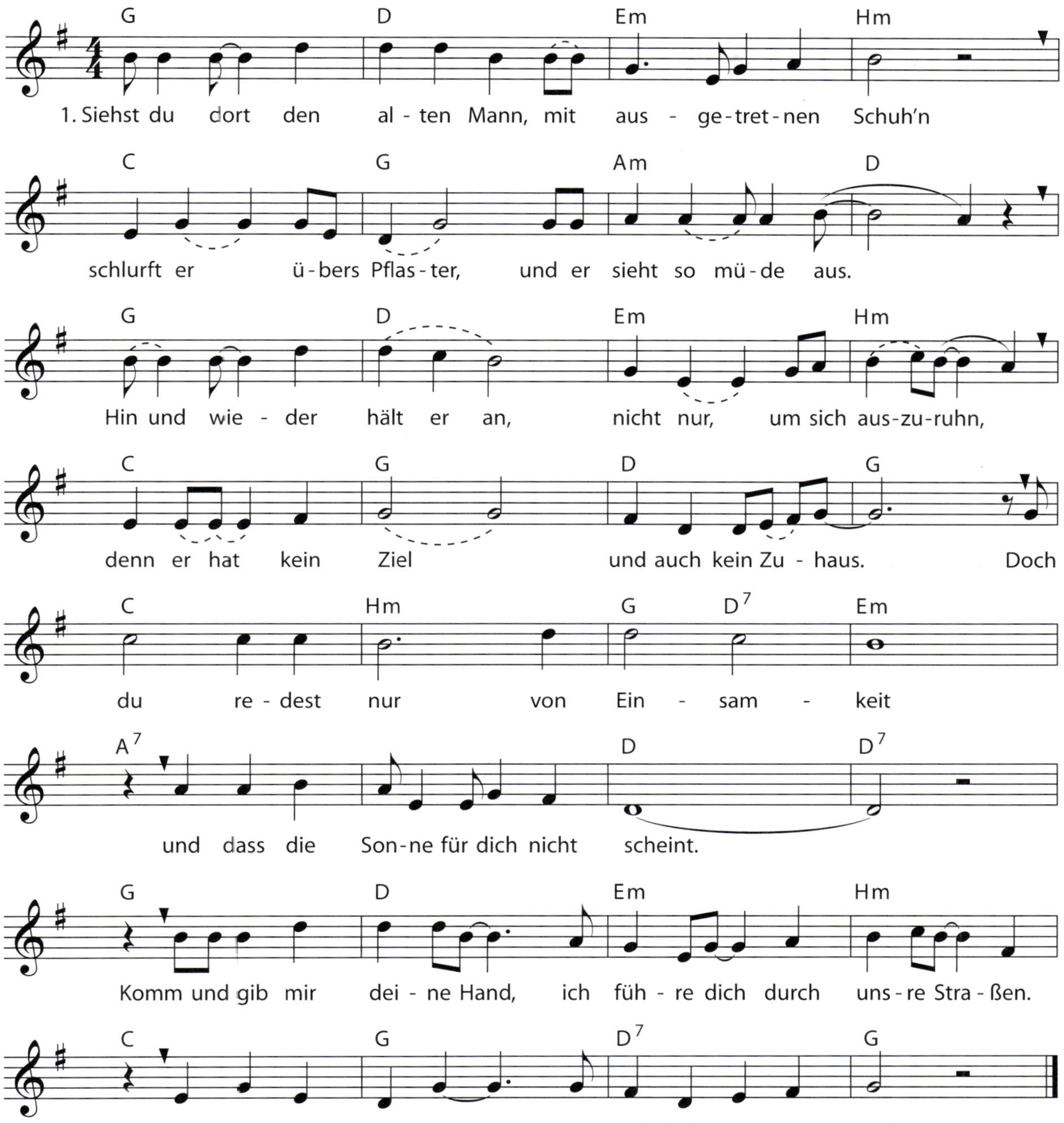
G D Em Hm
1. Siehst du dort den al - ten Mann, mit aus - ge-tret-nen Schuh'n
C G Am D
schlurft er ü-bers Pflas-ter, und er sieht so mü-de aus.
G D Em Hm
Hin und wie - der hält er an, nicht nur, um sich aus-zu-ruhn,
C G D G
denn er hat kein Ziel und auch kein Zu - haus. Doch
C Hm G D7 Em
du re - dest nur von Ein - sam - keit
A7 D D7
und dass die Son-ne für dich nicht scheint.
G D Em Hm
Komm und gib mir dei - ne Hand, ich füh - re dich durch uns - re Stra - ßen.
C G D7 G
Ich zeig dir Men - schen, die wirk - lich ein - sam sind.

2. Kennst du dort die alte Frau, die auf dem Marktplatz steht
mit schneeweißem Haar, welke Blumen in der Hand?
Und die Leute geh'n vorbei, sie merkt nicht, wie die Zeit vergeht,
so steht sie jeden Tag, und niemand stört sich dran. Doch …
3. In dem Bahnhofsrestaurant sitzt um ein Uhr in der Früh'
der selbe alte Mann, und er sitzt ganz allein.
Er ist der letzte Gast und das Aufsteh'n macht ihm Müh'.
Fünf leere Stunden, fünf leere Gläser Wein. Doch …
4. Siehst du dort den alten Mann … und er sieht so müde aus.
Denn in einer Welt, in der nur noch Jugend zählt,
ist für ihn kein Platz mehr und auch kein Zuhaus'. Doch …

Text: Christian Heilburg *Melodie: Ralph McTell*

1 Singt das Lied (B 20) und sprecht danach über eure Gedanken und Gefühle, die das Lied auslöst.

2 Lest den Liedtext noch einmal und sprecht über Gründe, die zu Einsamkeit und Obdachlosigkeit führen können.

Weihnacht ist auch für mich

B 21

1. Drau - ßen ist's dun - kel, al - les ver - schneit,
Lich - ter auf Bäu - men, Weih - nachts - zeit.
Was soll das hei - ßen? Für wen ist das Licht?
Weih - nacht ist auch für mich.

2. Manch einer betet, manch einer singt,
manche, die wissen nicht, was es bringt.
Einmal im Jahr gibt's den Baum voller Licht.
Weihnacht ist auch für mich.

3. Etwas zum Wünschen, etwas zum Geben,
und nicht allein sein, mit and'ren leben,
einen Moment ganz erfüllt sein vom Licht:
Weihnacht ist auch für mich.

Text und Melodie: Meinhard Ansohn

Begleitung

Glockenspiel

Metallofon

Bass-
klangstäbe

Klanghölzer

1 Gestaltet das Lied (B 21): Verteilt z. B. die ersten 3 Zeilen auf 3 Gruppen, singt die Schlusszeile gemeinsam, begleitet das Lied mit Instrumenten oder verwendet die Begleitung oder Teile davon als Vor-, Zwischen- und Nachspiel.

2 Sprecht über den Text. Was denkt ihr über die Weihnachtszeit und über Weihnachten?

3 Schreibt eure Wünsche zu Weihnachten auf Zettel. Legt sie in bunte Umschläge und hängt sie an die Wand.
Lest jeden Tag einige Wünsche vor und sprecht darüber.

Mache dich auf und werde Licht

B 22

Kanon

Ma - che dich auf und wer - de Licht!

Ma - che dich auf und wer - de Licht!

Ma - che dich auf und wer - de Licht,

denn dein Licht kommt.

Text: nach Jesaja   Melodie: Kommunität Gnadenthal

Begleitung

Glockenspiel 1

Glockenspiel 2

Lichtertanz

Takte 1 – 2   Takte 3 – 4   Takte 5 – 6   Takte 7 – 8

4 langsame Schritte in Tanzrichtung
re – li – re – li

4 langsame Schritte gegen Tanzrichtung
re – li – re – li

1 Drehung (4 Schritte) um rechte Schulter
re – li – re – li

4 Schritte am Platz, Licht nach oben führen
re – li – re – li

1 Singt den Kanon (B 22) vierstimmig und begleitet ihn mit Instrumenten.

2 Steht im Stirnkreis (→ Kap. 24) und tanzt mit Lichtern in den Händen den Lichtertanz zum einstimmigen Lied.

3 Tanzt den Lichtertanz als Kanon. Bildet dafür 4 konzentrische Kreise (→ Kap. 24). Der innerste Kreis beginnt.

4 Fügt Kanon, Begleitung und Tanz zusammen.

Was hat wohl der Esel gedacht

Vor- und Zwischenspiel

Flöte

Bass-
klangstäbe

Lied

1. Was hat wohl der E - sel ge - dacht in der Hei - li - gen Nacht,

als er plötz - lich die Frem - den sah im Stall?

Viel - leicht hat er Mit - leid ver - spürt, hat das Bild ihn ge - rührt,

und er rück - te zur Sei - te, sehr so - zial.

Viel - leicht a - ber pack - te ihn die Em - pö - rung:
Welch ei - ne nächt - li - che Ru - he - stö - rung! Kaum
schla - fe ich E - sel mal ein — schon

1. und 2.
kom - men hier Leu - te he - rein.

La la la la la la la la la la
la la la la la la la.

3.
je - den Tag Hei - li - ge Nacht.

2. Und dann lag da vor ihm das Kind
und er dachte: Jetzt sind es schon drei.
Was ist das für eine Nacht!
Da hält mir das Kind doch zuletzt meine Krippe
besetzt.
Und er polterte völlig aufgebracht:
Ich lasse ja manches mit mir geschehen,
doch wenn sie mir an mein Futter gehen,
ist's mit der Liebe vorbei.
Und er dachte an Stallmeuterei.

3. Er wusste ja nicht, wer es war,
den die Frau dort gebar,
hatte niemals gehört von Gottes Sohn.
Doch wir wissen alle Bescheid
und benehmen uns heut
noch genau wie der Esel damals schon.
Denn Jesus darf uns nicht vom Schlaf abhalten,
nicht unsern liebsten Besitz verwalten.
Doch wer ihm die Türen aufmacht, der hat jeden Tag
Heilige Nacht.

Text und Melodie: Manfred Siebald

1 Stellt beim Singen des Lieds (B 23) den Inhalt mit Gesten und passendem Stimmausdruck dar.

2 Setzt den Text szenisch um.

3 Findet heraus, aus wie vielen Teilen das Lied besteht. Ordnet jedem Teil eine Rhythmusinstru-menten-Gruppe zu und begleitet dann das Lied.

Johann Sebastian Bach: Weihnachtsoratorium

⊙ B 24 – 28

Das „Weihnachtsoratorium" von Johann Sebastian Bach ist eines der berühmtesten und meistaufgeführten geistlichen Werke. Im Mittelpunkt des Werks steht die Geburt Christi, wie sie der Evangelist Lukas erzählt. In der Kantate „Jauchzet, frohlocket" bringt der **Chor** die Stimme des Volkes zum Ausdruck. Der Evangelist erzählt im **Rezitativ** die biblische Weihnachtsgeschichte. Eine Solistin oder ein Solist trägt ein Gebet gesungen (Arie) vor. Im Choral werden die Gebete der Gemeinde, vertreten durch den **Chor**, gesanglich dargeboten. Besetzung des „Weihnachtsoratoriums": vier **Solo**stimmen (**Sopran**, **Alt**, **Tenor**, **Bass**), **Chor** (Sopran, Alt, Tenor, Bass), Orchester (Trompeten, Hörner, Pauken, Flöten, Oboen, Streichinstrumente), Continuo (Fagott, Cello, Kontrabass, Orgel).

Johann Sebastian Bach (1685 – 1750)

Johann Sebastian Bach gilt als einer der größten Komponisten der Musikgeschichte. Viele seiner Vorfahren waren als Musiker tätig. Sein Vater war Leiter der Eisenacher Stadtmusiker. Von ihm erhielt Johann Sebastian den ersten Musikunterricht. Von verschiedenen anderen Musikern lernte er Orgel, Cembalo, Violine und Bratsche spielen.

Nachdem er von 1703 bis 1722 in Weimar, Arnstadt, Mühlhausen und Köthen als Organist und zuletzt als Kapellmeister tätig war, wurde er 1723 Kantor der Thomaskirche und Thomasschule in Leipzig. Als Leiter des **Chors**, Organist und Kapellmeister war er gleichzeitig für das gesamte Musikleben der Stadt verantwortlich.

Hier entstanden auch die meisten seiner Werke, so auch das „Weihnachtsoratorium".

Begriffe und Erklärungen

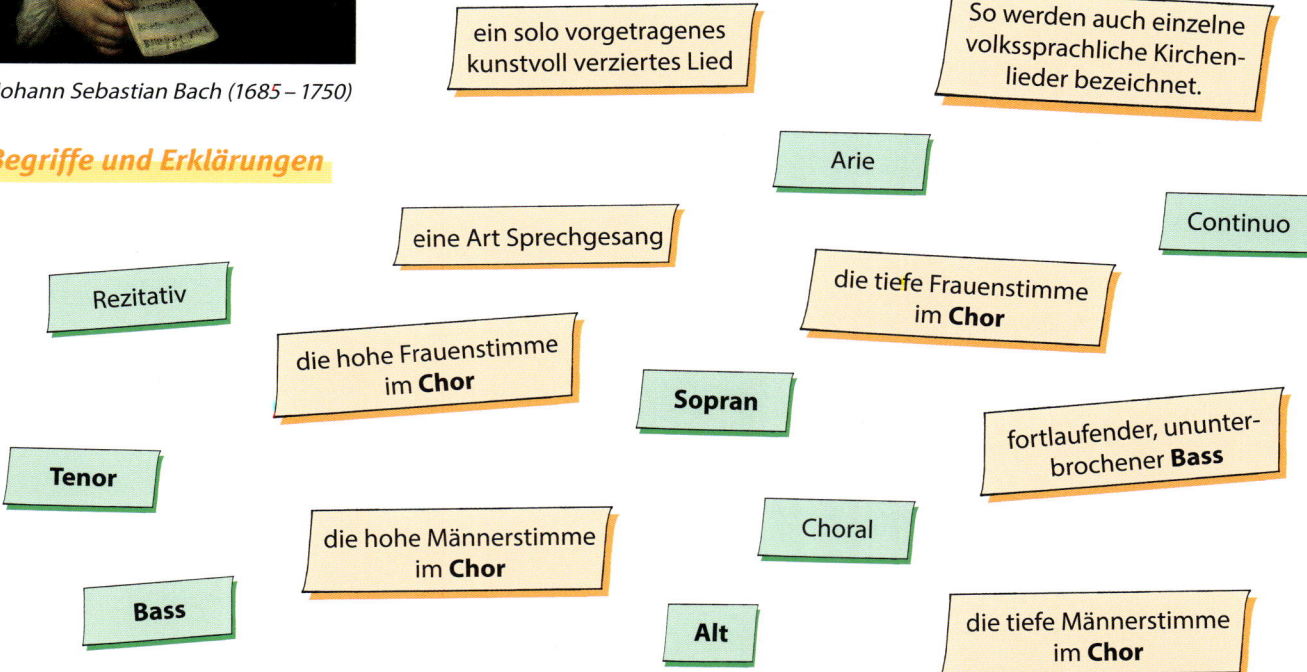

1 Lest den Text über das „Weihnachtsoratorium" und sprecht über den Inhalt.

2 Ordnet die Begriffe (grün) den Erklärungen (gelb) zu. Befragt euch dazu gegenseitig oder schaut im Internet oder Musiklexikon nach. Einige Begriffe lassen sich auch erklären, wenn ihr die Musik hört (B 24 – 28). Lest dann den Text über das „Weihnachtsoratorium" noch einmal.

3 Lest den Text über Johann Sebastian Bach und beschreibt dann sein Leben mit eigenen Worten. Vergleicht das Lebens- und Arbeitsumfeld von Bach mit dem anderer Komponistinnen und Komponisten im Schulbuch und ordnet sie ein (Zeit, Geschichte, Lebensweise).

Jauchzet, frohlocket!

Nr. 1: Chor (Sopran, Alt, Tenor, Bass)

Jauchzet, frohlocket! Auf, preiset die Tage,

Rühmet, was heute der Höchste getan!

Lasset das Zagen, verbannet die Klage,

Stimmet voll Jauchzen und Fröhlichkeit an!

Dienet dem Höchsten mit herrlichen Chören,

Lasst uns den Namen des Herrschers verehren!

Nr. 2: Rezitativ (Tenor)

Evangelist:

Es begab sich aber zu der Zeit, dass ein Gebot von
dem Kaiser Augusto ausging, dass alle Welt geschätzet
würde. Und jedermann ging, dass er sich schätzen
ließe, ein jeglicher in seine Stadt. Da machte sich auch
auf Joseph aus Galiläa, aus der Stadt Nazareth, in das
jüdische Land zur Stadt David, die da heißet Bethle-
hem; darum, dass er von dem Hause und Geschlechte
David war: auf dass er sich schätzen ließe mit Maria,
seinem vertrauten Weibe, die war schwanger. Und
als sie daselbst waren, kam die Zeit, dass sie gebären
sollte.

Nr. 3: Rezitativ (Alt)

Nr. 4: Arie (Alt)

Nr. 5: Choral (Chor)

Nr. 6: Rezitativ (Tenor)

Evangelist:

Und sie gebar ihren ersten Sohn und wickelte ihn in
Windeln und legte ihn in eine Krippe, denn sie hatten
sonst keinen Raum in der Herberge.

**Nr. 7: Choral
mit Rezitativ** (Chor – Sopran) (Bass)

Er ist auf Erden kommen arm,

Wer will die Liebe recht erhöhn,

Die unser Heiland vor uns hegt?

Dass er unser sich erbarm …

Nr. 8: Arie (Bass)

Großer Herr, o starker König,

Liebster Heiland, o wie wenig

Achtest du der Erden Pracht!

Der die ganze Welt erhält,

Ihre Pracht und Zier erschaffen,

Muss in harten Krippen schlafen.

Nr. 9: Choral (Chor)

Ach mein herzliebes Jesulein,

Mach dir ein rein sanft Bettelein,

Zu ruhn in meines Herzens Schrein,

Dass ich nimmer vergesse dein.

4 Hört die Ausschnitte aus „Jauchzet, frohlocket" (B 24 – 28) und beschreibt die Musik
(Wirkung, Ausdruck, Stimmen, Instrumente, **Klangfarbe**, **Dynamik**, **Artikulation**, (→ Kap. 24)).

5 Sprecht über die Unterschiede in den **Stimmlagen** des **Chors**.

6 Erkennt ihr im Choral (B 28) ein Weihnachtslied? Singt den Choral leise mit.

7 Findet mithilfe der Instrumentenabbildung heraus, welche Instrumente wann zu hören sind.

Camille Saint-Saëns: Weihnachtsoratorium

● B 29 – 35

1858 trat Camille Saint-Saëns im Alter von 23 Jahren eine Stelle als Organist in einer Pariser Kirche an. In der Adventszeit dieses Jahres komponierte er in nur 12 Tagen sein „Oratorio de Noël" („Weihnachtsoratorium") für 5 Solostimmen (Sopran, Mezzosopran, Alt, Tenor, Bariton), Chor (Sopran, Alt, Tenor, Bass), Streichinstrumente, Orgel und Harfe. Das Werk umfasst 10 **Sätze**. Für die zugrunde liegenden Bibeltexte wählte Saint-Saëns die lateinische Sprache. Dem Bericht des Evangelisten Lukas von der Verkündigung der Geburt Christi folgen Texte aus Psalmen, die das Weihnachtsgeschehen beschreiben. Das Werk beginnt mit einem **Präludium**, welches Saint-Saëns im Stile von Johann Sebastian Bach gehalten hat.
Am 25. Dezember 1858 wurde das „Weihnachtsoratorium" in Saint-Saëns' Kirche uraufgeführt.

(im Stile von Johann Sebastian Bach)

Nr. 1 Präludium

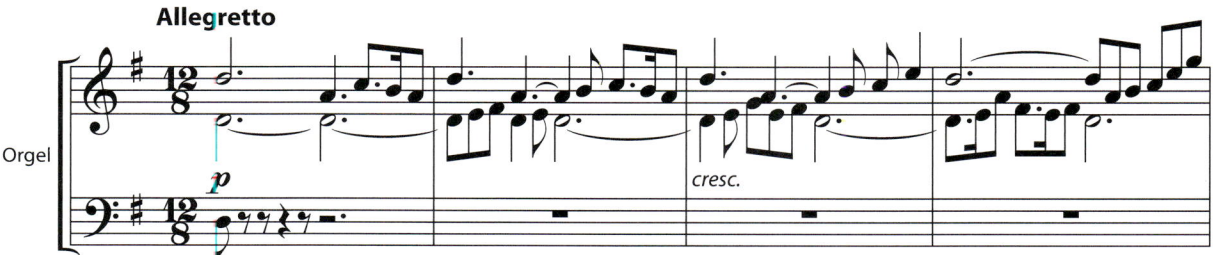

Nr. 2 Rezitativ und Chor

Und Hirten waren in derselben Gegend, die wachten und Nachtwache hielten bei ihrer Herde.

Und siehe: Ein Engel des Herrn stand bei ihnen und die Herrlichkeit Gottes umstrahlte sie und sie fürchteten sich mit großer Furcht. Und der Engel sprach zu ihnen: „Fürchtet euch nicht! Denn siehe, ich verkünde euch eine große Freude, die dem ganzen Volk zuteilwerden wird:

Geboren ist euch heute Christus, der Herr, in der Stadt Davids. Und dies soll euch das Zeichen sein: Ihr werdet ein Kind finden, in Windeln gewickelt und in eine Krippe gelegt."

Und plötzlich war bei dem Engel eine Menge der himmlischen Heerscharen, die Gott lobten und riefen: „Ehre sei in den Höhen Gott und auf Erden Friede den Menschen guten Willens."

1 Lest den Text über das „Weihnachtsoratorium" von Camille Saint-Saëns und sprecht anschließend in der Klasse darüber.

2 Bildet Gruppen, die Informationen z. B. über Solostimmen, Instrumente, Begriffe aus der Bibel und Fachbegriffe einholen. Die Informationen könnt ihr von den Seiten 78/79, dem Kapitel 23, aus dem Internet oder einem Lexikon entnehmen. Präsentiert eure Ergebnisse.

3 Hört die Ausschnitte B 29 – 35 aus dem „Weihnachtsoratorium". Wie wirkt die Musik auf euch? Welche Stimmung geht von ihr aus?

4 Erkennt musikalische Merkmale wie **Klangfarbe**, **Dynamik**, **Tempo**, **Form** und **Artikulation** und sprecht darüber (➔ Kap. 24).

Nr. 5 Duo

Gepriesen sei, der da kommt im Namen des Herrn.
Gott ist der Herr, er ist uns aufgeleuchtet.
Mein Gott bist du, und ich preise dich.
Mein Gott bist du, und ich erhebe dich.

Nr. 6 Chor

Warum murren die Heiden und ersinnen die Völker Nichtiges?
Ehre sei dem Vater, Ehre sei dem Sohn, Ehre dem Heiligen Geist,
wie im Anfang so auch jetzt und immer und in Ewigkeit. Amen.

Nr. 7 Trio

Bei dir ist die Herrschaft am Tag deiner Kraft,
bei dir ist die Herrschaft im Glanz der Heiligkeit.

Nr. 10 Chor

Bringet die Opfergaben und betet den Herrn an in seinem heiligen
Hause. Die Himmel sollen sich freuen und die Erde jubeln vor dem
Angesicht des Herrn, denn er kommt. Alleluja.

Camille Saint-Saëns im Jahre 1858

Camille Saint-Saëns (1835 – 1921) war ein außergewöhnlicher Mensch, ein echtes „Wunderkind". Schon mit drei Jahren erhielt er Klavierunterricht. Mit dreieinhalb Jahren begann er mit dem Komponieren. Mit zehn Jahren trat er als Pianist bei öffentlichen Konzerten auf. Ganz Paris jubelte begeistert: „Wir haben einen neuen Mozart!"

Der hochbegabte Saint-Saëns konnte schon mit drei Jahren lesen, mit sechs Jahren lateinische und griechische Texte übersetzen. Gleichzeitig beschäftigte er sich mit Mathematik und Astronomie. Mit 13 Jahren begann er ein Studium am Pariser Konservatorium, wo er sich auch mit der Musik von Johann Sebastian Bach beschäftigte.

Viele Jahre war Saint-Saëns Organist an Pariser Kirchen. Zudem trat er als Pianist, Organist und Dirigent in zahlreichen Ländern auf.

Saint-Saëns ist auch ein berühmter Komponist, der mit unterschiedlichen Werken großen Erfolg hatte. Neben dem „Weihnachtsoratorium" zählt der „Karneval der Tiere" zu seinen bekanntesten Werken.

---

5 Hört die Ausschnitte B 29 – 35 erneut und vollzieht Begriffe wie **Präludium**, **Rezitativ**, **Solo**, **Duo**, **Trio** und **Chor** nach. Erkennt die **Stimmlagen** im **Chor** und die Instrumente.

6 Hört das **Präludium** (B 29) und verfolgt den Anfang der Musik am Notenbild (➤ S. 80) mit. Sprecht über die Umsetzung der **Vortragsbezeichnungen „p"** und „**Allegretto**".

7 Hört die Ausschnitte, in denen gesungen wird, erneut (B 30 – 35). Könnt ihr einige Wörter verstehen? Was bedeuten sie?

8 In welchen Sätzen ist die Harfe zu hören? Beschreibt ihren Klang. Stellt Vermutungen auf, warum Saint-Saëns gerade in diesen Sätzen die Harfe einbezogen hat.

9 Tragt alle Informationen (Musik, Texte, Instrumente, Entstehungsgeschichte, Biografien der Komponisten) über die Weihnachtsoratorien von Bach (➤ S. 78 / 79) und Saint-Saëns zusammen und vergleicht sie. Was ist gleich, ähnlich, anders?

Il est né, le divin Enfant

⊙ B 36

In diesem Lied freuen sich die Christen über die Geburt Jesu.
Alle Menschen in der Welt freuen sich über die Geburt eines Kindes.
Ist nicht jedes Kind ein Wunder?

Refrain

Il est né, le di - vin En - fant, jou - ez, haut - bois, ré - son - nez, mu - set - tes!

Il est né, le di - vin En - fant, chan - tons tous son a - vè - ne - ment.

Strophe

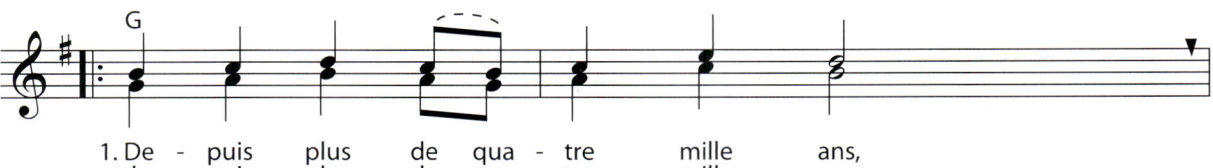

1. De - puis plus de qua - tre mille ans,
de - puis plus de qua - tre mille ans,

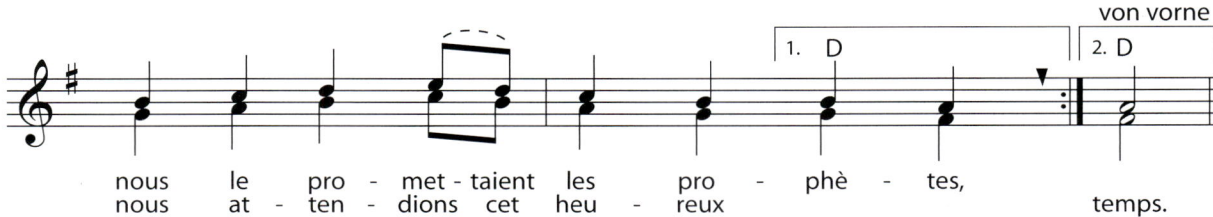

nous le pro - met - taient les pro - phè - tes,
nous at - ten - dions cet heu - reux temps.

2. Une étable est son logement,
   un peu de paille est sa couchette,
   une étable est son logement,
   pour un Dieu quel abaissement.

3. O Jésus, ô Roi tout-puissant,
   tout petit enfant que vous êtes,
   ô Jésus, ô Roi tout-puissant,
   régnez sur nous entièrement.

Text und Melodie: aus Frankreich   Satz: Othmar Kist

Begleitung Refrain

Glocken-spiel

Metallofon

Begleitung Strophe

Bass-klangstäbe

1 Singt das Lied (B 36) und begleitet es mit Instrumenten.

2 Übersetzt den Text mithilfe des Internets oder eures Französischlehrers: Was feiern die Chris-ten zu Weihnachten? Haben andere Religionen ähnliche Feste? Was feiern diese Religionen?

Santa Claus is coming to town

 B 37

Der Song „Santa Claus is coming to town" (dt. Der Weihnachtsmann kommt in die Stadt) wurde 1932 von John Frederick Coots und Haven Gillespie geschrieben. Im Text geht es um die Ermahnung an Kinder, brav zu sein, wenn der Weihnachtsmann kommt.

Nach Veröffentlichung des Lieds in einer Radioshow erreichte es innerhalb weniger Wochen bis Weihnachten 1934 einen Spitzenplatz in den amerikanischen Charts.

Der Song wurde so populär, dass viele Musiker in den folgenden Jahren neue Versionen davon aufnahmen.

Ablauf

Intro	A	A	B	A	Bridge	B	A'	Outro
2 x 8 Zz	2 x 8 Zz	2 x 8 Zz	2 x 8 Zz	2 x 8 Zz	4 x 8 Zz (= 2 x A)	2 x 8 Zz	2 x 8 Zz	1 x 8 Zz + 4 Zz

Teil A (2 x 8 Zählzeiten)

Zz 1	Zz 2	Zz 3 + 4
Re 1 Schritt vor	Li 1 unbelasteter Tipp vor	3 Schritte am Platz: li – re – li
Schritt –	**tipp –**	**lauf – am – Platz**

Zz 1	Zz 2	Zz 5 – 8
Re 1 Schritt zur Seite	Li tippt neben re	Mit 4 Schritten eine ganze Drehung um rechte Schulter: re – li – re – li

Zz 3 + 4

Die Schritte gegengleich wiederholen, mit li beginnen.

Schritt –	**tipp –**	**Dreh – rechts – um – steh**

1 Hört das Lied (B 37) und lauft im **Grundschlag** frei durch den Raum.

2 Stellt euch in Formation auf Lücke (→ Kap. 24) und gestaltet Teil A des Tanzes.

3 Variiert für die **Bridge** die Schrittfolge oder die Aufstellungsform (z. B. Gasse → S. 232) von Teil A.

4 Erfindet in Gruppen eine eigene Schrittfolge für Teil B und fügt sie in den Tanz ein.

5 Tanzt euren Tanz als Weihnachtsmanntanz mit passenden Requisiten (Weihnachtsmannkostüm, Jutesäcke).

6 Filmt euren Tanz, seht euch die Aufnahme an und sprecht darüber, was ihr noch verbessern könntet.

What shall we do with the drunken sailor

 B 38

In früheren Jahren wurden Waren von einem Erdteil zum anderen mit großen Segelschiffen transportiert. Diese Fahrten dauerten manchmal Monate. Für die Matrosen war die Arbeit auf diesen Segelschiffen hart und mühsam, sie wurde oft noch durch Sturm und hohen Wellengang erschwert. Um sich die anstrengenden Bewegungen beim Arbeiten zu erleichtern, sangen die Matrosen Lieder. Diese Lieder werden Shantys genannt. Ein „Shantyman" singt die Strophe, die Mannschaft den Refrain (call and response).

„What shall we do with the drunken sailor" zählt zu den bekanntesten Shantys.

Strophe

1. What shall we do with the drunk-en sail-or, what shall we do with the drunk-en sail-or,

what shall we do with the drunk-en sail-or ear-ly in the morn-ing?

Refrain

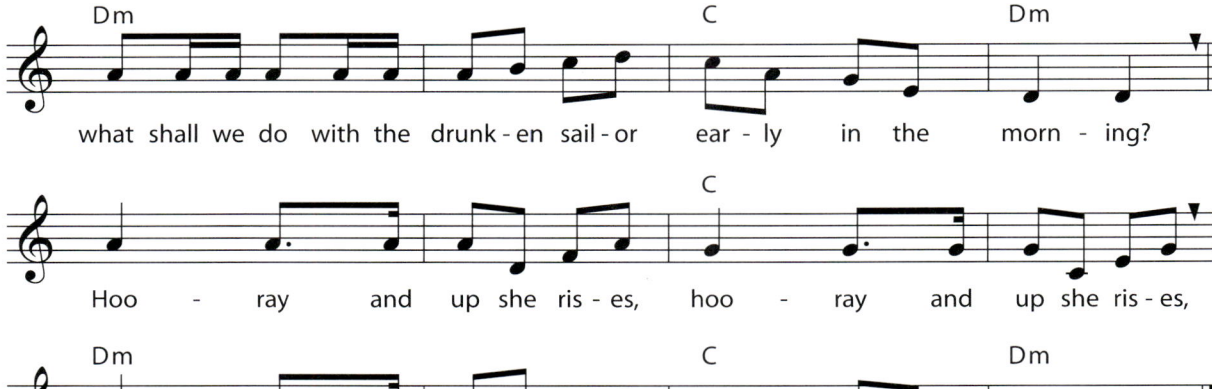

Hoo - ray and up she ris-es, hoo - ray and up she ris-es,

hoo - ray and up she ris-es ear-ly in the morn-ing.

2. Take him and shake him and try to awake him …	3. Give him a dose of salt and water …	4. Put him in the long-boat till he's sober …
5. Pull out the plug and wet him all over …	6. Heave him by the leg in a running bowlin' …	7. That's what to do with a drunken sailor …

Text und Melodie: aus England

1 Singt das Lied (B 38). Verteilt dafür die Strophen auf sieben „Shantymen", den Refrain singt die „Mannschaft".

2 Informiert euch über den Text (englischsprachige Personen in eurer Schule oder Internet).

3 Singt das Lied erneut und führt dazu regelmäßige Bewegungen aus, die der Arbeit der Matrosen an Deck entsprechen könnten. Spürt dabei das **Metrum** des Lieds.

Dreiklang-Begleitung

Dm	Dm
A	A
F	F
D	D

C	C
G	G
E	E
C	C

Dm	Dm
A	A
F	F
D	D

C	Dm
G	A
E	F
C	D

Dm	Dm
A	A
F	F
D	D

C	C
G	G
E	E
C	C

Dm	Dm
A	A
F	F
D	D

C	Dm
G	A
E	F
C	D

Rhythmen für die Liedbegleitung

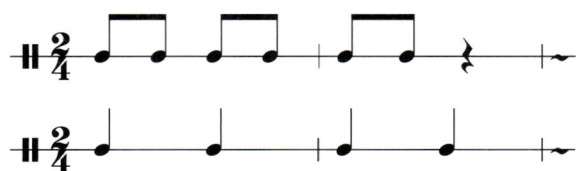

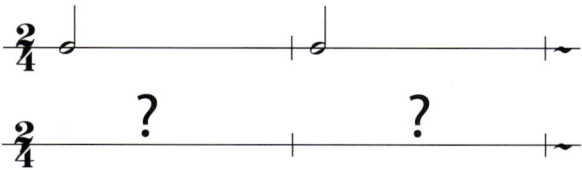

Eine Liedbegleitung erfinden

So bereitet ihr euch vor

- Singt das Lied und klatscht die vorgegebenen Rhythmen dazu. Setzt auch eigene Rhythmen ein oder kombiniert die Rhythmen taktweise oder innerhalb eines Taktes.

- Singt das Lied erneut und spielt die Töne mit den zuvor geübten Rhythmen. Sucht euch aus, ob ihr die untere (**Grundton**), die mittlere (**Terzton**) oder die obere (**Quintton**) Notenreihe aus der **Dreiklang**-Begleitung spielen wollt.

- Wenn ihr euch sicher fühlt, könnt ihr mit dem Erfinden eurer Liedbegleitung beginnen. Schreibt dazu die oben abgebildeten **Dreiklänge** ab.

So erfindet ihr eure Liedbegleitung

- Ihr könnt aus den **Dreiklängen** den unteren (**Grundton**), mittleren (**Terzton**) oder oberen (**Quintton**) Ton verwenden. Ihr könnt aber auch zwei Töne gleichzeitig (zweihändig) spielen. Probiert aus! Summt dabei die Melodie des Lieds und hört genau hin.

- Vermeidet große Tonsprünge, wenn euch das Spielen auf dem Instrument noch schwerfällt.

- Unterstreicht auf eurem Blatt die Töne, die ihr für eure Begleitung einsetzen wollt. Das hilft euch beim Ausprobieren und Spielen.

4 Lest die Texte und informiert euch über die Begriffe **Dreiklang** und **Takt**.

5 Präsentiert eure Begleitungen zum Lied. Beschreibt und vergleicht eure Ergebnisse, verwendet dazu vorgegebene und selbst gewählte Kriterien und beurteilt eure Ergebnisse und die der anderen (→ Kap. 24). Überlegt, was ihr noch verbessern könntet.

6 Variiert eure Liedbegleitungen, z. B.: Spielt die **Grundtöne** mit Bassklangstäben oder gestaltet Strophe und Refrain unterschiedlich (rhythmisch, melodisch, Instrumente).

7 Schreibt eure Begleitungen in Noten auf.

8 Erklärt den Unterschied zwischen einem **Dur-Dreiklang** und einem **Moll-Dreiklang**. Spielt abwechselnd zum Lied die **Dreiklang**-Begleitung und eure Begleitungen.

Roots

Dieses Musikstück heißt „Roots" (Wurzeln), weil es im Jazz „verwurzelt" ist: Der **Swing**, die vorgezogenen Töne in der Melodie, die **Akkord**-Folge (Dm⁷, G⁷, C^maj7) und der Hi-Hat-Rhythmus des Schlagzeugs sind Beispiele dafür.

Im Jazz wird oft improvisiert. Zuerst spielen alle Melodieinstrumente gemeinsam ein Thema (→ Kap. 13) zur Begleitung, das **Tutti**. Dann spielen Einzelne auf ihrem Instrument ein **Solo**. Hin und wieder wird das **Solo** durch das Thema (**Tutti**) unterbrochen. Viele gestalten ihre Improvisationen so, dass sie zunächst vom Thema ausgehen, es dann etwas verändern und schließlich nach und nach ganz eigene Melodien spielen. Probiert das auch.

Thema

Begleitung

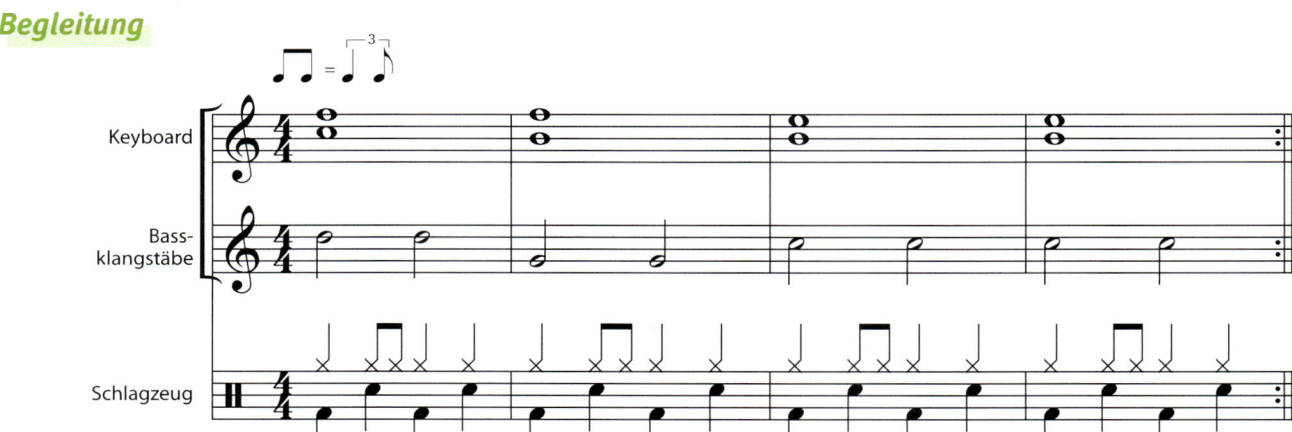

Eckart Vogel

Tipps zum Improvisieren

1 Spiele in Takt 1 und 2 nur c", in Takt 3 und 4 nur h'.

2 Spiele in Takt 1 und 2 nur f", in Takt 3 und 4 nur e".

3 Kombiniere Tipp 1 und 2 und nimm nach und nach weitere Töne hinzu.

4 Benutze zuerst Rhythmen aus dem Thema, dann eigene Rhythmen.

Ablauf (Vorschlag)

Tutti	Tutti	Solo 1	Solo 1	Tutti	Tutti	Solo 2	Solo 2
Begleitung	Begleitung	Begleitung	Begleitung	Begleitung	Begleitung	Begleitung	Begleitung

1 Sprecht und singt das Thema (→ Kap. 13) auf Silben (z. B. „no", „la", „na"). Klatscht im Melodierhythmus dazu und festigt dadurch den **Swing**. Übt das Thema mit Melodieinstrumenten ein.

2 Übt die Begleitung ein. Den **Drum-Groove** (Bass Drum, Snare Drum, Hi-Hat) könnt ihr auch mit ähnlich klingenden Instrumenten spielen.

3 Probiert die Improvisationstipps zur Begleitung aus und erfindet eigene Melodien.

4 Einigt euch auf eine Besetzung und schreibt einen Ablauf auf.

5 Nehmt eure Version von „Roots" auf, hört euch die Aufnahme an und sprecht darüber, was ihr noch verbessern könntet.

Improvisationsspiele mit Boomwhackers

⊙ B 39

Schlagtechniken

| In die Handfläche schlagen | Mit einem Stöckchen schlagen | Auf den Po schlagen | Flach auf den Boden schlagen | 2 Boomwhackers gegeneinanderschlagen |

Vormacher – Nachmacher

Alle Schülerinnen und Schüler haben je einen Boomwhacker in den Händen und stehen in einem großen Kreis.

Ein Schüler steht in der Mitte des Kreises. Er ist der Vormacher.

Der Vormacher spielt zur Musik einen leichten Rhythmus über 2 Takte mit einer Schlagtechnik. Dann spielen alle anderen den Rhythmus nach. Nach einem 2. Durchgang sucht der Vormacher aus dem Kreis einen neuen Vormacher. Nach weiteren 2 Rhythmen mit entsprechenden Schlagtechniken wechselt der Vormacher erneut.

Rhythmuspost

Alle Schülerinnen und Schüler haben je einen Boomwhacker in den Händen und stehen in einem großen Kreis.

Ein zuvor festgelegtes Kind gibt einen einfachen Rhythmus an seinen rechten Partner weiter. Dieser gibt den Rhythmus ebenfalls seinem rechten Partner weiter. So wird der Rhythmus immer weitergegeben, bis er wieder zum ersten Kind gelangt.

Variante:

Ist der erste Rhythmus beim 4. oder 5. Kind angekommen, gibt das erste Kind einen zweiten, anderen Rhythmus in die Runde. Am Ende werden verschiedene Rhythmen gleichzeitig gespielt.

1 Probiert die unterschiedlichen Schlagtechniken mit den Boomwhackers aus. Erfindet anschließend weitere Schlagtechniken.

2 Hört „I'm Outta Love" (B 39) von Anastacia und gestaltet das Spiel „Vormacher-Nachmacher" mit unterschiedlichen Rhythmen und verschiedenen Schlagtechniken. Holt euch für die Rhythmen Anregungen von S. 34.

3 Spielt das Spiel „Rhythmuspost". Verwendet für die Rhythmen immer dieselbe **Taktart**. Holt euch für die Rhythmen Anregungen von S. 34.

4 Sucht im Schulbuch nach Liedern, die ihr mit euren Rhythmen begleiten könnt. Beachtet bei der Auswahl der Boomwhackers die **Akkorde** der Lieder.

5 Überlegt, wie ihr die Spiele variieren könnt, oder denkt euch eigene Spiele aus.

Melodien erfinden

Melodiebausteine

1

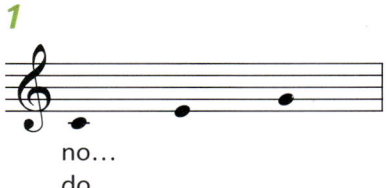

no…
do…

2

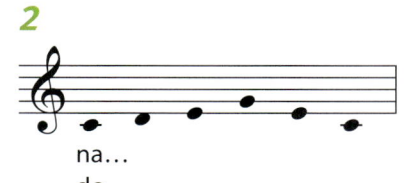

na…
do…

3

ni…
do…

4

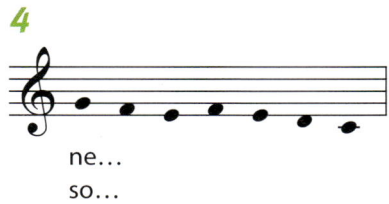

ne…
so…

5

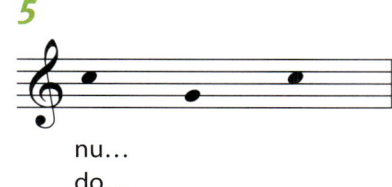

nu…
do…

6

ma…
do…

Rhythmusbausteine

A

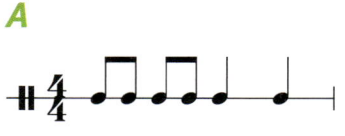

B

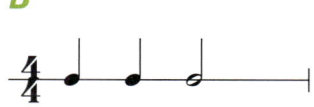

C

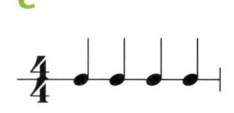

D

E

F

G

H

Beispiel

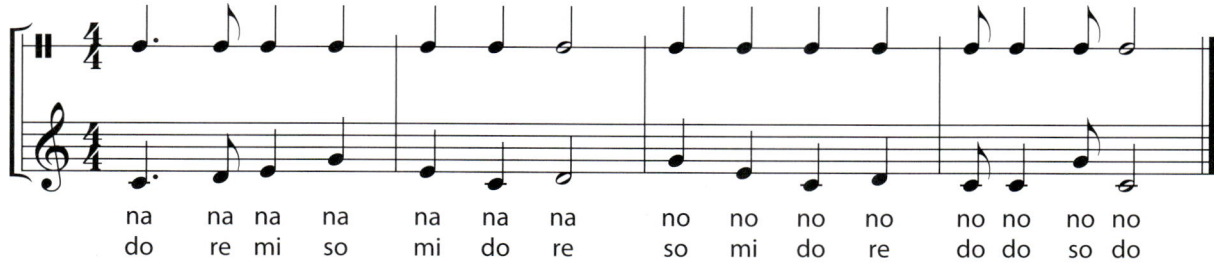

na	na	na	na	na	na	na	no	no	no	no	no	no	no	no
do	re	mi	so	mi	do	re	so	mi	do	re	do	do	so	do

1 Singt die Melodiebausteine auf Silben (z. B. „no", „na"), Silben-Vokal-Kombinationen (z. B. „ma–e–i") oder auf **Solmi-sationssilben**. Experimentiert mit **Tempo**, **Dynamik** und Ausdruck.

2 Bildet Gruppen, wählt einen Melodiebaustein aus und singt ihn gemeinsam. Sammelt Vorschläge, wie ihr den Melodiebaustein verändern könnt, z. B. Töne wiederholen, Töne auslassen oder Töne in veränderter Reihenfolge singen. Probiert mit der Stimme und mit einem Instrument aus.

3 Klatscht die Rhythmusbausteine und wählt anschließend vier aus. Schreibt die Rhythmusbausteine in einer von euch festgelegten Reihenfolge auf.

4 Singt euren Melodiebaustein mit den Veränderungen (→ Aufgabe 2) im von euch festgelegten Rhythmus. Unterstützt euren Gesang durch ein Instrument.

5 Schreibt eure Melodien auf und präsentiert sie der Klasse. Sprecht über die Ergebnisse und über die Arbeit in den Gruppen.

Ein Lied erfinden

Gemeinsam Lieder zu singen, macht Spaß! Wenn dabei noch ein eigenes Lied gesungen wird, dann ist es etwas ganz Besonderes. Ein eigenes Lied zu erfinden, ist oft einfacher, als man denkt. Probiert es einmal aus. Findet zuerst geeignete Themen, dann einen Rhythmus, schreibt einen Text und erfindet dann eine Melodie. Wichtig ist, dass ihr nicht zu viele verschiedene Töne verwendet, weil sonst das Lied zu schwer zu singen ist.
Wenn eure Lieder fertig sind, könnt ihr daraus ein **Medley** machen.

Ein Thema finden

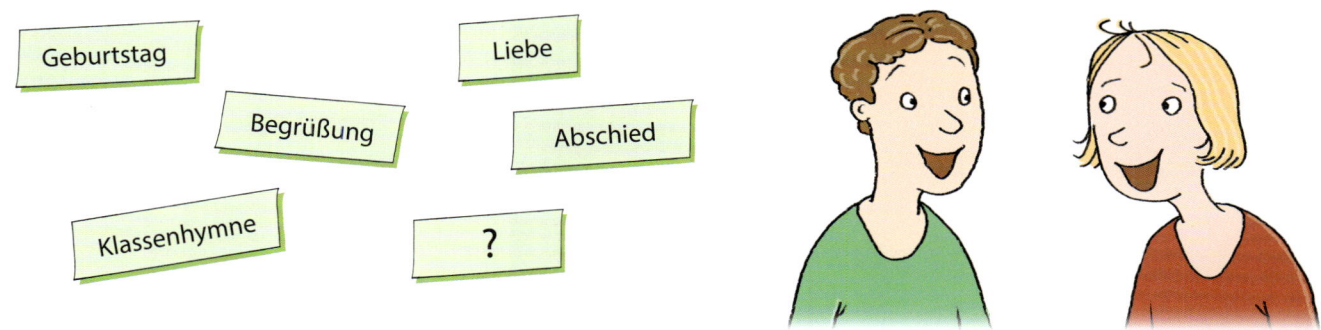

Einen Rhythmus finden

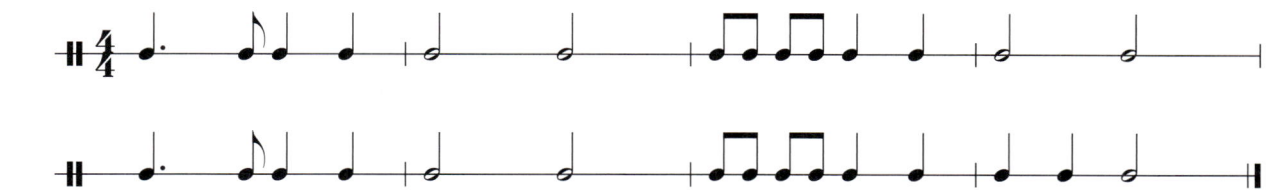

Eine Liedmelodie finden

1. Bildet Gruppen und einigt euch auf ein Thema für euer Lied.

2. Verwendet für euer Lied den vorgegebenen oder einen eigenen, achttaktigen Rhythmus. Anregungen könnt ihr von S. 88 holen. Schreibt den Rhythmus auf und übt ihn ein (klatschen, sprechen).

3. Entwerft Texte und sprecht sie zu eurem achttaktigen Rhythmus. Nehmt Wörter weg, fügt welche hinzu oder ändert sie, bis euer Text gut zum Rhythmus passt.

4. Erfindet Melodien für euer Lied. Verwendet die Tonvorräte, aber baut auch andere Töne mit ein. Schreibt eure Liedmelodien mit Text auf.

5. Begleitet eure Lieder mit **C-**, **F-** und **G-Dur-Dreiklängen**. Die farbigen Noten in den Tonvorräten zeigen euch den **Grundton** an. Nehmt eure Lieder auf und sprecht darüber, was ihr noch verbessern könntet.

He's a Pirate

 B 40

Vom 16. bis 18. Jahrhundert entwickelte sich besonders in der Karibik und in den Küstengebieten Südamerikas eine Form der Piraterie, die bis heute das Bild der Piraten prägt.

Der Alltag der Piraten war rau, denn sie verdienten sich ihren Lebensunterhalt mit Plündereien und dem Kapern von Schiffen, die nah an der Küste fuhren. Dabei liefen sie immer Gefahr, bei einem Enterversuch mit ihrem eigenen Schiff zu kentern.

In ihrer Freizeit spielten die Seeräuber auch. Dazu sangen sie Volks- und Seemannslieder, die sie auf einfachen Instrumenten begleiteten.

Heute existiert die Verbindung zwischen Piraten und Musik nur noch durch die Filmmusik zu Abenteuer- und Piratenfilmen, wie z.B. im Film „Fluch der Karibik".

Die Musik zu „Fluch der Karibik" komponierte der 1968 in Frankfurt am Main geborene Klaus Badelt. Das Stück „He's a Pirate" enthält das Hauptthema, das sich durch den gesamten Film hindurchzieht. An der Komposition arbeitete Badelt zusammen mit dem berühmten Filmkomponisten Hans Zimmer.

Rhythmus A

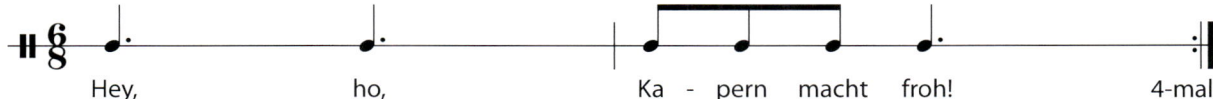

Rhythmus B

Rhythmus C

Ablauf

Intro	Rhythmus A	Rhythmus A	Bridge	Rhythmus B	Rhythmus A	Rhythmus C	Outro
3 x 6 Zz	8 x 6 Zz	8 x 6 Zz + 3 Zz	3 x 6 Zz	4 x 6 Zz	8 x 6 Zz	8 x 6 Zz	

1 Beschreibt das Bild und sprecht über das Thema Piraten.

2 Lest den Text und informiert euch im Internet oder in der Bücherei über das Leben der Piraten in früherer Zeit. Präsentiert eure Ergebnisse auf einem Plakat.

3 Sprecht die Rhythmen A bis C und beachtet die **Takt**art. Spielt die Rhythmen auf passenden Instrumenten.

4 Hört „He's a Pirate" (B 40), verfolgt den Ablauf und spielt die Rhythmen A bis C mit Instrumenten dazu.

5 Erfindet für die **Bridge** einen eigenen Rhythmus, schreibt ihn auf und fügt ihn in den Ablauf ein.

Tanzbausteine für Rhythmus C

Pendelschritt
6 Zz

Zz 1 – 3	Zz 4 – 6
Pendelschritt mit re nach rechts seit, Kopf und rechter Arm im Halbkreis nach rechts führen, Faust geballt	Pendelschritt mit li nach links seit, Kopf und linker Arm im Halbkreis nach links führen, Faust geballt

Drehung um rechts
6 Zz

Zz 1	Zz 2	Zz 3	Zz 4 – 6
Re 1 Schritt in die Drehung um rechts, rechter Arm führt nach unten in die Streckung	Li 1 Schritt in die Drehung um rechts, linker Arm führt nach unten in die Streckung	Re 1 Schritt in die Drehung um rechts, rechter Arm führt nach unten in die Streckung	Li 1 langsamen Schritt in die Drehung um rechts, linker Arm führt langsam nach unten in die Streckung

6 Hört „He's a Pirate" (B 40) und lauft im **Metrum** und im **Grundschlag** zur Musik.

7 Stellt euch in Formation auf Lücke (→ Kap. 24) und übt die Tanzbausteine für Rhythmus C zur Musik (C 1) ein. Überlegt euch noch andere Tanzbausteine für die weiteren Zählzeiten von Rhythmus C, z. B. Seitgalopp mit Armkreis oder Bewegungen gegengleich tanzen.

8 Erfindet in Gruppen eine **Choreografie** für die übrigen Tanzteile (**Intro**, Rhythmus A, Rhythmus B, **Bridge** und **Outro**). Holt euch Anregungen aus dem Internet und aus Kapitel 24. Achtet auf die **Taktart**.

9 Fügt die Tanzbausteine aus Rhythmus C in euren Tanz ein.

10 Tanzt „He's a Pirate" als Piratentanz mit passenden Requisiten (Augenklappe, Kopftuch, Schärpe …) und begleitet ihn mit Instrumenten (→ Aufgabe 4 und 5).

Piraten-Rap

C 2

Rap

Unerschrocken
seit Hunderten von Jahren
fahren
wilde Männer, selten Frauen,
als Piraten in Galeeren,
auf den Meeren.

Die Gesichter, vom Wetter gegerbt,
die Hände rau,
halten Degen und Musketen,
packen Enterhaken fest
zum Wurf über die Reling
fremder Schiffe trotz der Riffe.

Sie folgen dem Lauf der Sterne
in weite Ferne
auf der Suche nach Reichtum
und dem großen Abenteuer.
Trotzen Stürmen, Hitze, Frost,
stehlen Juwelen, kostbare Waren,
fürchten sich nicht vor den Gefahren.

Und das Essen –
gedörrtes Fleisch,
Zwieback mit Maden,
eine schmale Kost,
auf den Tisch kommt selten Fisch.

Auch noch heute gibt's Piraten,
kapern Beute auf den Meeren.
Selbst zu Land und in der Luft,
sie entführen Frauen, Männer
und erpressen Lösegelder.

Auch im Internet
wird geraubt, wird geklaut.
Musik wird da gestohlen,
unverhohlen
schnell ein Download als MP3,
der Trick dabei, ein Klick.
Und wer das tauscht, versendet,
macht sich strafbar, ist nicht schlau,
das wissen alle ganz genau.

Text: Achim Rheinschmidt

Begleitung

1. Klärt beim Lesen des Textes den Inhalt und euch unbekannte Begriffe. Informiert euch über die moderne Piraterie und recherchiert im Internet zum Thema Download (Regeln, Gesetze). Reflektiert und sprecht darüber, wem das illegale Downloaden schadet.

2. Hört den Rap (C 2) und sprecht den Text mit.

3. Übt die Begleitung ein. Sprecht über den Schwierigkeitsgrad der einzelnen Stimmen und ordnet euch einer Stimme zu.

4. Gestaltet den Rap durch das Sprechen auf unterschiedliche Art und Weise (**Tempo**, **Dynamik**, **Artikulation**, Ausdruck). Präsentiert ihn anschließend zur Begleitung.

5. Verwendet die Begleitung auch als Vor- und Nachspiel.

My Bonnie is over the ocean

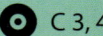 C 3, 4

Von „My Bonnie is over the ocean" gibt es viele Aufnahmen: Die erste stammt aus dem Jahr 1900. Jeder Sänger und jede Sängerin, die das Lied aufgenommen haben, interpretierte es in einem eigenen Stil. Ella Fitzgerald nahm das Lied 1952 auf, Tony Sheridan neun Jahre später. Dabei begleitete ihn die damals noch unbekannte Band „The Beatles", die wenige Jahre später weltberühmt wurde.

[Notenbild: Melodie mit Akkordbezeichnungen]

1. My Bon – nie is o – ver the o – cean,
my ba – by is o – ver the sea,
my Bon – nie is o – ver the o – cean,
bring back to my dar – ling, bring me!
Bring back, bring back,
o bring to my Bon nie, bring me, bring me;
bring back, bring back,
o bring to my Bon nie, bring me.

2. Last night as I lay on my pillow,
last night as I lay on my bed.
Last night as I lay on my pillow,
I dreamed that my darling was dead.
Bring back …

3. Oh wind, blow me over the ocean,
oh wind, blow me over the sea.
Oh wind, bring me over the ocean,
bring back to my Bonnie, bring me!
Bring back …

Text und Melodie: aus Schottland

1 Singt das Lied auswendig.

2 Hört das Lied (C 3) in der Fassung von Ella Fitzgerald und dann die Cover-Version (→ S. 156, C 4) von Tony Sheridan und „The Beatles". Vergleicht die Aufnahmen miteinander (Wirkung, Instrumente, Rhythmus, Aufbau, **Dynamik**, **Tempo**, **Artikulation**) und schreibt eure Ergebnisse auf.

3 Informiert euch über Ella Fitzgerald, Tony Sheridan und „The Beatles" (Internet, Bücherei) und präsentiert eure Ergebnisse der Klasse (Plakat, Computerpräsentation).

Meeresmusik

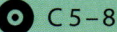 C 5 – 8

Das Meer ist ein gewaltiges Naturerlebnis. Es begeistert, es kann aber auch bedrohlich wirken. Das Meer gibt den Menschen Nahrung, es ist ein Transportweg und es kann viel Freude beim Baden und beim Beobachten der Wellen bereiten. Gleichzeitig kann es aber auch Menschen in Angst und Schrecken versetzen, wenn gewaltige Sturmfluten herannahen und schlimme Überschwemmungen verursachen.

Viele Komponisten haben das Meer in ihren Werken dargestellt: Einige haben gefährliche Schifffahrten erlebt und ihre Erfahrungen in Musik umgesetzt. Andere haben vor allem ihre Erinnerungen und Gedanken an das Meer musikalisch gestaltet.

1

2

3

4

Wortkarten für die Bildbeschreibungen

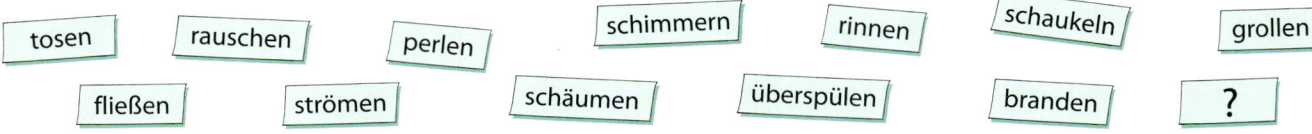

tosen · rauschen · perlen · schimmern · rinnen · schaukeln · grollen · fließen · strömen · schäumen · überspülen · branden · ?

1 Wart ihr schon einmal am Meer? Wie hat das Meer auf euch gewirkt? Was habt ihr dort empfunden?

2 Beschreibt die Bilder mithilfe der Wortkarten.

3 Bildet 4 Gruppen, ordnet euch den 4 Bildern zu und vertont sie mit Instrumenten, Alltagsgegenständen und eurer Stimme. Beschreibt eure eigenen Ergebnisse und die der anderen. Decken sich die Beschreibungen mit euren Absichten?

4 Hört folgende Werkausschnitte: „Die Hebriden" (C 5) von Felix Mendelssohn Bartholdy, „Der Fliegende Holländer" (C 6) von Richard Wagner, „La Mer" (C 7) von Claude Debussy und „Scheherazade" (C 8) von Nikolai Rimsky-Korsakow. Beschreibt die Musik (→ Kap. 24). Bezieht die Ergebnisse aus Aufgabe 2 und 3 mit ein. Achtet auch auf die von den Komponisten eingesetzten musikalischen Mittel, mit denen sie ihre Eindrücke vom Meer umgesetzt haben (z.B. Instrumente, **Dynamik**, Tonfolgen, Tonhöhen, Motive → Kap. 13).

E Tiefe, leise Basstöne spielen ein allmähliches **Crescendo**. Harfe, Streichinstrumente, Oboe und Klarinette kommen hinzu. Die Trompeten spielen eine Melodie.

Streich- und Blasinstrumente wechseln sich ab. Gegen Ende ist die Harfe zu hören.

B Dicht am Ufer ankert ein Schiff. Die Segel sind aufgezogen. Das Meer ist unruhig.

Die Musik schildert den heftigen Sturm und das Heulen des Windes. Die Streicher spielen eine Sequenz (← Kap. 13). Aus den Felsenschluchten antworten die Echos der Seeleute.

D Die Musik beschreibt die Schrecken der stürmischen See und das Entsetzen, als sie das Schiff in den Sog eines Magnetbergs gerät.

Laute, aufsteigende Tonfolgen stellen dar, wie das Schiff gegen den Magnetberg treibt und zerschellt. Am Schluss kann man eine Abwärtsbewegung der Töne hören.

F Tiefe Streichinstrumente beginnen mit ruhigen, wellenförmigen Tonfolgen. Weitere Streichinstrumente spielen einen langen, hohen Ton.

Hohe und tiefe Streichinstrumente spielen schnelle, sich überschneidende Tonfolgen in wechselnder Lautstärke.

C Die dunklen Klänge der Morgendämmerung hellen sich auf zum strahlenden Sonnenglanz.

Dauernd wechselnde Klänge mit hellen, leuchtenden Tönen vermitteln die Vorstellung des Spiels der Wellen und der Sonnenstrahlen, die die Wasseroberfläche zum Schimmern bringen.

H Streichinstrumente spielen sehr schnelle und nach und nach immer höher steigende Tonfolgen. Dazu spielen Blasinstrumente tiefe Töne.

Der Matrosenchor ruft ein „Hojohe" und singt danach das „Hallojo" mit Paukenbegleitung. Die Hörner spielen ein zweifaches Echo des Rufes.

G Blasinstrumente, vor allem Trompeten und die Piccoloflöte, sowie das Becken ertönen laut und gewaltig. Streichinstrumente spielen wilde Tonfolgen.

Streichinstrumente sind mit abwärts führenden Tonfolgen zu hören. Am Ende ertönt das Becken im **Fortissimo**, danach tritt Stille ein.

A Der Anfang der Musik ist gekennzeichnet durch rasche Tonfolgen, die den unterschiedlichen Wellengang darstellen.

Das schnell wechselnde **Crescendo** und **Decrescendo** stellt das Rauschen und Grollen der Meeresbrandung dar.

5 Vergleicht die 4 Werkausschnitte miteinander. Was ist gleich, ähnlich, anders? Welcher Ausschnitt passt zu welchem Bild? Begründet eure Entscheidungen.

6 Schreibt eure 4 Musikbeschreibungen aus Aufgabe 4 auf blaue Karten.

7 Ordnet jedem Werkausschnitt eine blaue Karte (eure eigene oder eine von dieser Seite) und eine gelbe Karte (siehe oben) zu.

8 Erstellt eine Tabelle mit 3 Spalten. Tragt in die erste Spalte den Titel und den Namen des Komponisten ein. Die Texte der blauen und gelben Karten tragt ihr in die 2. und 3. Spalte ein.

9 Besorgt euch ein großes blaues Tuch und gestaltet damit passende Wellenbewegungen zu den Werkausschnitten.

Antonio Vivaldi

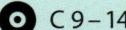 C 9 – 14

Musiker, Lehrer, Musikdirektor und Komponist

Antonio Vivaldi wurde 1678 in Venedig geboren. Sein Vater war ein angesehener Violinist und festes Mitglied des Orchesters an der Kathedrale San Marco. Früh zeigte Vivaldi seine hohe Begabung an der Violine. Er soll im Alter von 10 Jahren gelegentlich seinen Vater im Orchester vertreten haben.

Mit 14 Jahren schlug Vivaldi auf Wunsch seines Vaters die Priesterlaufbahn ein. Mit 25 Jahren erhielt er die Priesterweihe, er übte das geistliche Amt aus gesundheitlichen Gründen jedoch nur kurz aus. Kurze Zeit später wurde Vivaldi Lehrer für Violine, später Dirigent und Musikdirektor am „Ospedale della Pietà", einem Waisenhaus für Mädchen. Von klein auf wurden die begabtesten dieser Mädchen zu Musikerinnen ausgebildet. **Chor** und Orchester der Schule, für die Vivaldi einige Messen und viele **Solo**-Konzerte schrieb, gehörten zu den besten seiner Zeit.

Durch seine Kompositionen und sein virtuoses Violinspiel wurde Vivaldi nicht nur in Italien, sondern in ganz Europa bekannt. Ein Höhepunkt in seinem künstlerischen Leben war ein Vorspiel vor dem Papst.

Antonio Vivaldi (1678 – 1741)

Viele Musiker reisten nach Venedig, um von Vivaldi zu lernen. Sogar Johann Sebastian Bach (1685 – 1750) ließ sich von Vivaldis Musik beeinflussen. Doch ab 1730 änderte sich der Musikgeschmack und der Erfolg Vivaldis blieb immer mehr aus. Daher beschloss er, nach Wien zu reisen, um dort nach Unterstützung zu suchen. Aber auch die Wiener Musikwelt nahm ihn kaum wahr. 10 Monate nach seiner Ankunft starb Vivaldi 1741 einsam und verarmt.

Seine Musik lebt bis heute

Nach seinem Tod gerieten die Kompositionen des „Musikstars der Barockzeit" in Vergessenheit. Erst 200 Jahre später wurden viele seiner Werke wiederentdeckt und werden bis heute regelmäßig aufgeführt. Auszüge seiner Werke sind sogar in Film und Werbung zu hören. Einzelne Motive (➞ Kap. 13) können als Klingelton für Handys heruntergeladen werden.

Vivaldi war ein überaus fleißiger Komponist. Selbst größere Werke soll er an einem einzigen Tag geschrieben haben. Insgesamt gibt es von Vivaldi 770 Musikwerke. Er komponierte viele **Solo**-Konzerte für fast alle damals gebräuchlichen Instrumente wie Violine, Cello, (Quer-)Flöte, Oboe, Fagott, Mandoline, Horn, Trompete, Cembalo und Orgel. Die vier Violinkonzerte „Die vier Jahreszeiten" (➞ S. 44/45) gehören zu seinen beliebtesten und meistaufgeführten Werken.

Kathedrale San Marco in Venedig

1 Lest den Text über Antonio Vivaldi und beschreibt die Bilder vom Markusplatz in Venedig und vom Konzert im Fürstenhof. Informiert euch zusätzlich im Internet oder in einem Lexikon über die Barockzeit (z. B. Baukunst, Malerei, Mode). Fasst eure Ergebnisse zusammen (Plakat, Computerpräsentation).

2 Hört Ausschnitte aus 6 **Solo**-Konzerten (C 9 – 14). Nennt mithilfe der Instrumentenkarten A bis F die **Solo**-Instrumente in der Reihenfolge, in der die Musik erklingt.

A

B

Konzert um 1725

C

D

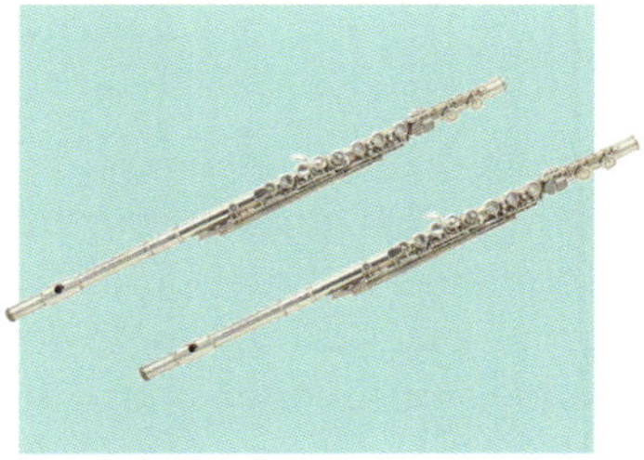

E

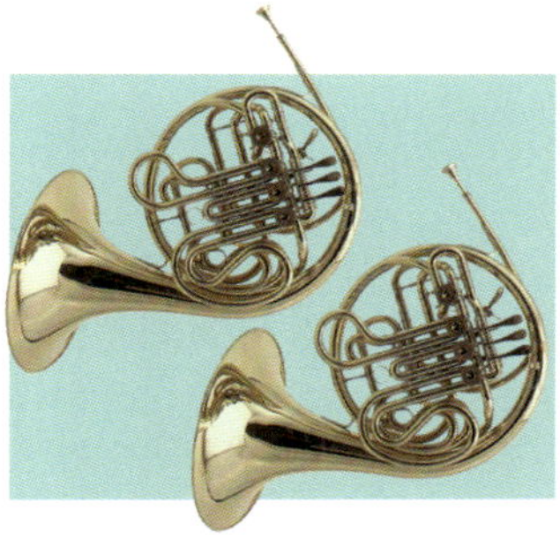

F

Konzertpantomime

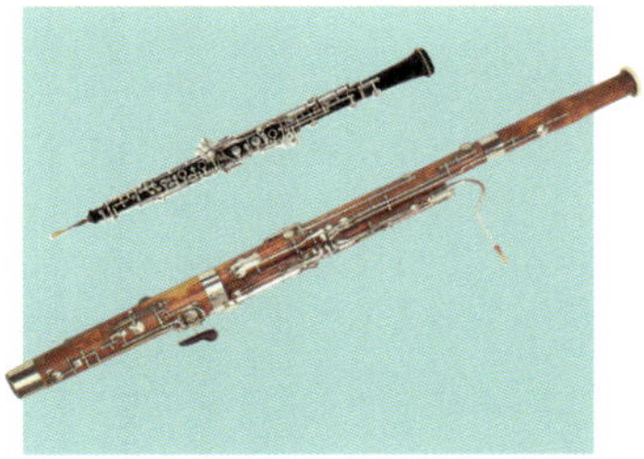

3 Ordnet die **Solo**-Instrumente auf den Karten A bis F Instrumentenfamilien zu.

4 Hört die 6 Ausschnitte erneut und sprecht über eure Höreindrücke (→ Kap. 24). Vergleicht die Ausschnitte miteinander. Erstellt eine Tabelle mit den Spalten Ausdruck, Wirkung, **Dynamik**, **Tempo** und Instrumente und tragt für jeden Ausschnitt eure Höreindrücke ein. Vergleicht eure Ergebnisse miteinander.

5 Bildet 6 Gruppen und einigt euch auf jeweils einen Musikausschnitt (C 9 – 14). Übt eine zur Musik passende Konzertpantomime ein: Verkleidet euch und verwendet auch Alltagsgegenstände als Instrumentenersatz. Hört die Musik und ahmt die Spielweise der Instrumente nach.

6 Vergleicht den Anfang des Konzerts „Der Winter" (C 15) von Vivaldi mit der Bearbeitung der Rockband „Los Canarios" (C 16). Was ist gleich, ähnlich, anders?

Georg Friedrich Händel

Georg Friedrich Händel (1685 – 1759)

Ein erfolgreicher Komponist

Georg Friedrich Händel war ein sehr erfolgreicher und berühmter Komponist. Er verkehrte mit Kardinälen, Fürsten, Lords und Königen. Meistens lebte er in Palästen und bekam eine eigene Kutsche mit Fahrer zur freien Verfügung. Händel trug teure und prunkvolle Kleidung. Er hatte einen eigenen Koch und eigene Dienstboten. Nach seinem Tod hinterließ Händel ein großes Vermögen.

Seine Kindheit

Händel wurde 1685 in Halle (Saale) geboren. Sein Vater war herzoglicher Kammerdiener und Leibarzt. Früh zeigte sich die große musikalische Begabung des kleinen Händel, doch sein Vater war strikt gegen musikalische Aktivitäten und verbot ihm die Musik. Doch Händel besorgte sich heimlich ein Clavichord (Tasteninstrument mit leisem Klang) und übte nachts, wenn alle schliefen. Als der Herzog von Weißenfels, der Dienstherr seines Vaters, den jungen Händel einmal an der Orgel hörte, war er sehr begeistert. Da sah Händels Vater ein, dass die Zukunft seines Sohnes in der Musik lag.

England, seine zweite Heimat

Mit 21 Jahren zog Händel nach Italien, wo er mehrere erfolgreiche Opern komponierte. Seine wichtigsten Stationen waren Florenz, Rom, Neapel und Venedig. Im Alter von 27 Jahren zog er nach London, das ihm zur zweiten Heimat wurde. 12 Jahre später wurde ihm sogar die englische Staatsbürgerschaft verliehen. Er komponierte dort weiterhin Opern und später hauptsächlich Oratorien. Händels Gesundheitszustand verschlechterte sich ab 1737 deutlich: Er erlitt einen Schlaganfall und begann mit 66 Jahren zu erblinden. Dennoch komponierte und musizierte er weiter. Als er im Alter von 74 Jahren starb, wurde er in der berühmten Westminster Abbey in London beigesetzt. Über 3000 Personen nahmen am Begräbnis teil und erwiesen ihm ihre Verehrung. Anlässlich seines 100. Todestages errichtete man in Halle (Saale) ein Denkmal zu seinen Ehren. Es steht auf dem Marktplatz vor Händels Taufkirche, Händel blickt in Richtung London.

Händel-Denkmal in Halle

Halleluja aus dem Oratorium „The Messiah"

Die Zeit der italienischen Opern in England ging zu Ende. Das Publikum wollte sie nicht mehr hören. Daraufhin entschloss sich Händel, Oratorien in englischer Sprache zu komponieren. Zum bekanntesten Oratorium wurde „The Messiah" (dt. „Der Messias") nach Texten aus der Bibel. In dem dreiteiligen Werk geht es um Christi Geburt, Leidensgeschichte und Auferstehung. Das bekannteste Stück ist das „Halleluja".

Hal - le - lu - ja, Hal - le - lu - ja, Hal - le - lu - ja, Hal - le - lu - ja, Hal - le - lu - ja!

> **1** Lest den Text über Georg Friedrich Händel. Vergleicht seine Biografie mit der der anderen Komponisten in diesem Schulbuch. Was ist gleich, ähnlich, anders?
>
> **2** Hört das „Halleluja" (C 17) und sprecht über die Musik (**Klangfarbe, Dynamik, Tempo, Form, Artikulation**; ➔ Kap. 24).
>
> **3** Spielt die Melodie des „Halleluja" auf einem Instrument zur Musik (C 17) mit. Ihr könnt auch dazu singen oder den Melodierhythmus leise klatschen. Hört weitere Motive (➔ Kap. 13) heraus und spielt sie nach Gehör mit.
>
> **4** Achtet beim erneuten Hören des „Halleluja" (C 17) auf die Stimmlagen **Sopran, Alt, Tenor** und **Bass**.

Music for the Royal Fireworks

Händel komponierte die „Music for the Royal Fireworks" (dt. „Feuerwerksmusik") 1748 im Auftrag des englischen Königs. Das Werk wurde anlässlich des Friedensabkommens, das den Krieg mit Österreich beendete, mit einem großen Feuerwerk im Londoner Green Park aufgeführt. Schon bei der öffentlichen Probe jubelten Tausende Besucher dem Komponisten begeistert zu. „La Réjouissance" ist der 4. Satz des sechsteiligen Werks.

Ein Feuerwerk im Londoner Green Park zu Händels Zeiten

La Réjouissance – Ein Mitspielsatz

A

B

Ablauf

| A | A | B | B | A | B |

5 Hört „La Réjouissance" (C 18) und sprecht über eure Höreindrücke (→ Kap. 24). Stellt einen Zusammenhang zwischen dem Text zu „Music for the Royal Fireworks" und der Musik her.

6 Spielt zur Musik mit. Wählt Rhythmusinstrumente und Alltagsgegenstände aus, die zu **Klangfarbe** und Lautstärke passen.

7 Hört eines der beiden Abschluss-Menuette (C 19) aus „Music for the Royal Fireworks" und vergleicht dieses Menuett mit dem 4. Satz (C 18) aus „La Réjouissance" (Ausdruck, Wirkung, **Tempo**, **Dynamik**, **Artikulation**).

8 Erfindet einen eigenen Mitspielsatz zum Menuett.

Joseph Haydn

Joseph Haydn (1732 – 1809)

Geburt und erste Lebensjahre

Joseph Haydn kam als zweites von 12 Geschwistern 1732 in Rohrau, einem kleinen Dorf in Österreich, zur Welt. Haydns Eltern liebten die Musik. Daher wurde in der Familie und mit Nachbarn oft gesungen. Schnell kam Haydns musikalische Begabung zum Vorschein. Haydn hatte eine sehr schöne Stimme. Im Dorf wurde er deshalb der „Spatz von Rohrau" genannt.

Kindheit und Jugendzeit

Im Alter von 6 Jahren wurde Haydn zu Verwandten ins nahe gelegene Hainburg geschickt. Dort lernte er Lesen, Schreiben und Rechnen und erhielt Violin-, Klavier- und Gesangsunterricht. Dem **Chor**leiter der berühmten Wiener Sängerknaben fiel bei einem Besuch in Hainburg die

Innenansicht des Wiener Stephansdoms

Stimme des jungen Haydn auf. Sofort holte er ihn als **Chor**knaben an den Stephansdom in Wien. Wegen seiner hellen Sopranstimme war er als **Solo**sänger sehr beliebt. Als Haydn mit 17 Jahren in den Stimmbruch kam, konnte er die hohen Stimmen im **Chor** nicht mehr singen. Daher wurde er 1749 als Sängerknabe entlassen. Er stand plötzlich ohne Geld auf der Straße und musste sich um seinen Lebensunterhalt selbst kümmern.

Schwere Jahre in Wien

Haydn beschloss, als freischaffender Musiker zu leben. In der ersten Zeit nahm er verschiedene Arbeiten an, um über die Runden zu kommen. Diese Zeit war für ihn sehr beschwerlich. Doch allmählich gelang es ihm immer besser, von der Musik zu leben. Haydn gab Klavierunterricht und komponierte seine ersten Streich**quartette** und seine erste Oper. Darüber hinaus wirkte er bei Bällen und Karnevalsfeiern der kaiserlichen Familie als Violinist und Sänger mit.

Musikdirektor beim Grafen von Morzin

Seine erste wichtige Stelle erhielt Haydn 1757 als Musikdirektor auf dem Schloss des Grafen von Morzin in der Nähe von Pilsen, in Tschechien. Dort leitete er ein kleines Orchester, für das er seine ersten **Sinfonien**, Streich**trios** und weitere Streich**quartette** schrieb.

Doch bald geriet Graf Morzin in wirtschaftliche Schwierigkeiten, die ihn zwangen, seine Musiker zu entlassen. Glücklicherweise fand Haydn schnell eine ähnliche Stelle bei Paul Anton Fürst Esterházy in Eisenstadt.

30 Jahre bei den Fürsten Esterházy

Fürst Esterházy schloss mit Haydn einen strengen Vertrag, der Haydns Pflichten genau regelte. So war er beispielsweise verpflichtet, sofort jedes Musikstück zu komponieren, das der Fürst von ihm verlangte. Er war für die Musiker, die Instrumente und die Noten verantwortlich. Als der Fürst starb, wurde sein Bruder Nikolaus sein Nachfolger. Dieser baute das berühmte „Schloss Esterházy". Auf dem Schloss gab es jeden Tag Opern- und Konzertaufführungen für den Fürsten und seine Gäste. Haydn komponierte für das Orchester des Schlosses und einen kleinen Chor viele Werke und dirigierte diese auch selbst.

Schloss Esterházy in Eisenstadt

1 Lest die Texte über Joseph Haydn (→ S. 100 bis 103) und vergleicht seine Biografie mit der der anderen Komponisten im Schulbuch. Was ist gleich, ähnlich, anders?

2 Spielt einzelne Szenen aus dem Leben Haydns nach. Verkleidet euch dazu, schreibt Dialoge und setzt Haydns Musik ein.

Während seiner Zeit bei den Fürsten Esterházy komponierte Haydn viele **Sinfonien**. Eine davon ist die **Sinfonie** Nr. 45, die als „Abschiedssinfonie" bezeichnet wird: Fast jeden Sommer verbrachte Fürst Esterházy in seinem Schloss in Ungarn. Haydn und sein Orchester waren stets dabei. 1772 sagte der Fürst den Musikern, dass sie ab sofort von ihren Familien keinen Besuch mehr bekommen dürften. Es wurde ihnen auch untersagt, das Schloss zu verlassen, solange der Fürst anwesend war. Die Sehnsucht der Musiker nach ihren Familien wuchs von Tag zu Tag. Sie baten Haydn um eine baldige Heimreise. Da hatte Haydn einen genialen Einfall: Er komponierte zu einer gerade fertiggestellten **Sinfonie** einen Teil dazu, den er dem 4. **Satz** anhängte. Groß war die Verwunderung beim Fürsten, als gegen Ende des 4. **Satzes** zwei Musiker plötzlich aufstanden, ihre Kerzen am Notenpult löschten und mit Noten und Instrumenten die Bühne verließen. Nach und nach folgten weitere Musiker, bis nur noch zwei Violinisten und der Dirigent das Stück beendeten und ebenfalls den Saal verließen. Der Fürst verstand Haydns „Hinweis" und bald danach wurde die Rückreise nach Eisenstadt angetreten.

Thema der Violinen aus dem Adagio des 4. Satzes der Sinfonie Nr. 45

Ablauf

Instrumente \ Takte	1	6	11	16	21	26	31	36	41	46	51	56	61	66	71	76	81	86	90	96	101
Oboe 1	███	███	███	███	███	███															
Oboe 2	███	███	███	███	███	███	███	███	███												
Fagott	███	███	███	███	███	███	███	███	███	███											
Horn 1	███	███	███	███	███	███	███	███	███	███	███										
Horn 2	███	███	███	███	███	███															
Violine 1	███	███	███	███	███	███	███	███	███	███	███	███	███	███	███	███	███	███	███	███	███
Violine 2	███	███	███	███	███	███	███	███	███	███	███	███	███	███	███	███	███	███	███	███	███
Violine 3	███	███	███	███	███	███	███	███	███	███	███	███	███	███	███	███	███	███	███		
Violine 4	███	███	███	███	███	███	███	███	███	███	███	███	███	███	███	███	███	███	███		
Viola	███	███	███	███	███	███	███	███	███	███	███	███	███	███	███	███	███				
Cello	███	███	███	███	███	███	███	███	███	███	███	███	███	███	███	███					
Kontrabass	███	███	███	███	███	███	███	███	███	███	███										

3 Lest den Text und interpretiert Haydns Einfall.

4 Hört das **Adagio** aus dem 4. **Satz** der **Sinfonie** Nr. 45 (C 20), schließt die Augen und stellt euch die dargestellte Situation vor.

5 Beschreibt das Notenbild (Melodieverlauf, **Noten-** und **Pausenwerte, Notennamen, Artikulations-** und **Dynamik**zeichen). Entdeckt das Thema (→ Kap. 13) in der Musik (C 20).

6 Hört die Musik (C 20) erneut und verfolgt den Verlauf der Musik am Ablaufplan. Beschreibt den Ablauf und interpretiert ihn. Wann hören die jeweiligen Instrumente auf zu spielen? Wer hört zuerst auf? Ergänzt den Text über die „Abschiedssinfonie" mit euren Ergebnissen.

7 Spielt die Szene nach. Wählt passende Verkleidungen und Requisiten und setzt die Musik (C 20) ein.

Joseph Haydn

C 21, 22

Streichquartett

Bei seinem Aufenthalt in London hörte Haydn die Hymne „God save the King", die bei königlichen Feierlichkeiten gesungen wurde. Da kam ihm der Gedanke, eine ähnliche Hymne für sein Vaterland Österreich zu komponieren.

Am Geburtstag des Kaisers ließ Haydn im Burgtheater in Wien Noten und Text verteilen. Als der Kaiser eintrat, stimmten alle Anwesenden das Lied „Gott erhalte Franz den Kaiser" an. Haydn übernahm später das Lied als Thema (→ Kap. 13) mit 4 Variationen (→ Kap. 13) in eines seiner berühmten Streich**quartette**.

Thema des 2. Satzes aus dem „Kaiserquartett"

8 Hört das Thema des 2. **Satzes** (C 21) aus dem „Kaiser**quartett**". Erkennt ihr die Melodie? Wo habt ihr sie schon gehört?

9 Verfolgt die Musik (C 21) am Notenbild. Untersucht die Bedeutung der **Vortragsbezeichnungen**. Informiert euch über die Besetzung (Instrumente, Instrumentenfamilie, **Quartett**).

10 Vergleicht die Melodie aus dem „Kaiser**quartett**" (C 21) mit der Melodie der „Sinfonie mit dem Paukenschlag" (→ S. 103, C 22). Beachtet jeweils Melodieverlauf, Melodierhythmus, **Dynamik**, **Tempo** und **Artikulation**. Tragt eure Ergebnisse zusammen.

Nach dem Tod des Fürsten Esterházy 1790 wurde Haydns Orchester aufgelöst. Daraufhin beschloss Haydn, nach Wien zu ziehen. Von dort aus reiste er zwischen 1791 und 1794 zweimal für mehrere Monate nach London. Seine Aufenthalte in London waren sehr erfolgreich. Das Publikum bejubelte ihn. Er wurde berühmt und wohlhabend. In London komponierte er unter anderem die **Sinfonie** Nr. 94, die 1792 uraufgeführt wurde. Diese **Sinfonie** wurde in London „Surprise" und im deutschsprachigen Raum „**Sinfonie** mit dem Paukenschlag" genannt. Sie enthält im 2. **Satz** eine Überraschung für die Zuhörer. Außerdem hat Haydn über das Thema (⟶ Kap. 13) des 2. **Satzes** noch mehrere Variationen (⟶ Kap. 13) geschrieben.

Thema „Sinfonie mit dem Paukenschlag" (2. Satz)

Variationen über das Thema der „Sinfonie mit dem Paukenschlag" (2. Satz)

11 Hört den Anfang des 2. **Satzes** der „**Sinfonie** mit dem Paukenschlag" (C 22). Womit überrascht Haydn die Zuhörer? Welche Mittel setzt Haydn ein, um diese Überraschung zu erreichen? Verfolgt dazu den Verlauf der Musik am Notenbild. Beachtet auch die **Vortragsbezeichnungen**.

12 Spielt das Thema (⟶ Kap. 13) unter Beachtung der **Vortragsbezeichnungen** mit Instrumenten.

13 Stellt Vermutungen an, warum Haydn diese Überraschung in sein Werk eingebaut hat. Recherchiert dann in der Bücherei oder im Internet.

14 Sucht im Thema (⟶ Kap. 13) nach Motiven (⟶ Kap. 13) und erstellt eine Grafik mit den Buchstaben A, B, C und C'.

15 Hört das Thema (C 22) und die Variationen 1 und 2 (C 23, 24). Vergleicht die Musik auch anhand der Notenbilder. Was ist gleich, ähnlich, anders?

Wolfgang Amadeus Mozart

Mozart (1756 – 1791) als Kind

Ein musikalisches Wunderkind

Wolfgang Amadeus Mozart wurde 1756 in Salzburg geboren. Von den sieben Kindern der Familie überlebten jedoch nur Wolfgang und seine viereinhalb Jahre ältere Schwester Maria Anna, kurz „Nannerl" genannt.

Einen Tag nach seiner Geburt wurde Mozart auf den Namen Johannes Chrysostomus Wolfgangus Theophilus Mozart getauft. Berühmt wurden jedoch nur seine Vornamen Wolfgang und Theophilus. Anfänglich verwendete Mozart selbst die italienische Form seines Namens „Wolfgango Amadeo". Von 1777 an nannte er sich Wolfgang Amadé.

Schon im Alter von vier Jahren erhielt er von seinem Vater Leopold Mozart den ersten Klavier-, Violin- und Kompositionsunterricht. Schnell wurde seine große Begabung deutlich: Mit fünf Jahren präsentierte Mozart seine erste Komposition, das Menuett KV 1 für Klavier.

Mozarts Reisen

Auch Nannerl war musikalisch begabt und trat als Klavierwunderkind auf. Leopold Mozart fühlte sich verpflichtet, seine Wunderkinder der Welt vorzustellen. So kam es, dass Mozart ab 1762 mit Vater Leopold und Schwester Nannerl immerzu auf Reisen war. Dabei spielte er zusammen mit Nannerl an fast allen europäischen Fürstenhöfen, sogar am Hofe der österreichischen Kaiserin Maria Theresia.

Im Sommer 1763 traten die Mozarts eine große Westeuropa-Tournee an, die sie über Deutschland, Belgien und Frankreich bis nach London führte.

*Mozart und seine Schwester spielen
vor der Kaiserin Maria Theresia in Wien 1762.*

Mozart in Salzburg

Im Dezember 1771 kehrten die Mozarts nach Salzburg zurück. Ein Jahr später wurde Mozart zum Konzertmeister der Salzburger Hofkapelle ernannt. Für den Erzbischof komponierte er dort Kirchenmusik, Klaviersonaten, **Solo**konzerte, **Sinfonien** und weitere Werke. Mozart fühlte sich jedoch durch diese Arbeit sehr eingeengt.

Um dem strengen Salzburger Dienst zu entkommen und eine neue Anstellung zu suchen, unternahmen die Mozarts weitere Reisen, u. a. nach Italien, Wien und München. Auf diesen Reisen entstanden viele weitere Kompositionen.

Salzburg

Mozart in Wien

1781 zog Mozart nach Wien und versuchte sich als freischaffender Musiker. Seinen Lebensunterhalt finanzierte er überwiegend mit Unterrichten, Komponieren von Opern und als Klaviervirtuose eigener Kompositionen. Ein Jahr später heiratete er gegen den Willen seines Vaters Constanze Weber. Mozart ging es in den letzten Jahren seines Lebens gesundheitlich und finanziell immer schlechter. Dennoch komponierte er weiter. In dieser Zeit entstand fast die Hälfte seines gesamten Werks. Mozart starb am 5. Dezember 1791.

1 Lest den Text über Wolfgang Amadeus Mozart. Informiert euch zusätzlich im Internet oder in der Bücherei über Mozarts Leben. Erstellt ein Zeitstrahlprotokoll mit den wichtigsten Stationen seines Lebens und seiner Reisen.

2 Vergleicht seine Biografie mit denen anderer Komponisten in diesem Schulbuch. Was ist gleich, ähnlich, anders?

3 Stellt einzelne Lebensstationen von Mozart in einem Standbild dar.

Mozarts erste Komposition – Menuett KV 1

Mozarts letzte Komposition – Requiem d-Moll KV 626

Dieses Werk konnte Mozart nur noch zu zwei Dritteln fertigstellen.
Bis zu seinem Tod hatte er den 1. **Satz** des Requiems, das „Introitus", vollständig niedergeschrieben.

Der Anfang des „Introitus", von Mozart selbst aufgeschrieben (Autograph)

Weitere **Sätze** des Requiems waren bruchstückhaft vorhanden. Constanze Mozart beauftragte zwei Schüler ihres verstorbenen Mannes, das Requiem zu beenden. Mozart war einer der größten Komponisten, die es je gegeben hat. In seinem kurzen Leben komponierte er weit mehr als 600 Werke. Mozarts Musik wird heute noch auf der ganzen Welt gehört und gespielt.

4 Betrachtet den **Partitur**ausschnitt zum Menuett KV 1 und schreibt auf, was euch auffällt (**Artikulation**, **Takt**, **Notenschlüssel**, **Tongeschlecht**).

5 Hört das Menuett KV 1 (C 25) und vergleicht die Musik mit euren Ergebnissen aus Aufgabe 4.

6 Hört den Beginn des „Introitus" (C 26) aus dem Requiem KV 626 und sprecht über die Musik (Klangfarbe, Einsatz der Instrumente, **Dynamik**, **Tempo**, **Artikulation** und **Tongeschlecht**).

7 Interpretiert die Kompositionen in Bezug auf den im Text beschriebenen Lebenslauf von Mozart. Bezieht auch eure Ergebnisse aus Aufgabe 2 mit ein.

Serenade G-Dur – Eine kleine Nachtmusik

C 27–33

Eine der bekanntesten Kompositionen von Wolfgang Amadeus Mozart ist die Serenade in G-Dur, die er 1787 vollendete. Der Beiname „Eine kleine Nachtmusik" entstand durch die Übersetzung des Begriffs Serenade ins Deutsche: Als Serenade wird ein Ständchen oder eine Musik bezeichnet, die meist abends im Freien aufgeführt wird.

Ursprünglich schrieb Mozart die Serenade G-Dur für ein **Kammermusikensemble**, bestehend aus 2 Violinen, Viola, Violoncello und Kontrabass. Heutzutage werden die Stimmen jedoch oft mehrfach besetzt. Die Komposition hat wie eine **Sinfonie** oder ein Streich**quartett** vier **Sätze**:

1. Satz: Allegro

2. Satz: Romance. Andante

3. Satz: Menuett. Allegretto

4. Satz: Rondo. Allegro

1		
Melodie:	tänzerisch, schwungvoll
Tempo:	gehend
Lautstärke:	laut
Töne:	kurz angestoßene Viertelnoten

2		
Melodie:	energisch, fanfarenartig
Tempo:	schnell
Lautstärke:	laut, kräftig
Töne:	kurz angestoßen

3		
Melodie:	fröhlich, spritzig
Tempo:	sehr schnell
Lautstärke:	ziemlich leise
Töne:	kurz angestoßen (staccato)

4		
Melodie:	sanft, lieblich
Tempo:	langsam
Lautstärke:	leise
Töne:	gebunden (legato)

1 Betrachtet die Notenbilder der vier Anfänge aus der Serenade G-Dur von Wolfgang Amadeus Mozart und findet Hinweise zu den musikalischen Parametern **Tempo**, **Artikulation** und **Dynamik**. Notiert eure Ergebnisse.

2 Hört jeweils den Anfang der vier **Sätze** (C 27 – 30) und überprüft eure Ergebnisse aus Aufgabe 1 anhand der Musik. Ordnet die Beschreibungen 1 bis 4 den jeweiligen Musikausschnitten zu.

3 Hört den 1. **Satz** der Serenade in der Interpretation des A-cappella-**Oktetts** „Swingle Singers" (C 31) und in der Metal-Version von George Lynch (C 32). Beschreibt, wie diese Versionen die Stimmung der Musik zum Ausdruck bringen (→ Kap. 24). Vergleicht sie mit dem Original (C 33) und begründet eure Meinung.

4 Notiert eure Ergebnisse in einer Tabelle.

Menuett

 C 19, 25, 34

Der Name Menuett leitet sich von dem französischen Ausdruck „menu pas" ab und bedeutet „kleiner, zierlicher Schritt".

Das Menuett ist ein französischer Gesellschaftstanz im 3/4-Takt, der im Jahre 1650 am Hofe des „Sonnenkönigs" Ludwig XIV. eingeführt wurde. Das Tanzen des Menuetts erforderte oft jahrelange, zum Teil tägliche Übung, weswegen der Tanz auch als „Königin der Tänze" bezeichnet wurde. Die bodenlangen Reifröcke der Damen und die hohen Perücken prägten das Erscheinungsbild des Tanzes. So wurden die Schritte nicht allzu groß ausgeführt. Das stete Heben und Senken des gesamten Körpers während des Tanzes wurde durch das „Plié" (= gebeugt), einem Schritt, bei dem die Tanzenden leicht in die Kniebeugen gehen, erreicht.

Dreiteilige Liedform

Menuett				Trio				Menuett	
A	A	A′	A′	B	B	B′	B′	A	A′
8 Takte	8 Takte	8 Takte	8 Takte	8 Takte	8 Takte	12 Takte	12 Takte	8 Takte	8 Takte

Der Menuett-Grundschritt (2 x Zz 1 bis 3)

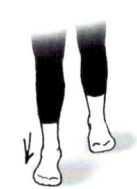 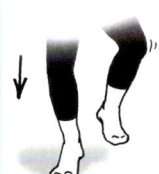    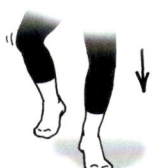

Zz 1 rechts 1 Schritt vorwärts	Zz 2 links heben, rechts plié	Zz 3 links 1 Schritt vorwärts	Zz 1 rechts 1 Schritt vorwärts	Zz 2 links 1 Schritt vorwärts	Zz 3 rechts heben, links plié

Menuett-Figuren

Reverenz – Die Verbeugung / Begrüßung

Die Dame macht einen Knicks (li Fuß hinter rechtes Bein).

Der Herr deutet eine Verbeugung an (rechtes Bein im Plié, linkes Bein vorgestreckt).

Grundschritt – vorwärts / rückwärts

Im Grundschritt tanzen die Tanzenden vorwärts aufeinander zu und anschließend wieder zurück zur Ausgangsposition.

Moulinet – Die Mühle

Im Grundschritt tanzen die Tanzenden eine Runde in der Mühlenfassung umeinander herum.

---

1 Hört das „Menuett" (C 34) von Wolfgang Amadeus Mozart und übt den Grundschritt zur Musik ein.

2 Erfindet Varianten innerhalb des Grundschritts (im Plié hüpfen, zur Seite tanzen ...) und gestaltet sie zur Musik.

3 Bildet mit vier Paaren eine Gasse (➜ Kap. 24) und gestaltet mit den vorgegebenen Figuren das Menuett.

4 Erfindet weitere Tanzfiguren. Präsentiert die vorgegebenen und eure eigenen Figuren in einer Choreografie zur Musik.

5 Gestaltet die Choreografie eures Menuetts auch zu dem Menuett aus der „Feuerwerksmusik" (C 19 ➜ S. 99) und dem Menuett KV 1 (C 25 ➜ S. 105).

Rondo aus dem Fagottkonzert B-Dur

C 35

Wolfgang Amadeus Mozart komponierte insgesamt 52 Konzerte für Soloinstrumente und Orchester.

Im Alter von 18 Jahren schrieb Mozart das Konzert für Fagott und Orchester B-Dur KV 191. Es war sein erstes **Solo**konzert für ein Blasinstrument.

Wie fast alle Konzerte hat auch das Konzert für Fagott und Orchester drei **Sätze**. Sie heißen:

1. Allegro
2. Andante ma adagio
3. Rondo. Tempo di Menuetto

Der Begriff Rondo (oder auch Rondeau) stammt aus dem Italienischen (lat. rotundus = rund, rotundellum = Rundlage) und bezeichnet eine bestimmte Form eines Musikstücks wie z. B. den 3. **Satz** des Fagottkonzerts.

Dieses Rondo hat folgenden Ablauf: Ein immer wiederkehrender Teil A (Refrain) wechselt sich mit unterschiedlichen Zwischenspielen (Couplets – Teil B, C, D und E) ab. Das Rondo enthält fünf Refrains und vier Couplets. Die Ausgestaltung dieser Couplets übernimmt überwiegend das Fagott. Mozart hat die Couplets so abwechslungsreich komponiert, dass der klangliche Charakter und die technischen Möglichkeiten des Fagotts voll zur Geltung kommen (→ S. 122).

Refrain (Hauptthema) – Teil A

---

1 Lest den Text. Findet einen Partner und erzählt euch gegenseitig, was ihr gelesen habt.

2 Betrachtet die **Partitur** und sprecht über Instrumente und Instrumentenfamilien, Melodieverläufe, und **Vortragsbezeichnungen**. Singt das Hauptthema der Violine 1 auf Silben. Zeigt dabei den Melodieverlauf mit der Hand an.

3 Hört den Refrain des Rondos (C 35) aus dem Konzert für Fagott und Orchester KV 191 von Wolfgang Amadeus Mozart. Lest beim Hören der Musik die **Partitur** mit und achtet dabei auf die musikalische Umsetzung der in Aufgabe 2 besprochenen **Parameter**.

Couplets – Teile B, C, D und E

A	B	**Refrain** Orchester (Tutti) Hauptthema 1-mal	**Couplet 1** Fagott (Solo) Orchester begleitet
A	C	**Refrain** Orchester (Tutti) Hauptthema 1-mal	**Couplet 2** Fagott (Solo) Orchester begleitet
A	D	**Refrain** Orchester (Tutti) Hauptthema 1-mal Schlussteil (Coda)	**Couplet 3** Fagott (Solo) Orchester begleitet
A	E	**Refrain** Orchester (Tutti) Hauptthema 2-mal Zwischenteil Hauptthema 1-mal	**Couplet 4** Fagott (Solo) Orchester begleitet
A		**Refrain** Fagott Hauptthema und Zwischenteil Streicher Hauptthema	

4 Betrachtet die Couplets 1 bis 4 und sprecht über Melodieverläufe und **Notenwerte**.

5 Hört das gesamte Rondo (C 36) aus dem Fagottkonzert. Zeigt beim Hören die wiederkehrenden Teile (Refrain) und die wechselnden Teile (Couplets) am Notenbild.

6 Ordnet zunächst die Buchstabenkärtchen A bis E in der Reihenfolge, in der die Musik erklingt, und notiert die Form des Rondos. Ordnet anschließend die Wortkärtchen entsprechend der Musik und notiert eure Ergebnisse.

7 Erfindet ein Rhythmusrondo mit Instrumenten und eurer Stimme. Denkt auch über ungewöhnliche Spielweisen nach. Schreibt euer Rondo mit grafischer Notation (→ S. 138) auf.

Louise Farrenc

C 37

Frauen in der Musik

Bereits in der Antike spielten Frauen in der Musik eine große Rolle. Musizierende Frauen waren meistens auch zugleich die Komponistinnen ihrer Werke. Allerdings durften die Frauen nicht in der Öffentlichkeit musizieren.

Mit der Ausbreitung des Christentums wurde es üblich, die musizierende Frau zu verachten und zu ächten. In Kirchen und vor Männern durften Frauen gar nicht mehr musizieren.

Zu Beginn des 17. Jahrhunderts entwickelte sich in Europa ein öffentliches Musikleben, das die Frauen stärker förderte. In Deutschland gab es erst im 18. Jahrhundert wieder Komponistinnen, die Beachtung fanden. Um ihre Werke aufführen zu dürfen, mussten die Frauen jedoch aus einer hohen Gesellschaftsschicht stammen und große finanzielle Mittel aufbringen.

Im Laufe des 19. und 20. Jahrhunderts setzte sich allmählich eine Anerkennung der Frau in der Musik durch.

Louise Farrenc (1804 – 1875)

Unter den Komponistinnen des 19. Jahrhunderts hat die Französin Louise Farrenc eine besondere Stellung.

Kindheit und Jugend

Louise Farrenc wurde als Jeanne-Louise Dumont 1804 in Paris als zweites von drei Kindern geboren. Der Vater, ein bekannter Bildhauer, lebte mit seiner Familie in einer Künstlersiedlung an der Sorbonne, der Pariser Universität.

Ihre Patentante Cecile Soria erkannte frühzeitig die musikalische Begabung von Farrenc. Sie begann, das Mädchen im Alter von 6 Jahren im Klavierspiel zu unterrichten. Da ihre Eltern großen Wert auf eine umfassende Bildung legten, lernte Farrenc bereits in frühen Kinderjahren die englische und italienische Sprache.

Mit 15 Jahren erhielt sie bei Anton Reicha Kompositionsunterricht. Reicha war es auch, der Farrenc in Fächern unterrichtete, in denen Frauen zu dieser Zeit am Konservatorium nur eingeschränkt unterrichtet werden durften, z. B. Instrumentation.

Im Alter von 17 Jahren heiratete sie den Flötisten und Musikverleger Aristide Farrenc, der sich in den folgenden Jahren vehement für die Aufführung und Verbreitung der Werke seiner Frau einsetzte.

Komponistin und Pädagogin

Zunächst komponierte Louise Farrenc fast nur Klaviermusik. Ab 1833 begann sie dann auch Orchesterwerke zu komponieren. 1842 trat Farrenc als erste Frau in der Geschichte des Pariser Konservatoriums eine Stelle als Klavier-Professorin an. Diese Arbeit behielt sie 30 Jahre lang bis zu ihrer Pensionierung. Während ihrer Zeit am Pariser Konservatorium beschäftigte sie sich viel mit dem Komponieren von Kammermusik, die bei Kritikern viel Beachtung fand. In den Jahren 1861 und 1869 wurde sie für ihr Kammermusikwerk mit dem „Prix Chartier", einem Preis der französischen Akademie der Künste, ausgezeichnet.

Louise Farrenc starb 1875 in Paris. Nach ihrem Tod war sie über 100 Jahre lang fast völlig vergessen, bis sie und ihre Werke um 1980 wiederentdeckt wurden.

1 Lest den Text über Louise Farrenc. Vergleicht ihre Biografie mit der von anderen Komponisten in diesem Schulbuch. Was ist gleich, ähnlich, anders?

2 Sucht im Internet nach weiteren Komponistinnen des 19. Jahrhunderts (z. B. Clara Schumann, Fanny Hensel geb. Mendelssohn) und vergleicht deren Biografien mit der von Louise Farrenc.

3 Betrachtet das Notenbild (→ S. 111) und findet in der **Partitur** Hinweise zu **Tempo, Dynamik, Artikulation** und **Klangfarbe**.

4 Hört den 1. **Satz** des Klavier**quintetts** Nr. 1 op. 30 (C 37) von Louise Farrenc und verfolgt den Verlauf der Musik an der **Partitur**.

Das Klavier**quintett** Nr. 1 op. 30 von Louise Farrenc feierte im Jahre 1840 seine Premiere bei einer Kammermusik-Konzert-reihe, die Aristide Farrenc jeden Montagvormittag in einem kleinen Konzertsaal veranstaltete. Für das Klavier**quintett** hatte sich Farrenc an Vorbildern wie dem „Forellen**quintett**" von Franz Schubert (→ S. 118/119) orientiert. Schuberts Komposition hatte sie auf den Gedanken gebracht, das Klavier**quintett** mit einem Kontrabass anstelle einer zweiten Violine zu besetzen.

Klavierquintett Nr. 1 op. 30, Beginn 1. Satz – Allegro

5 Hört die Musik erneut. Welchen Eindruck vermittelt sie euch? Begründet eure Meinung anhand der **Partitur.** Notiert eure Ergebnisse.

6 Hört den 4. **Satz** des Klavier**quintetts** Nr. 2 op. 31 (**C 38**) und sprecht über die Musik (**Tempo**, **Klangfarbe**, **Tongeschlecht**). Vergleicht beide Klavier**quintette** miteinander. Was ist gleich, ähnlich, anders? Verwendet auch eure Ergebnisse aus Aufgabe 3.

Vom Motiv zum Thema

Lieder, Songs, Instrumentalstücke und andere Werke weisen eine mehr oder weniger reichhaltige Gliederung auf. Der kleinste musikalische Baustein dieser Gliederung ist das Motiv. Es ist ein wichtiges Merkmal für eine Komposition und hat einen hohen Wiedererkennungswert.

Ein Motiv kann auf verschiedene Arten geändert werden, z. B. durch eine Wiederholung, eine Umkehrung, eine Sequenz oder einen Krebs. Darüber hinaus kann ein weiteres Motiv hinzukommen, das im Gegensatz zum ersten Motiv steht. Dieses neue Motiv wird Kontrast genannt und kann ebenfalls verändert werden.

Die unterschiedlich veränderten Motive bilden zusammen ein Thema.

Anfangsmotiv

Motiv-Änderungen und Erklärungen

A

Sequenz:
Ein Motiv wird von einem höheren oder tieferen Ausgangston aus gespielt.

4

B

Wiederholung:
Das Motiv wird wiederholt.

2

D

Umkehrung:
Die auf oder abwärts führende Melodie des Motivs wird umgedreht.

5

1

3

C

Krebs:
Das Motiv wird rückwärts gespielt.

Neues Motiv (Kontrast)

1. Lest den Text und gebt den Inhalt mit eigenen Worten wieder.
2. Spielt die Motive auf Instrumenten und singt sie auf Silben oder **Solmisationssilben**.
3. Ordnet die Motiv-Änderungen 1 bis 5 den Erklärungen A bis D zu.
4. Bildet auch mit dem neuen Motiv (Kontrast) Sequenzen, einen Krebs und eine Umkehrung. Schreibt eure Ergebnisse auf einem Notenblatt auf.

Vielen musikalischen Werken liegt ein achttaktiges Thema zugrunde, z.B. das Thema des 2. Satzes der „Sinfonie mit dem Paukenschlag" von Joseph Haydn (→ S. 103) oder das Thema des Rondos aus dem Fagottkonzert B-Dur von Wolfgang Amadeus Mozart (→ S. 108/109).

Ein Thema entsteht

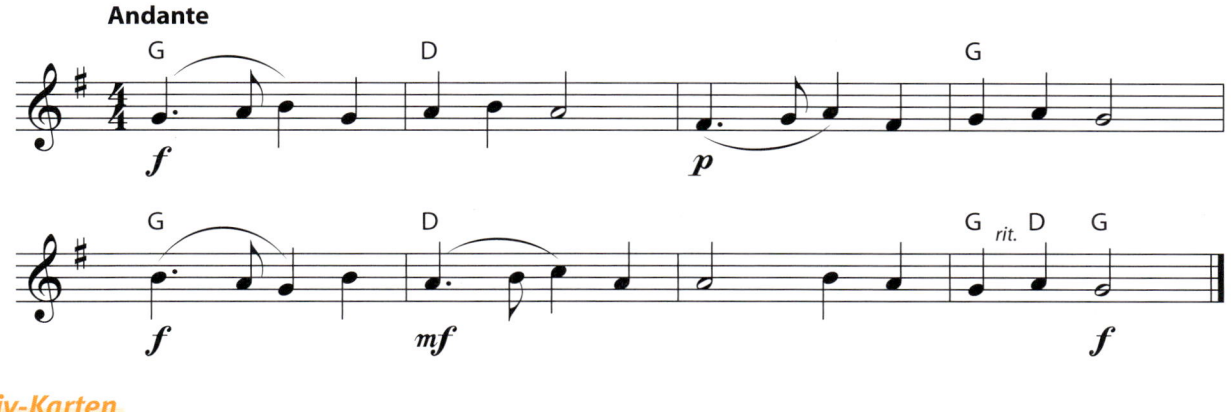

Motiv-Karten

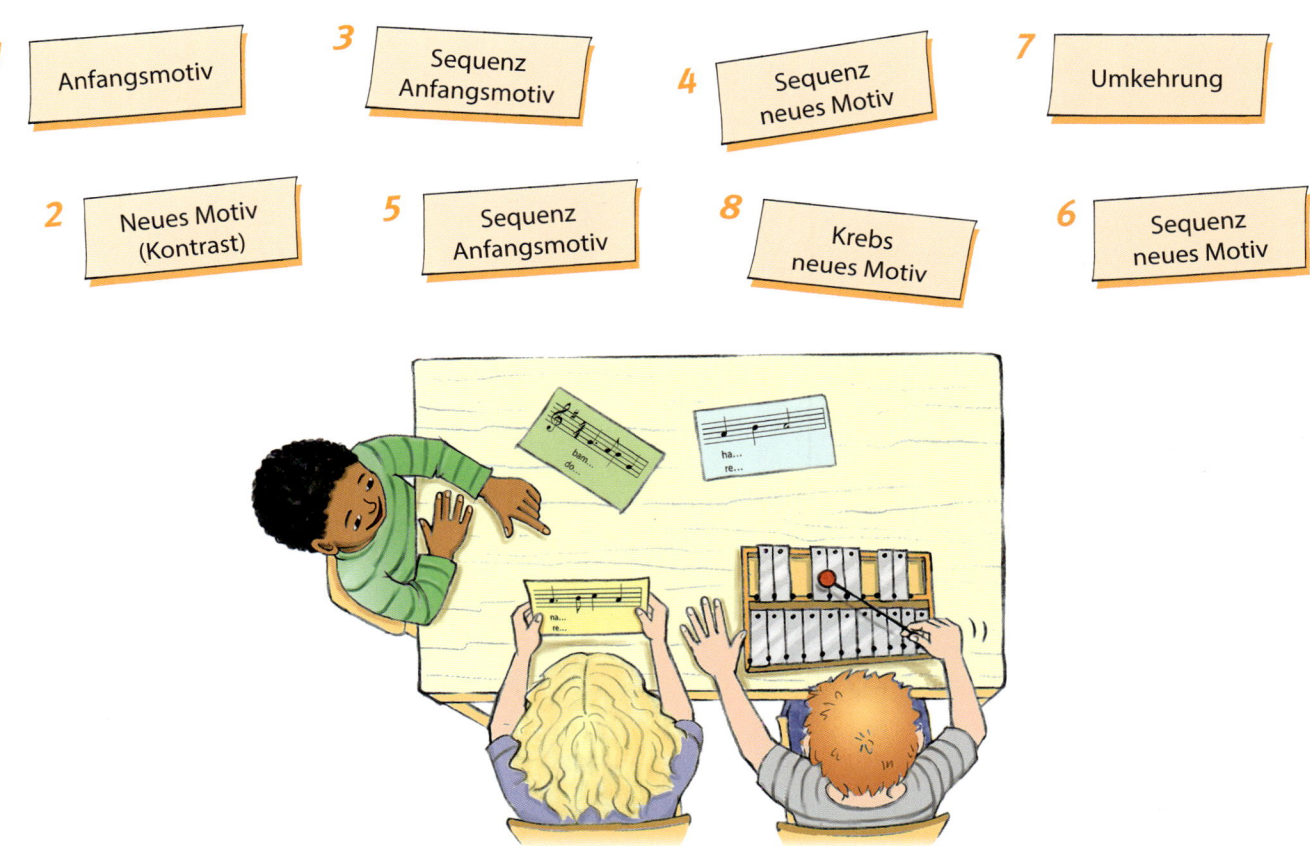

5 Ordnet die Motiv-Karten dem Thema zu.

6 Bildet aus den Motiven von S. 112 ein achttaktiges Thema. Das Anfangsmotiv muss dabei sein. Schreibt die Motivbausteine auf einem Notenblatt ab, kennzeichnet sie farbig (→ S. 112) und schneidet sie aus.

7 Spielt und singt die Motivbausteine in unterschiedlichen Reihenfolgen. Einigt euch auf eine endgültige Reihenfolge. Schreibt dieses Thema auf einem Notenblatt auf.

8 Übt eure Themen mit Instrumenten oder Gesang ein. Achtet auch auf **Dynamik**, **Tempo** und **Artikulation**.

9 Stellt eure Themen der Klasse vor und sprecht über eure Ergebnisse (→ Kap. 24).

Thema mit Variationen

Nicht nur Motive können verändert werden, auch ein Thema kann durch Veränderungen weiterentwickelt werden. Verändert werden können z. B. Melodie, Rhythmus, **Tempo**, **Dynamik**, **Tonart** (oft die **Variant-Tonart**), **Taktart** und **Artikulation**. Die Veränderung eines Themas wird Variation genannt.

Thema

Variationen

Variation 1

Variation 2

Variation 3

Adagio minore

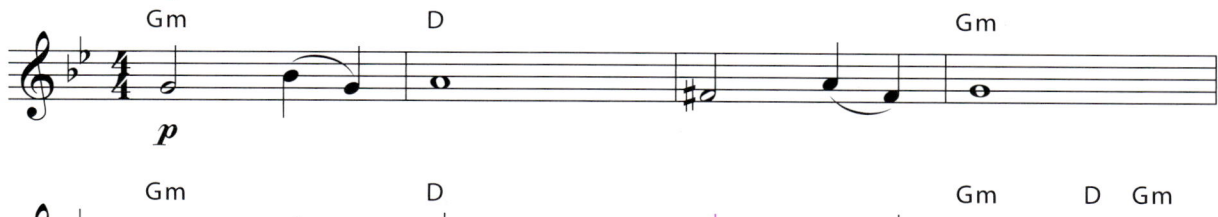

Variation 4

Allegretto – Alla marcia

Begleitung für das Thema und Variation 1

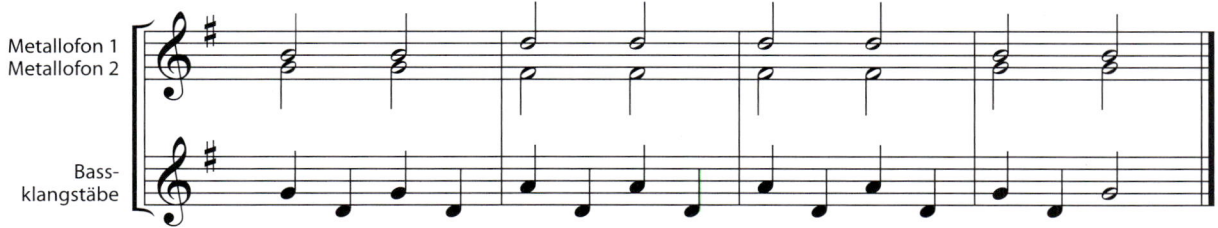

1. Vergleicht die Bilder auf S. 114 miteinander. Was ist gleich, was ist anders? Stellt einen Zusammenhang zwischen euren Ergebnissen und dem Text auf S. 114 oben her.

2. Hört das Thema (C 39) und die Variationen 1 bis 4 (C 40 – 43). Sprecht über eure Höreindrücke (→ Kap. 24).

3. Untersucht die Variationen 1 – 4 am Notenbild und vergleicht sie mit dem Thema. Findet heraus, was sich verändert hat.

4. Spielt das Thema und die Variationen auf Instrumenten. Fügt auch die Begleitung hinzu.

5. Ändert die Begleitung für die Variationen 2 – 4, sodass sie jeweils der **Taktart** und **Tonart** entspricht.

W. A. Mozart: Ah, vous dirai-je, Maman

Wolfgang Amadeus Mozart verwendete als Thema (→ S. 112 – 115) für seine „12 Klaviervariationen" das französische Kinderlied „Ah, vous dirai-je, Maman". Im deutschsprachigen Raum ist das Thema aus dem deutschen Weihnachtslied „Morgen kommt der Weihnachtsmann" bekannt.
Bevor ihr das Thema und einige der Variationen hört, könnt ihr eigene Variationen erfinden und sie dann mit den Variationen von Mozart vergleichen. Mozart hat das bestimmt nicht anders gemacht als ihr!

4 Schritte zum Erfinden von Variationen über „Morgen kommt der Weihnachtsmann"

1
Das Lied singen
→
2
Den Text und den Rhythmus aufschreiben
→
3
Das Thema (die Melodie) auf einem Instrument spielen und aufschreiben
→
4
Variationen erfinden

1. Das Lied singen

> Morgen kommt der Weihnachtsmann, kommt mit seinen Gaben.
> Bunte Lichter, Silberzier, Kind und Krippe, Schaf und Stier,
> Zottelbär und Pantertier, möcht' ich gerne haben!
>
> *Text: Hilger Schallehn*

2. Den Text und den Rhythmus aufschreiben

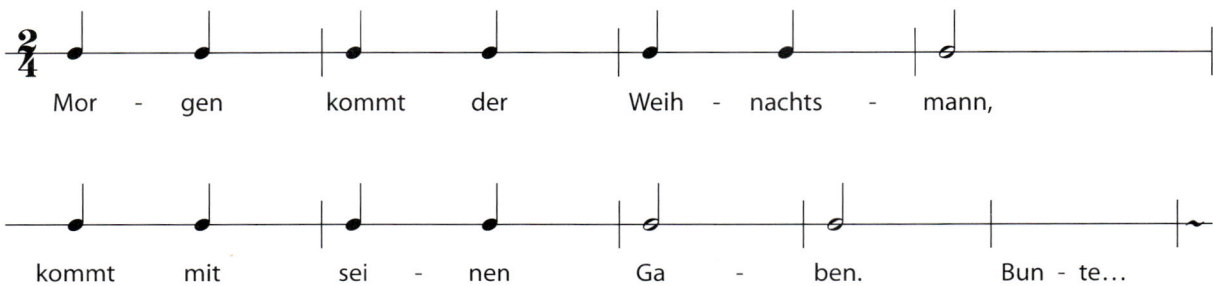

Mor - gen kommt der Weih - nachts - mann,

kommt mit sei - nen Ga - ben. Bun - te…

3. Das Thema spielen und aufschreiben

4. Variationen erfinden (3 Beispiele)

> **1** Bildet Gruppen und erstellt einen Arbeitsplan für das Erfinden von Variationen. Bezieht dabei die 4 Schritte zum Erfinden von Variationen mit ein.
>
> **2** Erfindet Variationen über „Morgen kommt der Weihnachtsmann". Achtet auf Wiederholungen im Rhythmus und in der Melodie. Schreibt eure Variationen auf.

Thema

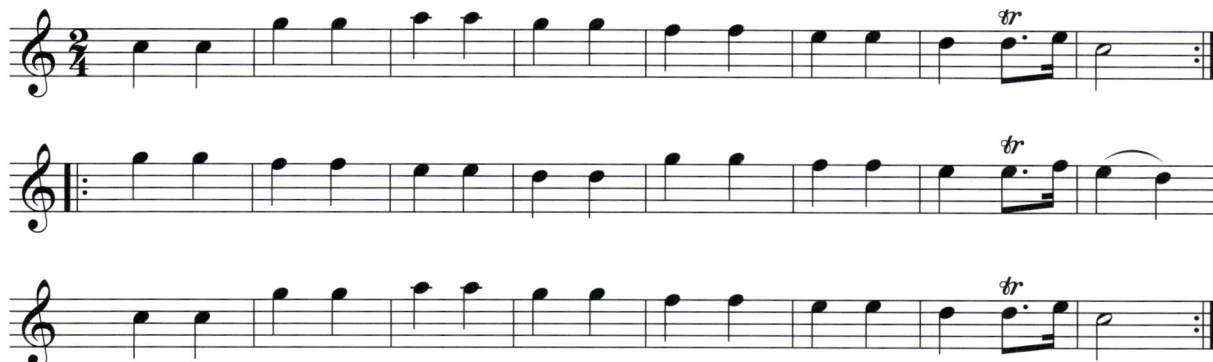

Variation 1

Variation 5

Variation 8

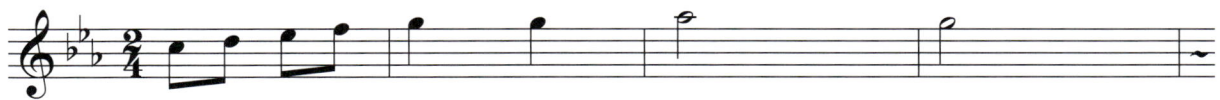

Variation 12

3 Erfindet auch eine Variation in der **Variant-Tonart**.

4 Spielt euch eure Variationen gegenseitig vor und sprecht darüber, was ihr verändert habt.

5 Vergleicht euer Thema von „Morgen kommt der Weihnachtsmann" mit dem Thema von Mozart. Was ist gleich, ähnlich, anders? Achtet auch auf die **Form** beider Melodien.

6 Hört das Thema (C 44) und die 4 Variationen (C 45 – 48). Sprecht über eure Höreindrücke (→ Kap. 24) und insbesondere über die Veränderungen des Themas. Nutzt dafür die Fachbegriffe von S. 114 oben.

7 Hört die Variationen erneut und lest jeweils den Anfang der Variationen am Notenbild mit. Vergleicht eure Variationen mit denen von Mozart. Was ist gleich, ähnlich, anders?

Franz Schubert: 4. Satz aus dem Forellenquintett

C 49, 50

Franz Schubert (1797 – 1828)

Franz Schubert schrieb in seiner kurzen Lebenszeit viele Meisterwerke. Neben **Sinfonien**, Messen, Streich**quartetten** und Kammermusik komponierte er über 600 Klavierlieder. Dem 4. **Satz**, dem Variationssatz, des Klavier**quintetts** A-Dur D 667 legte Schubert sein Lied „Die Forelle" als Thema (→ S. 112 – 115) zugrunde. Diese berühmte Komposition ist auch unter dem Namen „Forellen**quintett**" bekannt.

Das Klavierlied „Die Forelle"

Im Klavierlied „Die Forelle" wird erzählt, wie ein Angler eine Forelle in einem klaren Bach beobachtet und wartet. Später wird der Bach trüb und die Forelle wird gefangen. Schubert, ein bedeutender Vertreter des Klavierliedes, übertrug dem Klavier ein breites Aufgabenfeld. Es stützt nicht mehr nur den Gesang, sondern spielt oft eine charakteristische, eigenständige, sich wiederholende Melodiefigur. Das ist in der Klavierbegleitung von „Die Forelle" deutlich zu hören: Fast schon lautmalerisch sind das Sprudeln des Baches und die Lebhaftigkeit der Forelle dargestellt.

4. Satz aus dem Forellenquintett

Das Klavier**quintett** hat die Besetzung: Klavier, Violine, Bratsche (Viola), Cello und Kontrabass.
Der **Satz** besteht aus einem Thema (Andantino), 5 Variationen und einem abschließenden Allegretto.

Thema

Variation 1

1 Hört „Die Forelle" (C 49) und sprecht über eure Höreindrücke (→ Kap. 24). Sprecht auch über die Melodie und die Begleitung der einzelnen Strophen.

2 Hört den 4. **Satz** aus dem „Forellen**quintett**" (C 50) und betrachtet dabei die Noten der Anfänge des Themas (→ S. 112 – 115) und der Variationen (→ S. 114 – 117). Fasst eure Höreindrücke schriftlich zusammen: Welches Instrument spielt jeweils das Thema? Wie wirkt die Musik? Wie wird das Thema jeweils verändert? Welche Variationen sind in einer anderen **Tonart**?

Variation 2

Variation 3

Variation 4

Variation 5

3 Bringt eure Höreindrücke zu den Variationen als Bild mit Farben und Formen zum Ausdruck.

4 Hört das **Allegretto** am Ende der Aufnahme (C 50). Zu welchem Notenbild passt es am besten? Begründet eure Entscheidung.

Einfache Holzblasinstrumente bauen

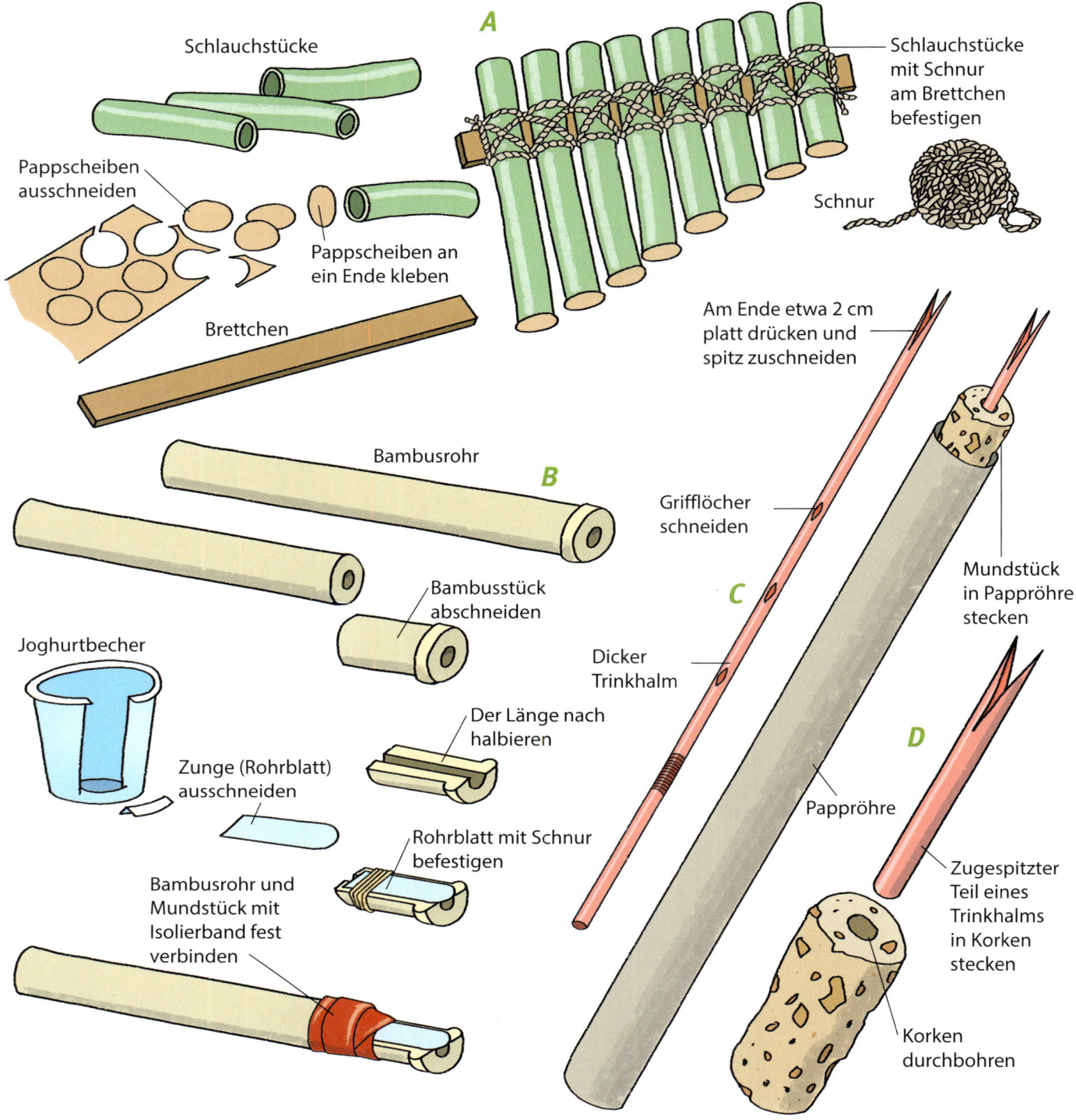

A

Schlauchstücke

Schlauchstücke mit Schnur am Brettchen befestigen

Pappscheiben ausschneiden

Pappscheiben an ein Ende kleben

Schnur

Brettchen

Am Ende etwa 2 cm platt drücken und spitz zuschneiden

Bambusrohr

B

Grifflöcher schneiden

Bambusstück abschneiden

C

Mundstück in Pappröhre stecken

Joghurtbecher

Dicker Trinkhalm

Der Länge nach halbieren

D

Zunge (Rohrblatt) ausschneiden

Rohrblatt mit Schnur befestigen

Pappröhre

Zugespitzter Teil eines Trinkhalms in Korken stecken

Bambusrohr und Mundstück mit Isolierband fest verbinden

Korken durchbohren

Spielweisen

Bei der Panflöte (A) müsst ihr ein Schlauchstück an die Unterlippe halten und über die Kante der Öffnung blasen. Nehmt die Bambusklarinette (B) soweit in den Mund, dass das Rohrblatt frei schwingen kann. Blast kräftig hinein. Bei der Halm-oboe (C) und dem Rohrfagott (D) drückt ihr die beiden spitzen Teile des Mundstücks mit den Lippen zusammen und presst die Atemluft hinein. Dabei schwingen die beiden spitzen Teile im Mund gegeneinander.

1 Bildet Gruppen und baut Panflöten (A), Bambusklarinetten (B), Halmoboen (C) und Rohr-fagotte (D). Verfasst eigene Bauanleitungen mithilfe der Abbildungen und Anleitungen.

2 Probiert die Instrumente aus. Verwendet auch ungewöhnliche Spielweisen.

3 Erfindet mit den Instrumenten eigene Musikstücke und schreibt sie in grafischer Notation auf.

Die Klarinette

Die Klarinette gehört zu den Holzblasinstrumenten mit einfachem Rohrblatt. Etwa um 1700 entwickelten Instrumentenbauer – vor allem Johann Christoph Denner aus Nürnberg – die Klarinette.

Ausdrucksmöglichkeiten

Die Klarinette ist klanglich eines der vielseitigsten Instrumente. Sie kann sehr leise bis sehr laut gespielt werden. Die Ausdrucksmöglichkeiten der Klarinette sind umfangreich: **staccato**, **legato**, **vibrato** oder **glissando** sind gut umsetzbar und prägen den Klang dieses Instruments mit. Die Klarinette hat mit fast vier **Oktaven** den größten Tonumfang aller Holzblasinstrumente.

Einsatz

Auch ihr Einsatz ist vielseitig: im Sinfonieorchester, in der Tanz- und Unterhaltungsmusik, in Jazzbands und in Bläsergruppen.

Beschaffenheit

Die Klarinette besteht aus 5 Teilen, die mit Ausnahme des Mundstücks meist aus Grenadill, einem sehr harten Holz aus Afrika, hergestellt werden. Das Rohrblatt besteht meist aus Pfahl- oder Schilfrohr.

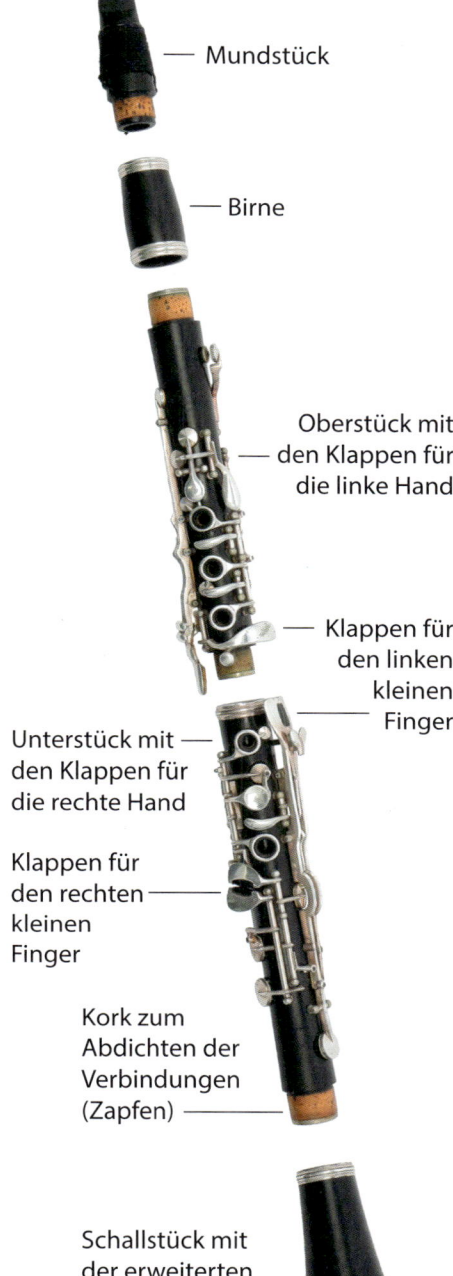

Mundstück

Birne

Oberstück mit den Klappen für die linke Hand

Klappen für den linken kleinen Finger

Unterstück mit den Klappen für die rechte Hand

Klappen für den rechten kleinen Finger

Kork zum Abdichten der Verbindungen (Zapfen)

Schallstück mit der erweiterten Bohrung

Einfaches Rohrblatt

Mundstück mit Blatt

Tonerzeugung

Das Rohrblatt wird am Mundstück befestigt, sodass nur ein kleiner Spalt zwischen Blatt und Mundstück offen bleibt. Wenn man das Mundstück mit den Lippen umschließt und hineinbläst, beginnt das Blatt zu schwingen. Die Schwingungen werden auf die Luftsäule in der Klarinette übertragen. Umgekehrt wirken die Schwingungen der Luftsäule wieder auf das Blatt.

Tonhöhenveränderung

Die Tonhöhe wird durch Öffnen und Schließen von Löchern verändert. Dadurch verlängert oder verkürzt sich die Luftsäule im Rohr. Je länger die Luftsäule, desto tiefer ist der Ton, je kürzer die Luftsäule, desto höher ist der Ton. Die Klappen ermöglichen es, auch Löcher öffnen und schließen zu können, die sonst nicht erreichbar wären.

> **1** Vergleicht die Klarinette mit der selbst gebauten Bambusklarinette (➔ S. 120). Was ist ähnlich, was ist anders? Fertigt Steckbriefe über die Klarinette an.
>
> **2** Lasst euch von einem Musiker die Klarinette zeigen. Probiert, darauf zu spielen.
>
> **3** Vergleicht die Ausschnitte aus dem „Klarinette**quintett**" (C 51) und dem Klarinettenkonzert (C 52) von Wolfgang A. Mozart sowie der „Rhapsody in Blue" (C 53) von George Gershwin miteinander. Beschreibt die Klangunterschiede der Klarinette (➔ Kap. 24).

Das Fagott

C 54, D 1, 2

Das Fagott ist ein Holzblasinstrument mit doppeltem Rohrblatt. Der Name des Instruments leitet sich aus dem italienischen Wort „fagotto" (dt: Bündel) ab, was sich auf seine mehrteilige Bauart bezieht. Mitte des 17. Jahrhunderts fingen Instrumentenbauer an, das Instrument aus mehreren Teilen zu bauen. Das hatte mehrere Vorteile: Die Instrumente klangen besser, weil die Teile genauer angefertigt werden konnten, und sie ließen sich besser transportieren. Das Fagott war geboren!

Klang- und Ausdrucksmöglichkeiten

Das Fagott bietet viele Klang- und Ausdrucksmöglichkeiten. In der hohen Lage klingt es oft klagend, manchmal sogar geheimnisvoll, in der tiefen Lage hingegen manchmal etwas glucksend und deshalb eher lustig.

Einsatz

Das Fagott ist der Bass der Holzblasinstrumenten-Familie. Es hat vor allem im Orchester seinen Platz, wo es auch als **Solo**instrument zum Einsatz kommt.

Beschaffenheit

Der Korpus des Fagotts besteht aus 4 Holzteilen, die meist aus Ahorn angefertigt sind. Der S-Bogen ist aus Messing, Silber, Gold oder Platin. Das Doppelrohrblatt ist in der Regel aus Pfahlrohr und wird meist vom Musiker selbst hergestellt. Ein Fagott ist ca. 1,35 m hoch, die gesamte Rohrlänge beträgt jedoch ca. 2,60 m.

Tonerzeugung und Tonhöhenveränderung

Das Mundstück des Fagotts besteht aus zwei aneinandergebundenen Rohrblättern (Doppelrohrblatt). Der Musiker presst die Atemluft zwischen die beiden Rohrblätter. Diese schwingen gegeneinander und bringen die Luft im Instrument zum Schwingen. Für die Erzeugung von Tönen stehen dem Fagottisten ca. 24 Klappen zur Verfügung. Mit ihnen kann er die Löcher schließen und öffnen. Wird ein Loch geschlossen, verlängert sich die Luftsäule. Es entsteht ein tieferer Ton. Wird hingegen ein Loch geöffnet, entweicht die Luft. Somit verkürzt sich die Luftsäule und es entsteht ein höherer Ton.

Luftstrom im Fagott

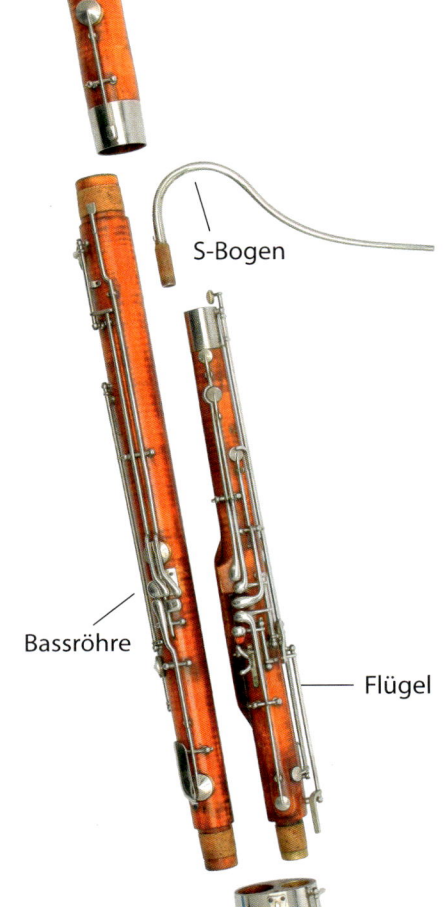

Kopfstück (Stürze)

S-Bogen

Bassröhre

Flügel

Stiefel

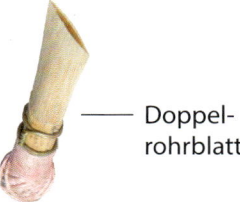

Doppelrohrblatt

1 Vergleicht das Fagott mit dem selbst gebauten Rohrfagott auf S. 120. Was ist ähnlich, was ist anders?

2 Woran kann man erkennen, dass das Fagott der Bass der Holzblasinstrumente ist?

3 Lasst euch von einem Fagottisten das Instrument erklären und vorführen.

4 Vergleicht die Ausschnitte aus „Peter und der Wolf" (C 54) von Sergej Prokofjew, aus „Scheherazade" (D 1) von Nikolai Rimsky-Korsakow und aus „Le sacre du printemps" (D 2) von Igor Strawinsky miteinander. Beschreibt den unterschiedlichen Klang (→ Kap. 24) des Fagotts.

Familie der Holzblasinstrumente

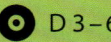 D 3–6

Piccoloflöte

Oboe

Querflöte

Fagott

Saxofon

Klarinette

A

B

Zur Familie der Holzblasinstrumente gehören Fagott, Klarinette, Oboe, Piccoloflöte, Querflöte und Saxofon.

Oboe, Klarinette und Fagott werden aus Holz, Piccoloflöte und Querflöte aus Metall oder Holz und das Saxofon aus Metall hergestellt. Wegen der ähnlichen Spielweise werden dennoch alle zu den Holzblasinstrumenten gezählt.

Die Länge der Schallröhre ist unterschiedlich: Die Röhre der Piccoloflöte ist ca. 30 cm, die des Fagotts ca. 2,60 m lang.

C

D

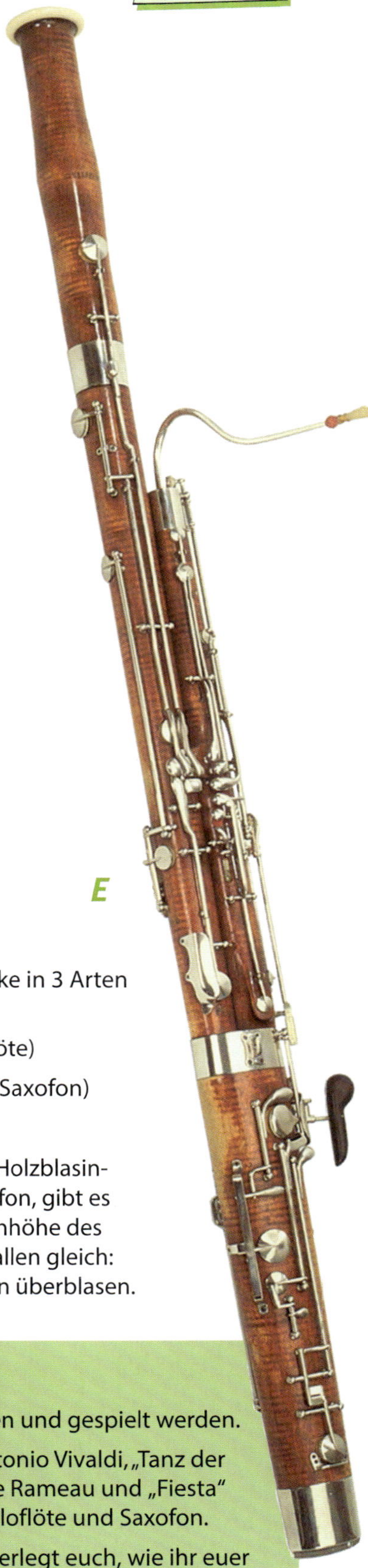

E

F

Holzblasinstrumente lassen sich aufgrund ihrer Mundstücke in 3 Arten einteilen:

* Instrumente mit einem Anblasloch (Querflöte, Piccoloflöte)
* Instrumente mit einem einfachen Rohrblatt (Klarinette, Saxofon)
* Instrumente mit einem Doppelrohrblatt (Oboe, Fagott)

Die Tonhöhe ist von der Länge der Röhre abhängig. Einige Holzblasinstrumente, wie z. B. die Klarinette, das Fagott oder das Saxofon, gibt es in unterschiedlichen Größen, was Auswirkungen auf die Tonhöhe des Instruments hat. Die Tonhöhenveränderung ist jedoch bei allen gleich: Löcher werden geöffnet oder geschlossen und Töne werden überblasen.

1 Ordnet die Instrumentennamen den Instrumenten A bis F zu.

2 Lasst euch von Musikern und Musikerinnen zeigen, wie die Holzblasinstrumente gehalten und gespielt werden.

3 Hört jeweils einen Ausschnitt aus „Konzert für Oboe, Fagott und Orchester" (D 3) von Antonio Vivaldi, „Tanz der Rohrflöten" (D 4) von Pjotr Iljitsch Tschaikowsky, „La Naissance d'Osiris" (D 5) von Philippe Rameau und „Fiesta" (D 6) von Klaus Doldinger. Beschreibt den Klang (→ Kap. 24) von Oboe, Querflöte, Piccoloflöte und Saxofon.

4 Bildet Gruppen, einigt euch auf ein Instrument und erstellt ein Instrumentenportrait. Überlegt euch, wie ihr euer Portrait präsentieren wollt und was ihr dazu braucht, z. B. Hörbeispiel, Plakat, Fotos, Instrument, Teile des Instruments, Computer, Musikanlage.

Einfache Blechblasinstrumente bauen

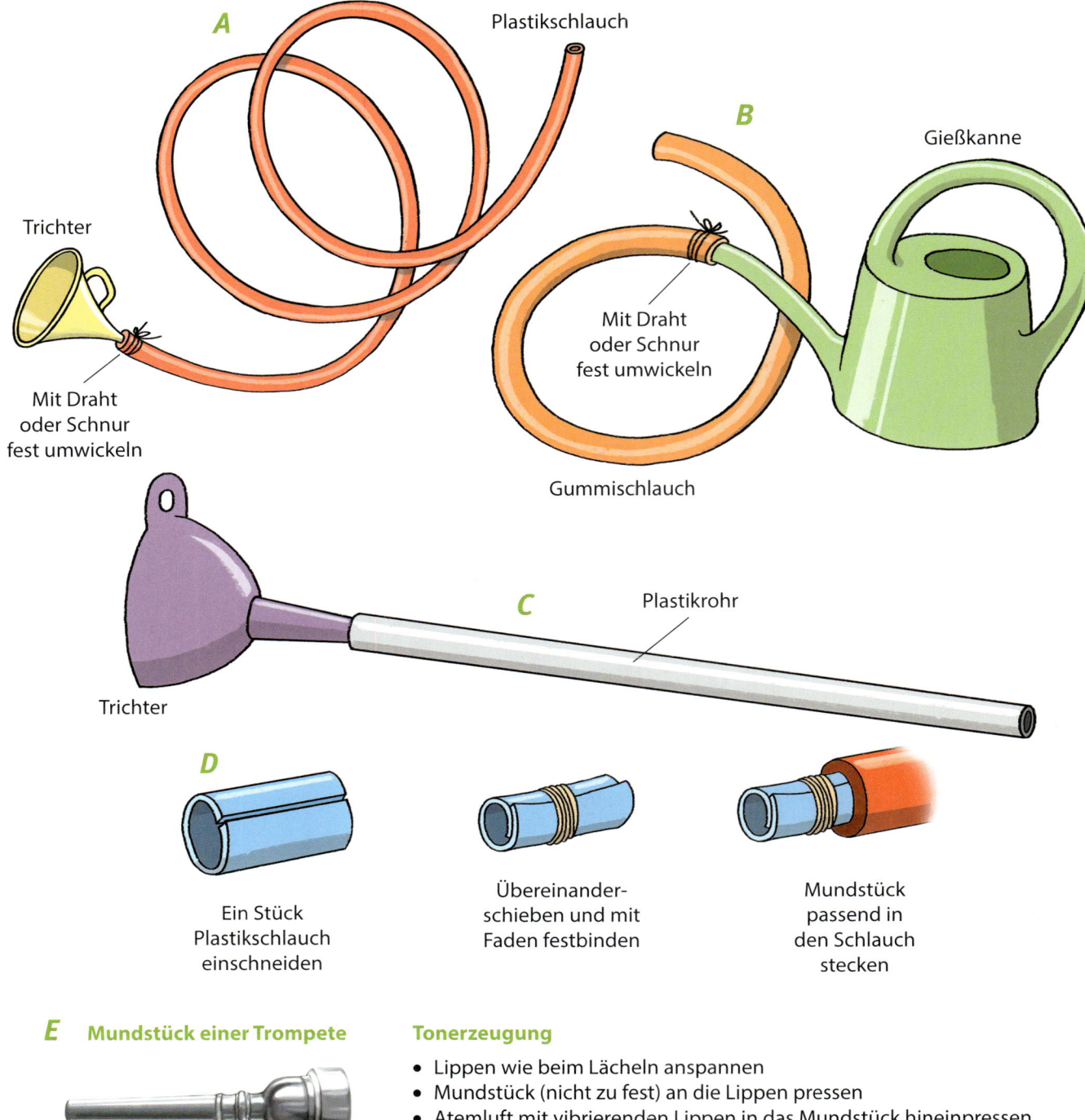

A Plastikschlauch

Trichter

Mit Draht
oder Schnur
fest umwickeln

B Gießkanne

Mit Draht
oder Schnur
fest umwickeln

Gummischlauch

C Plastikrohr

Trichter

D

Ein Stück
Plastikschlauch
einschneiden

Übereinander-
schieben und mit
Faden festbinden

Mundstück
passend in
den Schlauch
stecken

E   Mundstück einer Trompete

Tonerzeugung

- Lippen wie beim Lächeln anspannen
- Mundstück (nicht zu fest) an die Lippen pressen
- Atemluft mit vibrierenden Lippen in das Mundstück hineinpressen

1 Besorgt euch unterschiedlich lange Schläuche und Plastikrohre, verschieden große Gießkannen und Haus-
haltstrichter und baut damit Blechblasinstrumente. Orientiert euch beim Bau an den Abbildungen A bis E oder
erfindet eigene Baupläne.

2 Erzeugt mit selbst gefertigten (D) oder mit echten Mundstücken (E) Töne auf euren Instrumenten.

3 Notiert während der Herstellung und dem Ausprobieren der Instrumente eure Erkenntnisse über die Klang-
eigenschaften, die Tonerzeugung und die Tonhöhenveränderung.

4 Erfindet mit euren selbst gebauten Blechblasinstrumenten eigene Musikstücke oder Klanggestaltungen. Präsentiert eure Ergebnisse und sprecht darüber. Decken sich die Aussagen eurer Mitschüler mit euren Absichten?

5 Informiert euch über den Beruf des Instrumentenbauers in eurem Ort oder im Internet. Dokumentiert und
präsentiert eure Ergebnisse.

Die Trompete

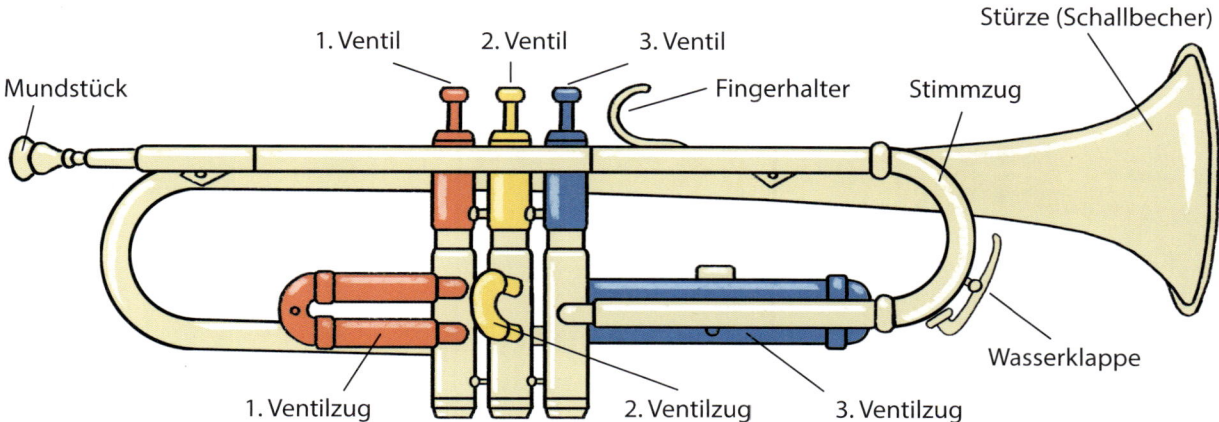

Die Trompete besteht aus einer ca. 1,30 m langen Röhre mit einem Mundstück. Bläst man in das Mundstück, versetzen die schwingenden Lippen die Luft in der Röhre ebenfalls in Schwingung, es entsteht ein Ton. Bläst man stärker und erhöht die Spannung der Lippen, entsteht ein höherer Ton.

Die Tonhöhe kann auch durch die Verlängerung der Röhre und damit der schwingenden Luftsäule verändert werden. Je kürzer die Röhre ist, umso höher ist der Ton. Je länger die Röhre ist, umso tiefer klingt der Ton.

Im Jahre 1815 wurde durch die Erfindung des Ventils die moderne Trompete mit drei Ventilen geboren.

Zu jedem Ventil gehört ein Nebenrohr (Ventilzug), durch das der Bläser das Rohr (die schwingende Luftsäule) verlängern kann. Durch Drücken des ersten Ventils wird das Instrument um einen **Ganztonschritt** tiefer gestimmt, beim zweiten Ventil um einen **Halbtonschritt** und beim dritten Ventil um eine **kleine Terz**. So können alle Töne, das heißt die ganze **chromatische Tonleiter**, gespielt werden.

Die Trompete wird vielseitig verwendet, z. B. in der klassischen Musik, in der Volksmusik und im Jazz.

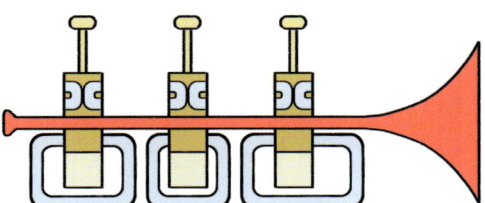

Alle Ventile geschlossen:

Die Luft (die schwingende Luftsäule) strömt durch das ca. 1,30 m lange Rohr. Es erklingt der Ton g'.

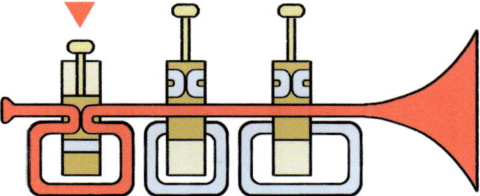

Erstes Ventil geöffnet:

Die Luft strömt jetzt zusätzlich durch den ersten Ventilzug. Das Rohr ist nun etwa 16 cm länger. Die Trompete erklingt um einen **Ganztonschritt** tiefer (f').

1 Bittet einen Trompetenspieler, euch das Instrument zu erklären und vorzuführen. Probiert aus, wie die einzelnen Teile der Trompete funktionieren.

2 Beschreibt mit eigenen Worten, wie bei einer Trompete die Tonhöhe verändert werden kann. Unterstützt eure Erklärungen durch eine selbst angefertigte Skizze.

3 Hört jeweils einen Ausschnitt aus „Konzert für Trompete und Orchester Es-Dur" (D 7) von Joseph Haydn, „Florentinischer Marsch" (D 8) von Julius Fučík und dem volkstümlichen Lied „When the saints go marchin' in" (D 9). Sprecht über den Klang der Trompete (➔ Kap. 24) und über ihre unterschiedliche Verwendbarkeit.

4 Erstellt eine Tabelle mit folgenden **Parametern**: Klang, **Artikulation**, Musikstil. Hört die Musikausschnitte (D 7–9) erneut und weitere Trompetenmusik (z. B. von S. 79 oder S. 97). Tragt die Titel und eure Höreindrücke in die Tabelle ein.

Die Posaune

D 10 – 13

Die Teile der Posaune

Schallbecher

Dämpfer

Haltesteg (linke Hand)

Innenzug (fest)

Kesselmundstück

Wasserklappe

Zugsteg (rechte Hand)

Außenzug (beweglich)

Wichtig für die Tonerzeugung bei einer Posaune ist der u-förmige, bewegliche Außenzug. Dieser kann über den festen Innenzug geschoben und vor- und rückwärts bewegt werden. Die Posaunenröhre (die Luftröhre) wird somit verkürzt oder verlängert, der Ton klingt entsprechend höher oder tiefer. Auch Gleittöne sind möglich.

Der Posaunist kann aber auch ohne den Zug zu bewegen und nur durch Erhöhung der Lippenspannung unterschiedlich hohe Töne spielen.

Die Posaune wird u. a. in Blasmusikkapellen und in Sinfonieorchestern eingesetzt. Sie ist auch aus dem Jazz nicht wegzudenken. Zusammen mit Trompeten, Hörnern und Tuben bilden die Posaunen die Blechbläsergruppe eines Sinfonieorchesters.

A

B

1. Lasst euch von einem Posaunenspieler zeigen, wie man mithilfe des Außenzugs Töne erzeugen kann.

2. Beschreibt die Abbildungen A und B. Wann klingt die Posaune tief, wann hoch? Begründet eure Entscheidung.

3. Hört Posaunenmusik aus verschiedenen Zeiten: „Fanfare" (D 10) von Henry Purcell, „Tanz des Hirtenmädchens" (D 11) von Hugo Alfven, „Zum Städtel hinaus" (D 12) von Carl H. Meissner, „Mississippi Lehm am Schuh" (D 13) von Albert Mangelsdorff.

4. Präsentiert zu jedem der vier Musikstücke einen kleinen Text: Titel des Musikstücks, Komponist, Art der Musik, Instrumente, Klang der Posaune und sonstige Besonderheiten.

Familie der Blechblasinstrumente

⊙ D 14 – 20

Fanfare, Horn, Jagdhorn, Posaune, Trompete und Tuba nennt man Blechblasinstrumente, weil sie aus dünnem Metall hergestellt werden. Alle haben ein abnehmbares Mundstück, eine lange Schallröhre und einen Schallbecher.

Die Länge der Schallröhren ist unterschiedlich und schwer zu erkennen, da sie auf verschiedene Arten gebogen und aufgewickelt sind. Die Röhre der Trompete ist etwa 1,30 m, die Röhre der Tuba über 4 m lang. Von der Länge der Schallröhre ist die Tonhöhe abhängig.

Die meisten der heutigen Blechblasinstrumente haben Ventile, mit deren Hilfe sich die Länge des Schallrohrs (Luftsäule) verändern lässt. Die Posaune hat anstatt der Ventile einen Zug. Fanfare und Jagdhorn haben keine Ventile.

Gemeinsam ist allen Blechblasinstrumenten die Art der Tonerzeugung. Man muss mit gespannten Lippen die Atemluft in das Mundstück pressen. Die schwingenden Lippen bringen die Luft in der Röhre zum Schwingen und es entsteht ein Ton.

1 Ordnet den Blechblasinstrumenten A bis F ihre Namen zu.

2 Erkundigt euch, wie Blechblasinstrumente gehalten und gespielt werden.

3 Hört die Instrumente (D 14 – 19) und beschreibt ihren Klang (→ Kap. 24). Welche Instrumente könnt ihr leicht heraushören und welche sind nicht so einfach zu erkennen? Begründet eure Meinungen.

4 Erstellt für jedes Instrument einen Steckbrief (Aussehen, Klang, besondere Eigenschaften). Spielt anschließend das Spiel „Multi-Interview" (→ Kap. 24) mit der gesamten Klasse.

5 Hört „Played alive" (D 20) in einer „Guggenmusik"-Version. Sprecht über die Musik (→ Kap. 24). Informiert euch im Internet über Guggenmusik. Spielt anschließend mit euren selbst gebauten Instrumenten (→ S. 124) zu „Played alive".

Einfache Saiteninstrumente bauen

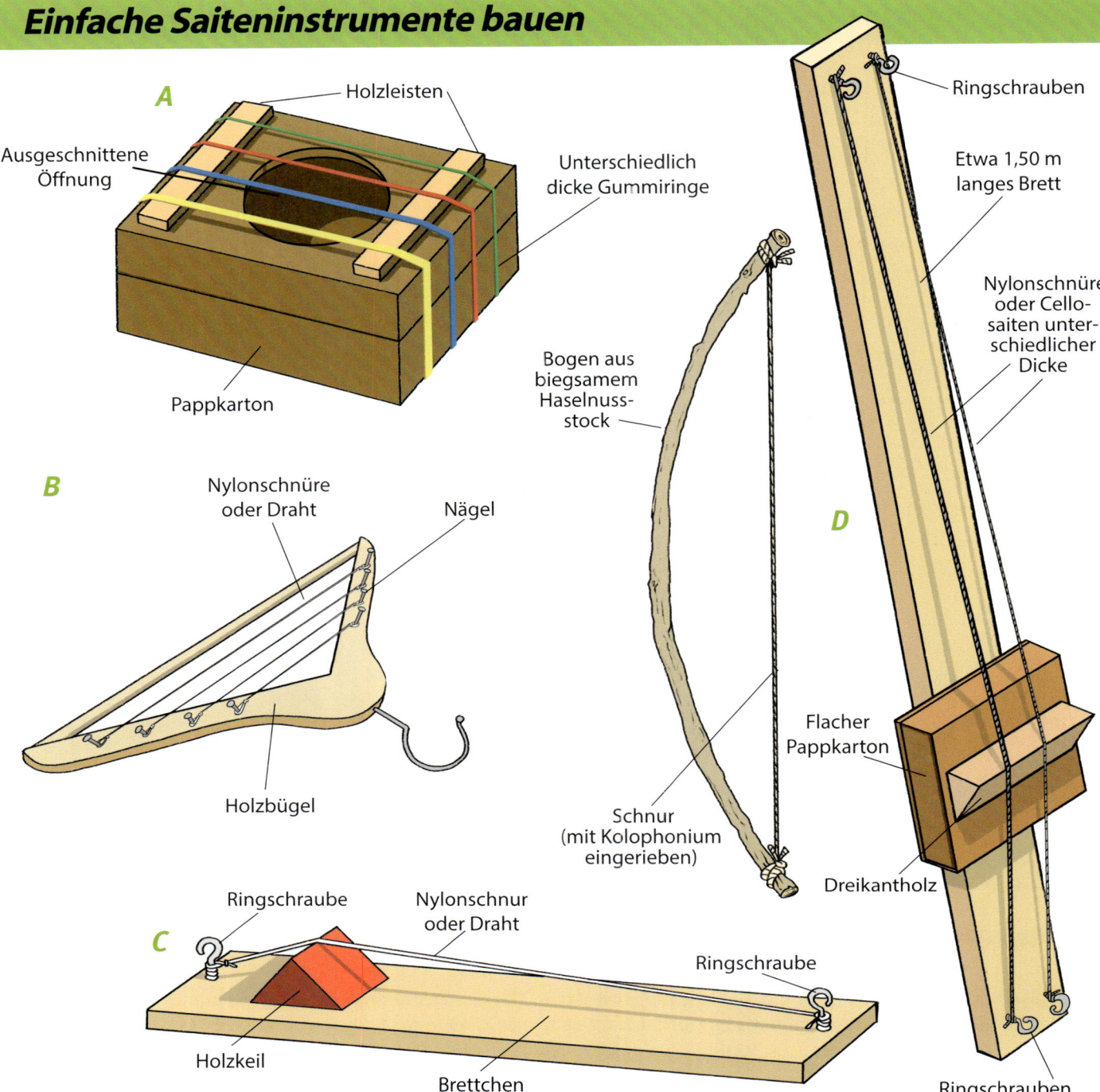

A
Holzleisten
Ausgeschnittene Öffnung
Unterschiedlich dicke Gummiringe
Pappkarton

Ringschrauben
Etwa 1,50 m langes Brett
Nylonschnüre oder Cello-saiten unter-schiedlicher Dicke

B
Nylonschnüre oder Draht
Nägel
Holzbügel

Bogen aus biegsamem Haselnuss-stock
D
Flacher Pappkarton
Schnur (mit Kolophonium eingerieben)
Dreikantholz

C
Ringschraube
Nylonschnur oder Draht
Ringschraube
Holzkeil
Brettchen
Ringschrauben

Spielweisen

Zupft bei der Gummizither (A) an den unterschiedlich dicken Gummibändern. Drückt anschließend einen Finger auf eine der Holzleisten und zupft erneut. Die Saiten der Bügelharfe (B) könnt ihr entweder mit dem Finger zupfen oder mit einem Schlägel schlagen. Spielt auch mehrere Saiten gleichzeitig an. Beim Zupfbrett (C) zupft ihr an dem Draht. Verändert die Spannung durch das Drehen an der Ringschraube. Variiert die Position des Holzkeils. Streicht auch mit dem Bogen des Brettcellos (D) über die Saite. Streicht beim Brettcello die Cellosaiten mit dem Bogen. Drückt mit euren Fingern auf die Saiten und verändert dadurch die Tönhöhe.

1. Bildet Gruppen und baut Gummizithern (A), Bügelharfen (B), Zupfbretter (C) und Brettcelli (D). Schreibt mithilfe der Anweisungen Bauanleitungen.

2. Probiert eure selbst gebauten Instrumente aus. Experimentiert auch mit unterschiedlichen Klängen und bezieht ungewöhnliche Spielweisen mit ein.

3. Erfindet mit euren Instrumenten eigene Musikstücke und schreibt sie mit grafischer Notation auf.

4. Präsentiert eure Musikstücke und nehmt sie auf. Hört euch eure Aufnahmen an und überlegt, was ihr noch verbessern könntet.

Familie der Streichinstrumente

◉ D 21 – 23

Die in der klassischen Musik gebräuchlichen Streichinstrumente sind heutzutage die Violine (Geige), die Viola (Bratsche), das Violoncello (Cello) und der Kontrabass (Bass).

Die Violine, die Viola und das Cello unterscheiden sich in ihrem Aussehen überwiegend durch ihre Größe. Die Bauweise hingegen ist bei diesen Instrumenten gleich. Alle drei stammen aus der sogenannten Violinenfamilie.

Der Kontrabass ist diesen Instrumenten zwar äußerlich ähnlich, unterscheidet sich jedoch in einigen Details. Das Instrument variiert in seiner Größe. Auch die Gestalt der äußeren Form, insbesondere der des Bodens, ist nicht einheitlich. Der Bass stammt aus der sogenannten Gambenfamilie.

Grundsätzlich wird bei Streichinstrumenten der Klang durch das Streichen des Bogens auf den Saiten erzeugt. Es gibt jedoch noch andere Möglichkeiten der Klangerzeugung.

So kann z. B. eine Saite mit dem Finger gezupft werden oder sie wird mit dem Holz des Bogens vorsichtig geschlagen.

Die Tonhöhe ist von der Länge der Saite abhängig. Je länger eine Saite ist, desto tiefer klingt der Ton. Die Saiten werden aus Darm, Stahl oder Kunststoff hergestellt.

Die **Violine** ist das kleinste Instrument der Streichinstrumente und klingt daher am höchsten. Im Orchester spielt man die Violine im Sitzen, als Solist steht man.

Die **Viola** ist etwas größer als die Violine und klingt ein wenig tiefer. Violine und Viola werden zwischen Kinn und Schulter festgehalten. Im Orchester wird die Viola ebenfalls im Sitzen gespielt.

Das **Violoncello** ist um einiges größer als Violine und Viola und klingt entsprechend tiefer. Es wird sowohl im Orchester als auch vom Solisten im Sitzen gespielt und dabei zwischen den Knien festgehalten.

Der **Kontrabass** ist das größte und tiefstklingende Instrument der Streichinstrumente. Ein normaler Kontrabass hat vier Saiten. Für bestimmte Stücke werden jedoch auch fünfsaitige Instrumente eingesetzt. Im Orchester wird der Kontrabass im Sitzen auf speziellen Hockern gespielt. Solisten und Jazzmusiker spielen häufig auch im Stehen.

1 Lest die Texte. Bildet Gruppen und informiert euch im Internet oder in der Bücherei über Streichinstrumente. Präsentiert eure Ergebnisse auf einem Plakat.

2 Vergleicht die Streichinstrumente mit euren selbst gebauten Saiteninstrumenten. Sprecht darüber, weshalb Streichinstrumente in unterschiedlichen Größen gebaut werden.

3 Besucht eine Orchesterprobe und lasst euch von Musikerinnen und Musikern die unterschiedlichen Streichinstrumente erklären und vorführen.

4 Hört einen Ausschnitt aus „Passacaglia" (D 21) von Georg Friedrich Händel in der Bearbeitung von Johann Halvorsen für Violine und Viola. Teilt euch in 2 Gruppen und gebt jeweils Zeichen, wenn ihr die Violine oder die Viola erkennt.

5 Hört jeweils einen Ausschnitt aus „Der Schwan" (D 22) und „Der Elefant" (D 23) von Camille Saint-Saëns. Findet heraus, welche Instrumente jeweils zu hören sind, und beschreibt ihren Klang (→ Kap. 24).

Die Violine

Die Violine hat sich im Laufe der Zeit nicht nur in der klassischen Musik zu einem wichtigen Instrument entwickelt. Auch in der Volksmusik, der Unterhaltungs- und Rockmusik sowie in der Filmmusik und im Jazz spielt sie eine bedeutende Rolle.

Seit Anfang des 16. Jahrhunderts wird die Violine in ihrer heutigen Form gebaut. Zu dieser Zeit lebte Andrea Amati, der Begründer der bekannten Geigenbauschule, in Cremona. Auch die Geigenbauer Giuseppe Guarneri und Antonio Stradivari stammten aus Cremona und zählen bis heute zu den berühmtesten Geigenbauern der Welt.

Die Stradivari- und Guarneri-Violinen sind die begehrtesten und teuersten Konzert- und Soloinstrumente der Welt. Ihre Klangqualität ist bis heute unübertroffen.

Zu den Gründern des Geigenbaus im deutschsprachigen Raum gehörten Matthias Klotz in Mittenwald und Jakob Stainer in Innsbruck.

Die Teile der Violine

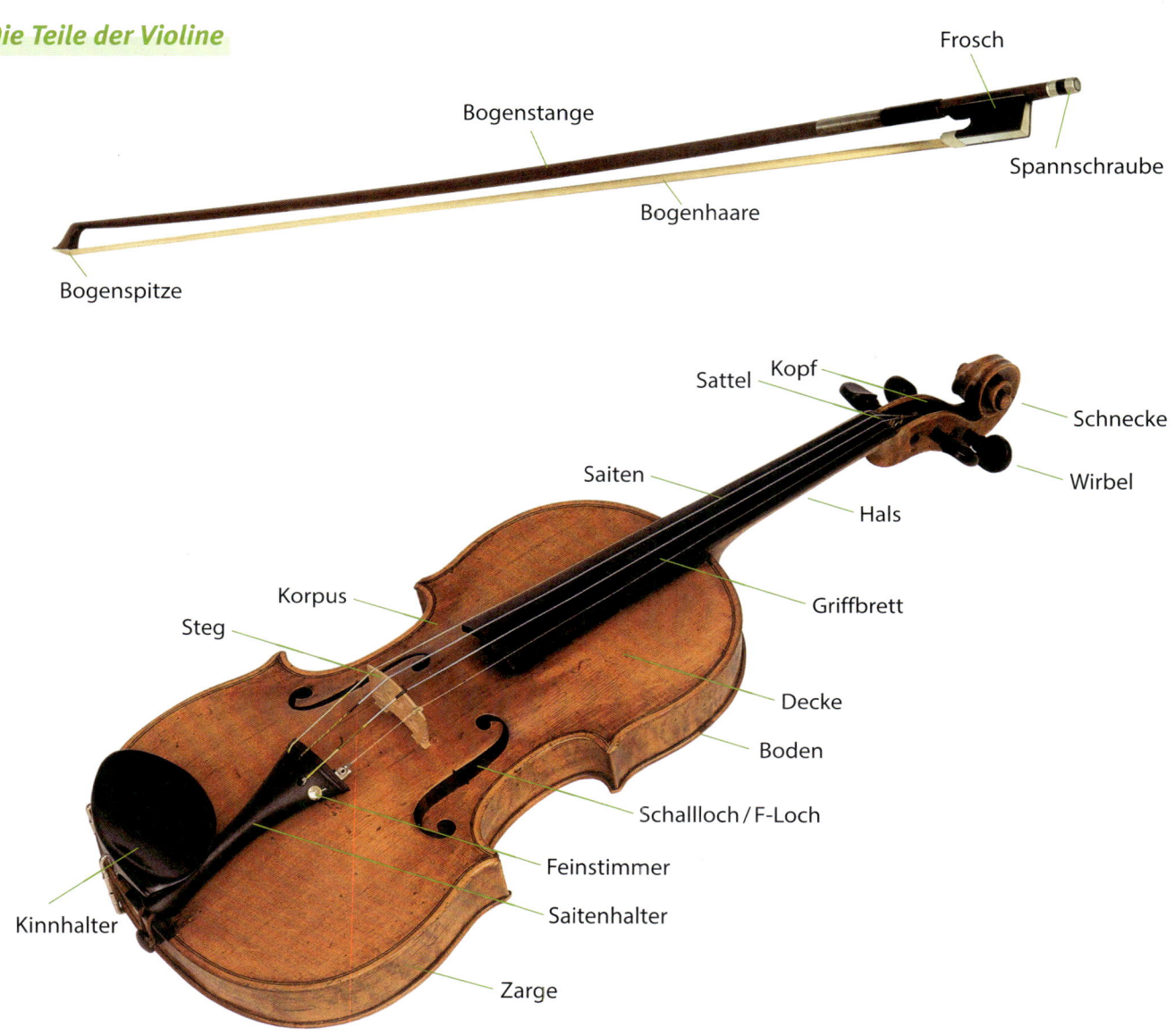

1. Informiert euch über die Geschichte der Violine und ihren Bau im Internet oder in der Bücherei.

2. Besucht einen Geigenbauer oder eine Geigenbauerin und lasst euch die unterschiedlichen Teile der Violine zeigen und die Funktionen erklären. Informiert euch zusätzlich in Fachbüchern oder im Internet.

3. Gestaltet Spielkarten, auf denen ihr die Beschreibung und die Funktion der einzelnen Instrumententeile festhaltet. Spielt anschließend das Spiel „Multi-Interview" (→ Kap. 24) mit der gesamten Klasse.

Klangerzeugung

Ein Geigenbauer in seiner Werkstatt bei der Arbeit

Es gibt unterschiedliche Möglichkeiten, Töne auf der Violine zu erzeugen. Die gängigste Art ist das Streichen der Saite mit den Bogenhaaren des Bogens. Weiterhin gibt es die Möglichkeit, die Saite, die aus Darm, Stahl oder Kunststoff besteht, durch das Aufwerfen der Bogenhaare in Schwingung zu versetzen, die Bogenstange vorsichtig auf die Saite zu schlagen oder die Saite mit den Fingern zu zupfen.

Der Bogen wird mit Schweifhaaren von Pferden bezogen. Dabei richtet sich die Haarmenge des Bezugs nach dem Gewicht und dem Durchmesser der einzelnen Haare. Die Bogenhaare müssen regelmäßig mit Kolophonium, einem speziellen Harz, bestrichen werden, damit der Bogen besser an den Saiten haftet.

Streichen die gespannten Bogenhaare mit entsprechendem Bogendruck über eine Saite, bringen sie diese zum Schwingen.

Die Schwingungen der Saite werden hauptsächlich vom Steg auf die Decke und über den Stimmstock auf den Boden der Violine übertragen. Im Geigenkörper, dem Korpus, wird der Ton verstärkt und dadurch gut hörbar. Der verstärkte Ton wird durch die ihn umgebende Luft und durch die Schalllöcher (F-Löcher) nach außen hinausgetragen.

Verschiedene Spieltechniken

Tremolo: Der Bogen wird mit einer Art Zitterbewegung auf der Saite schnell hin und her gestrichen.

Flageolett: Der Finger der linken Hand wird auf die Saite gelegt, ohne sie herunterzudrücken. An Stellen, an denen die Saite unterteilbar ist, entsteht ein flötenartiger, zwei bis vier Oktaven höherer Ton. Dieser Ton wird auch als Oberton bezeichnet.

Détaché: Der Bogen wird abwechselnd auf- und abgeführt, ohne dass er von der Saite genommen wird. Dadurch ändert sich für jeden neuen Ton die Strichrichtung. Zwischen den Tönen entsteht eine winzige Pause.

Vibrato: Die auf die Saite aufgesetzte Fingerkuppe wird hin und her gerollt. Dadurch entsteht eine kleine Veränderung / Schwankung in der Tonhöhe. So wirkt der Klang lebendiger und wärmer.

Pizzicato: Die Saite wird mit den Fingern der rechten Hand gezupft. In manchen Musikstücken führt auch die linke Hand ein Pizzicato aus.

Legato: Mehrere Töne werden auf einem Bogenstrich gespielt, sodass die Übergänge fließend werden. Diese Spielweise ist im Notenbild durch einen Bindebogen gekennzeichnet.

Nigel Kennedy bei einem Konzert

---

4 Informiert euch über Klangerzeugung und Spielweise der Violine und lasst euch beides von einem Musiker zeigen. Probiert aus, wie ihr selbst mit dem Instrument Töne erzeugen könnt.

5 Lest die Beschreibungen der Spieltechniken und stellt Klangerwartungen auf.

6 Hört die Hörbeispiele (D 24 – 29) und ordnet sie den Spieltechniken zu.

7 Vergleicht die Ausschnitte aus „Partita Nr. 3 E-Dur" von Johann Sebastian Bach (D 30), „Caprice Nr. 20" (D 31) von Niccolò Paganini und „Fratres" (D 32) von Arvo Pärt miteinander. Beschreibt die Unterschiede von Klang, Spieltechnik und Ausdruck der Violine.

Zupfinstrumente

D 33 – 35

Die Mandoline

Die Mandoline ist ein seit Beginn des 17. Jahrhunderts in Europa bekanntes Zupfinstrument aus der Familie der Lauten. Sie hat einen bauchigen Korpus und ist mit 4 Saitenpaaren bespannt. Diese werden wie bei der Violine auf die Töne g – d' - a' - e" gestimmt. Sie wird meistens mit einem Plektrum aus Kunststoff, manchmal aber auch mit den Fingern gespielt. Typisch sind ihr hoher Klang und die schnellen Tonwiederholungen (Tremolo). Die Mandoline ist in fast allen Musikarten vertreten.

Die Zither

Die Zither gehört zu den Zupfinstrumenten der alpenländischen Volksmusik. Sie wurde im 19. Jahrhundert zur Konzertzither weiterentwickelt. Die Konzertzither hat ein Griffbrett mit 5 Saiten und zusätzlich 24 bis 37 Freisaiten. Die Griffbrettsaiten werden mit einem Zitherring am Daumen der rechten Hand angespielt und mit den Fingern der linken Hand gegriffen. Die Freisaiten werden mit den freien Fingern der rechten Hand gezupft. Beim Spielen wird die Zither auf die Knie oder auf einen Tisch gelegt.

Die Harfe

Die Harfe gehört zu den ältesten Instrumenten der Menschheit. Vor etwa 5000 Jahren gab es sie schon in Ägypten. Die Familie der Harfen ist groß und auf der ganzen Welt verstreut. Die größten Unterschiede bestehen in der Anzahl der Saiten und der Größe des Instruments. Die Konzertharfe hat 47 Saiten, ist etwa 1,80 m hoch und etwa 40 kg schwer. Sie zählt somit zu den größten und schwersten Orchesterinstrumenten. Viele Harfen verfügen über Pedale, die sich am Harfenfuß befinden. Beim Betätigen der Pedale wird die Spannung der Saiten erhöht. Je gespannter die Saite ist, desto höher klingt der Ton. Harfen werden vor allem in der Orchestermusik und in der Volksmusik verwendet.

Die Gitarre

Kopf
Wirbel
Sattel
Bundstäbchen
Hals
Griffbrett
Saiten
Korpus
Schallloch
Zarge
Steg
Saitenhalter
Decke

Die Gitarre wird aufgrund ihrer Spielweise den Zupfinstrumenten zugeordnet. Hinsichtlich der Tonerzeugung zählt sie aber zu den Saiteninstrumenten. Die Gitarre hat viele Vorläufer. Um 1800 entstand die Gitarre, wie wir sie heute kennen. Der Korpus (Schallkörper) besteht aus der Decke, dem Boden und den Zargen. Auf dem Hals ist das Griffbrett durch Bundstäbchen in kleine Abschnitte (Bünde) eingeteilt. Diese entsprechen **Halbtonschritten**. Die Konzertgitarre hat sechs unterschiedlich dicke Saiten aus Nylon, wobei die drei tieferen Saiten mit Metalldraht umwickelt sind. Die Saiten verlaufen vom Saitenhalter über den Steg, das Griffbrett und den Sattel zu den Wirbeln. Die Saiten werden so gestimmt: 6. Saite E, 5. Saite A, 4. Saite d, 3. Saite g, 2. Saite h, 1. Saite e'. Sie werden mit den Fingern der rechten Hand oder einem Plektrum gezupft. Die Saiten werden mit der linken Hand kurz vor den Bundstäbchen auf das Griffbrett gedrückt. Dadurch wird die Tonhöhe der Saite geändert.

1 Vergleicht den Bau und die Spielweise der Zupfinstrumente.

2 Hört Ausschnitte aus „Der dritte Mann" (D 33) von Anton Karas, dem „Konzert in C-Dur" (D 34) von Antonio Vivaldi und dem „Konzert in A-Dur" (D 35) von Carl Ditters von Dittersdorf. Sprecht über den Klang der Instrumente (→ Kap. 24).

3 Ordnet die Ausschnitte der Mandoline, Zither und Harfe zu.

Die E-Gitarre

Um 1920 begann die Entwicklung der E-Gitarre. Viele Musiker wollten die Gitarre lauter machen, damit sie in den Jazz-Bands gegenüber den Blasinstrumenten und dem Schlagzeug bestehen kann.

Die Saiten der E-Gitarre sind aus Stahl und werden meist mit einem Plektrum gezupft. Unter den Saiten sind Tonabnehmer. In ihnen wandeln Magnetspulen die Schwingungen der Saiten in elektrische Signale um. Diese Signale werden über ein Kabel von der Gitarre zum Verstärker übertragen, wodurch sie laut erklingen.

Durch das Plektrum klingt der Ton lauter, härter und heller. Ein Plektrum wird meist aus Kunststoff hergestellt.

Gitarre spielen auf der 1. oder 6. Saite zu „Ain't no sunshine"

0 = leere Saite
1 = 1. Bund
2 = 2. Bund
3 = 3. Bund
4 = 4. Bund
5 = 5. Bund
6 = 6. Bund

nach Bill Withers

Gitarre spielen auf der 3. und 4. Saite zu „Smoke on the water"

nach R. Blackmore, R. Glover, J. Lord, I. Paice

Lieder begleiten mit Akkorden

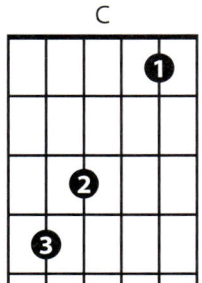
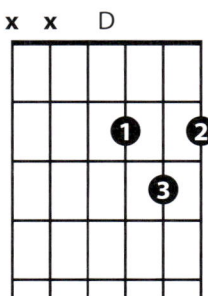
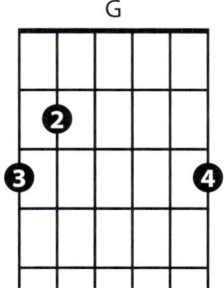
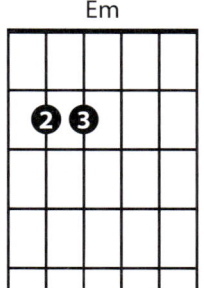
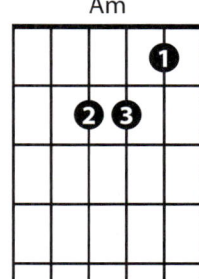

4 Hört „Asturias" (D 36) von Isaac Albeniz und beschreibt den Klang der Gitarre.

5 Hört „Ain't no sunshine" (D 37) von Bill Withers und den Anfang von „Smoke on the water" (D 38) von Deep Purple. Beschreibt und vergleicht den Klang der Gitarren (➔ Kap. 24). Summt beide Gitarren**riffs** nach.

6 Übt die **Riffs** zu „Ain't no sunshine" und „Smoke on the water" ein und spielt sie zur CD.

7 Begleitet den Riff von „Ain't no sunshine" mit den **Akkorden** Am, Em, G. Begleitet weitere Lieder aus dem Schulbuch (z.B. S. 20, 23, 46, 57).

8 Besucht einen Gitarrenbauer und lasst euch zeigen, wie eine Gitarre hergestellt wird.

Tasteninstrumente

◉ D 39, 40

Das Klavier

Bauweise

Es gibt zwei verschiedene Formen von Klavieren: den Flügel und das Pianoforte, kurz Piano genannt.

Der Flügel hat den Namen von seinem Aussehen. Er wird in dieser Form gebaut, weil die Saiten waagerecht verlaufen. Seine Länge beträgt bis zu 3 m. Der große Klangkörper erreicht die Lautstärke eines Orchesters. Auf einem Flügel lassen sich gegenüber einem Piano wesentlich mehr unterschiedliche Klänge erzeugen. Deshalb wird der Flügel vor allem als Soloinstrument und bei Konzerten in großen Sälen verwendet.

Als die Klavierbauer herausfanden, dass man die Saiten auch senkrecht spannen kann, erhielt das Piano seine heutige Form. Im Gegensatz zum Flügel ist das Piano kleiner und leichter, weshalb es für das Musizieren zu Hause besonders geeignet ist.

Tonerzeugung

Das Klavier hat bis zu 88 weiße und schwarze Tasten. Mit Ausnahme der Orgel hat es den größten Tonumfang aller Musikinstrumente. Die insgesamt 216 Saiten sind über einen stabilen Rahmen aus Gusseisen gespannt. Jede Saite ist um einen Stimmwirbel gewunden. Durch Drehen der Wirbel kann das Klavier gestimmt werden.

Wird eine Taste niedergedrückt, schlägt ein kleiner filzbezogener Hammer auf die dazugehörenden Saiten. Nach dem Anschlag federt das Hämmerchen zurück, damit die Saiten frei schwingen können. Insgesamt braucht man zur Tonerzeugung 7000 Einzelteile. Die Vorrichtung zur Erzeugung der Töne bezeichnet man als „Mechanik".

1 Untersucht die Mechanik an einem Flügel oder Piano. Drückt eine Taste nieder und beobachtet, was geschieht. Was fällt euch bei den Saiten auf? Wie ändert sich der Klang, wenn die Pedale mit dem Fuß gedrückt werden?

2 Hört jeweils einen Ausschnitt aus „Fantasie in C-Dur" (D 39) von Franz Schubert und „Köln Konzert Part II c" (D 40) von Keith Jarrett. Beschreibt (→ Kap. 24) und vergleicht die Musikstücke.

Das Keyboard

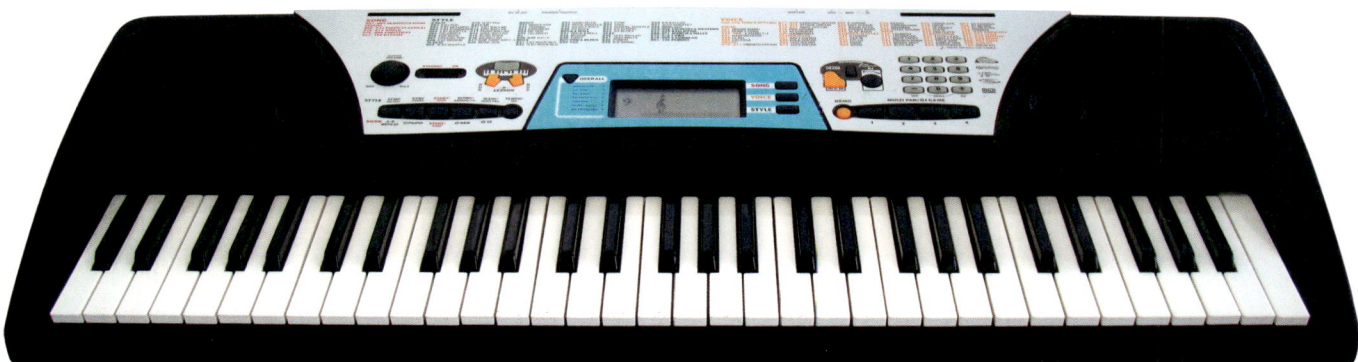

Das Keyboard ist ein elektronisches Tasteninstrument. Es gibt beim Keyboard verschiedene Schieberegler und Drehknöpfe, mit denen das Instrument zusätzlich bedient werden kann.

Die meisten Keyboards haben ein Display, auf dem die Einstellungen abgelesen werden können. Viele Keyboards besitzen zudem eingebaute Lautsprecher.

Beim Drücken einer Keyboardtaste wird elektronisch der entsprechende Ton erzeugt. Das Keyboard hat viele Möglichkeiten. Man kann z. B. Klänge verschiedener Instrumente nachahmen, unterschiedliche Geräusche wie Wind oder Stimmen erzeugen oder Klänge durch Effekte ändern. Es können auch gespeicherte Rhythmusbausteine mitgespielt werden. Zu einer einstimmigen Melodie lassen sich weitere Stimmen hinzufügen.

Musikstücke, die man auf dem Keyboard gespielt hat, kann man speichern und wieder anhören.

Das Keyboard wird zum Musizieren zu Hause, in der Schule und in der Musikschule verwendet. Aber auch bei Tanzmusikern und Bands ist es ein sehr beliebtes Instrument.

Akkordbegleitung zu „Morning has come"

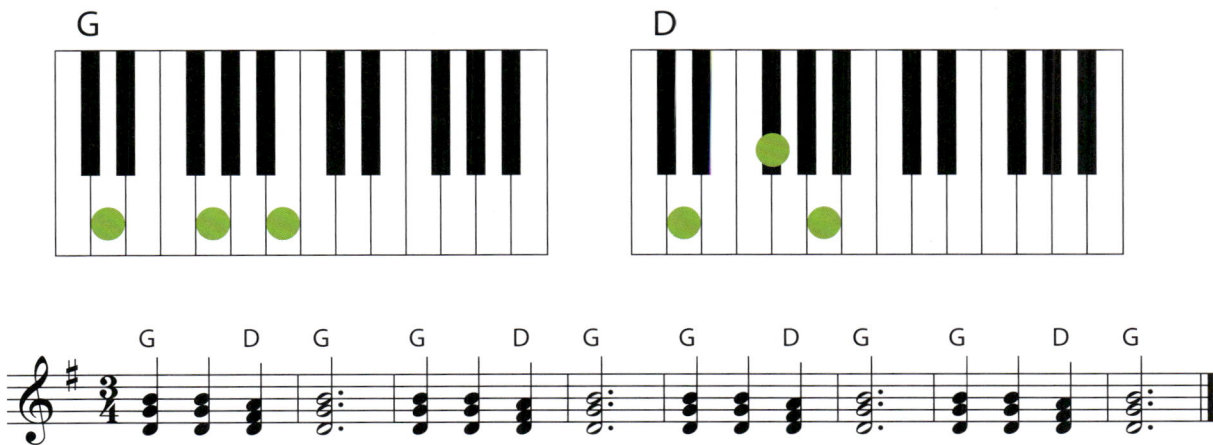

3 Bittet einen Schüler, ein Keyboard mitzubringen und es vorzuführen. Lasst euch die verschiedenen Möglichkeiten zeigen. Probiert die im Keyboard gespeicherten Rhythmen und Sounds aus. Spielt zu den Rhythmen eine Melodie.

4 Begleitet das Lied „Morning has come" (➞ S. 23) mit unterschiedlichen Sounds.

5 Wie unterscheidet sich der Klang eines Keyboards von dem eines Klaviers? Welche Vorteile hat ein Keyboard gegenüber einem Klavier?

Das Schlagzeug

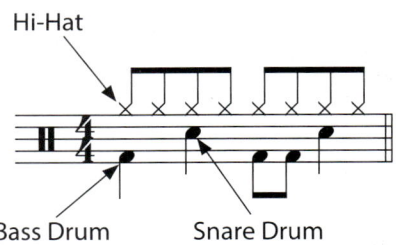 D 41

Schlagzeugnotation

Hi-Hat

Bass Drum   Snare Drum

Ein herkömmliches Schlagzeug besteht aus einer **Bass Drum** (A) mit **Fußmaschine** (B), einer **Stand-Tom-Tom** (C), zwei **Hänge-Tom-Toms** (D, E) und einer **Snare Drum** (F). Hinzu kommen noch **Crash-Becken** (G), die **Hi-Hat** (H) mit **Fußmaschine** (I) und das **Ride-Becken** (J). Viele Schlagzeuger ergänzen aber ihr Schlagzeug mit weiteren Trommeln und diversen Rhythmusinstrumenten, um weitere Effekte zu erzielen. Gespielt wird das Schlagzeug meistens mit 2 Sticks.

Grundrhythmen für Rock und Pop

Rock- und Popmusikstücke im 4/4-**Takt** lassen sich schon mit einfachen Rhythmen gut begleiten. Ein charakteristisches Merkmal ist der Wechsel zwischen Downbeat (Bass Drum) und Backbeat (→ S. 55, Snare Drum). Der Backbeat erklingt auf die Zählzeiten 2 und 4.

Grundrhythmus 1

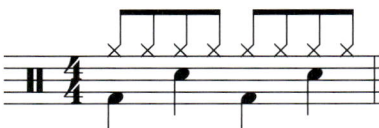

Grundrhythmus 2

Grundrhythmus 3

Spielposition

Viele Schlagzeuger üben ihre Rhythmen zunächst mit Bodypercussion, auf einem Tisch oder mit Bewegungen in der Luft ein. Dabei unterstützen sie sich häufig mit Silben, die dem Klang der einzelnen Schlagzeugteile ähneln, z. B.: Bass Drum: bum, Snare Drum: tschik, Hi-Hat: ts

1 Übt die 3 Grundrhythmen ein. Führt die Bewegungen in der Luft, auf einem Tisch und schließlich am Schlagzeug aus. Achtet auf eine korrekte Spielposition. Sprecht dazu (bum, tschik, ts).

2 Statt **Achtelnoten** könnt ihr auf der Hi-Hat auch **Viertelnoten** spielen. Spielt auch zu dritt: Einer spielt die Bass Drum, der zweite die Snare Drum, der dritte die Hi-Hat.

3 Hört „Drum-Groove" (D 41). Zeigt an, wann ihr den Grundrhythmus 1, 2 oder 3 hört.

4 Sucht Musikstücke (CD, mp3), zu denen ihr die 3 Grundrhythmen gut spielen könnt.

Das Sinfonieorchester

Unter dem Begriff „Orchester" wird allgemein ein Instrumental**ensemble** verstanden, das Instrumentengruppen zusammenfasst und von einem Dirigenten oder einer Dirigentin geleitet wird. Das Sinfonieorchester gibt es erst seit Mitte des 18. Jahrhunderts, es dient zur Wiedergabe von Orchesterwerken.

Auf der Bühne sitzen die Musiker und Musikerinnen mit ihren Instrumenten nach einer ganz bestimmten Sitzordnung zusammen. Gegenwärtig überwiegt die „amerikanische" Sitzordnung (vgl. Bild unten). Die Anzahl der Musiker eines Sinfonieorchesters ist sehr unterschiedlich. Sie ist auch von dem aufzuführenden Orchesterwerk abhängig.

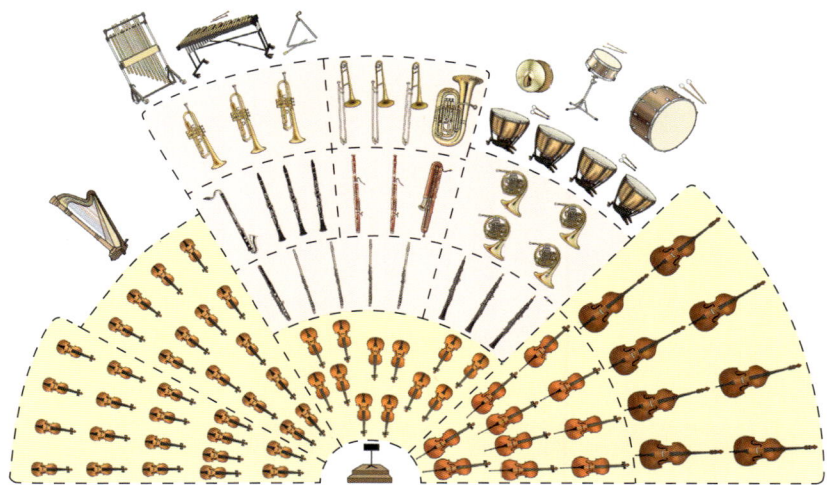

Die Musiker werden von einem Dirigenten geleitet. Obwohl der Komponist oder die Komponistin neben den Noten noch weitere Vorgaben macht (→ **Vortragsbezeichnungen**), bestehen noch viele weitere Möglichkeiten, ein Werk zu spielen und zu interpretieren. Die Entscheidung darüber trifft der Dirigent. In den Proben übermittelt er das seinen Musikern. Im Konzert leitet er mit seinen Zeichen und Gesten mithilfe eines Taktstocks die in den Proben eingeübte Interpretation des Werks. Er zeigt den Musikern auch ihre Einsätze an und gibt Takt und Tempo vor.

Als 1. Konzertmeister wird der Geiger bezeichnet, der in der Gruppe der ersten Violinen am ersten Pult außen sitzt. Früher leitete er oft selbst das Orchester, heute verständigt er sich in den Proben und Konzerten durch Blickkontakt mit dem Dirigenten und den Stimmführern der anderen Instrumentengruppen.

Probenplan eines Sinfonieorchesters

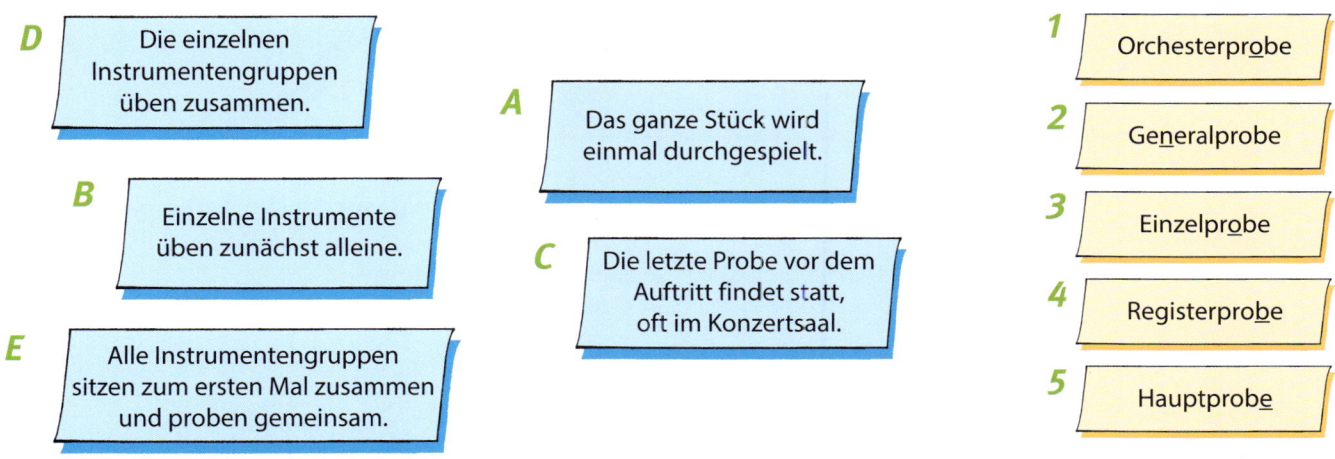

D Die einzelnen Instrumentengruppen üben zusammen.

A Das ganze Stück wird einmal durchgespielt.

B Einzelne Instrumente üben zunächst alleine.

C Die letzte Probe vor dem Auftritt findet statt, oft im Konzertsaal.

E Alle Instrumentengruppen sitzen zum ersten Mal zusammen und proben gemeinsam.

1 Orchesterpr<u>o</u>be

2 G<u>e</u>neralprobe

3 Einzelpr<u>o</u>be

4 Registerpr<u>o</u>be

5 Hauptprob<u>e</u>

---

1 Lest den Text und sprecht über die Rolle der Musiker und des Dirigenten.

2 Benennt die Orchesterinstrumente und ordnet sie den entsprechenden Instrumentengruppen zu. Tragt alles in eine Tabelle ein.

3 Was ist für die Sitzordnung eines Orchesters wichtig? Denkt z. B. an die Größe und Lautstärke der Instrumente.

4 Lest die Erklärungen A bis E und stellt eine sinnvolle Reihenfolge eines Probenplans her. Ordnet die Überschriften 1 bis 5 den Erklärungstexten zu. Die unterstrichenen Buchstaben ergeben ein Lösungswort.

5 Wendet den Probenplan beim Einüben eines Musikstücks (z. B. S. 86) an.

Grafische Notation

Klangzeichen

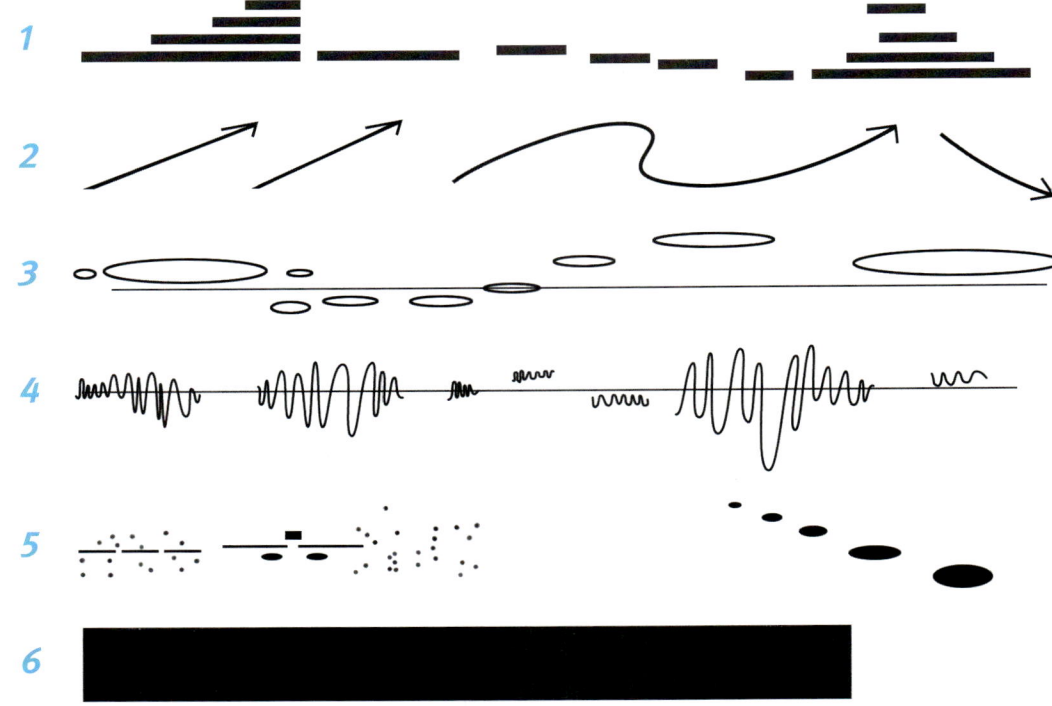

Grafische Klangbilder

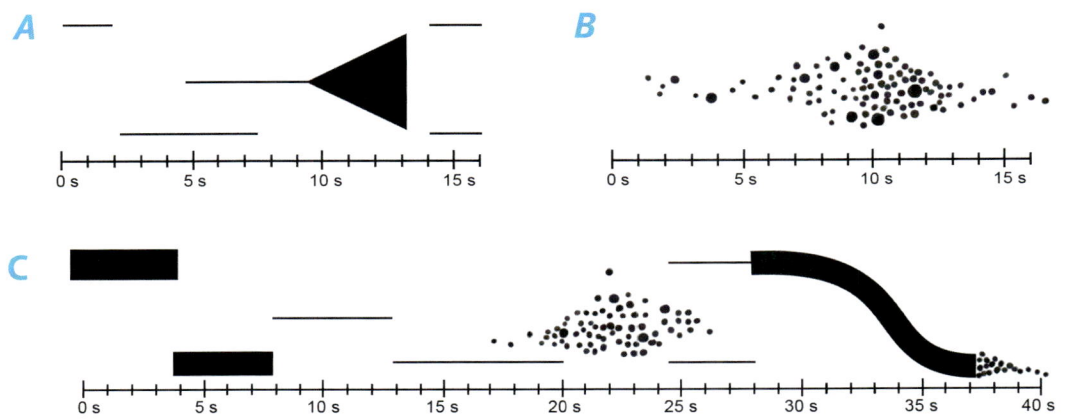

Moderne Komponistinnen und Komponisten verwenden oft Zeichen, um ihre Musik aufzuschreiben. Die herkömmliche Notation reicht ihnen nicht mehr, um ihre Klangvorstellungen deutlich zu machen. Die Tonhöhe wird dabei durch die Lage, die Tondauer durch die Länge und die Lautstärke durch die Dicke eines Zeichens angegeben.
Mit **Liegeklängen** (1), **Gleitklängen** (2), **Schwebeklängen** (3), **Bewegungsklängen** (4), **Punktklängen** (5) und **Clustern** (6) könnt ihr selbst Musik aufschreiben.

1 Setzt die Klangzeichen mit Instrumenten oder eurer Stimme in Musik um. Welche Instrumente eignen sich besonders für welche Klänge?

2 Beschreibt und erklärt die grafischen Klangbilder A und B. Wie könnten sie klingen? Setzt eure Vorstellungen mit Instrumenten um. Achtet auf die Zeitleiste.

3 Hört zu Klangbild A die Hörbeispiele D 42, 43 und zu Klangbild B die Hörbeispiele D 44, 45. Welches Hörbeispiel passt zu welchem Klangbild? Begründet eure Entscheidungen.

4 Spielt Klangbild C mit Instrumenten, mit der Stimme oder in einer gemischten Besetzung. Erfindet einen eigenen Schlussteil und notiert ihn grafisch.

5 Nehmt eure Ergebnisse auf und überlegt anschließend, was ihr noch verbessern könntet.

Krzysztof Penderecki: De natura sonoris Nr. 1

D 46

Krzysztof Penderecki wurde 1933 in Polen geboren. Schon als Kind erhielt er Violin- und Klavierunterricht. Sein Vater unterstützte ihn dabei sehr. Mit 18 Jahren besuchte er die Musikakademie in Krakau, wo er Komposition studierte. Gleich nach Abschluss seines Studiums übernahm er dort eine Professur für Komposition. Penderecki ist es gelungen, mit seiner Musik ein breites Publikum anzusprechen. Seine Werke werden in vielen bekannten Konzertsälen der Welt aufgeführt. Penderecki erhielt zahlreiche Preise und Auszeichnungen, 2013 sogar einen Grammy. Weil seine Musik sehr ausdrucksstark ist, wird sie oft als Filmmusik eingesetzt.

„De natura sonoris Nr. 1" („Von der Beschaffenheit des Klangs") ist ein Orchesterwerk von 1966. Wie in vielen seiner Werke verwendet Penderecki auch hier häufig Liegeklänge, Cluster (Tontrauben), Schwebe- und Punktklänge (→ S. 138). Penderecki sagte einmal über seine Musik: „Ich habe Jahrzehnte damit verbracht, neue Klänge zu suchen und zu finden. Gleichzeitig habe ich mich mit Formen, Stilen und Harmonien der Vergangenheit auseinandergesetzt. Beiden Prinzipien bin ich treu geblieben … Mein derzeitiges Schaffen ist eine Synthese."

Krzysztof Penderecki

Partiturausschnitt aus „De natura sonoris Nr. 1"

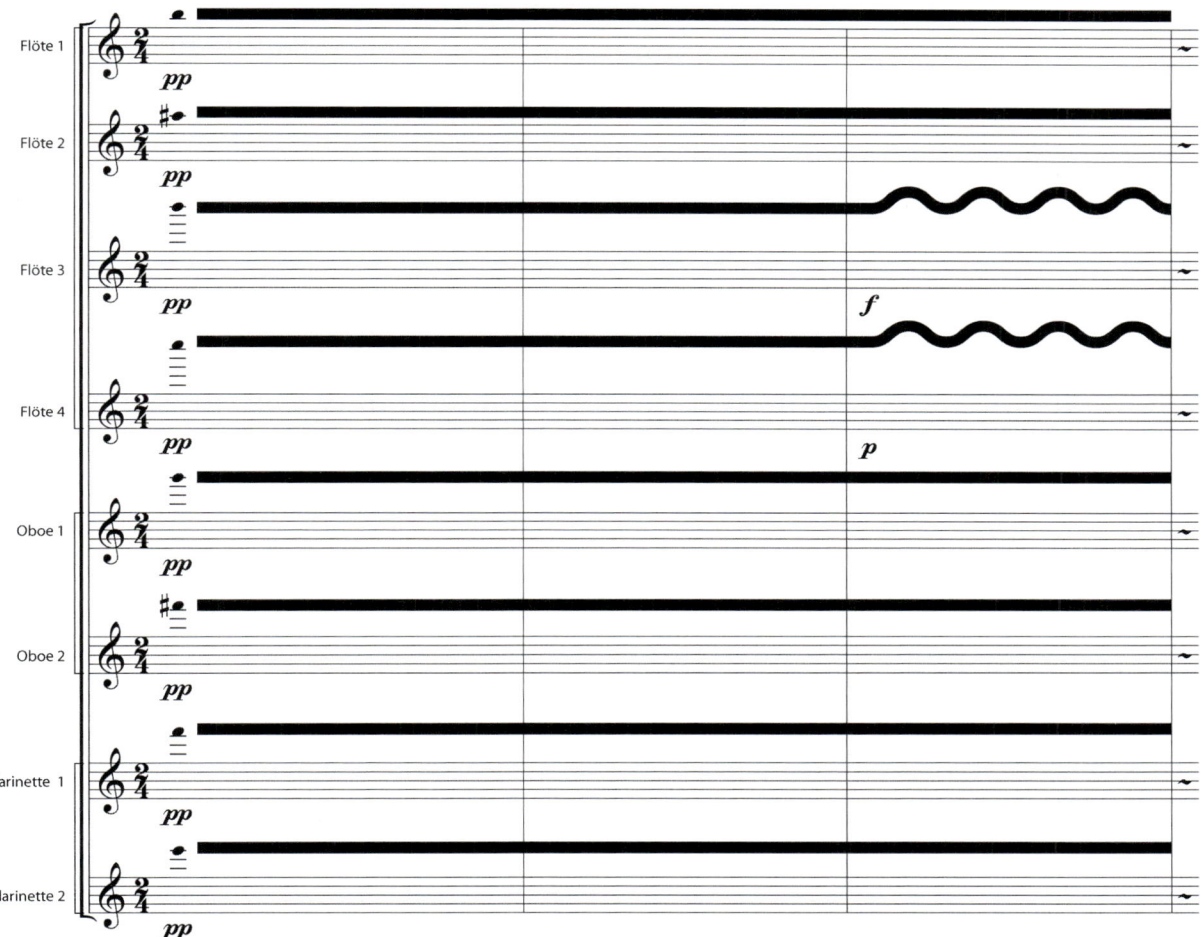

---

1. Spielt den **Partitur**ausschnitt aus „De natura sonoris Nr. 1" mit eigenen Instrumenten.

2. Hört den Anfang von „De natura sonoris Nr. 1" (D 46) und meldet euch, wenn der **Partitur**ausschnitt zu hören ist.

3. Hört die Musik erneut und erstellt dabei eine **Partitur** in grafischer Notation. Wo erkennt ihr Liegeklänge, Cluster (Tontrauben), Schwebe- und Punktklänge? Setzt die Musik mit Instrumenten um.

4. Beschreibt und vergleicht die Musik Pendereckis mit der Musik anderer Komponisten (→ Kap. 12). Interpretiert in diesem Zusammenhang Pendereckis Aussage über seine Musik.

Musik mit dem Synthesizer

⊙ D 47

Der Synthesizer ist ein elektronisches Tasteninstrument, das vielfältige Töne, Klänge und Geräusche künstlich (synthetisch) erzeugen kann. Mit ihm lassen sich sogar Klänge von Instrumenten nachahmen und verändern.

Wegbereiter in der Erzeugung synthetischer Töne, Klänge und Geräusche war Robert Moog (1934 – 2005). Er entwickelte Anfang der 1960er-Jahre einen Synthesizer, den er 1964 erstmals öffentlich als „Moog-Synthesizer" vorstellte.

Durch den Synthesizer und seine enorme Klangvielfalt ergeben sich für Komponisten neue Möglichkeiten zum Experimentieren und Komponieren. Deutlich wird das beim Vergleich der ursprünglichen Klavierfassung von „Die Hütte der Baba Jaga" von Modest Mussorgsky mit der Synthesizer-Fassung des japanischen Komponisten und Musikers Isao Tomita, die er 1975 einspielte.

1960er-Jahre:
Ein Moog-Synthesizer

Grafische Notation von „Die Hütte der Baba Jaga"

A
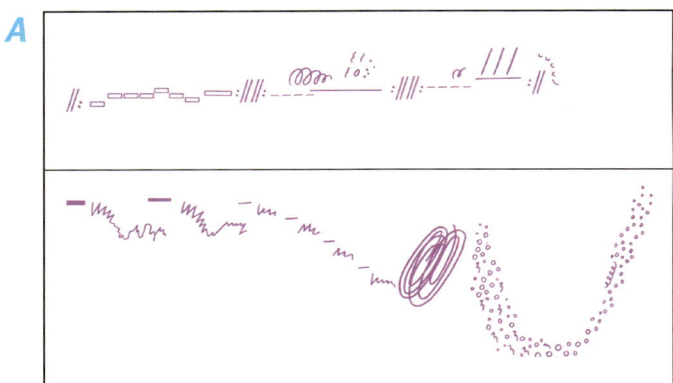

B
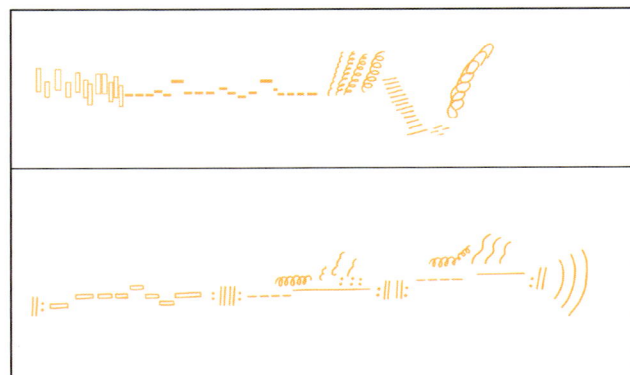

C
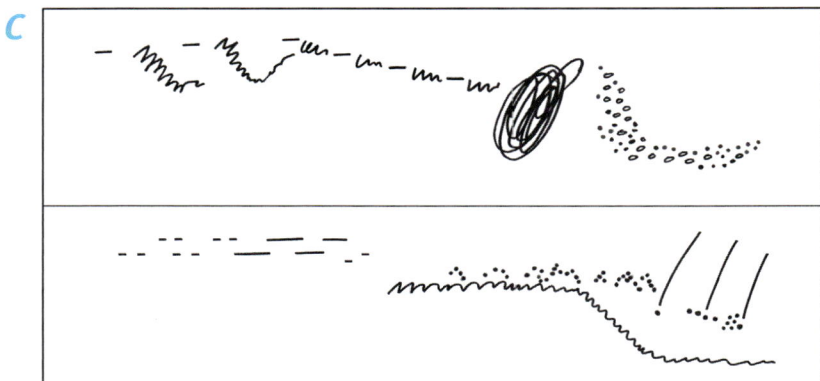

1 Hört „Die Hütte der Baba Jaga" (D 47) von Modest Mussorgsky in der Fassung von Isao Tomita. Beschreibt den Klang des Synthesizers (→ Kap. 24).

2 Hört die Musik (D 47) erneut und ordnet die grafische Notation (Teile A bis D) der Musik zu. Welcher Teil entspricht dem **Partitur**ausschnitt (→ S. 141)?

3 Welche Stimmung vermittelt die Musik (→ Kap. 24)? Setzt die Musik in Beziehung zu ihrem Titel.

4 Tragt zusammen, was ihr über Hexen wisst oder euch über sie vorstellt. Wie bewegen sie sich? Wie leben sie? Was machen sie? Erstellt ein Plakat.

5 Bewegt euch im Raum wie eine Hexe. Lasst euch von der Musik (D 47) führen.

D

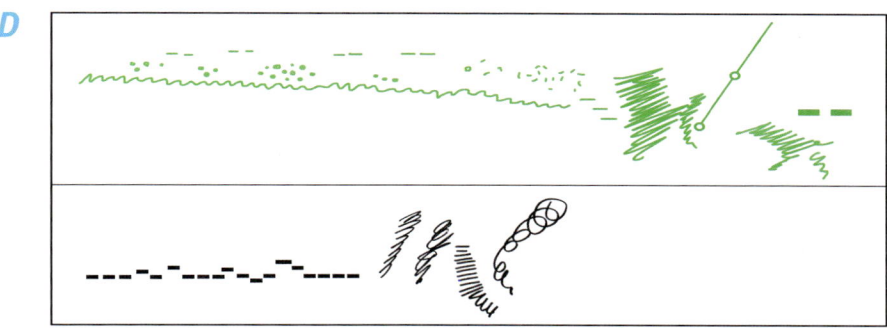

Partiturausschnitt

Modest Mussorgsky

Texte schreiben (Beispiel)

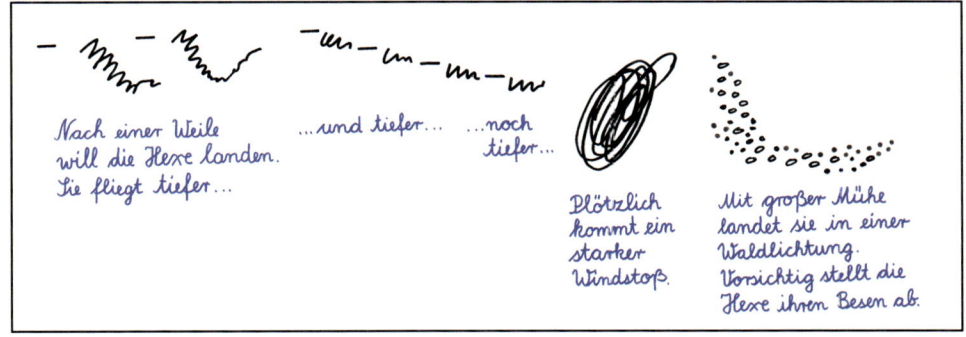

6 Malt die grafische Notation in der richtigen Reihenfolge ab. Erfindet Hexengeschichten, die zur Musik passen. Schreibt eure Texte unter die grafische Notation.

7 Übt den Vortrag eurer Geschichten ein. Erzeugt dabei mit eurer Stimme unterschiedliche Stimmungen: Sprecht langsam, schnell, tief, hoch, laut, leise, betont einzelne Wörter, sprecht einzelne Wörter lang, setzt Pausen ein.

8 Lest eure Geschichten passend zur Musik (D 47) vor und stellt sie dabei auch szenisch dar.

9 Vergleicht die Klavierfassung (D 48) mit der Synthesizer-Fassung (D 47) von „Die Hütte der Baba Jaga". Sprecht über eure Höreindrücke (→ Kap. 24) und die musikalischen Möglichkeiten, die Klavier und Synthesizer bieten.

10 Könnt ihr eure Geschichten auch zur Klavierfassung vortragen?

R. Murray Schafer: Epitaph for moonlight

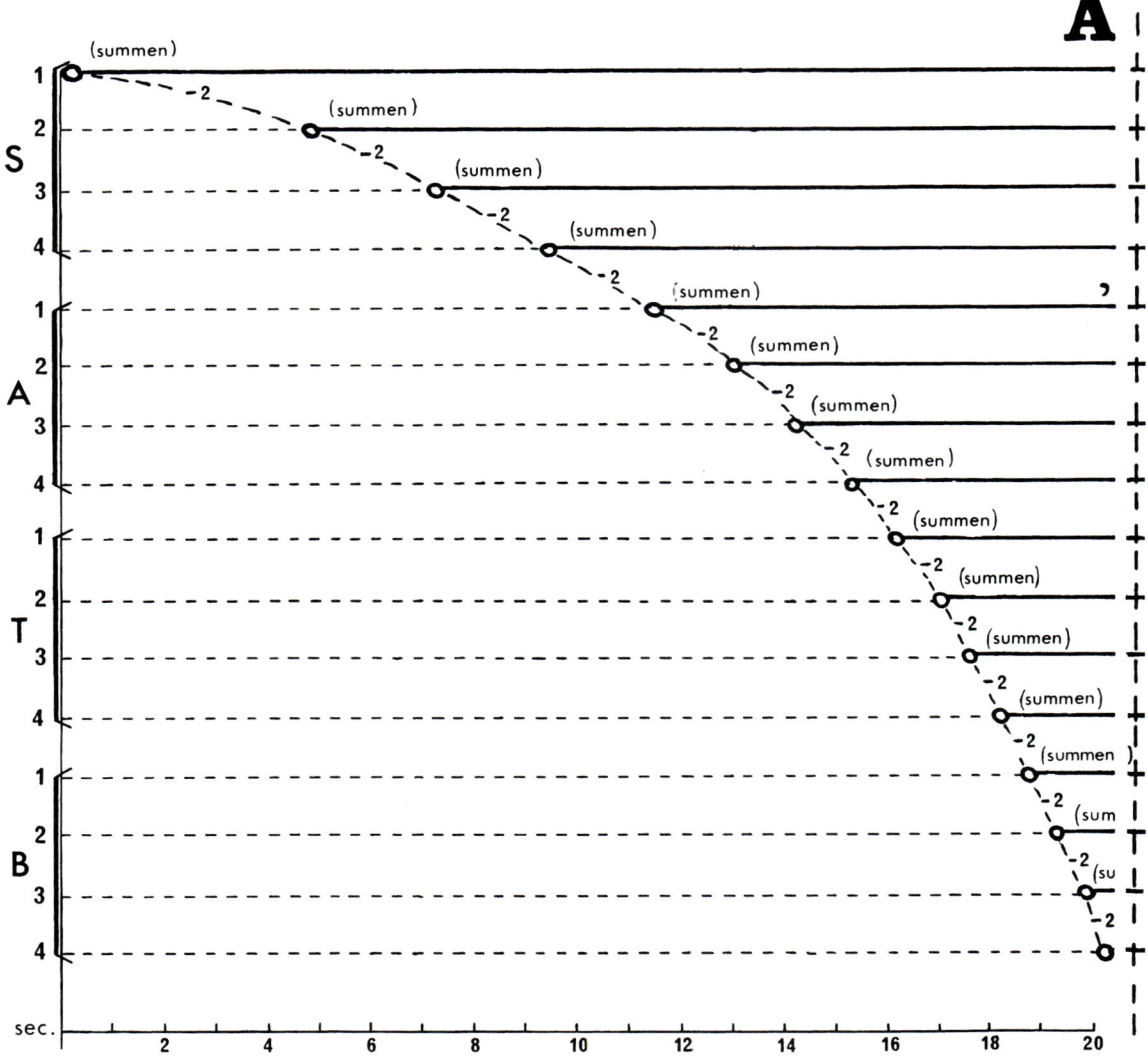 D 49

R. Murray Schafer, geb. 1933 in Kanada, komponierte 1968 „Epitaph for moonlight". Übersetzt bedeutet „Epitaph for moon-light" „Grabinschrift für das Mondlicht". Schafer befürchtete, dass durch die bevorstehende Landung des Menschen auf dem Mond dieser seine Magie verlieren würde.

„Epitaph for moonlight" ist aber auch ein Übungsstück für Jugendchor. Die **Chor**sänger und -sängerinnen sollen dabei lernen, beim Singen Töne genau zu treffen und die Tonhöhe sicher zu halten. Diese Aufgabe ist aufgrund der verschieden-artigen Zusammenklänge nicht leicht zu bewältigen.

Auffallend ist in Schafers Werk auch, dass Fantasiewörter wie „Noorwahm", „Malooma" und „Shalowa" zu hören sind. Diese Fantasiewörter haben sich Kinder ausgedacht. Die Wörter sind Synonyme für „Mondlicht".

Partiturausschnitt 1

Jede Stimmgruppe (**Sopran**, **Alt**, **Tenor**, **Bass**) ist vierfach (1 – 4) unterteilt. Der 1. Sopran (S 1) beginnt mit einem beliebigen Ton. Die anderen Stimmen folgen je eine **kleine Sekunde** (-2) tiefer.

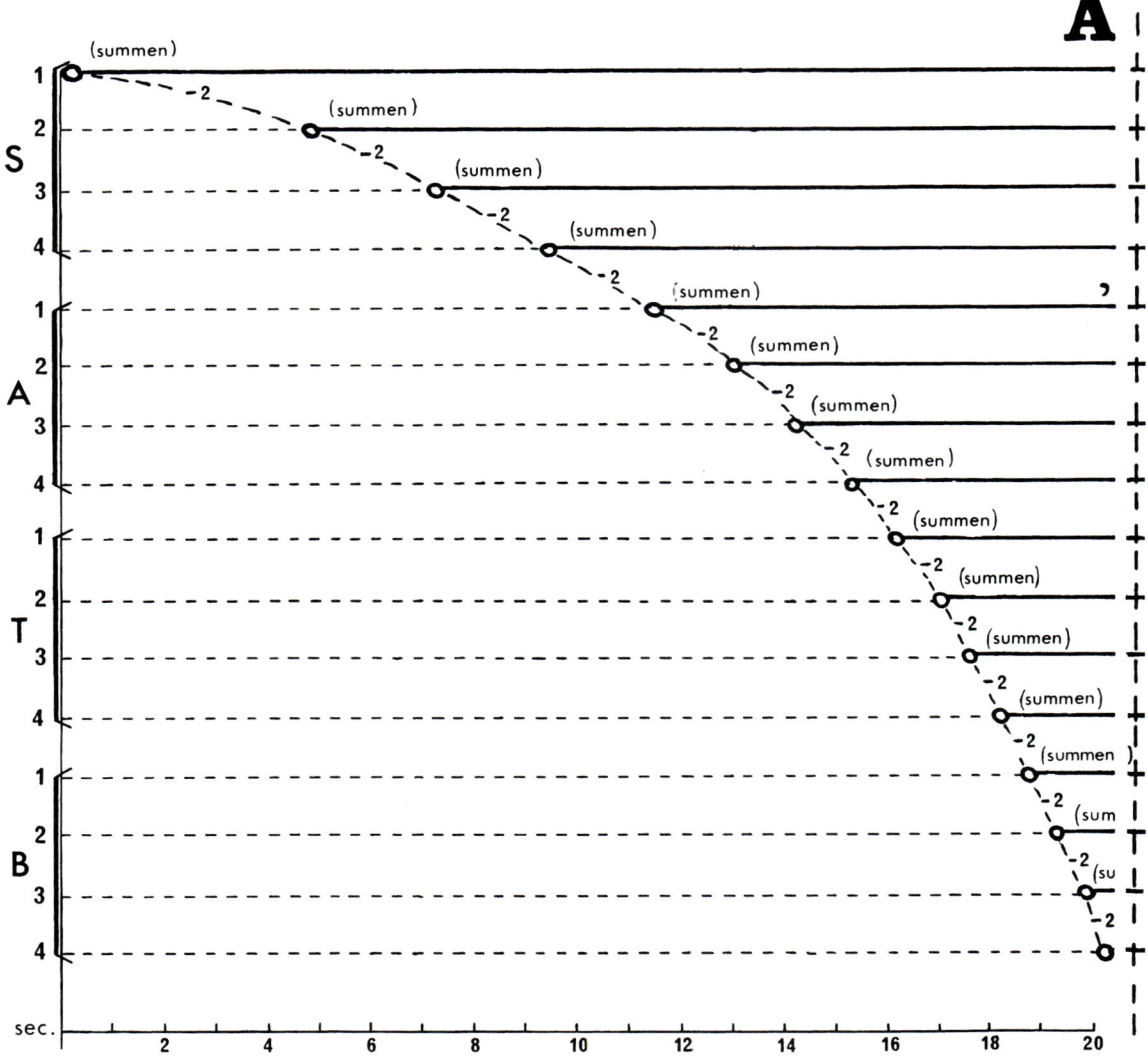

1 Hört den Anfang „Epitaph for Moonlight" (D 49) und sprecht über eure Höreindrücke (➝ Kap. 24). Hört die Musik erneut und bringt sie mit dem Text in Verbindung.

2 Hört den Anfang des Stücks (D 49) und verfolgt die Musik am Partiturausschnitt 1. Wie schätzt ihr für den **Chor** den Schwierigkeitsgrad beim Singen ein?

3 Übt das Halten eines Tons mithilfe des Stimm-Spiels „Mit einem Ton auf Wanderschaft gehen" (➝ S. 16) und sprecht über eure Erfahrungen. Was hat das Halten eines Tons erschwert, was erleichtert?

4 Bildet Gruppen und setzt Partiturausschnitt 2 mit euren Stimmen um. Setzt auch einen Dirigenten ein, der das Tempo an der Zeitleiste anzeigt. Sprecht über eure Ergebnisse und überlegt, was ihr noch verbessern könntet.

Partiturausschnitt 2

Vorausgesetzt, die Singenden haben ihren jeweiligen Anfangston richtig getroffen und die Tonhöhe gehalten, dann ist der nachklingende **Akkord**, gesungen von A1, A4 und T4, ein **Dur-Dreiklang**.

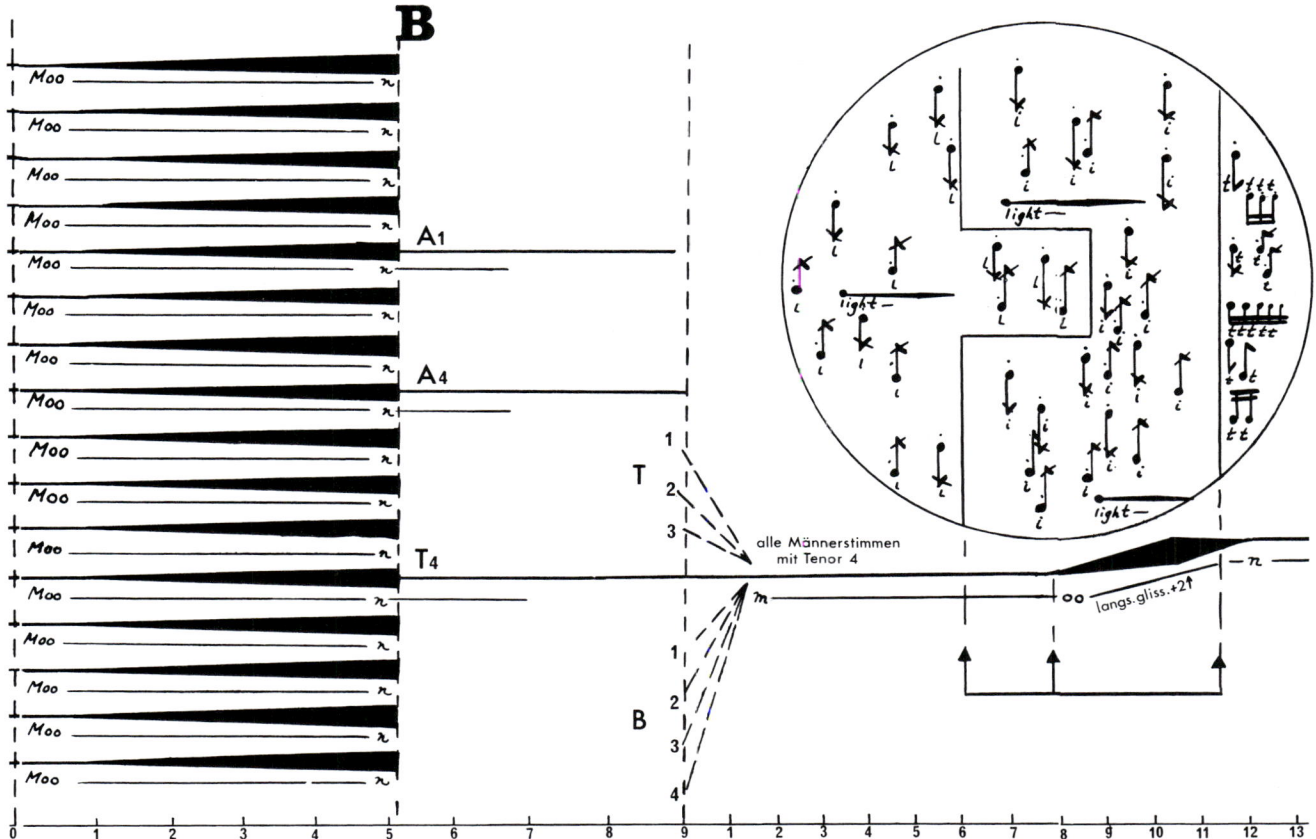

Dur-Dreiklänge halten

Bildet 3er-Gruppen. Die 1. Gruppe gibt einen **C-Dur-Dreiklang** vor, die 2. Gruppe einen **F-Dur-Dreiklang** und die 3. Gruppe einen **G-Dur-Dreiklang**. Dabei singt ein Gruppenmitglied den **Grundton**, die anderen je die **Terz** und die **Quinte**.

Geht zusammen eine Minute durch den Raum und singt euren **Dur-Dreiklang** auf Silben oder auf **Solmisationssilben**. Lasst euch von den anderen Gruppen nicht ablenken. Am Ende überprüft ihr an eurem Instrument, ob ihr die Töne gehalten habt.

5 Hört die Musik (D 49) erneut und meldet euch, wenn ihr **Partitur**ausschnitt 2 erkennt. Achtet dabei besonders auf den **Dur-Dreiklang**. Wie wirkt er im Vergleich zum sonstigen Zusammenklang der Stimmen im Werk?

6 Übt das Halten von **Dur-Dreiklängen**. Was war schwer? Was hat euch geholfen?

7 Wie könnte das Ende von „Epitaph for Moonlight" klingen? Erfindet in Gruppen ein eigenes Ende. Setzt auch Liegetöne (→ S. 138) und **Dur-Dreiklänge** ein und experimentiert mit eurer Stimme.

8 Erstellt mit Schafers Notationsweise **Partituren** von euren Ergebnissen.

9 Hört das Ende von „Epitaph for Moonlight" (D 49). Beschreibt die Musik und vergleicht sie mit euren Ergebnissen. Was ist gleich, ähnlich, anders?

Eine Klanggestaltung am Computer erstellen

Arbeitsoberfläche von Audacity

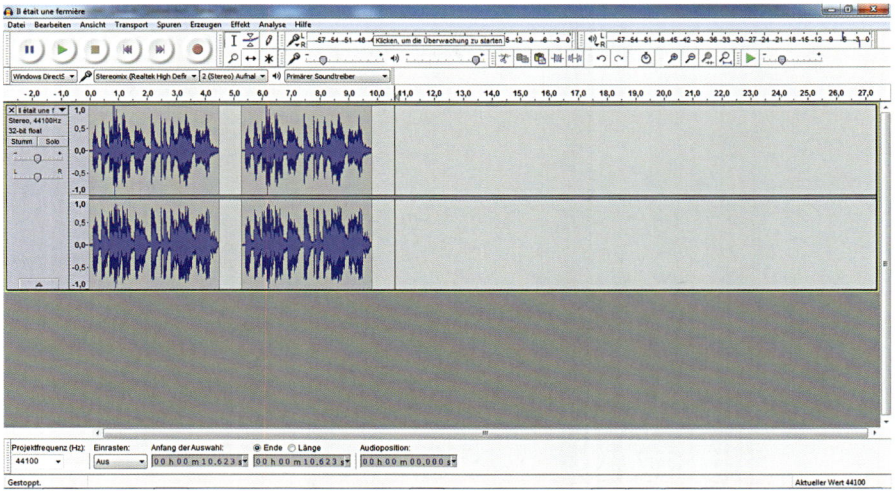

1 Erfindet am Computer eine Klanggestaltung zu einer Geschichte. Verwendet als Vorlage S. 27 oder eigene Geschichten.

2 Ladet aus dem Internet (z. B. www.findsounds.com, www.hoerspielbox.de) passende Klänge und Geräusche (Vogelstimmen, Wind) herunter.

3 Bearbeitet bei Bedarf die Sounddateien und setzt sie dann zu einer Klanggestaltung zusammen. Verwendet hierfür z. B. das kostenfreie Programm „Audacity", das ihr aus dem Internet herunterladen könnt (www.audacityteam.org).

4 Verwendet auch selbst erzeugte Geräusche, die ihr mit einem Mikrofon aufnehmt (➞ S. 205).

1. Importieren

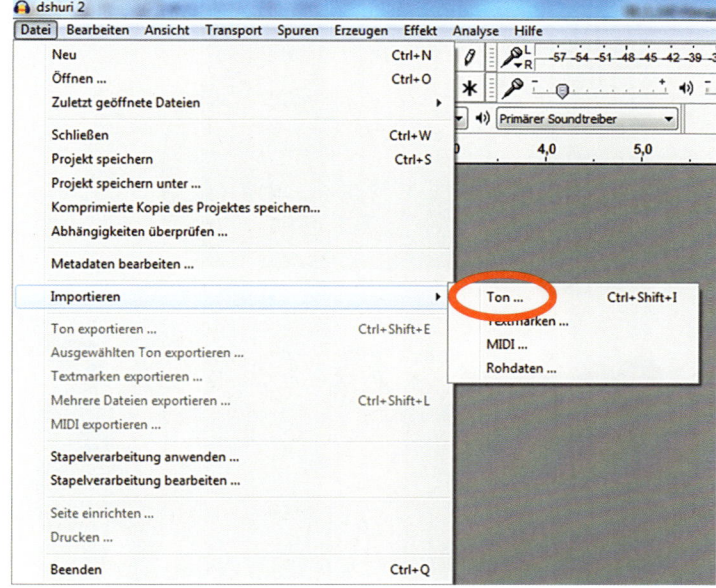

2. Die Sounds anhören

3. Das Schiebewerkzeug benutzen

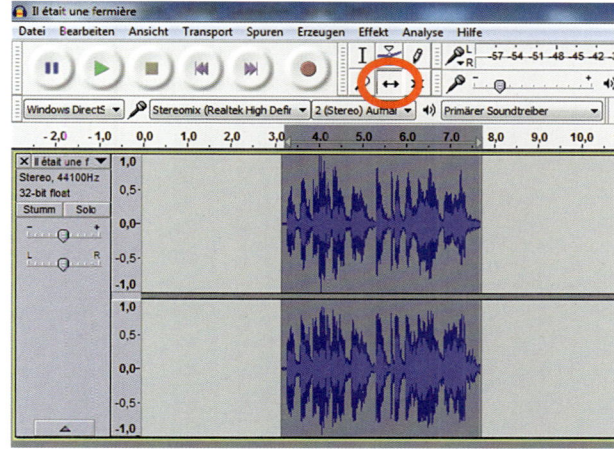

4. Stereoposition und Lautstärke ändern

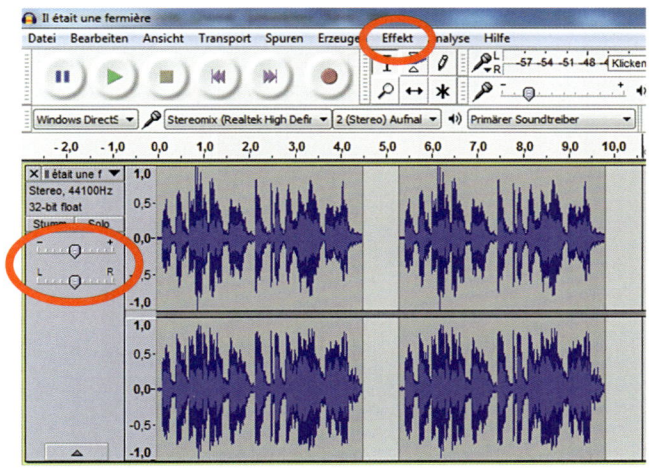

5. Speichern und exportieren

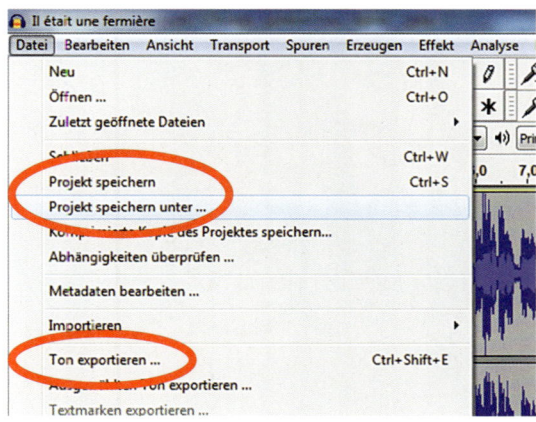

5 Öffnet die Sounddateien in „Audacity" mit „Datei" ➞ „Importieren" ➞ „Ton". (1)

6 Hört die Sounds mit dem „Bedienfeld" an. Startet mit dem roten Knopf eine Aufnahme. (2)

7 Schiebt die Sounds mit dem „Schiebewerkzeug" an die gewünschte Stelle. (3)

8 Verändert mit „L" (links) und „R" (rechts) die Stereoposition der Sounds. Verändert mit „+" (Plus) und „–" (Minus) die Lautstärke der einzelnen Spuren. Mit „Effekt" könnt ihr Soundveränderungen bewirken, z. B. den Sound höher / tiefer oder schneller / langsamer machen. (4)

9 Speichert die Klanggestaltung mit „Projekt speichern unter …". Exportiert das Projekt als Wave- oder MP3-Datei („Ton exportieren") und speichert es auf einen externen Datenträger. (5)

Musik um uns

 D 50–56

A

B

C

D

E

F

G

1 Bildet 7 Gruppen und ordnet euch je einem Bild zu. Schreibt zu eurem Bild einige Sätze (Wer könnte das sein? Was machen die Personen genau? Instrumente? Geräte? Wo könnten sie sein?) und wählt eine passende Überschrift. Präsentiert euch gegenseitig eure Ergebnisse.

2 Ordnet die 7 Musikausschnitte (D 50 – 56) den Bildern A bis G zu. Begründet eure Entscheidungen.

3 Welche Rolle spielt Musik bei euch persönlich, zu Hause, in der Schule und in der Freizeit?

4 Bringt eure Lieblingsmusik mit und stellt sie der Klasse vor. Wählt ein Musikstück als Klassenhit aus.

5 Hört euren Klassenhit und spielt mit Instrumenten oder singt dazu, schreibt den Text um oder denkt euch einen Tanz dazu aus.

Musik an unserem Ort und in der Umgebung

⊙ D 57 – 62

A

B

C

D

E

F

1. Beschreibt die Bilder A bis F und findet für sie passende Überschriften.

2. Beschreibt (→ Kap. 24) und vergleicht die Musikausschnitte (D 57 – 62) miteinander. Ordnet die Ausschnitte den Bildern A bis F zu. Begründet eure Entscheidungen.

3. Gibt es an eurem Ort oder in eurer Umgebung Möglichkeiten, Musik zu machen oder zu tanzen wie in den Bildern A bis F? Gibt es noch andere Möglichkeiten? Informiert euch über Musikvereine, Einrichtungen, Probenräume, Veranstaltungsorte, Konzertsäle und Musikschulen.

4. Führt Interviews mit Musikern, Tänzerinnen und Sängern über deren Ziele, Biografien, Probenarbeit und Auftritte. Nehmt sie beim Proben und bei Aufführungen auf. Dokumentiert, präsentiert und erläutert eure Ergebnisse.

5. Welches Angebot an eurem Ort oder in eurer Umgebung interessiert euch besonders?

Musik in der Kirche

Musik spielt in Kirchen eine große Rolle: Bei kirchlichen Veranstaltungen wie Gottesdiensten, Messen, Taufen, Konfirmationen oder Firmungen erklingt stets Musik. In vielen Kirchen werden zusätzlich Kirchenkonzerte organisiert, die oft vom Organisten der Kirche, dem eigenen Kirchenchor oder von Gemeindemitgliedern gegründeten Instrumental**ensembles** durchgeführt werden. Das wichtigste Instrument für Kirchenmusik ist die Orgel.

Der Berliner Dom und seine Orgel

Das in der heutigen Form bestehende Domgebäude wurde nach 11-jähriger Bauzeit 1905 fertiggestellt. Zeitgleich mit dem Bau wurde die Orgel entworfen und in das Gebäude eingebaut. Die Orgel wurde vom preußischen Hoforgelbaumeister Wilhelm Sauer aus Frankfurt/Oder gebaut. Sie hat 7269 Pfeifen und 113 Register, die sich auf 4 Manuale und Pedale verteilen.

Nach einem Bombenangriff 1944 wurde die Domkuppel zerstört und der Dom konnte nicht mehr genutzt werden. Die Orgel blieb viele Jahre schutzlos der Witterung ausgesetzt. Erstaunlicherweise hielt sich ihr Zustand ziemlich gut, sodass sie restauriert werden konnte. 1993 wurde sie gemeinsam mit dem wiederhergestellten Dom erneut eingeweiht.

Schüler interviewen den Organisten des Berliner Doms, Prof. Dr. Andreas Sieling

1. Wie sind Sie zur Orgel gekommen?

Durch meine Sportlehrerin. Sie wusste, dass ich Klavier spiele, und hat mich bei Schulfeiern oft gehört. Sie war mit einem Pastor verheiratet. Beide beschlossen nach einiger Zeit wegzuziehen. Der damalige Organist nahm das zum Anlass, auch die Stelle zu wechseln. Als Nachfolger haben sie in der Kirche niemanden gefunden und so kamen sie auf die Idee, mich als Schüler zu fragen. Ich war sofort begeistert davon und so hatte ich mit 14 Jahren meine erste Stelle. Diese Orgel war ziemlich klein: Sie hatte nur 5 Register und ein Manual.

2. Wo und bei wem haben Sie das Orgelspiel gelernt?

Mein erster Orgellehrer, damals war ich 14, war Landeskirchenmusikdirektor im Olden-

Die Schülerinnen und Schüler interviewen den Domorganisten.

burger Land, in Niedersachsen. Danach habe ich das Orgelspiel richtig studiert, in Düsseldorf, Halle und Paris. Ich habe mich immer weiter fortgebildet.

3. Was muss man mitbringen, um Orgelspielen zu lernen?

Natürlich Musikalität. Aber genauso wichtig sind Fleiß und Disziplin. Man muss jeden Tag einige Stunden üben. Ihr müsst euch das vorstellen wie beim Hochleistungssport. Dort muss jeden Tag stundenlang trainiert werden, damit jeder Bewegungsablauf genau stimmt. Das tun wir Musiker genauso. Als ich euch vorhin etwas vorgespielt habe, sah das vielleicht alles ganz leicht aus. Aber um dieses Stück richtig spielen zu können, habe ich zuvor Stunden über Stunden daran geübt. Ich übe über den Tag verteilt normalerweise 5 Stunden.

> **1** Lest das Interview und klärt Begriffe, die euch unbekannt sind. Informiert euch im Internet, in der Bücherei oder befragt einen Organisten oder eine Organistin.
>
> **2** Fasst die Antworten des Domorganisten mit eigenen Worten zusammen.
>
> **3** Stellt Vermutungen an, warum der Domorganist in Frage 3 ausführlich auf Fleiß, Disziplin und langes Üben eingeht.

Der Arbeitsplatz des Domorganisten

Eine Orgelpfeife klingt auch ohne Orgel.

4. Wo kann man das Orgelspiel lernen? Welche Abschlüsse gibt es?

Es gibt, wie bei allen anderen Studiengängen auch, unterschiedliche Abschlüsse. Es gibt Bachelor- und Masterabschlüsse. Hier in Berlin kann man an der Universität der Künste Kirchenmusik und Orgelspiel studieren. Da gibt es ein Institut für Kirchenmusik, an dem das Orgelspiel unterrichtet wird. Da bin ich auch Professor für Orgelspiel.

5. Was empfinden Sie beim Orgelspiel?

Ich bin beim Spielen so konzentriert, dass kaum Zeit bleibt, über Empfindungen nachzudenken. Man ist wie in einer anderen Welt. Wenn das Konzert allerdings vorbei ist und es ist gut gelungen, dann fühle ich mich so, als stünde ich auf einer Wolke: glücklich und leicht. Diese Momente sind wie ein Geschenk für mich.

6. Wie funktioniert die Orgel?

Als Erstes brauchen wir die Luft aus dem riesigen Blasebalg. Diese Luft gelangt an dieser Orgel – es ist eine große spätromantische Orgel – durch Metallröhrchen bis zu den Pfeifen. Eine wichtige Rolle spielen die Register. Ein Register ist eine Pfeifenreihe von gleicher Bauart. Ihr habt gesehen, dass wir unterschiedliche Pfeifen haben, aus unterschiedlichen Materialien und Formen. Auch ihr Klang ist unterschiedlich. Ich habe euch vorhin eine Flöte, eine Klarinette und eine Oboe vorgeführt. Das sind die Registernamen. Diese Pfeifen stehen in Gruppen zusammen. Durch die Betätigung der Registerschalter schalte ich sie ein oder aus. An dieser Orgel haben wir insgesamt 113 Register, also 113 unterschiedliche Klangfarben, die sich aber alle miteinander kombinieren lassen, sodass ein großer Reichtum an Klangmöglichkeiten entsteht.

7. Warum sind Kirchenorgeln meistens groß?

Es gibt natürlich auch ganz kleine Orgeln. Aber Kirchenorgeln sind oft groß, weil die Kirchen groß sind. Dieser große Raum muss mit Klang gefüllt werden und das schaffen nur große Instrumente.

8. Warum stehen Orgeln in Kirchen?

Orgelmusik unterstützt die Liturgie im Gottesdienst. In der Kirche wird viel gesungen und die Orgel begleitet die Gottesdienstbesucher dabei. Das ist für viele Menschen sehr wichtig, es bewegt sie sehr. Durch die Musik entstehen ganz besondere Verbindungen bei den Menschen. Im Gottesdienst ist es wichtig, dass eine ganz bestimmte Atmosphäre hergestellt wird. Da hat die Orgel einen großen Anteil.

Vielen Dank für das Interview und die Orgelvorführung!

Ein Schüler probiert das Orgelspiel aus.

4 Plant eigene Interviews mit Musikern, Musikerinnen oder Bands aus eurer Umgebung. Überlegt euch Fragenschwerpunkte, z. B. zur Person, zu den Instrumenten und zu Auftritten.

5 Entwickelt in Gruppen konkrete Fragen zu den Fragenschwerpunkten und legt fest, wer sie am Interviewtag stellt, wer fotografiert und wer das Interview aufnimmt.

6 Erstellt eine Präsentation mit Fotos, Interviewauszügen, eigenen Berichten und Musik.

Musik in anderen Ländern

D 63 – 69

Die **Tin Whistle** ist eine Metallflöte, die oft in der irischen Musik eingesetzt wird. Durch ihren hohen, durchdringenden Klang ist sie auch bei lauter Musik gut zu hören.

„**Cajón**" ist ein spanisches Wort. Es wird „Kachon" ausgesprochen und bedeutet „Kiste". Das aus Peru stammende Instrument wird mit den Händen gespielt und klingt teilweise wie ein Schlagzeug. Auf der Rückseite des Instruments ist ein Schallloch. Im Inneren werden oft Stahlsaiten angebracht, die beim Spielen wie eine Snare Drum schnarren.

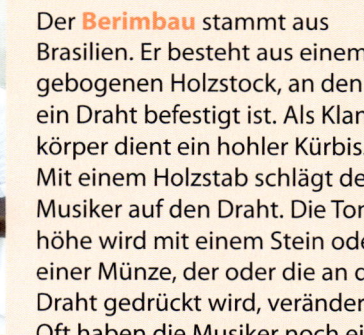

Der **Berimbau** stammt aus Brasilien. Er besteht aus einem gebogenen Holzstock, an den ein Draht befestigt ist. Als Klangkörper dient ein hohler Kürbis. Mit einem Holzstab schlägt der Musiker auf den Draht. Die Tonhöhe wird mit einem Stein oder einer Münze, der oder die an den Draht gedrückt wird, verändert. Oft haben die Musiker noch ein geschlossenes Körbchen mit Samen darin in ihrer Hand, das beim Spielen des Berimbau mitrasselt. Dieses Körbchen heißt Caxixi (ausgesprochen: Kaschischi).

1 Beschreibt die abgebildeten Instrumente. Welchen Instrumentenfamilien würdet ihr sie zuordnen? Welchen euch bekannten Instrumenten ähneln sie?

2 Hört die Hörbeispiele (D 63 – 69) und sprecht über die Musik und den Klang der Instrumente (→ Kap. 24).

3 Ordnet die Bilder den Hörbeispielen (D 63 – 69) zu.

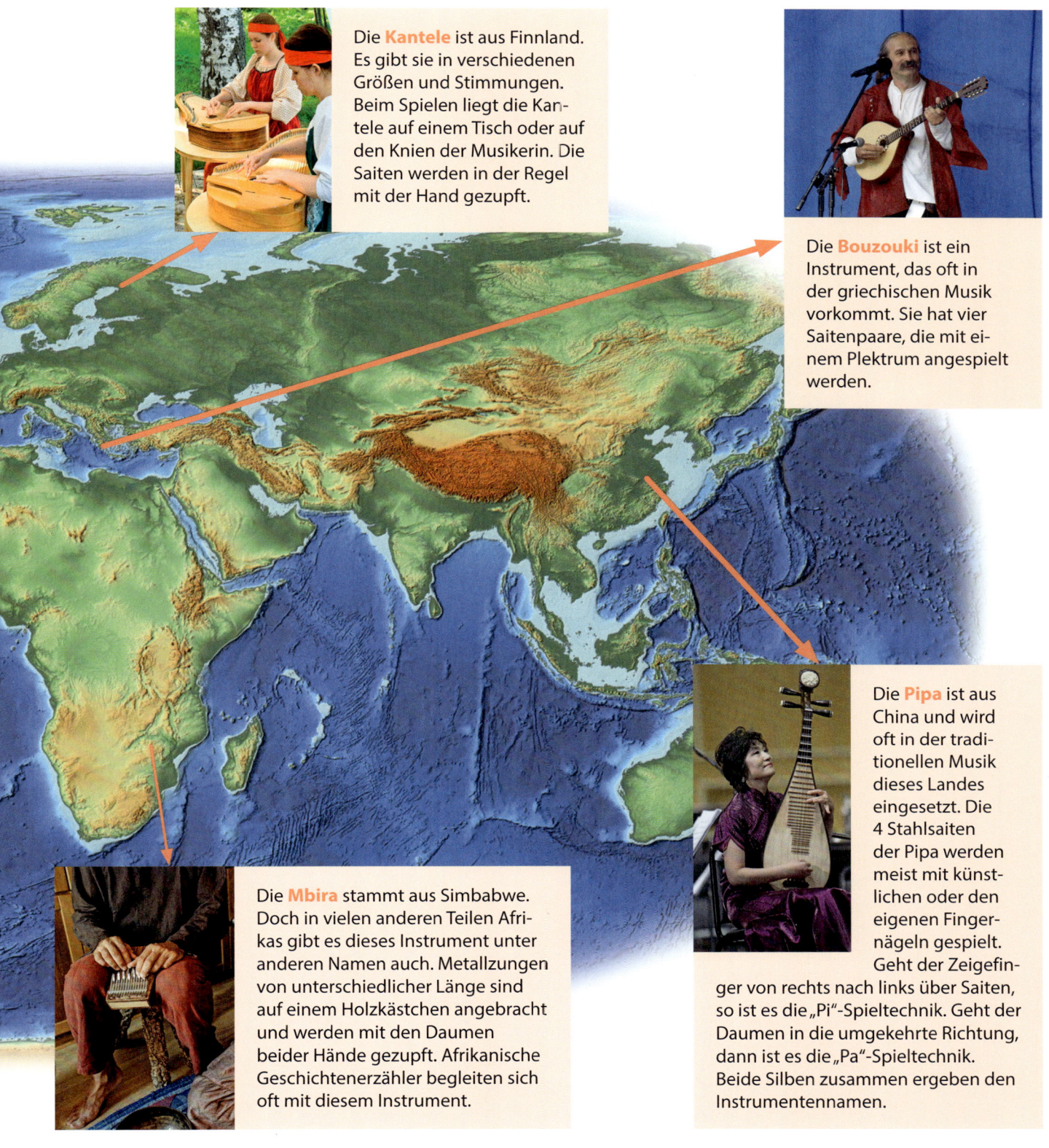

Die **Kantele** ist aus Finnland. Es gibt sie in verschiedenen Größen und Stimmungen. Beim Spielen liegt die Kantele auf einem Tisch oder auf den Knien der Musikerin. Die Saiten werden in der Regel mit der Hand gezupft.

Die **Bouzouki** ist ein Instrument, das oft in der griechischen Musik vorkommt. Sie hat vier Saitenpaare, die mit einem Plektrum angespielt werden.

Die **Pipa** ist aus China und wird oft in der traditionellen Musik dieses Landes eingesetzt. Die 4 Stahlsaiten der Pipa werden meist mit künstlichen oder den eigenen Fingernägeln gespielt. Geht der Zeigefinger von rechts nach links über Saiten, so ist es die „Pi"-Spieltechnik. Geht der Daumen in die umgekehrte Richtung, dann ist es die „Pa"-Spieltechnik. Beide Silben zusammen ergeben den Instrumentennamen.

Die **Mbira** stammt aus Simbabwe. Doch in vielen anderen Teilen Afrikas gibt es dieses Instrument unter anderen Namen auch. Metallzungen von unterschiedlicher Länge sind auf einem Holzkästchen angebracht und werden mit den Daumen beider Hände gezupft. Afrikanische Geschichtenerzähler begleiten sich oft mit diesem Instrument.

4 Erkundigt euch, wo an eurem Ort und in der Umgebung diese und weitere Instrumente aus anderen Ländern gespielt werden.

5 Unternehmt eine musikalische Weltreise. Hört dazu die Hörbeispiele (D 63 – 69) in einer anderen Reihenfolge und geht dabei mit eurem Finger von Bild zu Bild.

6 Informiert euch über diese und weitere Instrumente aus anderen Ländern (Internet, Lexikon, Interviews). Dokumentiert, präsentiert und erläutert eure Ergebnisse.

Im Tonstudio: Von der Idee zur CD

Regieraum

Aufnahmeraum

A **Spuren bearbeiten und mischen**

Am Mischpult werden Klang und Lautstärke der verschiedenen Spuren festgelegt, Fehler korrigiert und Hall hinzugefügt. Die einzelnen Spuren werden schließlich zu einer Stereospur gemischt.

B **Instrumente aufnehmen**

Die Instrumente (Schlagzeug, Bass, Gitarre …) werden jeweils auf einer eigenen Spur aufgenommen. Dadurch kann man nachträglich jede einzelne Aufnahme bearbeiten.

C **Stereospur nachbearbeiten**

Der Klang der Stereospur wird durch Regulierung der Höhen und Bässe eingestellt sowie die Lautstärke angepasst. Am Computer lässt sich diese Feinabstimmung der Stereospur verfolgen.

D **Gesang aufnehmen**

Auch für den Gesang wird eine eigene Spur eingerichtet. Über Kopfhörer kann man Anweisungen erhalten und auch eine bereits eingespielte Musik mithören.

E **Eine Master-CD brennen**

Ist die Stereospur fertiggestellt, wird sie als Datei auf einen CD-Rohling gebrannt. So erhält man eine Master-CD. Diese dient als Vorlage für das Erstellen weiterer CDs.

F **Ein Cover erstellen**

Die CD bekommt nach der Fertigstellung eine Hülle, das sogenannte Cover. Dieses kann man mit Zeichnungen oder Fotos gestalten. Danach wird das Cover gedruckt und vervielfältigt.

1

2

3

4

5

6

The Best Songs

1 Welche Gegenstände aus dem Tonstudio (→ S. 152) kennt ihr ?

2 Betrachtet die Bilder 1 bis 6 und beschreibt sie.

3 Bringt die Textkarten A bis F (→ S. 152) in die richtige Reihenfolge und ordnet diesen die Bilder 1 bis 6 zu.

4 Welche Hörbeispiele (D 70 – 73) passen zu den Texten und Bildern?

5 Besucht ein Radio- oder Tonstudio und interviewt Mitarbeitende und Studiomusiker. Präsentiert eure Ergebnisse.

Katharina Franck und die „Rainbirds"

🔘 D 74 – 76

Katharina Franck und der Anfang der „Rainbirds"

Katharina Franck wurde 1963 in Düsseldorf geboren und wuchs in Portugal auf. Von 1975 bis 1977 lebte sie mit ihrer Familie in São Paulo, Brasilien, und erhielt dort ihren ersten Gitarrenunterricht. Schnell entwickelte sich der Wunsch, Musikerin und Sängerin zu werden. Bereits in dieser Zeit schrieb sie erste Songs in englischer Sprache. Zurück in Portugal, sammelte Franck erste Bühnenerfahrungen, zunächst mit einer Schülerband, später auch in Profibands. Mit knapp 18 Jahren verließ sie ihr Elternhaus und gelangte auf Umwegen nach Berlin, wo sie mit unterschiedlichen Musikern arbeitete.

Im Frühjahr 1986 gründete sie die Band „Rainbirds". Die Namensgebung der Band wurde durch das gleichnamige Instrumentalstück des Sängers und Komponisten Tom Waits beeinflusst. Kurz nach ihrer Gründung spielte die Band ihr erstes öffentliches Konzert in Berlin. Wenig später gewann die Band den damaligen „(West)-Berliner Senatsrockwettbewerb". Das Label Mercury bot der Band daraufhin einen Plattenvertrag an.

Erste Erfolge

Im Jahre 1987 nahmen die „Rainbirds" ihr erstes Album mit dem Namen „Rainbirds" auf. Zwischen den Studioaufnahmen und der Veröffentlichung dieses Albums hielten sich die „Rainbirds" als noch relativ unbekannte Band fünf Wochen in Kanada auf, wo sie einige Konzerte spielten. Mit der Rückkehr nach Deutschland kam die Überraschung: Das Debütalbum „Rainbirds" war ein durchschlagender Erfolg mit einer hohen Chart-Platzierung. Der aus dem Album ausgekoppelte Song „Blueprint" wurde ein europaweiter Hit.

Die „Rainbirds" im Jahre 1988

Trennung der „Rainbirds"

Zwei Jahre nach dem ersten großen Erfolg trennte sich Franck von ihren Musikern und setzte die Arbeit der „Rainbirds" mit anderen Musikern fort. Bis 1999 veröffentlichten die „Rainbirds" 8 Alben. Dann trennte sich die Band vorerst auf unbestimmte Zeit, da alle eigene Wege gehen wollten. In dieser Zeit produzierte Franck u. a. eine **Solo**version ihres Songs „Blueprint".

Das Comeback

Katharina Franck 2014

Seit 2013 gibt es die „Rainbirds" wieder. Das neu formierte Trio besteht aus Franck als Frontfrau und zwei weiteren Musikern.

2014 erschien das erste Album der neuen „Rainbirds" mit dem Titel „Yonder". Auf diesem Album gibt es überwiegend Neuinterpretationen alter „Rainbirds"-Songs und Songs der **Solo**alben von Franck. Auch der Song „Blueprint" ist in einer neuen Version zu hören.

1 Lest die Texte zu Katharina Franck und den „Rainbirds" und macht euch beim Lesen Notizen auf Wortkarten. Bildet Gruppen und erzählt euch gegenseitig, was ihr erfahren habt. Verwendet hierfür eure selbst angefertigten Wortkarten.

2 Hört Auszüge der unterschiedlichen Versionen von „Blueprint" (D 74 – 76) und sprecht über eure Höreindrücke (➜ Kap. 24). Notiert eure Ergebnisse in einer Tabelle.

Als Katharina Franck den Song „Blueprint" schrieb, lebte sie in einer kleinen Berliner Wohnung und hielt sich mit Nebenjobs über Wasser. Ihre Wohnung war nicht sehr groß und sie hatte nur wenige Möbel. Sie saß auf ihrer Matratze auf dem Fußboden, spielte auf ihrer Gitarre und fing an, den Song „Blueprint" zu komponieren.

Ein „Blueprint" ist eine Blaupause: Dies ist eine mit einem blauen Durchschreibpapier (der sogenannten Pause) hergestellte Kopie eines Dokuments.

Refrain

Text: Katharina Franck
Melodie: Michael Beckmann, Katharina Franck, Wolfgang Glum

Übersetzung des Textes:

Ich schleiche um die Ecke
mit einer Vorstellung meiner Liebe.
Vor einem Entwurf meines Lebens
sollte ich besser Reißaus nehmen.

Cajón-Begleitung

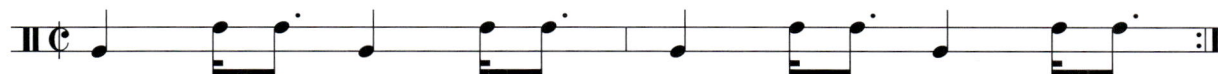

3 Nehmt den Text über die „Rainbirds" zu Hilfe und diskutiert darüber, weshalb der Song „Blueprint" auch heute noch so aktuell ist.

4 Informiert euch im Internet über den vollständigen Text von „Blueprint" und sprecht über dessen Bedeutung. Warum heißt der Song „Blueprint"?

5 Hört „Blueprint" (D 74) in der Version von 1987 und singt beim Hören den Refrain des Songs mit.

6 Begleitet den Song mit der Cajón-Begleitung.

7 Erfindet weitere Cajón-Rhythmen. Verwendet auch den Backbeat (→ S. 55). Begleitet den Song auch mit euren eigenen Cajón-Rhythmen.

Pata Pata – Original und Cover-Version

⊙ D 77, 78

Original

„Pata Pata" ist ein Musikstück, das die südafrikanische Sängerin Miriam Makeba im Jahre 1956 schrieb und in den folgenden Jahren zusammen mit ihrer Band „Skylarks" zu einem Hit in Südafrika machte.

Erst einige Jahre später veröffentlichte Makeba die weltweit bekannte Originalversion „Pata Pata" auf dem gleichnamigen Album auch in den USA. Das Lied, überwiegend in Xhosa, einer der Amtssprachen in Südafrika, geschrieben, schaffte es in den US-amerikanischen Charts auf Platz 12 und war der größte internationale Erfolg Miriam Makebas.

Pata Pata ist der Name eines in Südafrika bekannten Tanzes. Übersetzt bedeutet „pata" „berühren, anfassen".

Formteile der Originalversion

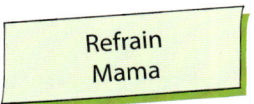

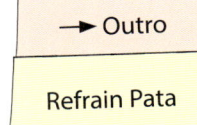

Refrain Mama   Intro   Strophe 1/2   → Outro / Refrain Pata   Refrain Pata

Cover-Version

Seit dem Welterfolg der Makeba-Originalversion von „Pata Pata" gibt es unzählige Cover-Versionen des Lieds.

Eine Cover-Version ist eine neue Fassung eines Lieds oder eines Musikstücks. Diese Bearbeitung wird immer von einem anderen Musiker vorgetragen als von demjenigen, der das Original aufgenommen hat.

2004 veröffentlichte die Berliner Band „D'jaa" eine Cover-Version mit dem Namen „Pata Pata Mama Africa". Die beiden Sänger afrodeutscher Herkunft verfolgten damit die Idee, eine Verbindung der afrikanischen Wurzeln mit dem eigenen Stil herzustellen. So haben sie in „Pata Pata Mama Africa" einen Rap- und einen A-cappella-Teil (→ S. 163) einbezogen.

Formteile der Cover-Version

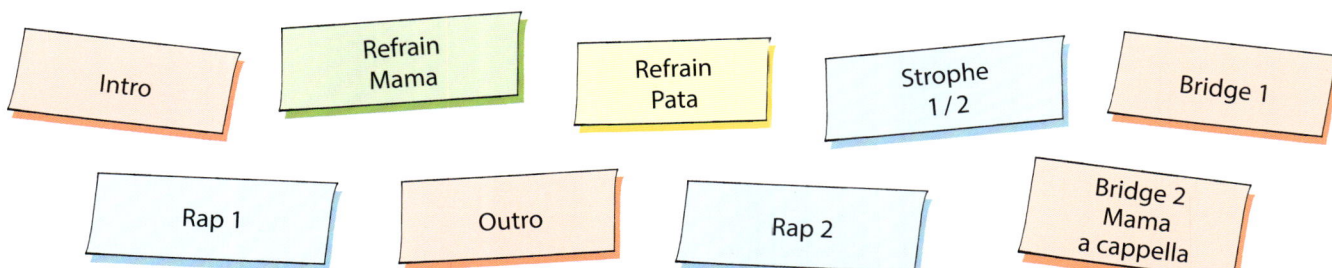

Intro   Refrain Mama   Refrain Pata   Strophe 1/2   Bridge 1   Rap 1   Outro   Rap 2   Bridge 2 Mama a cappella

1. Hört die unterschiedlichen Versionen von „Pata Pata" (D 77, 78) und beschreibt die Musik (Melodieverlauf, **Tempo**, **Artikulation**, Stimmeinsatz, Instrumentation). Haltet eure Ergebnisse in einer Tabelle fest.

2. Findet heraus, wie oft die Formteile in der Original- und in der Cover-Version vorkommen.

3. Erstellt Formteilkarten und legt das Formschema zu beiden Versionen. Sprecht über Gemeinsamkeiten und Unterschiede auch im Hinblick auf die Kultur der jeweiligen Interpreten.

4. Bildet Gruppen und erfindet zu beiden Versionen einen Tanz. Holt euch Anregungen aus dem Internet. Verwendet für gleiche Formteile dieselben Bewegungen.

Leo Rojas – das Supertalent

D 79

Leo Rojas ist 1984 in Ecuador geboren. Berühmt wurde er, als er 2011 die Castingshow „Das Supertalent" gewann. Leo Rojas verließ im Jahre 2000 seine Heimat. Er lebte zunächst in Spanien, dann in Deutschland. Hier verdiente er sein Geld als Straßenmusiker. Eine Passantin regte ihn an, sich bei der Castingshow „Das Supertalent" zu bewerben. 2011 bewarb er sich und wurde angenommen. Mit dem Klang seiner südamerikanischer Panflöte und seiner Musik überzeugte er schnell die Jury und das Publikum. Als er das Halbfinale erreichte, kam es auf der Bühne zu einem sehr emotionalen Moment, als er seine extra aus Ecuador eingeflogene Mutter nach vielen Jahren wieder in den Arm nehmen durfte. Am Ende gewann Leo Rojas den Wettbewerb mit deutlichem Vorsprung.

Leo Rojas und seine Mutter

Leo Rojas hofft im Finale auf den Sieg

Stichworte zu Castingshows

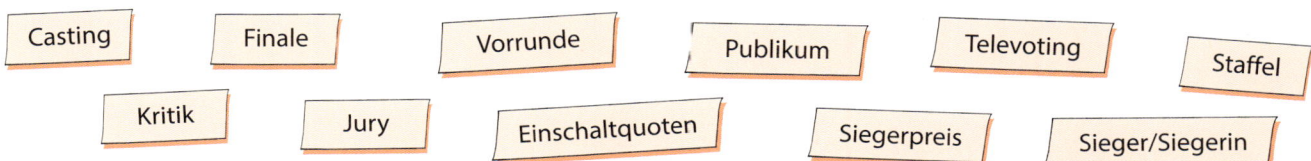

Casting · Finale · Vorrunde · Publikum · Televoting · Staffel
Kritik · Jury · Einschaltquoten · Siegerpreis · Sieger/Siegerin

Nach dem Sieg

Leo Rojas 2013

Viele Gewinnerinnen und Gewinner von Casting-Shows arbeiten danach erfolgreich weiter. So auch Leo Rojas. Er nahm mehrere CDs auf, die alle Erfolg hatten. Eine davon wurde sogar mit einer „Goldenen Schallplatte" ausgezeichnet. Als Mensch hingegen ist Leo Rojas so geblieben, wie er immer war: bescheiden und freundlich. Leo Rojas spielt viele Instrumente aus Südamerika: die südamerikanische Panflöte, eine Andenflöte, die in Südamerika „Quena" (gesprochen: Kena) heißt, und „Chachas" (gesprochen: Tschatschas), ein Rhythmusinstrument, bestehend aus einem Bündel getrockneter Nüsse.

Begleitbausteine zu „Celeste"

1. Sprecht über Casting-Shows. Wie funktionieren sie? Wie findet ihr sie?

2. Verfasst Texte über diese Sendungen. Nutzt die Stichworte und informiert euch im Internet und in Zeitschriften. Tragt die Texte vor und diskutiert eure Aussagen.

3. Hört „Celeste" (D 79) von Leo Rojas. Sprecht über die Musik (→ Kap. 24) und den Klang der Instrumente. Meldet euch, wenn ihr die südamerikanische Panflöte, die Quena und die Chachas hört.

4. Übt die Begleitbausteine ein und erkennt sie anschließend in der Musik (D 79) wieder. Sucht passende Rhythmusinstrumente aus und spielt zur Musik.

This is the Life

Die Sängerin und Songwriterin Amy McDonald

Amy McDonald wurde 1987 in Schottland geboren. Der Start ihrer Musikerkarriere war eigentlich ein Zufall: Ihre Großmutter gab ihr Geld, damit sie sich davon Süßigkeiten kaufen konnte. Stattdessen beschloss sie, sich ihre erste CD zu kaufen. Da war sie 12 Jahre alt. Von der Musik auf der CD war sie so beeindruckt, dass sie sich entschied, selbst Musik zu machen.

Zufälligerweise verwahrte ihr Vater mehrere Gitarren aus seiner eigenen Jugend im Elternhaus. So begann McDonald, sich selbst das Gitarrenspiel beizubringen. Dabei spielte sie einfach Melodien aus dem Radio nach. **Akkorde**, die ihr nicht bekannt waren, suchte sie im Internet. Nur drei Jahre später stand sie in Glasgow das erste Mal mit ihrer Gitarre auf der Bühne und spielte hauptsächlich eigene Songs.

Die Musik von McDonald lässt sich als Gitarren-Pop mit folkloristischen Elementen bezeichnen. „This is the Life" ist das erste Album der Sängerin, das 2007 veröffentlicht wurde. Nur wenig später erreichte das Album Platz 1 der britischen Albumcharts. Bei den Aufnahmen zum Song „This is the Life" wurden außer der Stimme und der Gitarre von McDonald viele zusätzliche Instrumente wie Bass, Cello, Klavier, Keyboard, Trompete und Violine eingesetzt.

McDonald schreibt alle ihre Texte selbst. Der Text zu „This is the Life" beschreibt den Alltag einiger Jugendlicher, die sich in ihrem Leben langweilen. Deswegen treiben sie sich nachts auf den Straßen herum und wollen feiern gehen. Letztlich finden sich die jungen Leute auf Partys wieder, von denen sie morgens, ohne sich zu erinnern, aufwachen.

Formteile

Refrain	Bridge 2	Strophe1	Refrain vocal
Bridge 1	Intro		Strophe 2

Begleitung

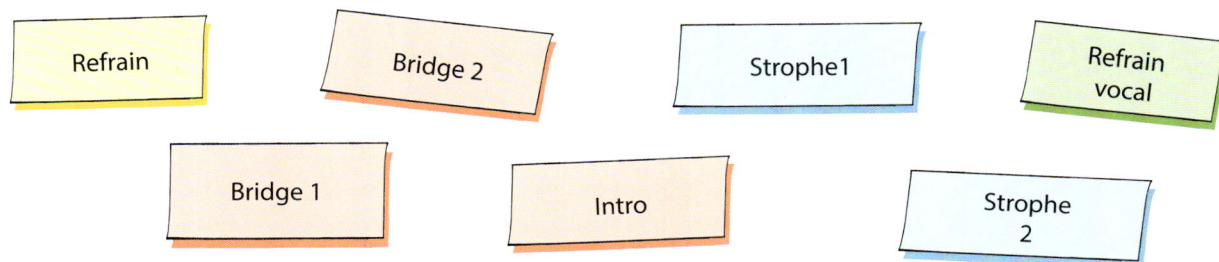

Cajón

Bassklangstäbe

1. Vergleicht die Biografie Amy McDonalds mit der anderer Musikerinnen und Musiker im Schulbuch.
2. Hört „This is the Life" (D 80) und findet heraus, wie oft die **Form**teile vorkommen.
3. Erstellt Formteilkarten und legt das **Form**schema.
4. Spielt die Cajón-Begleitung zum Lied. Erfindet weitere Begleitrhythmen. Hört hierfür auf die Schlagzeugstimme.
5. Gestaltet eine Bassklangstäbe-Begleitung. Variiert in eurer Begleitung den Rhythmus. Holt euch Anregungen von S. 34. Beachtet die **Taktart**.

Refrain

And you're sing-ing the songs, think-ing this is the life,

and you wake up in the morn-ing and your head feels twice the

size, where you gon-na go, where you gon-na go?

1. Hm
Where you gon-na sleep to - night?

2. Hm
Where you gon-na sleep to - night?

Text und Melodie: Amy McDonald

Boomwhacker-Begleitung

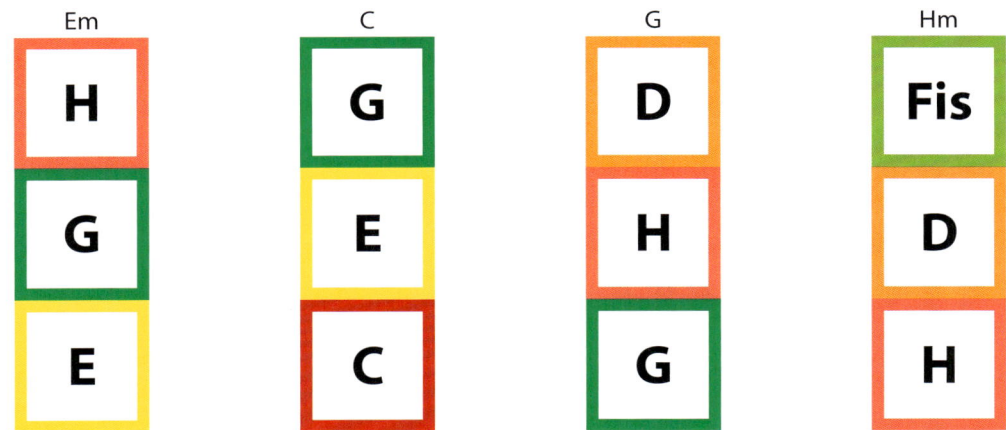

6 Sprecht über den Inhalt des Textes (→ S. 158) und singt anschließend den Refrain zum Lied.

7 Spielt die Boomwhacker-Begleitung zum Lied.

8 Verändert die Boomwhackers-Begleitung durch eigene Rhythmen. Holt euch hierfür Anregungen von S. 34.

9 Verwendet für eure Boomwhacker-Begleitung innerhalb der **Akkorde** unterschiedliche Töne: **Grundton**, **Terzton** und **Quintton**.

10 Nehmt die Boomwhacker-, Cajón- und Bassklangstäbe-Begleitung zum Song auf und überlegt anschließend, was ihr noch verbessern könntet.

Ein Netz voller Musik

Das Urheberrecht

Jedes Musikwerk hat einen Urheber (Komponisten). Der Urheber besitzt das Recht an seinem Werk, er darf also bestimmen, was mit dem Werk geschieht, wann und wie es aufgeführt wird und wer das Werk abdrucken darf. Das Recht des Urhebers an seinem Werk wird durch ein Gesetz geschützt: das Urheberrecht.

In Deutschland ist ein Werk bis 70 Jahre nach dem Tod seines Urhebers geschützt. Während dieser Schutzfrist dürfen nur der Urheber oder seine Erben eine Nutzung und Verwertung des Werks erlauben (absoluter Schutz). Für Cover-Versionen (→ S. 156) brauchen die Bearbeiter eine Genehmigung vom Urheber oder seinen Erben. Nach Ablauf der 70 Jahre ist das geschützte Werk gemeinfrei und darf von jedem verwendet oder veröffentlicht werden.

1

Die GEMA

Damit Musiker von ihrer Arbeit leben können, bekommen sie ein Honorar, wenn ihre Werke in der Öffentlichkeit gespielt werden. Denn eine kreative Leistung wie das Komponieren eines Lieds ist das Ergebnis harter Arbeit. Viele Komponisten sind bei der Gesellschaft für musikalische Aufführungs- und mechanische Vervielfältigungsrechte (GEMA) Mitglied. Diese Organisation kümmert sich um die sogenannten Nutzungsrechte der Musiker und ihrer Werke. Wenn also z. B. ein Song veröffentlicht werden oder ein Konzert stattfinden soll, muss dies bei der GEMA gemeldet werden und der Musiker erhält dafür ein Honorar.

2

3 Siehst du auch so gerne Musik-Videos im Internet an?

4 jamendo **5** hoerspielbox.de

---

1 Das Internet steckt voller Musik: Videoclips, Internetradio und Downloads. Wofür benutzt ihr das Internet? Welche Musikdatei-Formate kennt ihr?

2 Lest die Texte zu Urheberrecht und GEMA und setzt sie mit euren Aussagen zu Aufgabe 1 in Beziehung.

3 Sprecht darüber, was erlaubt oder verboten ist: Dürft ihr Filme aus dem Internet herunterladen? Dürft ihr YouTube-Filme anschauen? Dürft ihr Musik von Tauschbörsen herunterladen oder zur Verfügung stellen? Dürft ihr Internetradio hören?

Jan (10)

Ich habe von meinem Freund zum Geburtstag eine kopierte CD von meiner Lieblingsband geschenkt bekommen. Hat sich mein Freund mit dem Kopieren und Weiterschenken der CD strafbar gemacht?

Eva (11)

Ich möchte eine Homepage über meinen Lieblingsstar machen. Natürlich sollen dabei auch Bilder, Musikdateien und Videos dabei sein. Kann ich das alles einfach so auf meine Seite stellen? Oder muss ich etwas Besonderes beachten?

Julia (12)

Ich bekam letzte Woche per Mail ein Schreiben von einem Anwalt. Darin stand, ich hätte unerlaubt MP3-Dateien heruntergeladen. Und wenn ich die Bearbeitungsgebühr von 500 Euro zahlen würde, würde man von einer Strafverfolgung absehen. Andernfalls könnten für mich Kosten bis zu 10 000 Euro entstehen. Wie soll ich reagieren?

Peter (11)

Ich habe auf einer Tauschplattform das neuste Lied von meiner Lieblingsband entdeckt. Ich habe es nur für mich heruntergeladen und habe es auch aus meinem Download-Ordner entfernt, sodass es nicht von anderen Usern heruntergeladen werden kann. Kann ich jetzt noch Probleme bekommen?

4 Lest die vier Texte und sprecht darüber. Habt ihr in eurem Umfeld schon einmal von ähnlichen Fällen gehört?

5 Versucht, auf die Fragen der Schülerinnen und Schüler Antworten zu finden. Holt euch dabei Hilfe und Informationen von den Internetseiten „internet-abc.de" und „klicksafe.de".

6 Testet euer Wissen über das Internet und macht den „Surfschein" auf „internet-abc.de".

Medien im Alltag

Wochenplan

	Minuten pro Tag	Stunden pro Woche	Stunden pro Monat	selten	nie
Internet					
Handy					
Radio					

JIM-Studie 2015

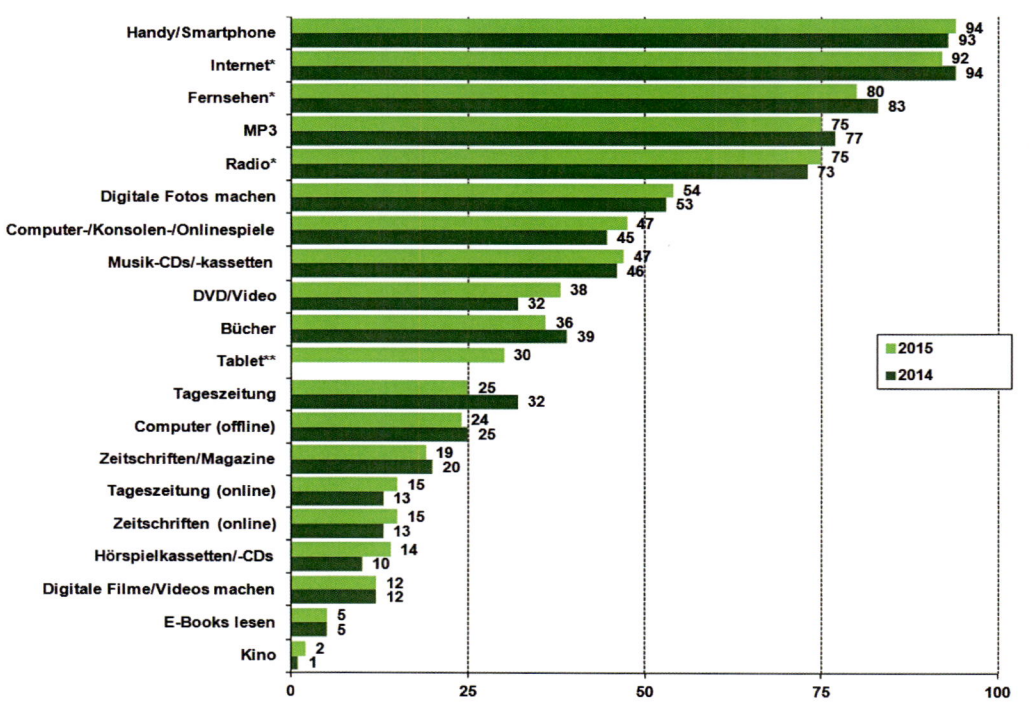

Medienbeschäftigung in der Freizeit 2015
- täglich/mehrmals pro Woche -

Medium	2015	2014
Handy/Smartphone	94	93
Internet*	92	94
Fernsehen*	80	83
MP3	75	77
Radio*	75	73
Digitale Fotos machen	54	53
Computer-/Konsolen-/Onlinespiele	47	45
Musik-CDs/-kassetten	47	46
DVD/Video	38	32
Bücher	36	39
Tablet**	30	
Tageszeitung	25	32
Computer (offline)	24	25
Zeitschriften/Magazine	19	20
Tageszeitung (online)	15	13
Zeitschriften (online)	15	13
Hörspielkassetten/-CDs	14	10
Digitale Filme/Videos machen	12	12
E-Books lesen	5	5
Kino	2	1

Quelle: JIM 2015, JIM 2014, Angaben in Prozent, *egal über welchen Verbreitungsweg, **2015 erstmals abgefragt
Basis: alle Befragten

1 Erstellt einen Wochenplan: Wie lange benutzt ihr welche Medien? Wie viele davon sind Musik-Medien? Welche anderen Medien benutzt ihr sonst noch? Vergleicht eure Ergebnisse untereinander und mit der JIM-Studie.

2 Ordnet die Bilder 1 bis 3 der JIM-Studie zu.

3 Erstellt eine Klassenhitparade: Jeder schlägt einen Song mit kurzem Hörbeispiel vor und begründet seine Wahl. Dann darf jeder drei Stimmen für drei Songs abgeben. Welcher Song hat die meisten Stimmen?

Appdepp

E 1

Als A-cappella-Gesang wird die Vokalmusik einer Gruppe bezeichnet, die ohne Instrumentalbegleitung singt. In den Songs übernehmen ein oder mehrere Stimmen die Solostimme, während die übrigen Stimmen begleiten. Beim A-cappella-Gesang ahmen einzelne Stimmen Instrumente nach, besonders das Schlagzeug (**Beatboxing**). Auch Bodypercussion wird in den Begleitungen zum Lied eingesetzt.

Die A-cappella-Gruppe „Basta" wurde im Jahre 2000 gegründet und trat im selben Jahr das erste Mal mit selbst komponierten Stücken auf. Erfolgreich wurden die fünf Musiker jedoch erst zwei Jahre später, als ein erster Plattenvertrag unterschrieben wurde. Konzerte der Gruppe fanden deutschlandweit in immer größeren Sälen statt. Bis heute trat „Basta" über hundertmal im Fernsehen auf und produzierte insgesamt 7 Alben mit ausschließlich eigenen Songs. Das Lied „Appdepp" wurde auf dem Album „Basta … macht blau" 2011 veröffentlicht.

Die Gruppe „Basta" im Jahr 2016

Refrain

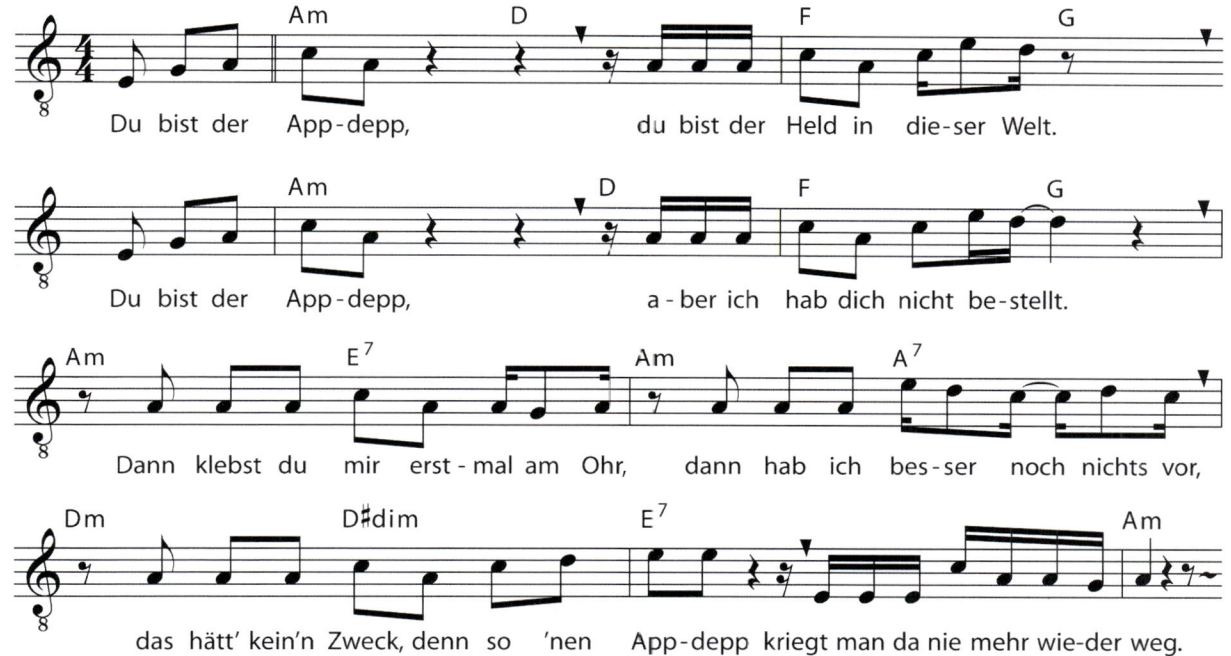

Text und Melodie: William Wahl

Begleitung (Beatboxing)

1 Hört das Lied „Appdepp" (E 1) von „Basta". Schreibt den Text der Strophen heraus und singt das Lied zur Musik.

2 Sprecht über den Inhalt des Texts und die Gefahren, die durch die Nutzung von Medien auftreten können.

3 Experimentiert mit eurer Stimme und erfindet **Beatboxing**-Klangbausteine. Holt euch für die rhythmische Gestaltung Anregungen von S. 34. Achtet auf die **Taktart**.

4 Bildet Gruppen und gestaltet eine **Beatboxing**-Begleitung zum Song „Appdepp". Verwendet hierfür die vorgegebenen und eure eigenen **Beatboxing**-Klangbausteine.

Conquest of Paradise

Der 1992 von Ridley Scott gedrehte Film „1492: Conquest of Paradise" hat die Entdeckung Amerikas durch Christoph Kolumbus zum Thema.

Mit drei Segelschiffen stach Kolumbus 1492 von Spanien aus in See. Zwei Monate später erreichte er die Karibik. Es war eine große Erleichterung für Kolumbus und seine Matrosen, endlich festen Boden unter den Füßen zu haben. Die erste Insel, die er betrat, nannte er „San Salvador". Das bedeutet „Heiliger Retter". Die Ureinwohner empfingen Kolumbus und seine Matrosen freundlich und mit großzügigen Geschenken.

Die Musik zum Film komponierte der griechische Musiker und Komponist Vangelis (geb. 1943), der zuvor auch schon mit anderen Filmmusik-Kompositionen großen Erfolg hatte. Der Liedtext besteht aus frei erfundenen Silben und Fantasiewörtern, die sich wie Lateinisch anhören. Die Titelmusik von „1492: Conquest of Paradise" ist im Gegensatz zum Film bis heute noch bekannt und wird hin und wieder im Radio gespielt.

1. In no-re-mi per i - pe, in no-re-mi co - ra,
2. Ne ro-mi-ne tir - me - no, ne-ro-mi-ne to - fa,

ti - ra-mi-ne per i - to, ne do - mi - na.
i - ma-gi-ne pro me - no per i - men-ti - ra.

instrumental

Text: Guy Protheroe   Melodie: Vangelis

Begleitbausteine

A   B   C

1 Hört „Conquest of Paradise" (E 2) und sprecht über die Musik (→ Kap. 24).

2 Informiert euch im Internet oder in der Bücherei über Kolumbus' erste Reise. Hört die Musik (E 2) erneut. Wie wirkt die Musik auf euch? Passt sie zum Filmthema? Begründet eure Meinungen.

3 Übt die Begleitbausteine ein und hört sie anschließend in der Musik (E 2).

4 Singt und spielt „Conquest of Paradise". Verwendet im Instrumentalteil ein Keyboard (→ S. 135).

5 Welche Filmmusik kennt ihr? Passen Musik und Filmthema zusammen? Begründet eure Meinungen.

Eine Filmmusik zu „Ice Age" erfinden

Der kalte Winter einer Eiszeit steht vor der Tür. Die gesamte Tierwelt flüchtet vor der Kälte und macht sich auf den Weg in den wärmeren Süden. Einzige Ausnahme ist das Mammut Manfred. Manfred, auch Manni genannt, wandert nach Norden. Zeitgleich wird Sid, das Riesenfaultier, wie jedes Jahr von seiner Familie allein zurückgelassen. Sid schließt sich Manni an – was diesem gar nicht gefällt.

Plakat zum Kinofilm „Ice Age"

Die Säbelzahntiger greifen an

Ein Rudel Säbelzahntiger überfällt eine Gruppe Steinzeitmenschen, um aus Rache für einige getötete Artgenossen deren Baby zu entführen und ebenfalls zu töten. Die Mutter kann ihr Kind rechtzeitig vor dem Säbelzahntiger Diego in Sicherheit bringen und flieht mit ihm. Diego verfolgt sie jedoch. Auf ihrer gemeinsamen Reise finden Manni und Sid am Fluss zufällig das Baby mit seiner Mutter. Diese vertraut den Tieren ihr Kind an und wird im nächsten Moment von den Fluten fortgerissen. Manni und Sid nehmen sich vor, das Baby zurück zu den Menschen zu bringen.

Im Irrgarten des Gletschers

Auf dem Weg zur Menschensiedlung treffen Manni und Sid auf den vermeintlich freundlichen Säbelzahntiger Diego, der zuvor von seinem Rudelführer Soto den Auftrag erhalten hat, das Menschenkind zurückzuholen. Unter dem Vorwand, Manni und Sid helfen zu wollen, schließt Diego sich den beiden an und verspricht, ihnen den direkten Weg zur Menschensiedlung zu zeigen. Tatsächlich will er die beiden aber in einen Hinterhalt locken. Als Abkürzung schlägt Diego den gefährlichen Weg durch einen Gletscher vor. Im Irrgarten des Gletschers bemerken die Freunde dann, dass sie das Kind verloren haben. Auf Umwegen gelingt es ihnen jedoch, es wieder in ihren Schutz bringen.

Diego wird verletzt

Im Verlauf ihrer Reise gesteht Diego seine ursprünglichen Absichten und schlägt sich auf die Seite seiner Gefährten. Durch die Informationen Diegos können die Tiere den Angriff der anderen Säbelzahntiger abwehren. Diego selbst wird beim Kampf mit seinen Artgenossen verwundet und kann seine Freunde auf ihrer weiteren Reise nicht begleiten.

Das Baby ist zurück

Kurze Zeit später treffen Manni und Sid auf die kleine Gruppe Steinzeitmenschen, die verzweifelt nach dem Baby sucht. Manni, der sich an die Gesellschaft des Kindes sehr gewöhnt hat, übergibt es schweren Herzens dessen Vater, der es glücklich in die Arme schließt.

Szene 1 Die Säbelzahntiger greifen die Menschensiedlung an, um das Baby zu entführen.	**Szene 2** Im Irrgarten des Gletscherbergs bemerken die Freunde panisch, dass sie das Menschenbaby verloren haben.
Szene 3 Nach dem Kampf mit den Säbelzahntigern verabschieden sich die Freunde traurig vom verletzten Diego.	**Szene 4** Manni und Sid übergeben den Menschen das Baby. Der Vater schließt sein Kind überglücklich in die Arme.

1 Informiert euch über den Inhalt des Films „Ice Age" und überlegt, wie ihr die Szenen 1 – 4 musikalisch umsetzen könnt. Beachtet hierfür die **Parameter Dynamik, Artikulation**, Ausdruck, **Tempo** und Instrumentenwahl.

2 Bildet Gruppen, entscheidet euch für eine Szene und erfindet eine passende Musik. Berücksichtigt auch unkonventionelle Instrumente, Klänge, Geräusche und Spielweisen. Notiert eure Musik grafisch (➜ S. 138).

3 Nehmt eure Ergebnisse auf und überlegt beim Anhören der Aufnahme, was ihr noch verbessern könntet.

4 Hört vier Ausschnitte aus „Ice Age" (E 3 – 6) von David Newman. Sprecht über die Musik (➜ Kap. 24). Ordnet jeder Szene einen Musikausschnitt zu.

5 Vergleicht eure Kompositionen mit der von Newman hinsichtlich der **Parameter** aus Aufgabe 1.

Der Filmmusikkomponist David Newman

David Newman ist einer der vielseitigsten Filmmusikkomponisten unserer Zeit. Er wurde mit zahlreichen Preisen der Musik- und Filmwelt ausgezeichnet. Für seine Filmmusik zum Zeichentrickfilm „Anastasia" (1997) erhielt Newman sogar eine Nominierung für den Oscar®.

Neben seiner Arbeit als Filmmusikkomponist schreibt er Kammermusik und Orchesterwerke. Zugleich widmet er sich der Bearbeitung von Filmmusik-Klassikern. Aufgrund dieses Engagements wurde Newman 2007 zum Präsidenten der International Film Music Society gewählt.

David Newman

Kindheit und Jugend

David Louis Newman wurde am 11. März 1954 in Los Angeles geboren. Schon früh kam er mit Musik in Berührung, denn sein Vater Alfred Newman war ebenfalls ein berühmter Filmmusikkomponist.

Seine Mutter sorgte dafür, dass er ein Instrument lernte. So erhielt er mit 7 Jahren Violinunterricht. Drei Jahre später lernte er auch Klavier.

Im Jahre 1961 begann Newman sein Musikstudium an der University of Southern California.

Newman studierte Violine und Dirigieren und machte in diesen Fächern auch seine Studienabschlüsse.

Der Weg zum Filmmusikkomponisten

Zwischen 1977 und 1983 arbeitete Newman als freischaffender Künstler in der Film- und Fernsehbranche in Hollywood.

In diesen Jahren spielte er in Filmmusikorchestern als Violinist mit, u. a. bei der Aufnahme von Filmmusiken wie „E.T. – Der Außerirdische" oder „Star Trek – Der Film". Durch diese Arbeit bekam Newman Einblicke in die Filmmusikbranche, sodass sich bei ihm ein immer größer werdendes Interesse am eigenständigen Komponieren von Filmmusik entwickelte. Da Newman bis zu diesem Zeitpunkt wenig Erfahrung im Komponieren und Orchestrieren hatte, dauerte es ungefähr drei Jahre, bis er sich endgültig entschied, Filmmusikkomponist zu werden.

Der Dirigent David Newman

Während Newman mittlerweile kaum noch Violine spielt, ist sein Interesse am Dirigieren geblieben. Newman tritt immer wieder mit namhaften Orchestern der gesamten Welt auf, z. B. gibt er in der „Walt Disney Concert Hall" in Los Angeles regelmäßige Konzerte. Zudem leitet Newman auf der „Hollywood Bowl", einer großen Freilichtbühne, die jährliche Veranstaltung „Movie Night", bei der ein Orchester zu verschiedenen Filmausschnitten live die Filmmusik mitspielt.

David Newman beim Dirigieren einer „Movie Night"

Die Arbeit als Pädagoge

David Newman ist es sehr wichtig, sein Wissen weiterzugeben. Aus diesem Grund besucht er, wenn es seine Zeit erlaubt, regelmäßig Oberschulen und Universitäten, um junge Komponisten und Dirigierschüler zu unterrichten.

1 Informiert euch anhand der Texte über den Filmmusikkomponisten David Newman.

2 Notiert Fragen bzw. Antworten zu Newmans Lebenslauf auf Karteikarten. Spielt anschließend das Spiel „Multi-Interview" (→ Kap. 24) mit der gesamten Klasse.

3 Vergleicht die Biografie David Newmans mit der von anderen Komponisten in diesem Schulbuch. Was ist gleich, ähnlich, anders?

Bisher komponierte David Newman für mehr als 100 Filme die Filmmusik, darunter auch die Filmmusik zu „Die Familie Feuerstein", „Konferenz der Tiere", „Der verrückte Professor", „Ice Age" und „Tarzan".

Vorbereitung für den Komponisten

Bevor die eigentliche Arbeit des Komponierens von Filmmusik beginnt, liest Newman das Drehbuch. Gleich im Anschluss daran trifft er sich mit dem Regisseur des Films und spricht das sogenannte „spotting" ab. Beim „spotting" wird entschieden, wann und wo im Film die Musik beginnen und enden soll. Diese Start-Stop-Phasen werden als „Cue" bezeichnet. Jede „Cue" bekommt daraufhin einen eigenen Titel und eine Nummer. Dieser Teil der Arbeit ist für Newman sehr wichtig, denn hier erhält er notwenige Informationen und lernt die Wünsche des Regisseurs kennen.

David Newman in seinem Studio

Eine Filmmusik entsteht

Newman sucht sich zuerst einen „Cue" aus, der für den Film thematisch bedeutsam ist.

Dann spielt er zur Szene und zur Stimmung passende Motive und Melodien in den Computer ein.

Die so entstehenden Melodien schickt er an den Regisseur, sodass ein intensiver Austausch mit diesem stattfinden kann. Der Regisseur prüft, ob die Musik zum entsprechenden „Cue" und seinen eigenen Vorstellungen passt.

Aufgrund von weiteren Gesprächen mit dem Regisseur verändert Newman die Musik meist noch ein paarmal, bis alle Änderungswünsche des Regisseurs berücksichtigt wurden. Auf diese Weise komponiert Newman dann für jeden „Cue" die entsprechende Musik.

Der „Final Mix"

Wenn alle Filmszenen in die richtige Reihenfolge gebracht wurden und der Film fertig geschnitten ist, wird die Musik, die bisher nur über den Computer zu hören war, orchestriert und von einem Orchester aufgenommen.

Am Schluss findet der sogenannte „Dub" statt. Beim „Dub" wird die fertig eingespielte Musik zusätzlich mit Effekten und Geräuschen gemischt. Das so entstehende Klangerlebnis ist das Endergebnis – der „Final Mix" –, das dann im Film zu hören ist.

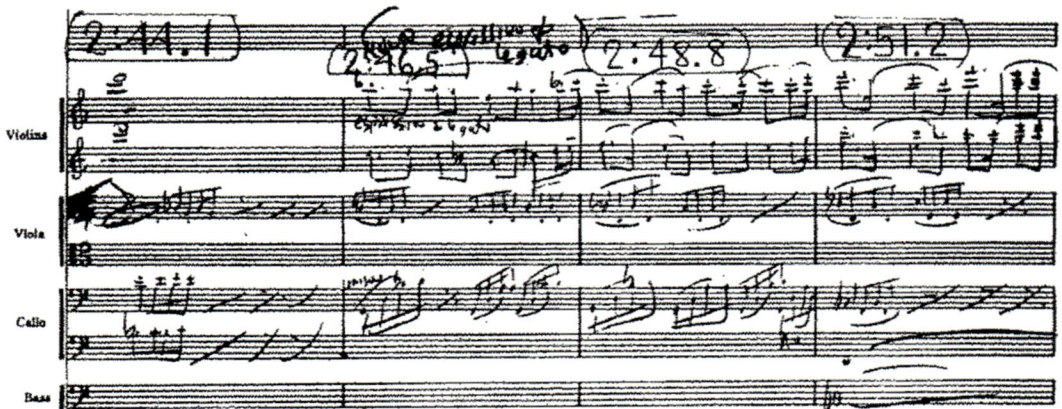
Ausschnitt eines Autographen von David Newman

4 Lest den Text über die Vorgehensweise bei der Erstellung einer Filmmusikkomposition. Notiert die Fachbegriffe mit ihren Bedeutungen in einer Tabelle.

5 Schreibt die einzelnen Schritte beim Komponieren einer Filmmusik in der richtigen Reihenfolge auf.

6 Vergleicht eure Vorgehensweise (→ S. 165) mit der von David Newman.

7 Hört die Musikausschnitte zu David Newmans Filmmusiken aus „Der Rosenkrieg" (E 7), „Norbit" (E 8), „Konferenz der Tiere" (E 9) und „Tarzan" (E 10). Sprecht über die Musik (→ Kap. 24).

Sulam Ya'akov

E 11

„Sulam Ya'akov" ist ein Volkslied aus Israel. Übersetzt bedeutet der Titel „Die Jakobsleiter".
In diesem Lied findet ein **Takt**wechsel von einem 4/4-**Takt** zu einem 6/8-**Takt** statt.

Schrittfolge zum 4/4-Takt

Zz 1
Re 1 Schritt nach rechts seit
Seit –

Zz 2
Li 1 Schritt an re Fuß ran
ran –

Zz 3 – 4
Re 1 Schritt nach rechts seit
seit

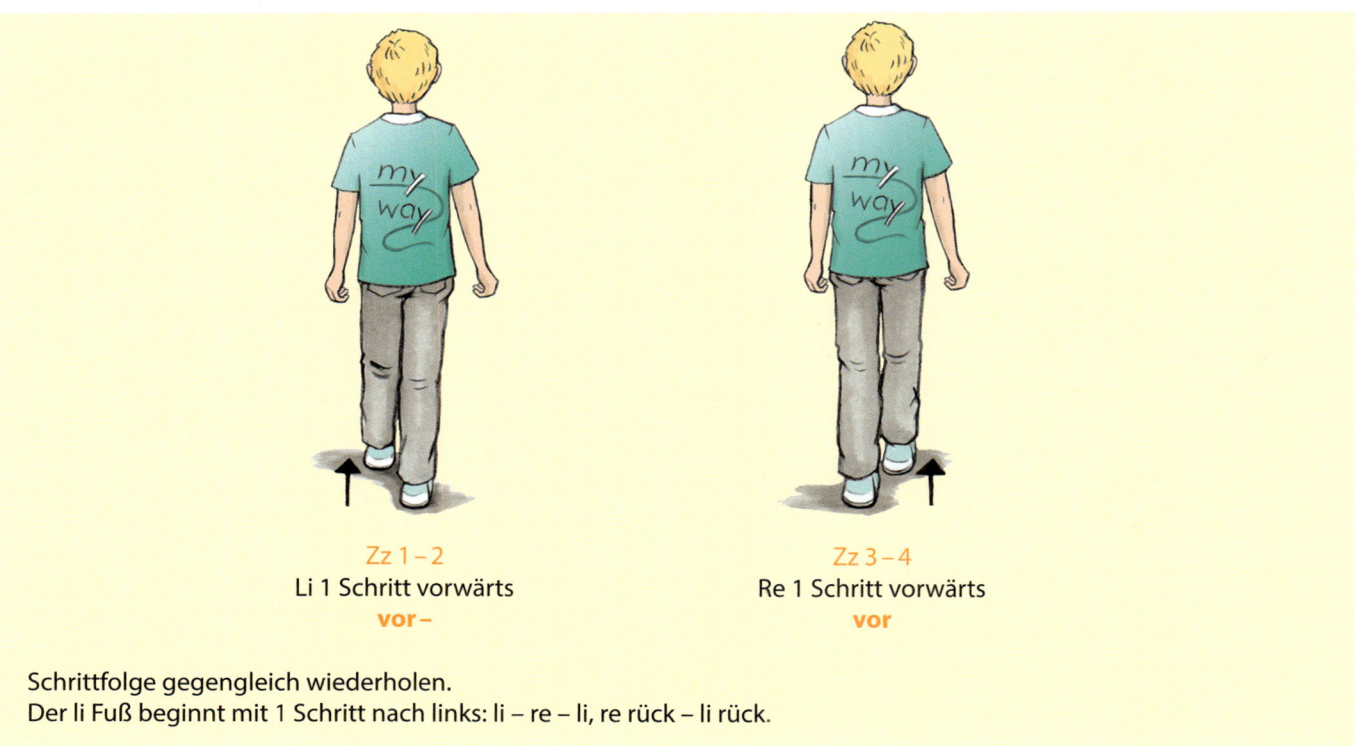

Zz 1 – 2
Li 1 Schritt vorwärts
vor –

Zz 3 – 4
Re 1 Schritt vorwärts
vor

Schrittfolge gegengleich wiederholen.
Der li Fuß beginnt mit 1 Schritt nach links: li – re – li, re rück – li rück.

1 Hört das Lied „Sulam Ya'akov" (E 11) und geht zur Musik durch den Raum. Summt dabei die Melodie mit.

2 Sprecht über Musik aus Israel (→ S. 60 / 61).

3 Übt anhand der Tanzbeschreibungen und der Tanzsprache die Schrittfolgen zu den verschiedenen **Taktarten** ein.

Schrittfolge zum 6/8-Takt

Zz 1–2
Li kreuzt belastet vor re
Kreuz vor –

Zz 3
Re belastet 1 Schritt seit nach rechts
seit –

Zz 4–6
Li kreuzt belastet hinter re, dabei
hebt re vom Boden ab
kreuz rück

Zz 1–2
Re kreuzt belastet vor li

Kreuz vor –

Zz 3
Li belastet 1 Schritt seit nach links

seit –

Zz 4–6
Re kreuzt belastet hinter li, dabei
hebt li vom Boden ab
kreuz rück

Ablauf

1. Durchlauf 4/4-Takt	2. Durchlauf 4/4-Takt	3. Durchlauf 6/8-Takt	4. Durchlauf 6/8-Takt	5. Durchlauf 6/8-Takt

4 Hört „Sulam Ya'akov" (E 11) und verfolgt den Ablauf zur Musik. Achtet auf den **Takt**wechsel.

5 Denkt euch weitere Schrittfolgen (→ Kap. 24) zu den beiden **Taktarten** aus.

6 Stellt euch in einem Stirnkreis auf und tanzt die vorgegebenen und eure eigenen Schrittfolgen zu den entsprechenden Durchläufen der Musik.

Buon giorno, mia cara

  E 12

Kanon

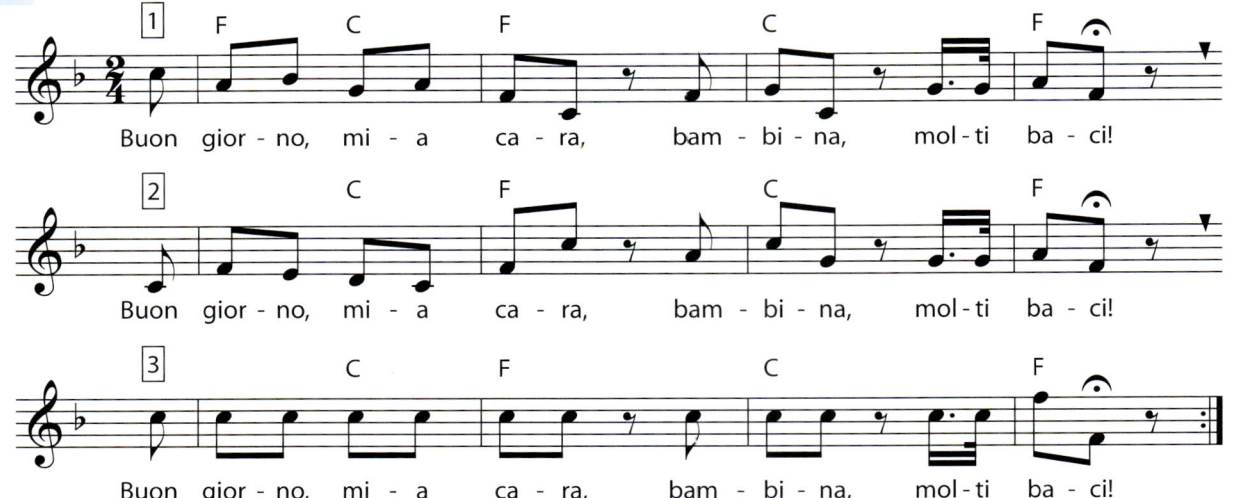

Text und Melodie: aus Italien

Gestaltung Begrüßung
Jungen begrüßen Mädchen:
Buon giorno, mia cara, bambina, molti baci!
Mädchen begrüßen Jungen:
Buon giorno, mio caro, bambino, molti baci!

Gestaltung Abschied
Jungen verabschieden Mädchen:
A presto, mia cara, bambina, molti baci!
Mädchen verabschieden Jungen:
A presto, mio caro, bambino, molti baci!

Übersetzung des Textes:

Guten Morgen, mein liebes Mädchen, viele Küsse!

Guten Morgen, mein lieber Junge, viele Küsse!

Bis bald, mein lieber Junge, viele Küsse!

Bis bald, mein liebes Mädchen, viele Küsse!

Begleitung

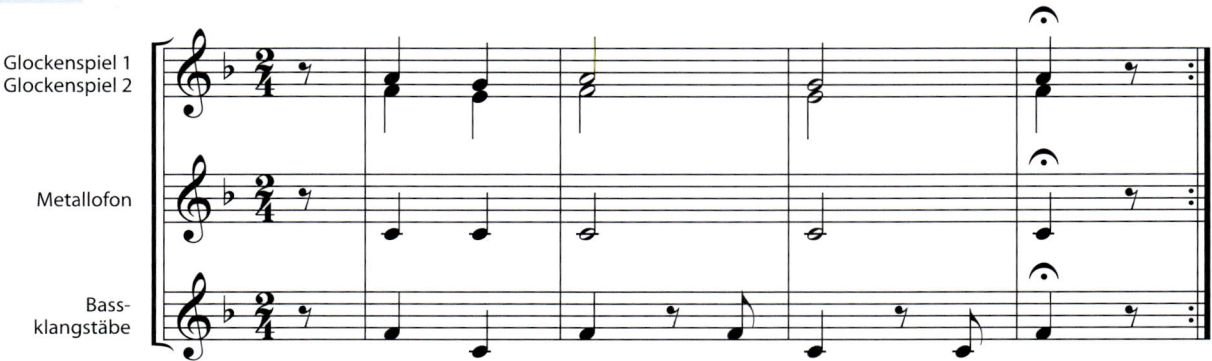

1 Singt das Lied (E 12) im Kanon und gestaltet es mit den verschiedenen Texten und dazu passenden Bewegungen.

2 Erfindet Begrüßungs- und Abschiedsszenen. Bezieht den Kanon und die Begleitung mit ein.

3 Filmt eure Ergebnisse und sprecht beim Ansehen der Aufnahmen darüber, was ihr noch verbessern könntet.

Il était une fermière

E 13

(Notenzeile 1) Il é-tait une fer-miè – re, qui al - lait au mar - ché. Elle

(Notenzeile 2) por - tait sur sa tê – te trois pommes dans une pa - nier. Les pommes fai -

(Notenzeile 3) saient rou - li, rou - la, les pommes fai - saient rou - li, rou - la. Stop!

(Notenzeile 4) Trois pas en a - vant, trois pas en ar - riè – re,

(Notenzeile 5) trois pas d'un cô - té et trois pas d'l'autr' cô - té.

Text und Melodie: volkstümlich

Übersetzung des Textes:

Es war eine Bäuerin,
die zum Markt ging.
Sie trug auf ihrem Kopf
drei Äpfel in einem Korb.
Die Äpfel rollten rouli, roula.
Die Äpfel rollten rouli, roula.
Stop!

3 Schritte nach vorne,
3 Schritte nach hinten,
3 Schritte auf die eine Seite,
3 Schritte auf die andere Seite!

Begleitung

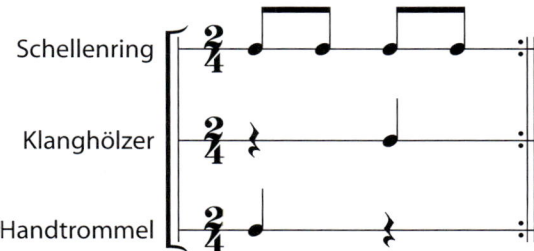

Schellenring

Klanghölzer

Handtrommel

1 Hört das Lied (E 13) und klatscht das **Metrum** mit.

2 Singt das Lied und spielt die Begleitung dazu.

3 Stellt das Lied szenisch dar und führt die beschriebenen Schritte aus.

4 Kennt ihr weitere französische Lieder?

5 Sucht Gründe dafür, warum das Singen von Liedern hilft, eine fremde Sprache zu lernen.

Ekmek buldum

E 14

1. Ek - mek bul - dum, ka - tık yok. Ka - tık bul - dum, ek - mek yok.

2. Odun buldum, kibrit yok.
   Kibrit buldum, odun yok.

3. Para buldum, cüzdan yok.
   Cüzdan buldum, para yok.

4. Bir at buldum, ahır yok.
   Ahır buldum, bir at yok.

Text und Melodie: aus der Türkei

Übersetzung des Textes:

1. Brot gefunden, Beilage fehlt.
   Beilage gefunden, Brot fehlt.

2. Brennholz gefunden, Streichholz fehlt.
   Streichholz gefunden, Brennholz fehlt.

3. Geld gefunden, Geldbeutel fehlt.
   Geldbeutel gefunden, Geld fehlt.

4. Ein Pferd gefunden, Stall fehlt.
   Stall gefunden, ein Pferd fehlt.

ekmek

katık

odun

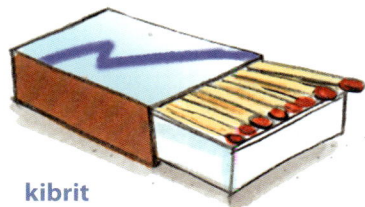

kibrit

para

cüzdan

at

ahır

1 Hört „Ekmek buldum" (E 14) und singt zur CD mit. Achtet dabei auf eine korrekte Aussprache des türkischen Textes.

2 Betrachtet das Notenbild und den Text. Probiert aus, welcher Teil **Solo** und welcher Teil im **Chor** gesungen werden kann.

3 Denkt euch weitere Strophen aus. Lasst euch von Türkisch sprechenden Personen helfen.

4 Spielt einen **Bordun** mit den Tönen d, f, a zum Lied.

5 Bittet Musiker, euch beim Singen und Spielen mit den türkischen Instrumenten Saz und Darbuka zu begleiten.

Rock my soul

 E 15

Spirituals sind Lieder der afroamerikanischen Sklaven, die ab dem 17. Jahrhundert von Afrika in die USA verschleppt wurden. Dort mussten sie zwangsweise und unter harten Bedingungen vor allem auf Tabak- und Baumwollplantagen arbeiten. Die Texte der Spirituals haben meist einen religiösen Bezug und handeln oft von der Sehnsucht nach einem besseren Leben, der Traurigkeit über die Trennung von Angehörigen und von Heimweh. Mit „Rock my soul" drückten die afroamerikanischen Sklaven ihren Glauben aus, im Vertrauen zu Gott zu einem besseren Leben zu gelangen, und sei es im Jenseits.

Sklavenarbeit um 1780

Kanon

1 F
Rock my soul in the bos - om of A - bra - ham,

C · · · C⁷
rock my soul in the bos - om of A - bra - ham,

F
rock my soul in the bos - om of A - bra - ham,

C · · · F
oh, rock - a my soul.

2 F · · · C · · · C⁷
So high I can't get o - ver it, so low I can't get un - der it,

F · · · C · · · F
so wide I can't get a - round, oh, rock - a my soul.

3 F · · · C · · · C⁷ · · · F · · · C · · · F
Rock my soul, rock my soul, rock my soul, oh, rock - a my soul.

Text und Melodie: aus den USA

Schlagzeug-Begleitbaustein

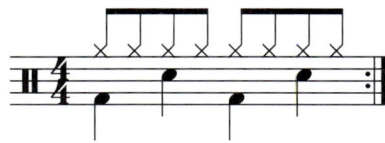

1 Singt das Lied (E 15) und klatscht dazu auf die Zählzeiten 2 und 4 (Backbeat → S. 55).

2 Sprecht über die Bedeutung, die das Singen für Menschen haben kann, denen die Freiheit genommen wurde.

3 Singt das Lied (E 15) im Kanon und begleitet es mit einem Schlagzeug oder mit Rhythmusinstrumenten. Spielt mit einem E-Bass oder mit Bassklangstäben die **Grundtöne** der über dem Lied notierten **Akkord**-Begleitung auf die Zählzeiten 1 und 3.

Un poquito cantas

E 16

Strophe

1. Un po-qui-to can - tas, un po-qui-to bai - las,
1. Ein klein we-nig sing doch, ein klein we-nig tanz doch,

un po-qui-to le - lo-la com' un ca-na-ri - o.
ein klein we-nig le - lo-la wie ein Ca-na-ri - o.

Refrain

Le-lo - la, le-lo - la, le-lo-le - lo, le-lo - la.

Le-lo - la, le-lo - la, le-lo-le - lo - la.

2. Un poquito vino, un poquito aire,
   un poquito lelola, com' un canario.
   Lelola …

3. Un poquito vientos, un poquito sombras,
   un poquito lelola, com' un canario.
   Lelola …

4. Un poquito machos, un poquito chicas,
   un poquito lelola, com' un canario.
   Lelola …

2. Ein klein wenig vino und ein frisches Windchen
   und ein wenig lelola wie ein Canario.
   Lelola …

3. Ein kleine Brise, hin und wieder Schatten
   und ein wenig lelola wie ein Canario.
   Lelola …

4. Einmal flotter Bursche, einmal flinkes Mädchen
   und ein wenig lelola wie ein Canario.
   Lelola …

Text und Melodie: aus Südamerika
Deutscher Text: Heinz Benker

Grundton-Begleitung

4-mal

> **1** Hört das Lied (E 16). Wie wirkt es auf euch?
>
> **2** Sprecht den spanischen Text langsam im Melodierhythmus. Vergleicht eure Ausspra-che mit der CD-Aufnahme (E 16). Geht vom Sprechen ins Singen über.
>
> **3** Übt die Melodie durch Vor- und Nachsingen ein: Eine Hälfte der Klasse singt Takt 1 und 2 jeder Zeile vor (call), die andere Klassenhälfte singt Takt 3 und 4 jeder Zeile nach (response). Füllt die Pausen mit unterschiedlichen Bewegungen.
>
> **4** Spielt die **Grundton**-Begleitung mit einem E-Bass oder mit Bassklangstäben zum Lied.
>
> **5** Untersucht den Begleitbaustein (→ S. 175). Welche Instrumente spielen die Clave? Wird die Clave in der Abfolge 3 – 2 oder 2 – 3 gespielt?

Die afrokubanische **Clave** (ausgesprochen: Klawe) ist ein typischer lateinamerikanischer Rhythmus, der in der Regel mit Klanghölzern gespielt wird. Die Clave ist immer zweitaktig. Im ersten **Takt** werden drei, im zweiten **Takt** zwei Schläge gespielt (3 – 2). Hin und wieder wird in der kubanischen Musik die Clave gedreht, sodass im ersten **Takt** zwei und im zweiten **Takt** drei Schläge gespielt werden (2 – 3). Die **Synkope** im **Takt** mit den drei Schlägen ist nicht leicht zu spielen. Helfen kann, wenn man beim Spielen mitzählt („1 und 2 und …") oder dazu spricht: Pa – na – ma, Me – xi – ko, Ku – ba.

Begleitbaustein

Pa – na – ma, Me – xi – ko, Ku – ba

Tanz

Aufstellung im Stirnkreis (→ Kap. 24)

4 Schritte mit Handfassung zur Kreismitte gehen, dann 4 rückwärts gehen.

4 Kreuzschritte (→ Kap. 24) nach rechts, dann 4 Kreuzschritte nach links ausführen.

Am Platz rechtsherum gehen, dabei den rechten Arm nach oben strecken und die Hand hin und her drehen.

Am Platz linksherum gehen, dabei den linken Arm nach oben strecken und die Hand hin und her drehen.

6 Übt den Begleitbaustein ein. Wendet die im Text angebotenen Hilfestellungen für die Clave an. Achtet auf die **Artikulations**zeichen in der Bongo-Stimme. Überlegt, ob ihr die Bongos nur zum Refrain einsetzt.

7 Hört das Lied (E 16) und spielt, singt und tanzt dazu. Teilt euch dazu in 3 Gruppen auf.

8 Vergleicht „Un poquito cantas" mit dem Lied „En la tierra Mocoví" (→ S. 38). Was ist gleich, ähnlich, anders?

Down by the riverside

E 17

„Down by the riverside" ist ein bekannter Gospelsong. Der **Gospel** entwickelte sich Anfang des 20. Jahrhunderts aus dem **Spiritual** (→ S. 173). Im Gospel finden sich auch Elemente des **Blues** (→ S. 180/181) und des Jazz wieder. Entstanden sind die Gospelsongs in den afroamerikanischen Kirchengemeinden.

Ein wichtiges Merkmal dieser Songs ist der Wechselgesang (call and response). Dieser Wechselgesang findet meistens zwischen einem Vorsänger, manchmal auch einer Vorsängergruppe, und der Gemeinde statt. Die Gesangsabschnitte der Vorsänger unterscheiden sich von denen der Gemeinde durch die Länge, den Schwierigkeitsgrad und der freieren Interpretation der Melodie.

Viele Gospelsängerinnen sind sehr bekannt geworden, so auch Etta James.

Etta James (1938 – 2012)

1. I'm goin' to lay down my sword and shield down by the riv-er-side, down by the riv-er-side, down by the riv-er-side. I'm goin' to lay down my sword and shield down by the riv-er side. I ain't gon-na stu-dy war no more. I ain't gon-na stu-dy war no more, I ain't gon-na stu-dy war no more, I ain't gon-na stu-dy war no more. stu-dy war no more.

2. I'm goin' to walk with the Prince of Peace, down by the riverside …

3. I'm goin' to put on my trav'lin' shoes …

4. I'm goin' to put on my long white robe …

5. I'm goin' to put on my starry crown …

6. I'm goin' to lay down my wooden leg …

Text und Melodie: aus den USA

1 Singt das Lied und sprecht über den Textinhalt.

2 Lest den Informationstext. Probiert unterschiedliche Möglichkeiten aus, wie ihr den Liedtext zwischen „Vorsänger" und „Gemeinde" aufteilen könnt. Nehmt eure Ergebnisse auf.

3 Hört „Down by the riverside" (E 17) von Etta James. Tauscht euch über eure Höreindrücke aus (→ Kap. 24). Sprecht auch über James' Gesang (Ausdruck, **Artikulation**, → Kap. 24) und über die Gestaltung des Wechselgesangs.

4 Untersucht unter Berücksichtigung der Aufnahme von James eure Ergebnisse von Aufgabe 2. Was kann bleiben? Was könntet ihr noch verändern?

Hotaru koi

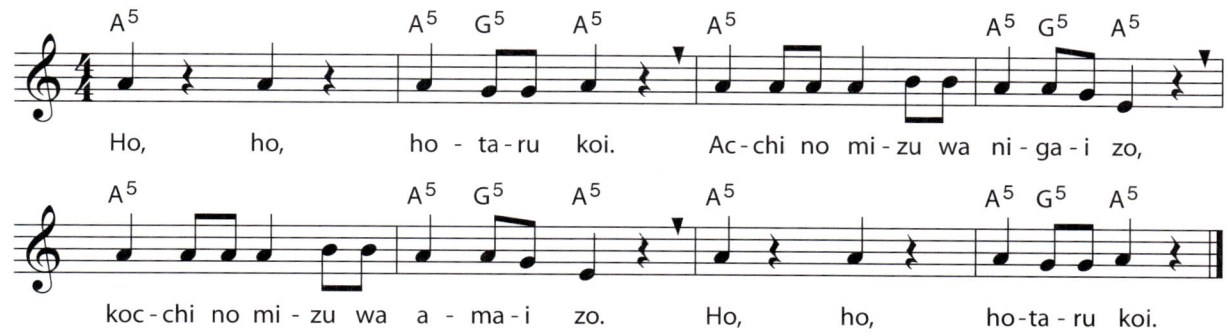

Ho, ho, ho - ta - ru koi. Ac - chi no mi - zu wa ni - ga - i zo,

koc - chi no mi - zu wa a - ma - i zo. Ho, ho, ho - ta - ru koi.

Text und Melodie: aus Japan

Übersetzung des Textes:

Komm, Glühwürmchen, komm!
Dort drüben ist das Wasser schlecht,
hier ist das Wasser gut.

Aussprache:

acchi = atschi
mizu = midsu
wa = ua
zo = dso
kocchi = kotschi

Vor-, Zwischen- und Nachspiel

Flöte /
Glockenspiel

4-mal

Begleitung

Glockenspiel

Guiro

Klanghölzer

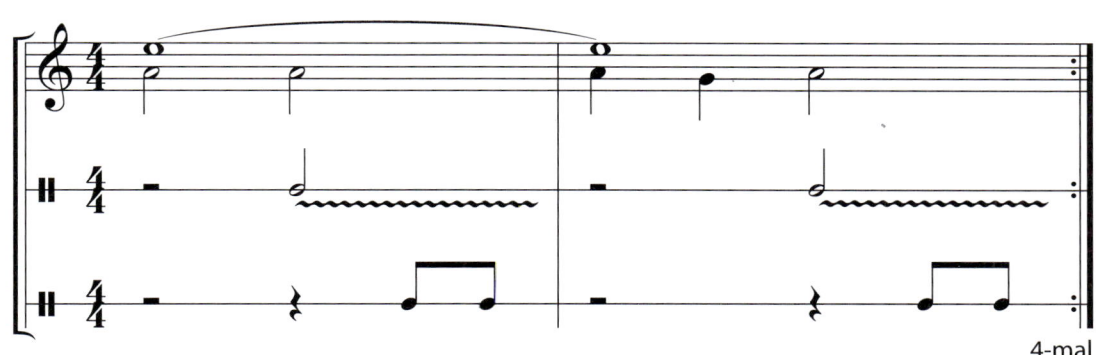

4-mal

> **1** Singt das Lied „Hotaru koi" (E 18) einstimmig und legt anschließend den Melodie-
> verlauf mit Legeplättchen (→ Kap. 24).
>
> **2** Spielt das Vor-, Zwischen- und Nachspiel und die Begleitung zu eurem Gesang.
>
> **3** Präsentiert das Lied mit Vor-, Zwischen- und Nachspiel und allen Begleitstimmen.

Heut kommt der Hans zu mir – Es tönen die Lieder

E 19

Heut kommt der Hans zu mir (Kanon)

Heut kommt der Hans zu mir, freut sich die Lies.

Ob er a-ber ü-ber O-ber-am-mer-gau, o-der a-ber ü-ber Un-ter-am-mer-gau,

o-der a-ber ü-ber - haupt nicht kommt, ist nicht ge - wiss.

Text und Melodie: volkstümlich

2. Wenn die Uhr zwölfe schlägt, gehn wir nach Haus.
   Ob wir aber über Oberammergau,
   oder aber über Unterammergau,
   oder aber überhaupt nicht gehn, ist noch nicht raus.

3. Hans isst gern Schweizerkäs ohne Gebiss.
   Ob er aber mit dem Oberkiefer kaut,
   oder aber mit dem Unterkiefer kaut,
   oder aber überhaupt nicht kaut,
   ist nicht gewiss.

Begleitung

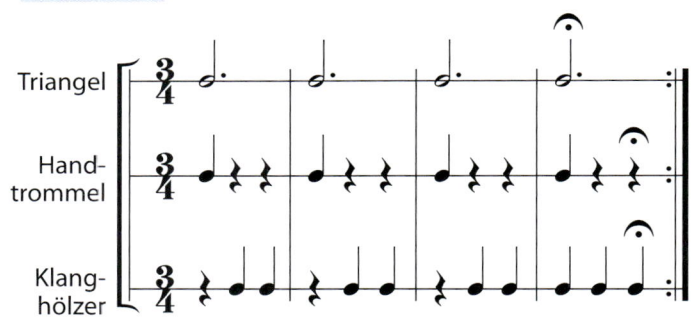

Der Schuhplattler-Tanz

Takt 1: Mit dem rechten Fuß stampfen (Zz 1). Mit der linken Hand auf den linken Oberschenkel patschen (Zz 2). Mit der rechten Hand auf den rechten Oberschenkel patschen (Zz 3).

Takt 2: Mit der rechten Hand von hinten auf die linke Schuhsohle schlagen (Zz 1). Mit der linken Hand auf den linken Oberschenkel patschen (Zz 2), mit der rechten Hand auf den rechten Oberschenkel patschen (Zz 3).

Takt 3: wie Takt 2

Takt 4: Mit der linken Hand auf den linken Oberschenkel patschen (Zz 1). Mit der rechten Hand von vorne auf die linke Schuhsohle schlagen (Zz 2). Mit der linken Hand auf den linken Oberschenkel patschen (Zz 3).

1 Sprecht den Liedtext dieses Zungenbrechers erst langsam und dann immer schneller. Wer kann es am schnellsten ohne Fehler?

2 Singt das Lied (E 19) mit allen Strophen. Singt es als Kanon und begleitet es mit Rhythmusinstrumenten.

3 Tanzt den Schuhplattler zum Lied.

Ein **Quodlibet** (lateinisch für: wie es euch beliebt) ist ein Musikstück, bei dem mehrere Lieder gleichzeitig gesungen werden. Die Lieder fangen gleichzeitig an und hören auch zusammen auf. Es werden also nicht nur unterschiedliche Melodien gesungen, wie bei einem mehrstimmigen Lied, sondern sogar unterschiedliche Texte. Das macht viel Spaß!

Es tönen die Lieder

Heut kommt der Hans zu mir, freut sich die Lies.

Es tö - nen die Lie - der, der Früh - ling kehrt wie - der,

Ob er a - ber ü - ber O - ber - am - mer - gau, o - der a - ber ü - ber Un - ter - am - mer-

es spie - let der Hir - te auf sei - ner Schal - mei.

gau, o - der a - ber ü - ber - haupt nicht kommt, ist nicht ge - wiss.

Tra - la - la - la - la - la - la - la, tra - la - la - la - la - la - la - la.

Text und Melodie: volkstümlich

---

4 Singt das Lied „Es tönen die Lieder" (E 20).

5 Singt die Lieder „Heut kommt der Hans zu mir" und „Es tönen die Lieder" als Quodlibet (E 21).

6 Informiert euch, welche anderen Quodlibets es noch gibt. Überlegt, wieso man den Text von beiden Liedern versteht, obwohl sie gleichzeitig gesungen werden.

C-Blues

E 22, 23

Der **Blues** ist eine Musikform, die Ende des 19. Jahrhunderts in den USA entstand und zunächst von Afroamerikanern gespielt wurde. Die Bluesmusik hat viele Musiker und Musikstile geprägt: Elemente dieser Musik sind im **Jazz**, **Soul**, **Rock 'n' Roll** und **Rock** erkennbar. Aber auch als eigenständiger Musikstil lebt der Blues heute noch weiter.

Es gibt überall auf der Welt Bands, die ausschließlich Bluesmusik spielen. Die Texte sind meistens in der Ich-Form geschrieben. Der Sänger erzählt aus seiner Perspektive etwas aus seinem Leben, über Erfahrungen, Vorkommnisse oder Beobachtungen. Oft sind die Texte klagend. Bekannte Bluessänger sind Howlin' Wolf, Bessie Smith, John Lee Hooker, B.B. King und Muddy Waters.

Das traditionelle Bluesschema besteht aus 12 Takten, auf die in einer festgelegten Abfolge drei unterschiedliche **Akkorde** verteilt werden.

Der Bluesmusiker Howlin' Wolf (1910 – 1976)

Bluesschema (C-Dur)

Dieses Schema ist als Chordsheet aufgeschrieben. Beim Chordsheet werden keine Noten, sondern nur Akkordbezeichnungen notiert. Diese Notationsweise ist im Blues, Jazz, Rock und Pop geläufig.

‖ C ∣ C ∣ C ∣ C ∣ F ∣ F ∣ C ∣ C ∣ G ∣ F ∣ C ∣ C ‖

Turnaround

Da das Schema in jedem Bluesstück mehrmals hintereinander gespielt wird, bauen Musiker am Ende eines Schemas oft einen Turnaround ein. Dieser besteht aus einer harmonischen Änderung des ursprünglichen Schemas. Oft wird auch der Rhythmus verändert. Dadurch kann das Ende des Schemas besser wahrgenommen werden.

‖ C ∣ C ∣ C ∣ C ∣ F ∣ F ∣ C ∣ C ∣ G ∣ F ∣ C ∣ ? ‖

Dreiklang-Begleitung für den C-Blues

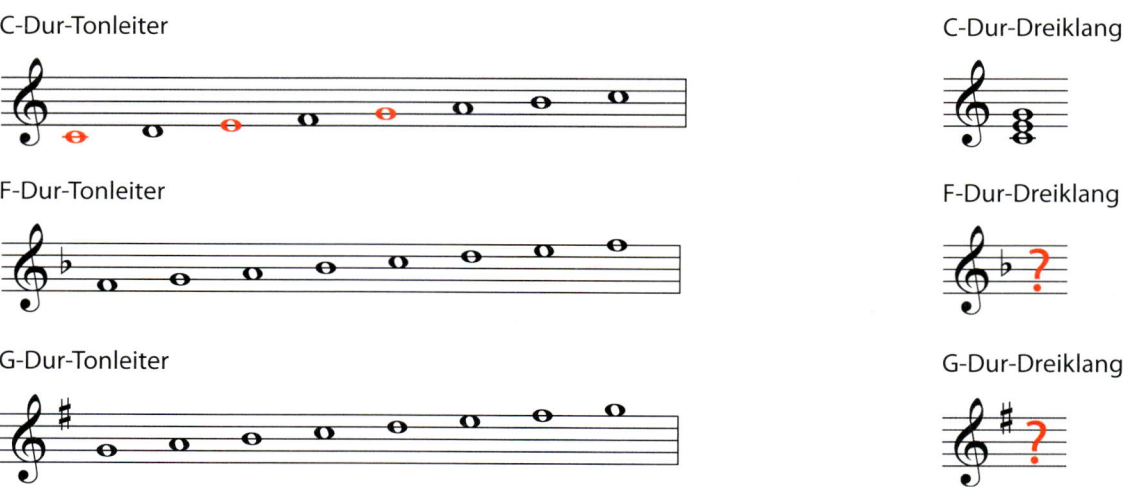

1. Hört „Little Red Rooster" (E 22) von Howlin' Wolf und sprecht über die Musik (→ Kap. 24).
2. Hört das Lied erneut und meldet euch, wenn ihr einen Akkordwechsel wahrnehmt. Wie oft kam das 12-taktige Bluesschema im Lied vor?
3. Hört den „C-Blues" (E 23) und verfolgt das Bluesschema. Spielt oder singt die **Grundtöne** zur Musik. Welcher Ton passt zum Turnaround? Schreibt das vollständige Schema des C-Blues auf.
4. Bildet einen G- und F-Dur-**Dreiklang** und schreibt beide **Dreiklänge** zusammen mit dem C-Dur-**Dreiklang** in euer Musikheft. Spielt und singt die Dreiklänge als **Akkorde** oder als **gebrochene Dreiklänge**.

Bass-Begleitung

Für eine einfache Bass-Begleitung genügt es, wenn man mit Bassklangstäben oder einem E-Bass die **Akkord-Grundtöne** auf die Zählzeit 1 und 3 spielt.

II C C I C C I C C I C C I F F I ? I ...

Beispiele für eine Dreiklang-Begleitung

Beispiele für Melodien

Für C-Dur-**Akkord**, eintaktig

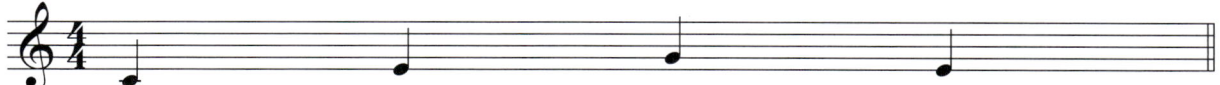

Für C-Dur-**Akkord**, zweitaktig

Für F-Dur-**Akkord**, eintaktig

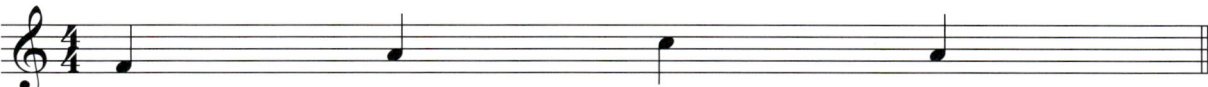

Für F-Dur-**Akkord**, zweitaktig

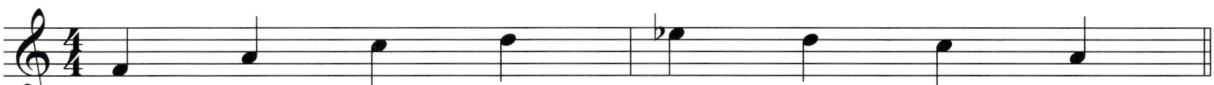

Für G-Dur-**Akkord**, eintaktig

Für G-Dur-**Akkord**, Turnaround

---

5 Vervollständigt das Chordsheet für die Bass-Begleitung und schreibt es auf. Spielt die Bass-Begleitung zur Musik (E 23).

6 Spielt die **Dreiklang**-Begleitungen auf Stabspielen, Gitarren oder Keyboards und schreibt sie vollständig in eurem Musikheft auf. Spielt nun die komplette Begleitung zur Musik (E 23). Erfindet auch eigene Begleitungen.

7 Spielt die Melodiebeispiele zur Musik (E 23). Beachtet dabei das Bluesschema (Chordsheet). Erfindet eigene Melodien oder variiert die Melodiebeispiele melodisch und rhythmisch.

8 Spielt den C-Blues mehrmals in voller Besetzung.

9 Singt eigene Melodien zum C-Blues und erfindet Texte. Nehmt den C-Blues auf. Hört euch eure Aufnahmen an und überlegt, was ihr noch verändern oder verbessern könntet.

Richard Strauss: Eine Alpensinfonie

Richard Strauss (1864 – 1949) lebte ab seinem 44. Lebensjahr in Garmisch-Partenkirchen. Dort konnte er täglich das beeindruckende Alpenpanorama bewundern. Strauss liebte die Berge und war ein begeisterter Bergsteiger.
Sein Werk „Eine Alpensinfonie" hat eine lange Entstehungsgeschichte: Erste Entwürfe sollen aus dem Jahre 1900 stammen. Im Laufe der Jahre nahm Strauss immer wieder Änderungen an der Musik, der Form und am Titel des Werks vor. 1915 wurde die Sinfonie in ihrer endgültigen Fassung in Dresden uraufgeführt. Strauss dirigierte selbst. Das Werk beschreibt mit musikalischen Mitteln die Besteigung eines Alpengipfels bis zur Rückkehr ins Tal am selben Tag. Strauss verwendet neben der üblichen Besetzung auch außergewöhnliche Instrumente wie eine Windmaschine und Kuhglocken.

Den verschiedenen Abschnitten des Werks gab Strauss folgende Überschriften:
Nacht – Sonnenaufgang – Der Anstieg – Eintritt in den Wald – Wanderung neben dem Bache – Am Wasserfall – Erscheinung – Auf blumigen Wiesen – Auf der Alm – Durch Dickicht und Gestrüpp auf Irrwegen – Auf dem Gletscher – Gefahrvolle Augenblicke – Auf dem Gipfel – Vision – Nebel steigen auf – Die Sonne verdüstert sich allmählich – Elegie – Stille vor dem Sturm – Gewitter und Sturm, Abstieg – Sonnenuntergang – Ausklang – Nacht.

1

2

3

4

1 Beschreibt die Bilder genau. Wie könnte die Musik zu diesen Bildern klingen?

2 Vertont die Bilder mit Instrumenten. Nehmt eure Ergebnisse auf und wertet sie aus bezüglich Instrumentenauswahl, Tempo, Dynamik, Stimmung und besonderer Einfälle.

3 Hört Ausschnitte aus 4 Abschnitten der „Alpensinfonie" (E 24 – 27). Sprecht über die Musik (➤ Kap. 24).

4 Hört die Musik erneut und ordnet die Bilder zu. Woran habt ihr erkannt, welcher Ausschnitt zu welchem Bild gehört?

5 Sucht im Text die passenden Überschriften für die 4 Musikausschnitte.

A

Durch Dickicht und Gestrüpp auf Irrwegen

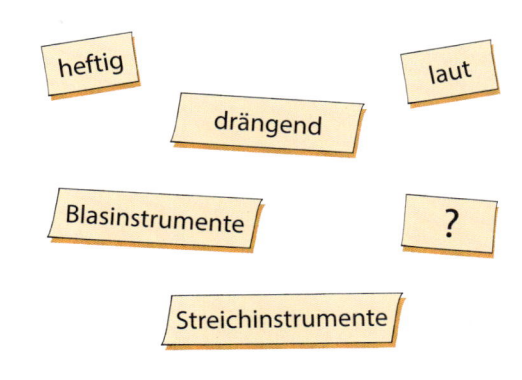

heftig

laut

drängend

Blasinstrumente

?

Streichinstrumente

B

Nebel steigen auf

leise

Melodieverläufe
aufwärts führend

fein

Violinen am
Schluss

?

C

Am Wasserfall

Blasinstrumente im
Vordergrund

sehr lebhaft

schnell

Triangel

laut

?

6 Lest die Überschriften und Musikbeschreibungen. Stellt Vermutungen an, zu welchem Notenbild sie passen könnten. Begründet eure Meinungen.

7 Hört 3 Musikausschnitte (E 28 – 30) und ordnet sie den Notenbildern A bis C zu.

8 Hört die 3 Ausschnitte erneut. Überprüft und ergänzt die Musikbeschreibungen (→ Kap. 24). Für welche Worte kennt ihr schon die Fachbegriffe (→ Kap. 23)?

9 Hört die 3 Ausschnitte mehrmals und setzt Melodieverläufe, Lautstärke, **Tempo** und **Klangfarbe** in Bilder um. Arbeitet dabei nur mit Formen und Farben.

Musik in Bilder umsetzen

E 31 – 33

Beim Umsetzen von Musik in Bilder müsst ihr euch zunächst die Musik genau anhören. Ihr könnt dabei auf Form, **Dynamik, Klangfarbe, Tempo**, Rhythmus, Melodieverläufe, **Ausdruck** und Wirkung achten. Während ihr die Musik mehrmals hört, malt ihr völlig frei und experimentiert mit Formen und Farben. Besser ist es, ihr erfahrt den Titel des Musikstücks zuerst nicht. Denn oft beeinflusst das Wissen über den Musiktitel das freie Malen.
Die Bilder A und B haben zwei Schülerinnen in eurem Alter gemalt.

A

B

1 Beschreibt die Bilder A und B genau. Wie könnte die Musik zu diesen Bildern klingen?

2 Hört zwei Musikstücke (E 31, 32). Welche Musik passt zu welchem Bild? Begründet eure Meinung.

3 Lasst euch die Titel der Musikstücke nennen. Entsprechen die Bilder den Titeln?

4 Hört ein weiteres Musikstück (E 33) und malt dazu ein Bild. Beachtet die Hinweise aus dem Text.

5 Vergleicht eure Ergebnisse. Was ist gleich, ähnlich, anders? Erkundigt euch nach dem Musiktitel.

Bilder in Musik umsetzen

A

B

C

1 Bildet Gruppen und sucht euch je ein Bild aus. Eure Wahl muss geheim bleiben. Beschreibt euer Bild: Welche Farben und Formen weist das Bild auf? Erkennt ihr Bewegungen? Wie wirkt das Bild auf euch? Erinnert euch das Bild an etwas? Sucht eine passende Bildüberschrift.

2 Sprecht darüber, wie ihr euer Bild vertonen könntet. Denkt dabei an **Tempo**, **Dynamik**, **Klangfarbe**, unterschiedliche Melodieverläufe und Rhythmen.

3 Vertont euer Bild mit Instrumenten und Stimme und notiert euer Ergebnis grafisch (→ S. 138).

4 Präsentiert eure Ergebnisse. Lasst die Zuhörenden herausfinden und begründen, welches Bild jeweils vertont wurde.

Eine Bildergeschichte vertonen

A

B

C

1 Beschreibt die Bilder genau. Welche Stimmung geht von den Bildern aus? Wo erkennt ihr Bewegungen, Geräusche, aber auch Stille?

2 Gebt jedem Bild eine Überschrift.

3 Bildet Gruppen und überlegt euch, wie ihr die Bildergeschichte vertonen könntet. Sprecht über die **Parameter Dynamik**, **Tempo**, Rhythmus, Tonhöhe und **Klangfarben**. Verwendet eure Stimme, verschiedene Instrumente und Alltagsgegenstände.

D

E

F

4 Vertont die Bildergeschichte und notiert eure Ergebnisse grafisch (➞ S. 138).

5 Präsentiert eure Ergebnisse und wertet sie aus. Nutzt bei der Auswertung die **Parameter** aus Aufgabe 3 und weitere, eigene Kriterien (➞ Kap. 24). Was ist gut gelungen? Was könnte wie geändert werden? Begründet eure Entscheidungen.

6 Überarbeitet eure Bildervertonungen mithilfe der Ergebnisse von Aufgabe 5 und nehmt sie auf.

Ein musikalisches Schattenspiel – Der Zauberer von Oz

 E 34

In der Geschichte „Der Zauberer von Oz" gibt es mehrere Szenen, die sich in einem Schattenspiel darstellen lassen, z. B. die Szene mit den geflügelten Affen.

Die geflügelten Affen

Um die böse Hexe zu besiegen, zieht Dorothy mit ihren Freunden, der Vogelscheuche, dem Blechmann und dem Löwen, in das Reich der Hexe. Die Freunde wissen nicht, dass die Hexe über den Plan Bescheid weiß, denn sie beobachtet das Treiben der Freunde in ihrer Glaskugel. Um das Vorhaben von Dorothy zu verhindern, schickt sie erst Wölfe und dann die geflügelten Affen, um das Mädchen zu fangen.

Hexe: „Die Wölfe schaffen das nicht. Es liegt an den Zauberschuhen des Mädchens. Ich brauche mehr Magie.
    Wagemut und Donnerschlag, ich dich nicht mehr sehen mag!
    Flügelaffen, fliegt geschwind."

Die Affen kommen geräuschvoll zur Hexe geflogen, um ihre Befehle anzunehmen.

Hexe: „Holt die Freunde und das Kind."
    Laut kreischend fliegen die Affen los, um Dorothy und ihre Freunde gefangen zu nehmen.

1. Experimentiert mit eurer Stimme und ahmt die Tiergeräusche der Wölfe und Affen und die Sprechweise der Hexe nach. Gestaltet anschließend den Text in verteilten Rollen.

2. Wählt passende Instrumente und Alltagsgegenstände und erfindet zur Szene eine Klanggestaltung. Setzt auch die Filmmusik „Bad Witch" (E 34) von Danny Elfman ein.

3. Sucht euch eine andere Szene aus „Der Zauberer von Oz" und entwerft in Gruppen kurze Texte oder Dialoge. Stellt eure Szenen mit einer entsprechenden Klanggestaltung als Schattenspiel dar.

4. Plant eine Aufführung eures musikalischen Schattenspiels zu „Der Zauberer von Oz".

Unlängst schrieb ich eine Oper

🔘 E 35

1. ⁷ Un-längst schrieb ich ei - ne O - per, die war in der Tat ganz pro - per,

denn gleich in der Ou - ver - tür' kam die schö - ne A - ri - e für:

Hol - la - ri - a - ri - a - ri - a, hol - la - ri - a - ri - a - hoh,

hol - la - ri - a - ri - a - hoh, hol - la - ri - a - ri - a - hoh.

2. Im ersten Akt, da sitzt der Ritter
bei dem Schloss am Fenstergitter.
Und die Dam' auf dem Balkon
singt in ihrem höchsten Ton: Holla …

3. Im zweiten Akt der Chor der Knappen
tät ein Liebespaar ertappen,
sperrt ins Burgverlies sie ein,
und der Chor fällt brüllend ein: Holla …

4. Im dritten Akt, der Schwiegermutter
schmilzt das Herz wie Honigbutter,
sie verkommt in ihrem Wahn
und fängt dann zu jodeln an: Holla …

5. Im vierten Akt, da geht's erst los,
da kriegt der Held den Todesstoß.
Die Braut in Ohnmacht fällt sodann,
stirbt und fängt zu schluchzen an: Holla …

6. Im fünften Akt, da wird geheirat',
damit jeder seine Freud' hat.
Und begeistert, oh wie nett,
fängt zu blasen an 's Quartett: Holla …

7. Ja, diese Oper hat gefallen,
weil sie leicht verständlich allen.
Und die Oper gar nicht schwer,
singt das nobele Parterr': Holla …

8. Von den seltenen Genüssen
fühlt das Volk sich hingerissen,
und begeistert wie noch nie,
brüllt die ganze Galerie: Holla …

9. Endlich ist die Oper aus,
ein jeder geht vergnügt nach Haus.
und in stillvergnügtem Sinn
summt ein jeder vor sich hin: Holla …

Text und Melodie: Gustav Schulten

1 Hört das Lied (E 35). Untersucht anschließend den Text und klärt unbekannte Begriffe. Seht Fachbegriffe auf den S. 78 bis 81, 190 und im Kap. 23 nach.

2 Bereitet eine szenische Gestaltung des Lieds vor. Findet heraus, wann solo, wann zu viert und wann im **Chor** gesungen werden kann. Legt fest, wer welche Rolle als Darstellerin oder Sänger übernimmt.

3 Singt das Lied mit passendem Ausdruck.

Die Entführung aus dem Serail

E 36

Das Singspiel „Die Entführung aus dem Serail" von Wolfgang Amadeus Mozart (→ S. 104, 105) wurde 1782 in Wien uraufgeführt. Es besteht aus 3 Akten. Das Libretto schrieb Johann Gottlieb Stephanie.

Die Handlung

Die junge Spanierin Konstanze, ihre Zofe Blonde und der Diener Pedrillo wurden von Piraten geraubt und an Bassa Selim, einen türkischen Sultan, verkauft. Nach langem Suchen hat der spanische Edelmann Belmonte, Konstanzes Verlobter, den Aufenthaltsort der drei herausgefunden.

Er will die Entführten aus dem Serail, dem Palast des Bassa Selim, befreien. Es gelingt ihm, Verbindung mit Pedrillo aufzunehmen und die Flucht vorzubereiten. Osmin, der Palastaufseher, soll betrunken gemacht und überlistet werden. Als die vier fliehen wollen, werden sie entdeckt und Bassa Selim vorgeführt. Dieser erfährt beim Verhör, dass Belmonte der Sohn seines ärgsten Feindes ist. Bassa Selim verzichtet aber großzügig auf Rache und schenkt ihnen die Freiheit. In überschwänglicher Freude und Bewunderung singen, bis auf Osmin, der Bassa Selims Entscheidung nicht verstehen kann, alle zum Schluss: „Bassa Selim lebe lange".

Einige wichtige Begriffe

Akt oder Aufzug: Hauptabschnitt der Handlung mit dem dazugehörenden Bühnenbild. Das Wort „Aufzug" stammt vom Aufziehen des Vorhangs und dem folgenden Einsetzen der Handlung.

Arie: Ein kunstvoll verziertes **Solo**-Lied mit Orchesterbegleitung, in dem Gefühle und Gedanken ausgedrückt werden.

Duett: Wie die Arie, aber für zwei Sänger bzw. Sängerinnen.

Libretto: Der Text einer Oper, eines Singspiels oder eines Musicals.

Ouvertüre: Ein einleitendes Instrumentalstück. Oft hört man hier Melodien, die im weiteren Verlauf wieder vorkommen.

Singspiel: Ein Schauspiel, in dem es im Gegensatz zur Oper viele gesprochene Texte und zum Teil einfachere Lieder gibt.

Rezitativ: Eine Art Sprechgesang.

Finale: Die Schlussmusik, die oft von einem **Chor** und allen wichtigen Figuren der Handlung gemeinsam gesungen wird.

Anfang der Ouvertüre

1. Lest die Texte und sprecht über die Handlung, deren Figuren und die Begriffe.

2. Hört den Anfang der „Ouvertüre" (E 36) und geht dazu im **Metrum** durch den Raum. Beachtet auch die Lautstärkeunterschiede.

3. Stellt euch vor, wie sich die Figuren des Singspiels bewegen. Probiert dies zur Musik (E 36) aus.

4. Hört die Musik (E 36) erneut und erkennt mithilfe des Notenbilds die beiden rhythmischen Motive.

5. Spielt die rhythmischen Motive auf Instrumenten oder mit **Bodypercussion** an den passenden Stellen zur Musik (E 36).

Szenen nachspielen

Erster Aufzug, 4. und 5. Auftritt

Belmonte und Pedrillo treffen sich im Vorgarten des Serails.

Rezitativ und Arie des Belmonte

Konstanze, dich wieder zu sehen, dich!

O wie ängstlich, o wie feurig
klopft mein liebevolles Herz!
Und des Wiedersehens Zähre
lohnt der Trennung bangen Schmerz.

Schon zittr' ich und wanke,
schon zag' ich und schwanke.
Es hebt sich die schwellende Brust!
Ist das ihr …

Pedrillo spricht mit Osmin, um ihn zu überlisten.

Duett des Pedrillo und Osmin

Pedrillo: Vivat Bacchus! Bacchus lebe!
    Bacchus war ein braver Mann!

Osmin: Ob ich's wage? Ob ich's trinke?
    Ob's wohl Allah sehen kann?

Pedrillo: Was hilft das Zaudern?
    Hinunter, hinunter!
    Nicht lange, nicht lange gefragt!

Osmin: Nun wär's geschehen,
    nun wär's hinunter!
    Das heiß ich,
    das heiß ich gewagt!

Beide: Es leben die Mädchen,
    die blonden, die braunen!
    Sie leben hoch!

6 Besorgt Textbücher von „Die Entführung aus dem Serail". Bildet Gruppen und verteilt die Rollen. Denkt dabei an Doppelbesetzungen und an den **Chor**. Lest mit verteilten Rollen die 5 ausgewählten Auftritte. Schreibt zu jeder Figur eine eigene Rollenbiografie in der Ich-Form.

7 Übt den Text der 5 Auftritte mit eigenen Worten ein und spielt die Szenen nach. Setzt dabei auch die Musik (E 37 – 40) ein.

8 Hört einen Ausschnitt aus „**Rezitativ** und Arie des Belmonte" (E 37). Wie setzt Mozart den Text musikalisch um? Wie wird das Herzklopfen und das Schwellen der Brust zum Ausdruck gebracht?

9 Achtet im „Duett des Pedrillo und Osmin" (E 38) auf die Veränderung der Stimmen. Findet hierfür eine Begründung.

Die Entführung aus dem Serail

E 37–40

Szenen nachspielen

Dritter Aufzug, 5. Auftritt

Die Entführung misslingt.

Arie des Osmin

Oh, wie will ich triumphieren,
wenn sie euch zum Richtplatz führen
und die Hälse schnüren zu!
Hüpfen will ich, lachen, springen
und ein Freudenliedchen singen,
denn nun hab ich vor euch Ruh.
Oh, wie will ich triumphieren,
wenn sie euch zum Richtplatz führen
und die Hälse schnüren zu!
Schleicht nun säuberlich und leise,
ihr verdammten Haremsmäuse,
unser Ohr entdeckt euch schon.
Und eh' ihr uns könnt entspringen,
seht ihr euch in unsern Schlingen
und erhaschet euren Lohn.

Bassa Selim schenkt den Gefangenen die Freiheit.

Finale: Belmonte, Konstanze, Pedrillo, Blonde

Belmonte: Nie werd ich deine Huld verkennen, mein Dank bleibt ewig dir geweiht. An jedem Ort, zu jeder Zeit werd ich dich groß und edel nennen. Wer so viel Huld vergessen kann, den seh man mit Verachtung an.

Alle: Wer so viel Huld vergessen kann, den seh man mit Verachtung an.

Konstanze: Nie werd ich im Genuss der Liebe vergessen, was der Dank gebeut. Mein Herz, der Liebe nur geweiht, hegt auch dem Dank geweihte Trieb. Wer so viel Huld vergessen kann, den seh man mit Verachtung an.

Alle: Wer so viel Huld …

10 Lest den Text der „Arie des Osmin". Wie wird Osmin wohl die Arie singen? Denkt dabei z. B. an **Dynamik**, **Tempo**, Tonhöhen, Tonsprünge und Stimmausdruck. Hört die Arie (E 39) und vergleicht sie mit euren Vermutungen.

11 Welche unterschiedlichen Stimmungen drückt Osmin in seiner Arie (E 39) aus? Untersucht dafür den Text, den Stimmausdruck Osmins und die von Mozart eingesetzten musikalischen Mittel (z. B. **Dynamik**, Tonhöhenunterschiede, Tonsprünge, kurze und lange Töne).

12 Hört das „Finale" (E 40) und beschreibt die Musik (➝ Kap. 24) und die Stimmung.

13 Singt zur Aufnahme (E 40) die Zeile „Wer so viel Huld vergessen kann, den seh man mit Verachtung an." mit.

14 Hört „**Rezitativ** und Arie des Belmonte" (E 37), „Duett des Pedrillo und Osmin" (E 38), „Arie des Osmin" (E 39) und „Finale" (E 40). Unterscheidet die **Stimmlagen** und ordnet sie den Charakteren zu.

Schlusschor – Chor der Janitscharen

„Die Entführung aus dem Serail" wird mit einem Schlusschor beendet, den der **Chor** der Janitscharen singt. Janitscharen waren in der Zeit, in der „Die Entführung aus dem Serail" spielt, die Leibwache des Sultans. Zusätzlich bekleideten sie hohe Ämter im Staatswesen.

15 Hört den „Schluss**chor**" (E 41) und sprecht über die Stimmung, den Text und die Musik (→ Kap. 24).

16 Singt die Zeile „Bassa Selim lebe lange, Ehre sei sein Eigentum" zur Aufnahme (E 41) mit.

17 Sprecht abschließend über eure Gesamteindrücke: Wie hat euch die Geschichte gefallen? Welche Figur hat euch am meisten interessiert? Wie findet ihr es, dass Bassa Selim auf Rache verzichtet? Was hat euch an der Musik gefallen? Könnt ihr einige Melodien nachsingen?

18 Erstellt ein Plakat mit allen wichtigen Informationen über „Die Entführung aus dem Serail" (→ Kap. 24). Präsentiert es zusammen mit einzelnen Musikausschnitten anderer Klassen.

In der Halle des Bergkönigs

E 42

Peer Gynt

Der norwegische Dichter Henrik Ibsen (1828 – 1906) schrieb 1867 das dramatische Gedicht „Peer Gynt". Jahre später schrieb Ibsen sein Gedicht zu einer Bühnenfassung um. Zu diesem Schauspiel schrieb Edvard Grieg (1843 – 1907) die Musik. Die Uraufführung des Schauspiels zusammen mit der Musik fand 1876 statt. 1888 und 1891 stellte Grieg aus der Schauspielmusik seine beiden Peer-Gynt-Suiten zusammen. „In der Halle des Bergkönigs" ist der 4. **Satz** der 1. Peer-Gynt-Suite.

Die Handlung

Peer Gynt, ein junger Bauernsohn, versucht mit einem verklärtem Blick auf sich und seine Umwelt und mit Lügengeschichten der Realität zu entfliehen. Er reist ruhelos durch die Welt und erlebt dabei die unglaublichsten Abenteuer. Er selbst sieht sich als Held, doch wo er auftritt, wird er meistens an der Nase herumgeführt.

Peer Gynt betritt in seiner Fantasie eine riesige, dunkle, verwinkelte Höhle. Inmitten der Höhle befindet sich die Halle des Bergkönigs, bis zu der Peer Gynt mit leisen Schritten vordringt. In der Halle tummeln sich menschenähnliche Fabelwesen, die Trolle. Der Bergkönig sitzt mit Krone und Zepter auf seinem Thron, neben ihm seine Tochter. Als Peer Gynt plötzlich vor dem König steht, herrscht zunächst vollkommene Stille. Kein Troll bewegt sich, kein Laut ist zu hören. Die Trolle beäugen Peer Gynt gespannt und mit großem Misstrauen. Doch allmählich werden sie unruhig und bedrohen Peer Gynt, den sie als Eindringling sehen. Sie laufen auf ihn zu und um ihn herum. Dabei gestikulieren sie wild. Ihre Schreie werden lauter. Sie kommen Peer Gynt immer näher und näher. In dieses Getümmel hinein ruft plötzlich der König: „Eis in euer Blut!" Sofort bleiben alle Trolle auf der Stelle stehen und verstummen.
Peer Gynt verlässt eilig die Höhle.

„In der Halle des Bergkönigs" – eine Aufführung am Gala-See in der Türkei

1 Lasst euch den Text vorlesen und schließt dabei die Augen. Stellt euch die beschriebene Szene vor. Wie könnte die Halle des Bergkönigs aussehen? Welche Stimmung herrscht in der Halle? Wo sitzen der König und seine Tochter? Wo stehen die Trolle? Wie sehen sie aus und wie sind sie gekleidet? Welchen Gesichtsausdruck haben die Trolle?

2 Malt in Gruppen große Bilder von dieser Szene und hängt sie an die Wand.

3 Bewegt euch zur Musik (E 42). Achtet dabei auf **Tempo**, **Dynamik**, **Klangfarbe** und **Artikulation**. Beschreibt eure Bewegungen im Zusammenhang mit der Musik.

4 Beschreibt die **Partitur**ausschnitte A bis C. Achtet auch auf die **Vortragsbezeichnungen**. Ordnet die **Partitur**ausschnitte der Musik zu.

A

B

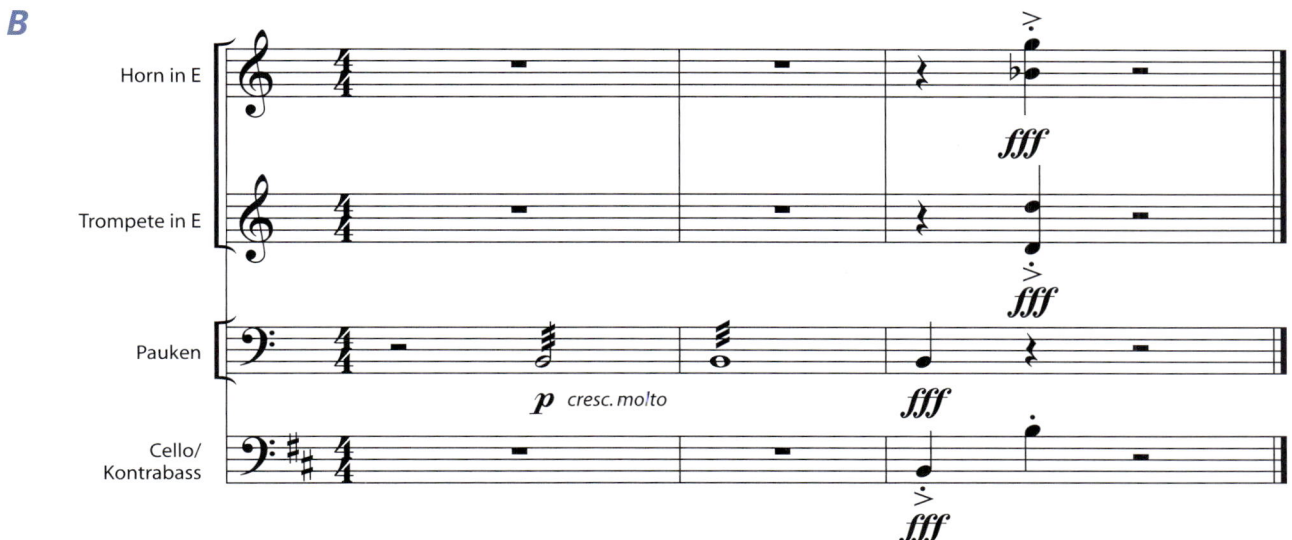

C

5 Wie hat Edvard Grieg das erst ruhige und dann allmählich aufgeregter werdende Verhalten der Trolle musikalisch dargestellt? Beschreibt dafür die Musik (→ Kap. 24) und tragt eure Ergebnisse in eine Tabelle mit den Spalten **Tempo**, **Dynamik**, **Klangfarbe** und **Artikulation** ein. Verwendet auch Fachbegriffe (→ Kap. 23).

6 Stellt einen mehrteiligen szenischen Ablauf zur Musik her. Tragt in einen Regieplan Stichwörter zur Musik, zum Inhalt der Szenen, zu den auszuführenden Bewegungen und zu den Requisiten ein.

7 Nehmt eure Ergebnisse auf und überlegt beim Anschauen der Aufnahmen, was ihr noch verbessern könntet.

Wir gründen eine Band

Ich habe Leute gesucht, die mit mir Musik machen. Dazu habe ich meinen Musiklehrer gefragt und auch Zettel an die Schüler-Pinnwand gehängt. Ich spiele E-Gitarre und singe und habe noch E-Bass, Schlagzeug und Keyboard gesucht.

Ich spiele Klavier und Keyboard und habe mich um den Probenraum gekümmert. Zuerst durften wir in der Schule proben, dann haben wir in der Zeitung einen günstigen Probenraum gefunden.

Ich spiele Schlagzeug. Zuerst haben wir uns zusammen ein paar einfache Songs ausgesucht, Blues und so, um das Zusammenspielen zu üben. Erst dann haben wir uns an die eigenen Songs gewagt.

Meine Freunde haben mich überredet, den E-Bass zu spielen. Das ist nicht so schwer. Eine kleine PA-Anlage* musste angeschafft werden. Ich habe im Internet etwas Günstiges, Gebrauchtes entdeckt. Wir haben dann zusammengelegt.

*Die PA-Anlage besteht aus Mikrofonen, Mischpult, Verstärker und Boxen. Damit wird das Publikum von Konzerten beschallt.

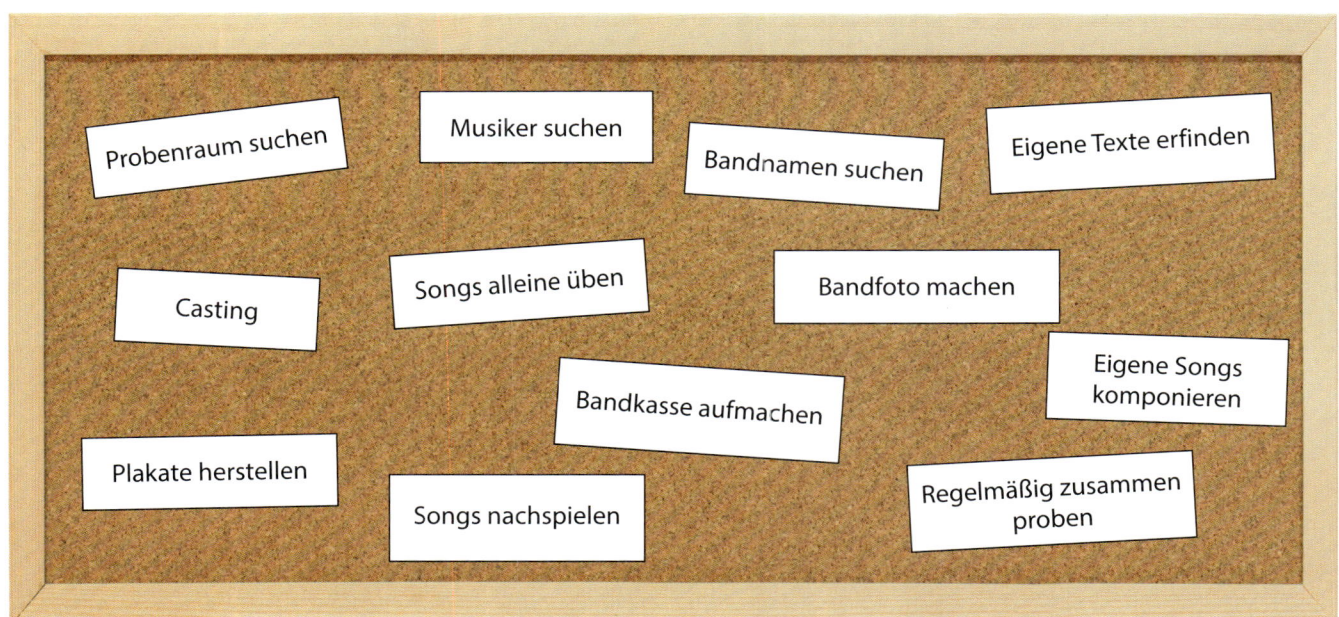

Probenraum suchen

Musiker suchen

Bandnamen suchen

Eigene Texte erfinden

Casting

Songs alleine üben

Bandfoto machen

Eigene Songs komponieren

Bandkasse aufmachen

Plakate herstellen

Songs nachspielen

Regelmäßig zusammen proben

1 Lest die vier Aussagen. Schreibt die Tipps darin als Stichworte auf und ergänzt sie durch eigene Ideen.

2 Lest die Zettel an der Pinnwand. In welcher Reihenfolge sollte man bei einer Bandgründung vorgehen?

3 Besucht eine Bandprobe. Macht eine Reportage darüber.

Knockin' on Heaven's Door – Refrain

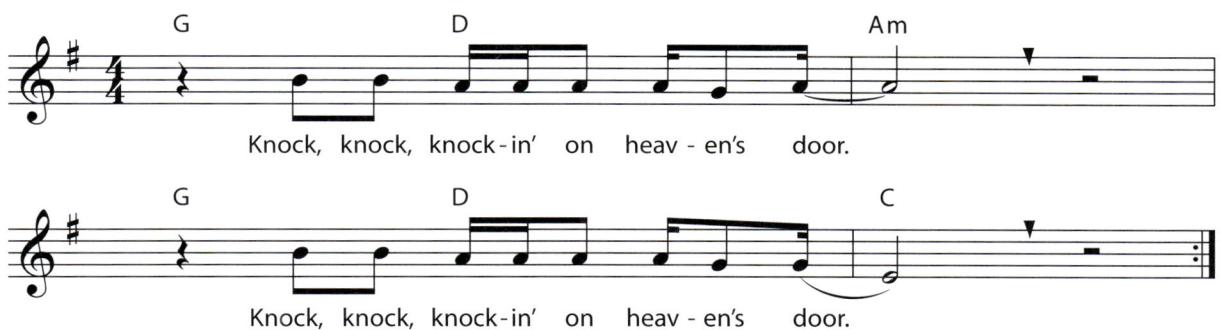

Knock, knock, knock-in' on heav - en's door.

Knock, knock, knock-in' on heav - en's door.

Text und Melodie: Bob Dylan

E-Gitarre

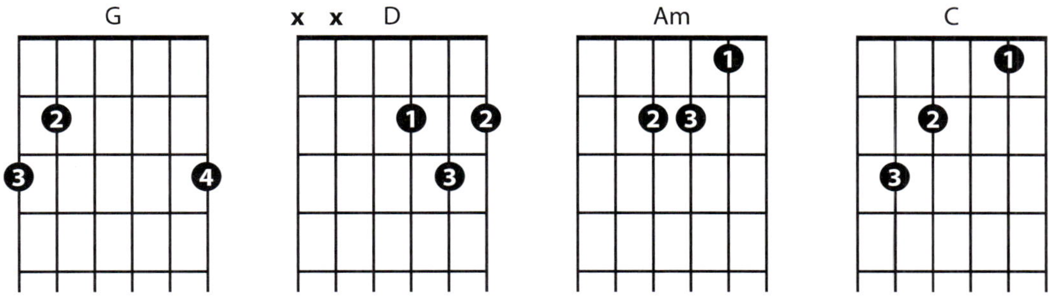

E-Bass

Keyboard

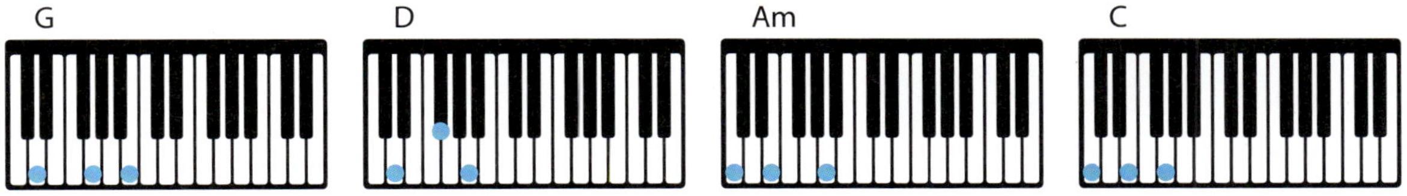

Schlagzeug

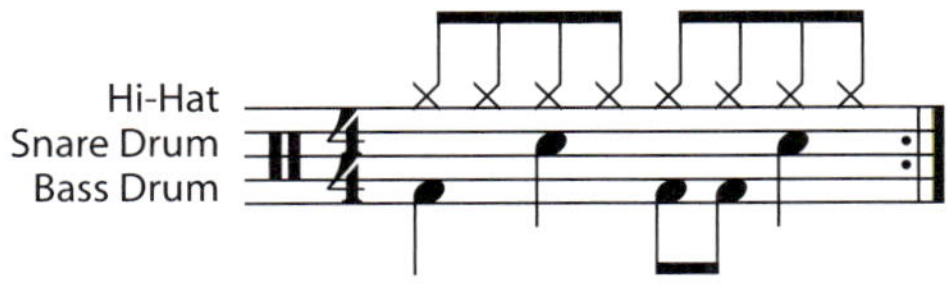

Hi-Hat
Snare Drum
Bass Drum

1 Übt zuerst E-Bass, E-Gitarre, Keyboard und Schlagzeug getrennt ein. Verwendet dazu ein Metronom.

2 Spielt zu der Version des Lieds von „Guns 'n' Roses" (E 43).

3 Spielt ohne CD. Variiert das Zusammenspiel: E-Bass und Schlagzeug; E-Bass, Schlagzeug und E-Gitarre; E-Bass, Schlagzeug, E-Gitarre und Gesang. Besorgt euch für den Gesang die Strophen aus dem Internet. Die Akkordfolge bleibt immer gleich.

4 Nehmt das Musikstück auf. Hört eure Aufnahme an und überlegt, was ihr noch verbessern könntet.

Eno sagrado en vigo

⊙ E 44

„Eno sagrado en vigo" ist ein überliefertes Lied aus der Zeit um 1230. Es wird den „Cantigas de amigo" zugeordnet, das sind galicisch-portugiesische Liebeslieder. In ihnen kommt die Sehnsucht der Frauen zum Ausdruck, die auf die Rückkehr ihrer Geliebten warten. Ihr könnt euch in diesem Projekt auf unterschiedliche Weise mit dem Lied beschäftigen.

Sich mit Tüchern zum Refrain bewegen

Zu den Strophen malen

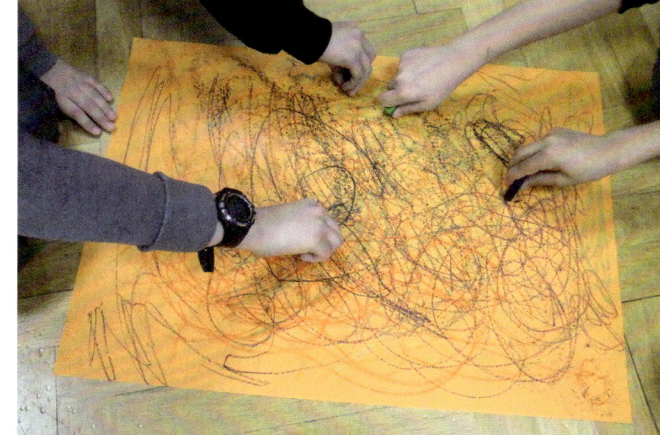

Zum Refrain Spiegelbewegungen ausführen

1 Hört das Lied (E 44) und notiert eure Gedanken und Höreindrücke auf Plakate.

2 Erkennt beim erneuten Hören die Strophen und den Refrain. Teilt euch in 2 Gruppen auf: Eine Gruppe spielt mit Rhythmusinstrumenten frei zu den Strophen, die andere Gruppe bewegt sich mit Tüchern zum Refrain. Tauscht anschließend eure Rollen.

3 Hört die Musik erneut und malt zu viert zu den Strophen. Beginnt an einer Ecke des Blattes und trefft euch am Ende der Strophe in der Mitte. Führt zum Refrain Spiegelbewegungen aus.

4 Bewegt euch nun zu den Strophen frei im Raum und malt zum Refrain.

Den Liedablauf in Bildern legen

Das Lied mit Begleitung und Bewegung gestalten

Stabspielbegleitung – Strophe

5 Legt die Strophen- und Refrainbilder in eine Reihe, sodass der Ablauf des Lieds deutlich wird.

6 Fasst eure Aktionen zu einer Gesamtgestaltung zusammen: Ihr könnt zu den Bildern mit Instrumenten improvisieren, euch zum Lied (E 44) frei und mit Tüchern oder ohne Tücher bewegen, die Strophenbegleitung spielen, Spiegelbewegungen ausführen und Teile des Refrains mitsingen.

7 Nehmt eure Ergebnisse auf. Überlegt beim Anschauen eurer Aufnahmen, was ihr noch verbessern könntet.

Soundscapes

„Soundscapes" bedeutet sinngemäß „Klanglandschaften". Allerdings ist dieses englische Wort ein Kunstwort. Es ist aus den Wörtern „sound" (Geräusch) und „landscape" (Landschaft) zusammengesetzt. Der Begriff „Soundscapes" wurde 1977 von dem Komponisten Murray Schafer (→ S. 142, 143) maßgeblich geprägt.

In Soundscapes wird die akustische Umgebung von Menschen beschrieben. Dabei werden Klänge und Geräusche aus Natur, Technik und Umwelt mit dem Mikrofon aufgenommen. Diese Aufnahmen werden entweder so belassen oder elektronisch bearbeitet. Anschließend werden sie in schon bestehende Kompositionen eingefügt oder es werden ausschließlich mit ihnen Kompositionen erstellt.

Der Tinguely-Brunnen

Der Tinguely-Brunnen befindet sich in Basel (Schweiz). Erschaffen wurde er vom Maler und Bildhauer Jean Tinguely.

Der Brunnen wurde an die Stelle des abgerissenen Stadttheaters gebaut. Tinguely verwendete Fundstücke aus dem alten Theater und machte daraus ein Kunstwerk. Alle Figuren werden mit Motoren angetrieben und bewegen sich. Gleichzeitig spielen sie mit dem Wasser, in dem sie stehen.

Da die Figuren aus Eisen sind und sich mit Ketten und Scharnieren bewegen, machen sie auch interessante Geräusche. So ist der Brunnen nicht nur ein visuelles Kunstwerk, sondern auch ein „Hör-Kunstwerk".

Mindmap

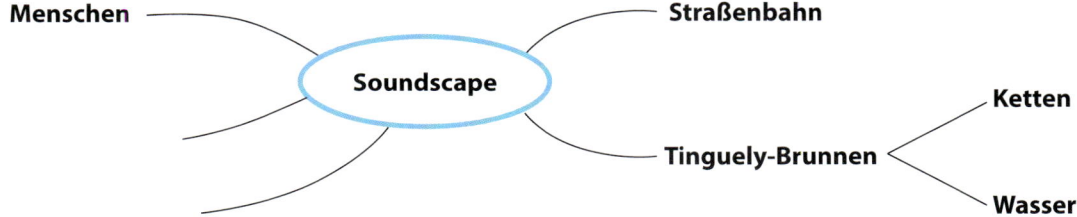

1 Betrachtet das Foto vom Tinguely-Brunnen und seiner Umgebung und fasst in einer Mindmap mögliche Geräuschquellen zusammen.

2 Sucht diese Geräusche im Internet, z. B. auf www.hoerspielbox.de oder www.findsounds.com, und ladet sie auf euren Computer (→ S. 144, 145).

3 Bearbeitet die Geräusche (z. B. mit „Audacity" → S. 144, 145) und setzt sie zu einem eigenen Soundscape zusammen.

4 Speichert das Ergebnis als MP3 (→ S. 144, 145). Vergleicht eure Ergebnisse und sprecht darüber, was ihr noch verbessern könntet.

Tipps für Audioaufnahmen

- Die Aufnahme mit einem externen Mikrofon oder mit einem Aufnahmegerät machen.

- Nebengeräusche vermeiden.

- Mikrofon oder Aufnahmegerät an einem Stativ befestigen, auf einen Tisch legen oder ganz ruhig halten.

- So nahe wie möglich an die Aufnahmequelle herangehen.

5 Überlegt euch zu einem Thema, z. B. Meer, Verkehr, Fabrik, Haushalt, mögliche Geräusche und schreibt sie auf. Nehmt die Geräusche auf.

6 Überlegt euch die Abfolge und Gestaltung der Geräusche und arrangiert mit „Audacity" (→ S. 144/145) Soundscapes.

7 Ergänzt eure Soundscapes mit eingespielten Instrumenten und elektronischen Klängen (→ S. 202 bis 205).

8 Macht Bilder und Videos von euren Aufnahmequellen und präsentiert sie zusammen mit euren Soundscapes als Computerpräsentation.

Einen Rap komponieren und aufnehmen

E 45

Einen Rap komponieren und aufnehmen – das könnt ihr auch!

Ihr braucht ein Thema, worüber ihr einen Rap-Text schreiben könnt. Anschließend einigt ihr euch auf eine Begleitung mit verschiedenen Instrumenten, die ihr selbst komponiert. Zuletzt nehmt ihr euren Rap und die Begleitung am Computer auf.

Viel Spaß!

Rap

Tschüss! Das war's!

Morgens um acht
sind wir alle schon wach.
Wir sitzen in der Schule,
denn die ist nur für Coole.
Wir haben gute Lehrer,
doch nächstes Jahr wird's schwerer.
Die Siebte ist der Feger.
Alle freu'n sich mega.
Die Pubertät fängt an,
keiner hat 'nen Plan
was mit ihm geschieht, yeah,
merkwürdiger Kram!

Ja, wir sind so crazy,
zocken alle Playsi.
Manche sind so lazy.
Ist so, Yeah!

Refrain
Wir sind die 6a!
Wir sind einfach wunderbar!
Wir hatten ganz viel Spaß!
Das nächste Jahr wird krass!

Nach den Ferien
werden wir uns wiederseh'n
Gemeinsam wollen wir lernen
allein auf unseren Beinen zu stehen.
Wir haben gelernt
unseren eigenen Weg zu gehen.
Alle Träume und auch Wünsche,
die wir haben, anzugehen.
Schaut uns an, wir sind dran,
jeder zeigt, was er kann.
Wir haben unser Zeugnis jetzt
Am besten wird es gleich zerfetzt.

Ja, wir sind so crazy,
zocken alle Playsi.
Manche sind so lazy.
Ist so, Yeah!

Refrain
Wir sind die 6a!
Wir sind einfach wunderbar!
Wir hatten ganz viel Spaß!
Das nächste Jahr wird krass!

Text: Schüler der Klasse 6a der Grundschule am Brandwerder, Berlin

Rap-Formteile

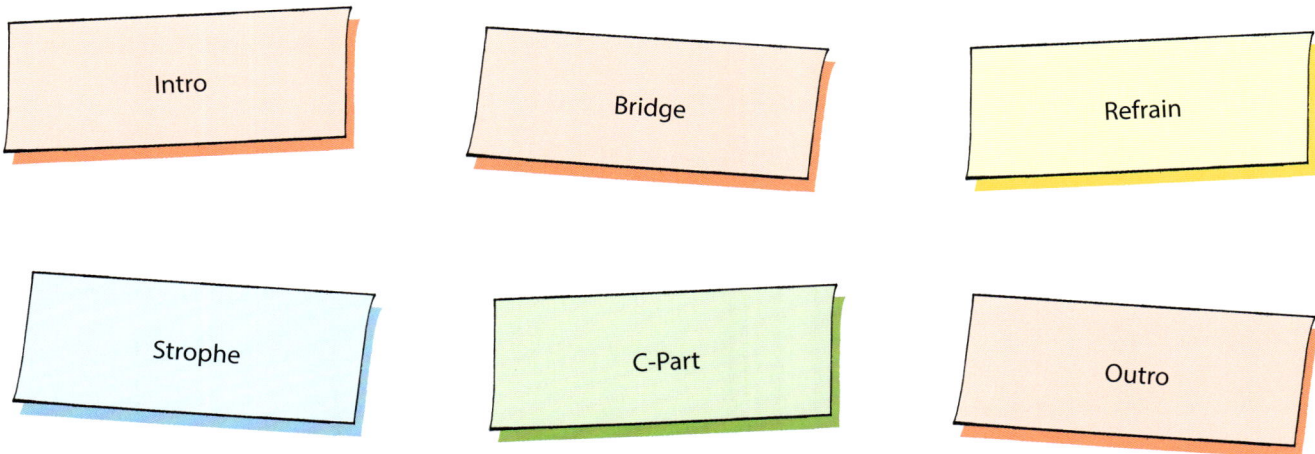

1 Rappt das Lied der Klasse 6a (E 45).

2 Untersucht den Aufbau des Rap und legt den Ablauf mithilfe der Formteilkarten fest. Sprecht über die verschiedenen Teile des Rap (→ Kap. 24).

3 Rappt auch andere Lieder und untersucht deren Formteile. Welche Teile kommen fast immer vor?

Thema, Schlagwörter und Reimwörter finden

Texte schreiben

Dreiklang-Begleitung

Keyboard

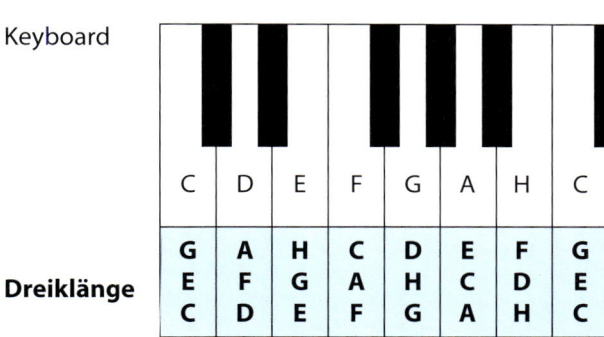

Dreiklänge

Beispiele für Begleitungen

1

G	C	D	G
E	A	H	E
C	F	G	C

2

G	E	C	D
E	C	A	H
C	A	F	G

3

G	D	G	G
E	H	E	E
C	G	C	C

4

G	E	A	D
E	C	F	H
C	A	D	G

5

G	D	C	G
E	H	A	E
C	G	F	C

6

E	C	G	D
C	A	E	H
A	F	C	G

7

G	D	E	C
E	H	C	A
C	G	A	F

8

G	H	E	C
E	G	C	A
C	E	A	F

Tipps für das Texteschreiben

Spielt die **Dreiklänge** immer 4 Zz lang.

---

4 Erfindet einen eigenen Rap: Sucht euch ein Thema und überlegt, welche Schlagwörter euch zu diesem Thema einfallen. Findet dann Reimwörter dazu (z. B. auf www.d-rhyme.de oder www.woxikon.de).

5 Schreibt einen Text. Achtet dabei auf die Formteile. Besprecht, welche Textzeilen sich für welchen Teil besonders gut eignen. Beachtet dabei die in Aufgabe 2 gefundenen Merkmale.

6 Probiert die **Dreiklänge** mit dem Keyboard oder dem Glockenspiel aus und entscheidet, welche ihr für euren Rap benutzen wollt. Ihr könnt alle drei Töne des **Dreiklangs** verwenden oder einzelne (→ S. 85).

Einen Rap komponieren und aufnehmen

Beispiel für eine Beatboxing-Begleitung

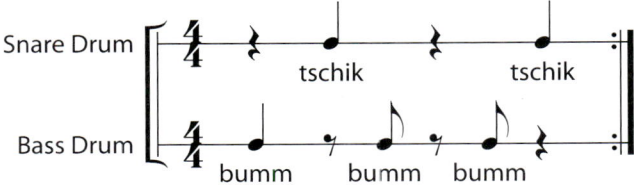

Snare Drum   tschik   tschik

Bass Drum   bumm   bumm   bumm

Einen Beat mit „Drumbot" programmieren

1 Zum Starten auf das Bild klicken

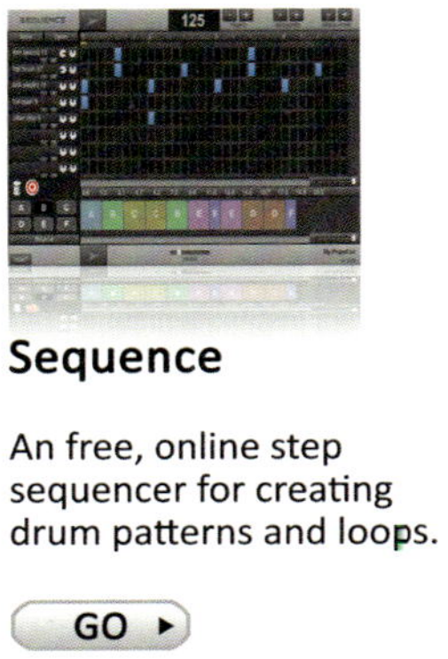

Sequence

An free, online step sequencer for creating drum patterns and loops.

GO ▶

Beat abspielen

3 Tempo wählen **4** Taktzahl wählen

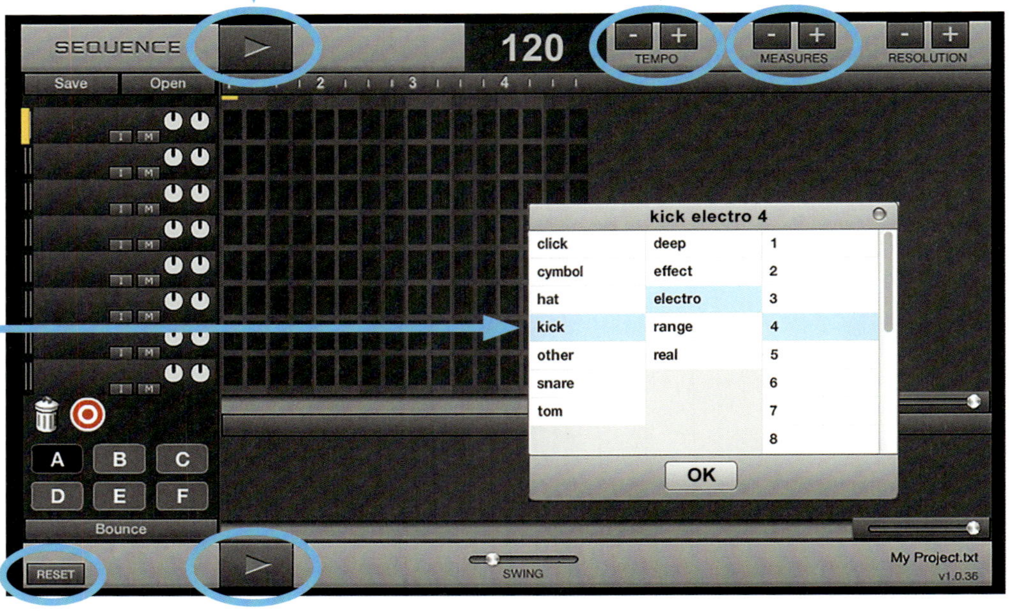

		kick electro 4
click	deep	1
cymbol	effect	2
hat	electro	3
kick	range	4
other	real	5
snare		6
tom		7
		8

OK

5 Mit der Maus in die Spur klicken und ein Instrument wählen

2 Beispielbeat löschen   Lied abspielen

6 Beat „A" komponieren (Mausklick)

7 Beat B – F komponieren

8 Mit der Maus die Reihenfolge festlegen

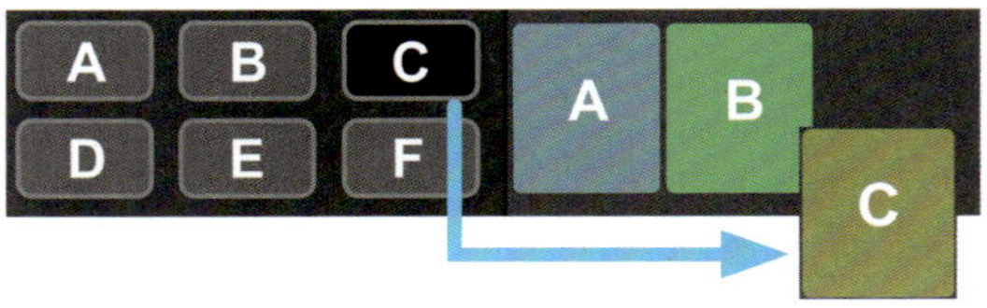

9 Projekt speichern, beim nächsten Mal öffnen mit „Open" (*.txt)

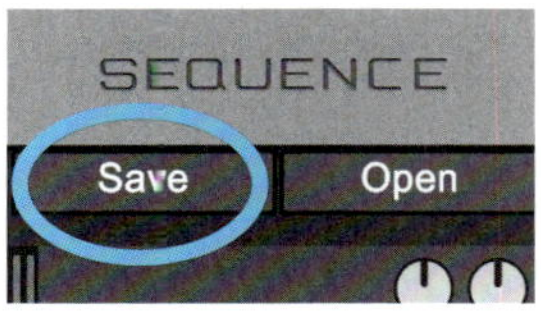

10 Beat als Audiodatei speichern (*.wav)

---

7 Komponiert eine **Beatboxing**-Begleitung für euren Rap.

8 Erstellt einen Beat mithilfe der Internetseite www.drumbot.com.

Aufnahmen am Computer

1 Anschluss an die Soundkarte des Computers

Mikrofon / Keyboard   Kopfhörer

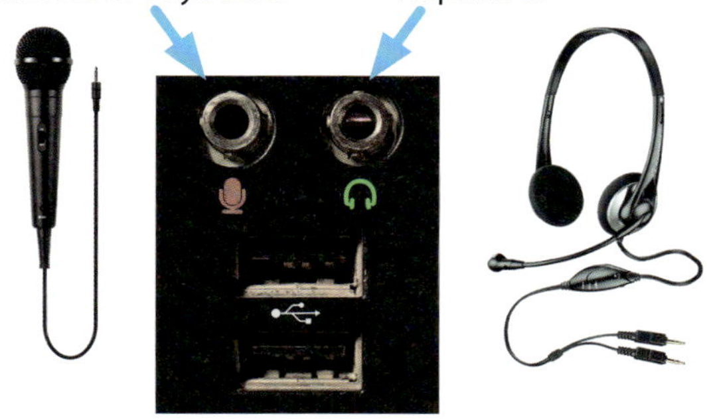

2 Mikrofonierung (wenn möglich mit Mikrofonständer)

Achtung: Verwendet unbedingt Kopfhörer, sonst werden Geräusche aus dem Lautsprecher mit aufgenommen!

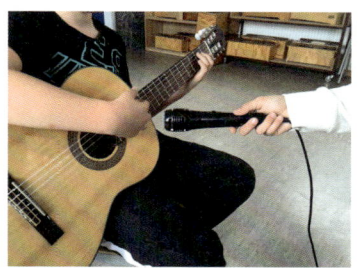

3 Einstellungen vornehmen

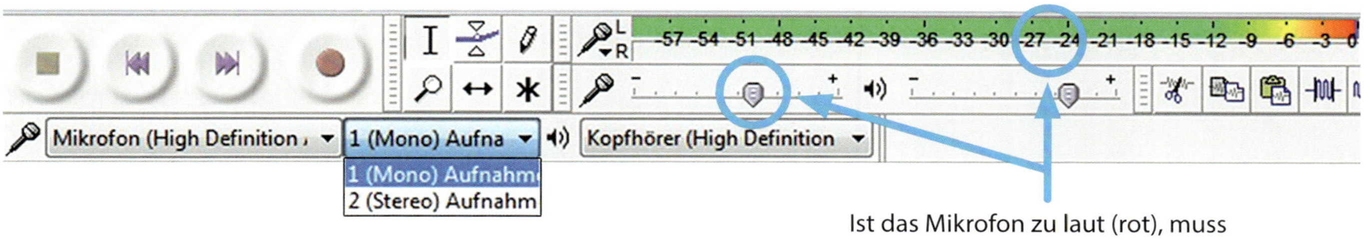

Mikrofon (High Definition ↓) ▼   1 (Mono) Aufna ▼ ◀))   Kopfhörer (High Definition ↓) ▼

1 (Mono) Aufnahm
2 (Stereo) Aufnahm

Ist das Mikrofon zu laut (rot), muss der Pegel niedriger geregelt werden.

6 Play   **5** Stop   **4** Record   **8** Effekte

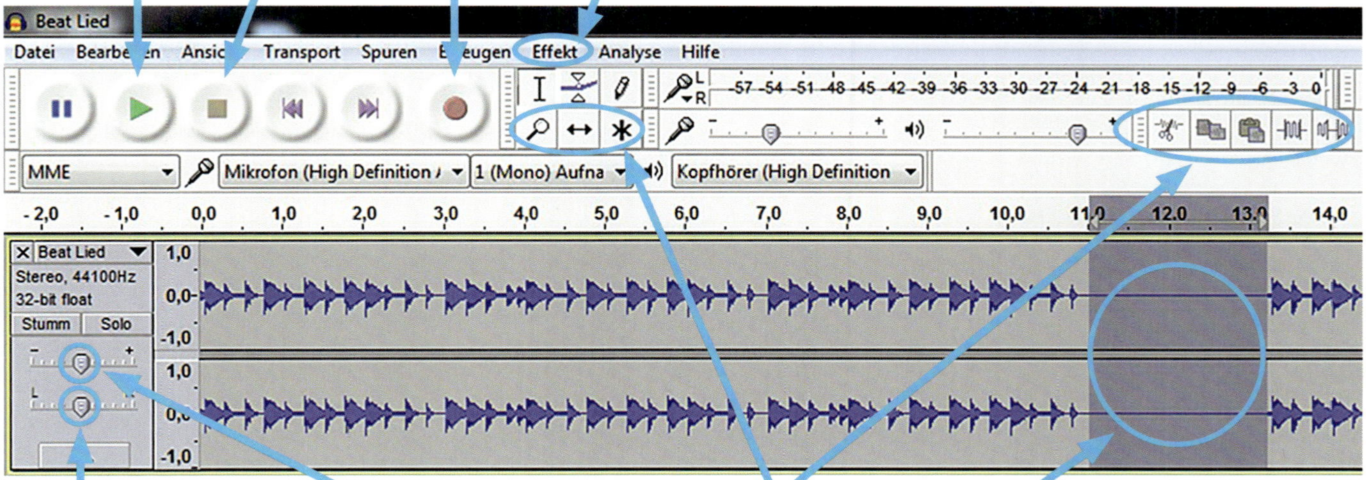

🔵 Beat Lied

Datei   Bearbeiten   Ansicht   Transport   Spuren   Erzeugen   Effekt   Analyse   Hilfe

MME ▼   Mikrofon (High Definition ↓) ▼   1 (Mono) Aufna ▼ ◀))   Kopfhörer (High Definition ↓) ▼

-2,0   -1,0   0,0   1,0   2,0   3,0   4,0   5,0   6,0   7,0   8,0   9,0   10,0   11,0   12,0   13,0   14,0

✕ Beat Lied ▼
Stereo, 44100Hz
32-bit float
Stumm   Solo

Stereoverteilung der Spur auf die Lautsprecher (links, Mitte, rechts)

Lautstärke der Spur: laut (+), leise (-)

7 Wichtige Werkzeuge zum Bearbeiten der Audiospuren

Kopieren von Dateien

Einfügen kopierter Dateien (Verlängerung des Beats)

Verschieben von Dateien

Markieren von Abschnitten

Entfernen von markierten Abschnitten

9 Nehmt euren Rap mit „Audacity" (→ S. 144/145) auf.

10 Erstellt von euren Ergbnissen eine MP3-Datei oder eine CD.

Die Notenschrift

Schon vor Christi Geburt begannen Menschen, Musik schriftlich zu notieren. Die direkten Vorläufer unserer Notation sind unter anderem die Neumen (um 1000 n. Chr.) und die Mensuralnotation (zwischen 1300 und 1600 n. Chr.). Etwa vor 400 Jahren (um 1600) war die Notenschrift, wie wir sie heute kennen, entwickelt.

Neumen

Mensuralnotation

Die Notenschrift ist die Schriftsprache der Musik. Sie ermöglicht es, Musik aufzuschreiben und zu musizieren. Dadurch können Komponistinnen und Komponisten recht genaue Vorgaben zur Interpretation ihrer Werke übermitteln. Auf der anderen Seite kann Musik, die aufgeschrieben wurde, nicht verloren gehen und somit unverändert weitergegeben werden.

Allerdings ist die Notenschrift keine Voraussetzung für das Musizieren. Viele Völker singen und musizieren, obwohl sie keine Noten lesen oder ihre Musik in irgendeiner Form aufschreiben können. Sie geben die Musik von Generation zu Generation durch gemeinsames Hören, Singen und Musizieren weiter.

Die Note

Das wichtigste Symbol der Notenschrift ist die Note. Das prägende Element ist der Notenkopf, der hohl oder ausgefüllt ist. Hinzu kommt oft ein Notenhals. Gelegentlich ist am Notenhals ein Fähnchen angebracht oder zwei Notenhälse sind durch einen Balken verbunden.

Wenn Noten auf oder über der 3. Notenlinie stehen, zeigt ihr Hals auf der linken Seite nach unten. Sonst zeigt er auf der rechten Seite nach oben.

Die Notenlinien

Die Noten werden in fünf Notenlinien eingeordnet. Sie stehen dabei unter, über, auf oder zwischen den Linien. Rhythmen werden oft nur auf einer Notenlinie notiert.

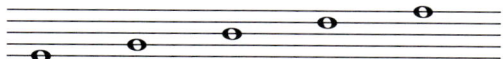

Noten auf den Linien

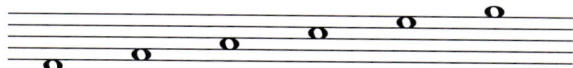

Noten unter, zwischen und über den Linien

Noten, die in den 5 Notenlinien nicht eingeordnet werden können, weil sie sehr hoch oder tief sind, bekommen Hilfslinien. Diese Hilfslinien sind verkürzte Notenlinien. Gäbe es die Hilfslinien nicht, so müsste ein Notenliniensystem aus über 10 Notenlinien bestehen. Das wäre unübersichtlich und würde das Notenlesen deutlich erschweren.

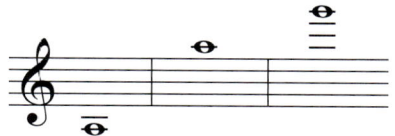

Noten mit Hilfslinien

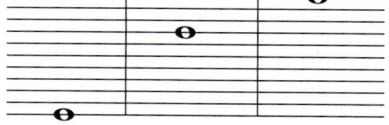

Noten ohne Hilfslinien

Die Notennamen

Die Notennamen entstammen dem Alphabet: a, b, c, d, e, f, g. Vor rund 1000 Jahren wurden aus dem b zwei Töne: ein tieferer Ton b und ein höherer Ton h. Oft wird aber auch gesagt, dass die Verwendung des h statt des b lediglich auf einem Übertragungsfehler bei einer Übersetzung beruht. Die Stammtonreihe heißt seither: c, d, e, f, g, a, h.

Die Notenschlüssel

Die Notenschlüssel legen im Notensystem fest, welche Tonhöhe die Notenlinien darstellen. Durch den Einsatz unterschiedlicher Notenschlüssel wird die Lesbarkeit von Noten erleichtert.

Der Violinschlüssel (G-Schlüssel) legt den Ton g' auf der 2. Linie fest.

Die Stammtöne im Violinschlüssel sind:

c' d' e' f' g' a' h' c" d" e" f" g"

Der Bassschlüssel (F-Schlüssel) legt den Ton f auf der 4. Linie fest.

Gäbe es keinen Bassschlüssel, müssten die Noten aus Beispiel A wie im Beispiel B geschrieben werden.

Beispiel A

A H c H

Beispiel B

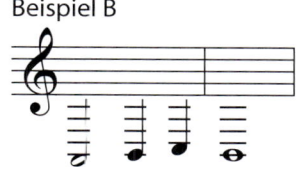

Neben dem Violinschlüssel (G-Schlüssel) und dem Bassschlüssel (F-Schlüssel) gibt es noch weitere Schlüssel, z. B. den Alt- und den Tenorschlüssel. Das folgende Beispiel zeigt, wie Noten in den Linien an verschiedenen Stellen stehen, aber wegen der unterschiedlichen Schlüssel den gleichen Namen haben und in gleicher Höhe erklingen.

f a c'

Violinschlüssel

f a c'

Bassschlüssel

f a c'

Altschlüssel

f a c'

Tenorschlüssel

Die Notenschrift

Die Noten in den drei Beispielen (gelb, blau, rot) sehen gleich aus. Aber je nach Schlüssel klingen die Töne höher oder tiefer, was auch an ihrer Spielposition auf der abgebildeten Klaviertastatur sichtbar ist.

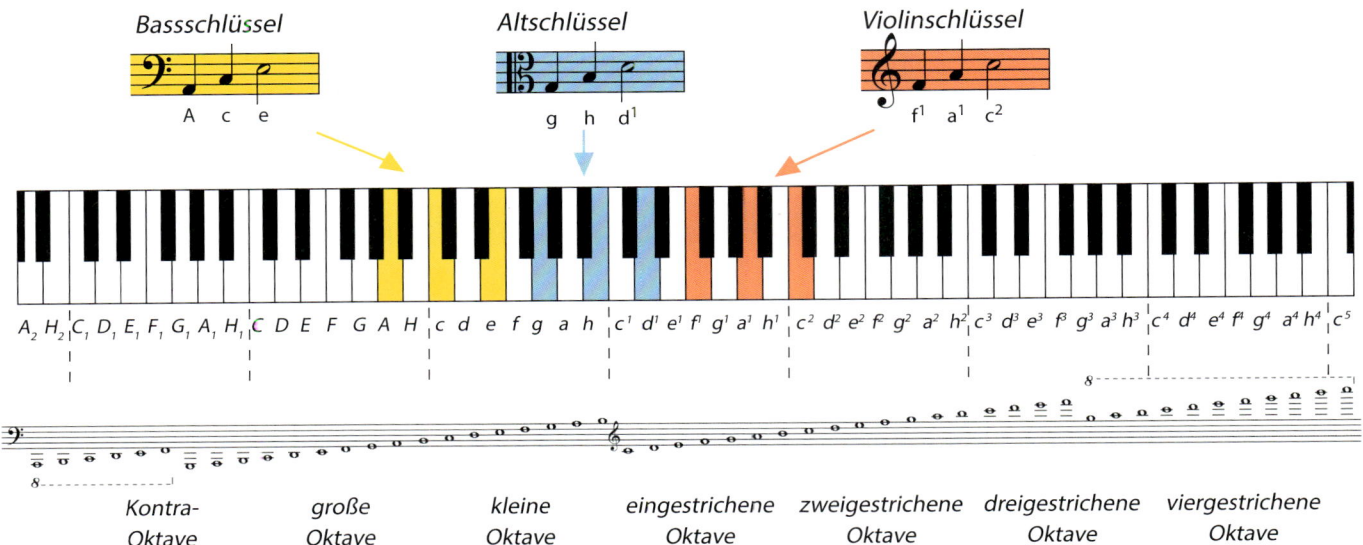

Beispiele mit verschiedenen Schlüsseln: S. 28, 48, 80, 102, 108, 118, 119, 195

Kennzeichnung der Oktaven

Für die Notennamen werden vom Alphabet nur 7 Buchstaben verwendet. Vom 8. Ton an wiederholt sich die Reihenfolge. Der Abstand vom 1. bis zum 8. Ton heißt Oktave. Durch gestrichelte Linien sind an der abgebildeten Klaviertastatur sieben Oktaven gekennzeichnet. Um genau zu wissen, um welche Oktave oder um welchen Ton es sich handelt, erhalten die Töne bestimmte Namen (→ Notennamen an der Klaviertastatur).

Beispiele: C = großes C, c^1 oder c′ = eingestrichenes c, c^2 oder c″ = zweigestrichenes c.

Für die Lieder und Musikstücke im Schulbuch sind Teile der kleinen und der zweigestrichenen Oktave und die gesamte eingestrichene Oktave von Bedeutung.

Der Kammerton a'

Eine große Rolle spielt der Ton a′, der auch als Kammerton bezeichnet wird. Das Wort „Kammer" meint die privaten Räume der Fürsten, in denen früher musiziert wurde.

Der Kammerton ist der für die Stimmung aller Instrumente verbindliche Stimmton. 1939 wurde dieser Ton auf die Frequenz von 440 Hz (Hertz) festgelegt. Soll eine Saite oder Luftsäule eines Instruments den Ton a′ erzeugen, dann muss sie 440-mal pro Sekunde schwingen. Zum Stimmen wurde vor allem früher eine Stimmgabel verwendet. Wurde sie angeschlagen, so ertönte der Ton a′. Der Musiker musste dann von diesem Ton ausgehend sein Instrument stimmen. Heute stimmen die meisten Musiker ihr Instrument mit einem elektronischen Stimmgerät. An dem Gerät kann jeder einzelne Ton exakt eingestellt werden. Ein Zeiger oder Leuchtdioden zeigen an, ob das Instrument richtig gestimmt ist oder noch nachgestimmt werden muss.

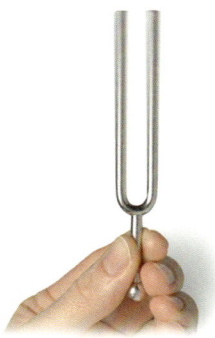

Stimmgabel

Noten- und Pausenwerte

Am Aussehen der Note kann erkannt werden, wie lange ein Ton gespielt werden muss. Ausgangspunkt ist die Ganze Note. Wird diese geteilt, entstehen 2 Halbe Noten. Wird wiederum eine Halbe Note geteilt, so entstehen 2 Viertelnoten. Aus der Teilung einer Viertelnote ergeben sich 2 Achtelnoten usw. Achtel- und Sechzehntelnoten können mit Fähnchen oder mit Balken aufgeschrieben werden. Balken können allerdings nur dann eingesetzt werden, wenn die entsprechenden Noten nicht einzeln auftreten.

Soll in einem Lied oder Musikstück an bestimmten Stellen nicht gespielt werden, so wird dies durch ein Pausenzeichen gekennzeichnet. Für jedes Notensymbol gibt es ein entsprechendes Pausensymbol. Die farbigen Balken in der Abbildung zeigen die Länge der einzelnen Noten oder der entsprechenden Pausen an.

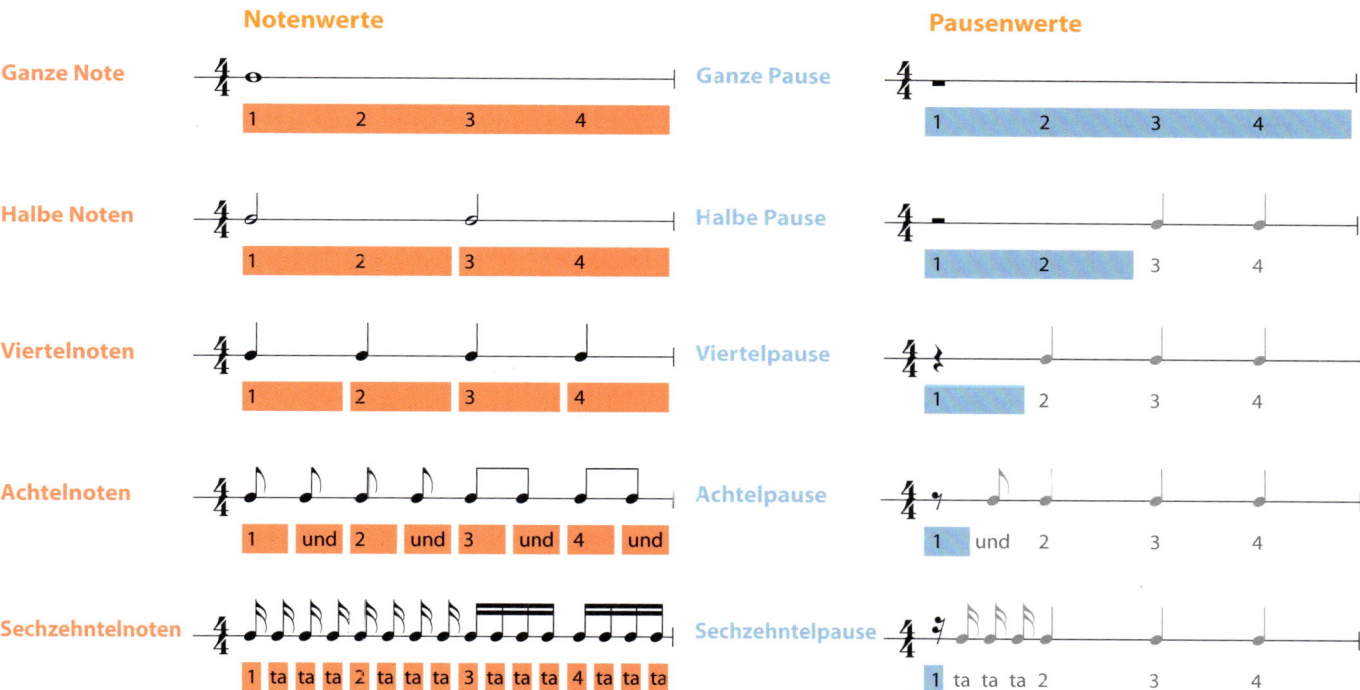

Notenwerte		Pausenwerte	
Ganze Note		**Ganze Pause**	
Halbe Noten		**Halbe Pause**	
Viertelnoten		**Viertelpause**	
Achtelnoten		**Achtelpause**	
Sechzehntelnoten		**Sechzehntelpause**	

Punktierte Noten

Eine punktierte Note erkennt man an dem Punkt hinter der Note. Dieser Punkt verlängert die Note um die Hälfte ihres Wertes. Die punktierte Ganze Note hat den Wert von 3 Halben Noten. Die punktierte Halbe Note ist so lang wie 3 Viertelnoten usw.

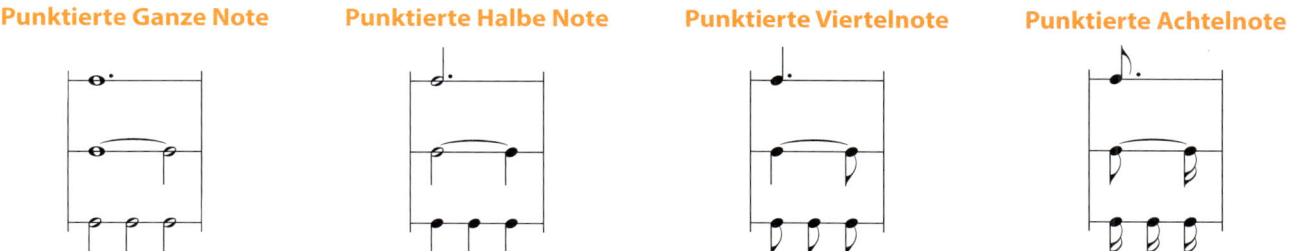

Punktierte Ganze Note **Punktierte Halbe Note** **Punktierte Viertelnote** **Punktierte Achtelnote**

Beispiele für punktierte Noten: S. 26, 64, 93, 164, 178

Die Triole

Eine Triole entsteht, wenn man den Notenwert einer Ganzen Note, einer Halben Note, einer Viertelnote oder einer Achtelnote nicht in zwei, sondern in drei gleiche Teile unterteilt.

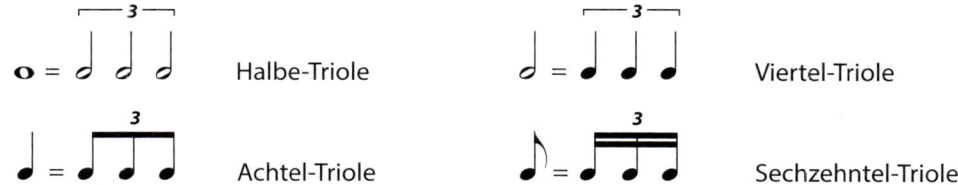

Beim Einüben von Triolen helfen dreisilbige Wörter. Dabei ist es wichtig, das Metrum zu halten.

Düs-sel-dorf, Göt-tin-gen, Stutt-gart, Mün-chen, Gum-mers-bach, Lü-ne-burg, Kiel, Brühl.

Beispiele für Triolen: S. 36, 38, 39, 42, 43

Die Notenschrift

Die Synkope

Bei einer Synkope verschiebt sich die Betonung von einer schweren (betonten) auf eine leichte (unbetonte) Zählzeit. Dadurch wird in der Musik eine bestimmte Spannung erzeugt. Schwere (betonte) Zz liegen im 2/4- und 3/4-Takt auf der Zz 1, im 4/4-Takt auf den Zz 1 und 3. Beim Klatschen der folgenden 4 Takte wird deutlich, dass die Takte 3 und 4 eine Synkope enthalten.

Beispiele für Synkopen: S. 6, 57, 74, 155, 174, 176

Die Partitur

Das Wort „Partitur" stammt aus dem Lateinischen und bedeutet „Einteilung". Die einzelnen Stimmen (Gesang, Instrumente) eines mehrstimmigen Werks sind in einer Partitur Takt für Takt untereinander aufgeschrieben. Bei einem Orchesterwerk sind die Instrumente auch nach Instrumentengruppen geordnet. Beim Betrachten einer Partitur kann der Verlauf einer einzelnen Stimme, aber auch der Zusammenklang mehrerer Stimmen gelesen werden. Ein Dirigent oder eine Dirigentin arbeitet fast immer mit einer Partitur. Dadurch behält er bzw. sie den Überblick über das Orchester.
Wie viele Informationen einer Partitur entnommen werden können, wird am Beispiel des Partiturausschnitts des „Sonnenaufgangs" aus „Die Schöpfung" von Joseph Haydn deutlich (→ S. 28):

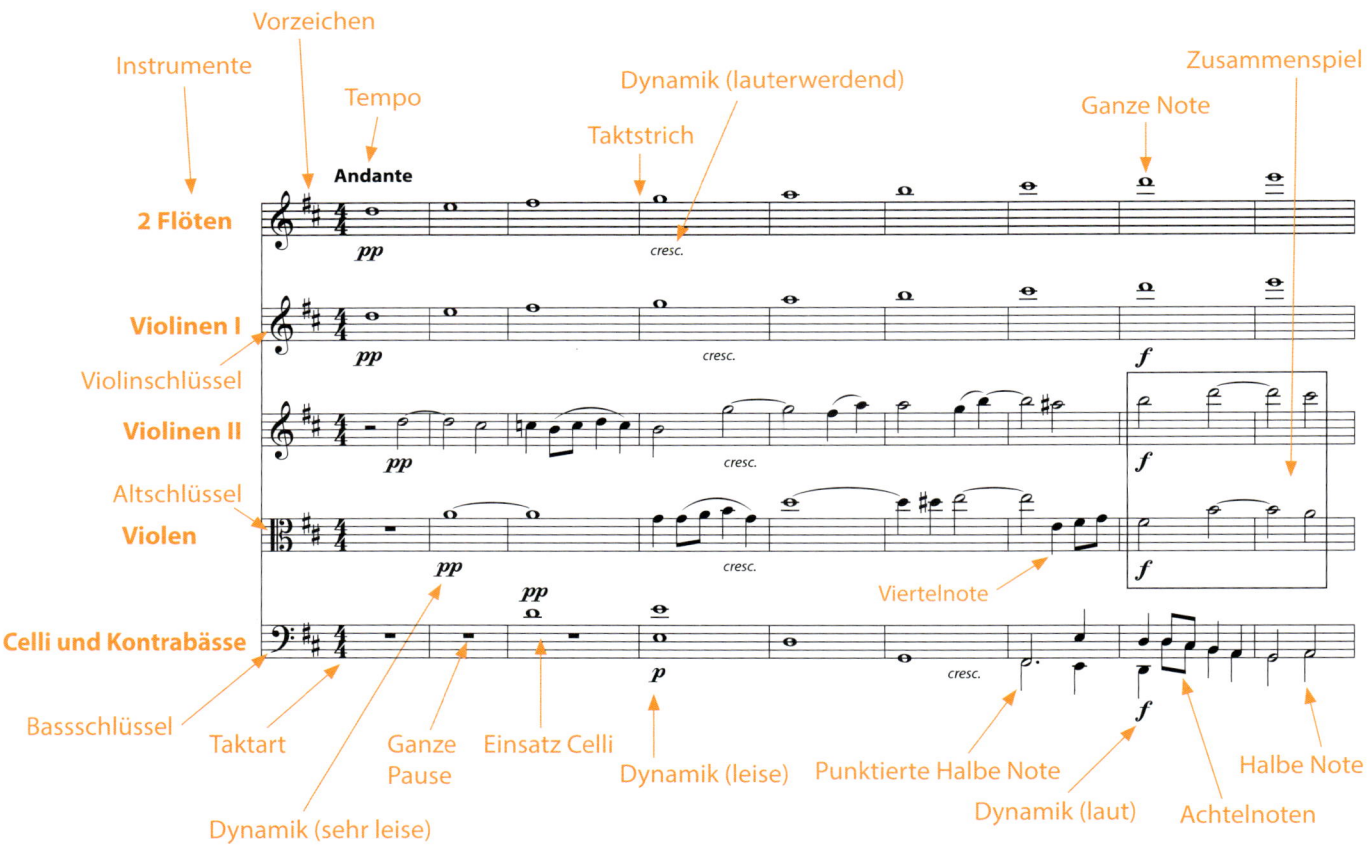

Darüber hinaus können noch auf- und absteigende Melodien sowie Tonwiederholungen, Tonschritte und Tonsprünge erkannt werden.

Beispiele für Partituren: S. 28, 29, 65, 102 103, 118, 119, 193 und viele instrumentale Liedbegleitungen

Takt und Taktarten

Lieder und Musikstücke sind in Takte eingeteilt. Durch die Taktstriche werden die Takte voneinander getrennt. Die Taktart ist vorne im Notenbild an einer Bruchzahl ablesbar. Beispiel: 4 → Zähler
                                                                                                       4 → Nenner

Der Nenner zeigt an, dass die Zähleinheit Viertel (♩) gilt. Der Zähler weist darauf hin, dass in jedem Takt 4 Viertel sein müssen.

Grundschlag und Metrum

Ein Takt wird in gleichmäßige Schläge unterteilt. Das sind die Grundschläge. Meist wird aber der erste Schlag (Zählzeit 1) stärker betont. Die Gliederung in betonte und unbetonte Zählzeiten heißt Metrum. Die Taktart eines Musikstücks kann durch die unterschiedliche Betonung leicht herausgehört werden.

Auftakt und Volltakt

Als Auftakt werden die unbetonten Notenwerte einer Melodie vor dem ersten Taktstrich bezeichnet. Die Notenwerte des Auftakts und des Schlusstaktes ergeben zusammen einen vollständigen Takt. Beginnt ein Musikstück auf der betonten Zählzeit 1, handelt es sich um einen Volltakt.

Beispiele für Auftakt und Volltakt: S. 20, 21, 46, 63

Taktarten

Die Wahl der Taktart hat einen großen Einfluss auf den Charakter und die Wirkung eines Musikstücks, z. B. stehen viele Märsche im 2/4-Takt. Beschwingt und leicht wirkende Musik steht oft im 3/4-Takt.

4/4-Takt

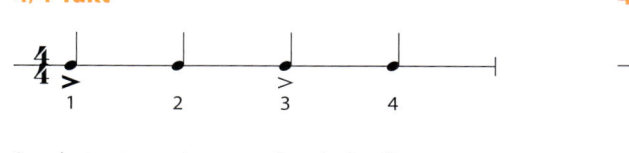

4/2-Takt

(**>** = betont > = etwas weniger betont)

2/4-Takt

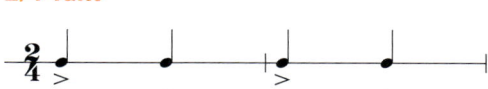

2/2-Takt

3/4-Takt

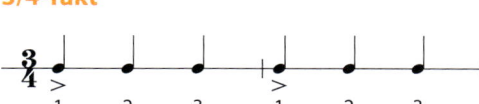

6/8-Takt

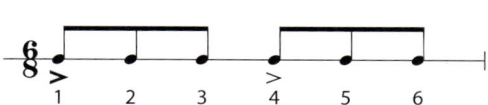

Die Schreibweise von 4/4 und 2/2 kann variieren: 4/4 = C, 2/2 = ¢.

Dirigieren

Beim Musizieren ist es wichtig, dass alle zusammen bleiben („im Takt bleiben"). Bei Orchestern und Chören gibt es einen Dirigenten, der u. a. dafür zuständig ist. Er verwendet dafür Schlagfiguren:

Im 2/4-Takt dirigieren   Im 3/4-Takt dirigieren   Im 4/4-Takt dirigieren

Beispiele unterschiedlicher Taktarten: S. 7, 33, 34, 35, 42, 190

Tonleitern

Halbtonschritte – Ganztonschritte – Vorzeichen – Versetzungszeichen

Beim Betrachten einer Klaviertastatur fällt auf, dass es weiße und schwarze Tasten gibt. Spielt man alle Tasten hintereinander, beträgt der Abstand von einem Ton zum nächsten immer einen Halbtonschritt. Zwei Halbtonschritte ergeben einen Ganztonschritt. Beim Spielen eines Ganztonschritts wird immer eine Taste übersprungen.

Halbtonschritte vom Ton c ausgehend

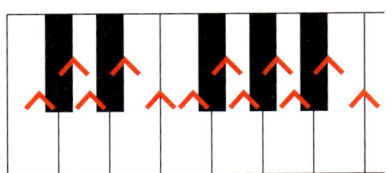

Ganztonschritte vom Ton c ausgehend

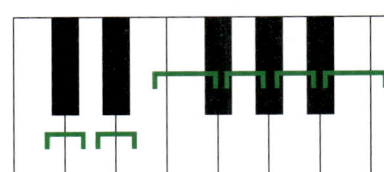

Bei Tonleitern stehen die Töne in festgelegten Abständen zueinander. Damit diese Abstände eingehalten werden, ist es beim Aufschreiben vieler Tonleitern erforderlich, einzelne Noten zu erhöhen oder zu erniedrigen.
Das Kreuz (#) erhöht die Note um einen Halbtonschritt. Die erhöhte Note erhält die Silbe „is" angehängt, z. B. fis, gis.
Das B (♭) erniedrigt die Note um einen Halbtonschritt. Die erniedrigte Note erhält die Silbe „es" angehängt, z. B. ges. Ausnahmen ergeben sich bei h (wird zu ♭), e (wird zu es) und a (wird zu as). Steht ein Kreuz (#) oder ein B (♭) am Anfang der Partitur, spricht man von Vorzeichen. Steht ein Kreuz (#) oder ein B (♭) direkt vor der Note, nennt man es Versetzungszeichen.

Die chromatische Tonleiter

Spielt man auf dem Klavier von c' bis c" alle Tasten, ergibt sich eine Tonfolge, die chromatische Tonleiter genannt wird:

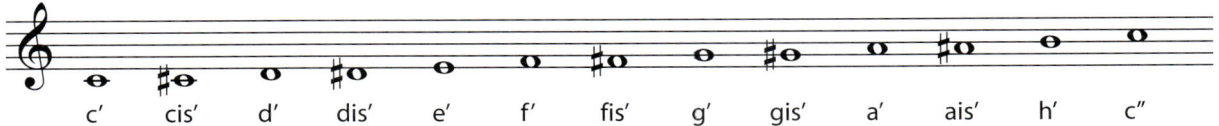

Eine chromatische Tonleiter kann auch mit dem Vorzeichen b aufgeschrieben werden.
Die Notennamen sind dann: c – des – d – es – e – f – ges – g – as – a – b – h – c.

Die pentatonische Tonleiter

„Penta" ist Griechisch und bedeutet „fünf". Demzufolge besteht die pentatonische Tonleiter aus nur fünf Tönen. Kennzeichnendes Merkmal ist, dass in dieser Tonleiter keine Halbtonschritte enthalten sind. Die Pentatonik wird oft in China, Japan, Indonesien und in Teilen Lateinamerikas (→ S. 38) verwendet.

Die C-Dur-Tonleiter

Die C-Dur-Tonleiter ist eine Folge von 8 Tönen, die man erhält, wenn man auf einem Klavier die weißen Tasten von c bis c (z. B. c' bis c") anschlägt. Diese Töne werden auch Stammtöne genannt. Die C-Dur-Tonleiter ist nach einer bestimmten Regel aufgebaut, die sich aus der Folge von Ganzton- und Halbtonschritten ergibt.

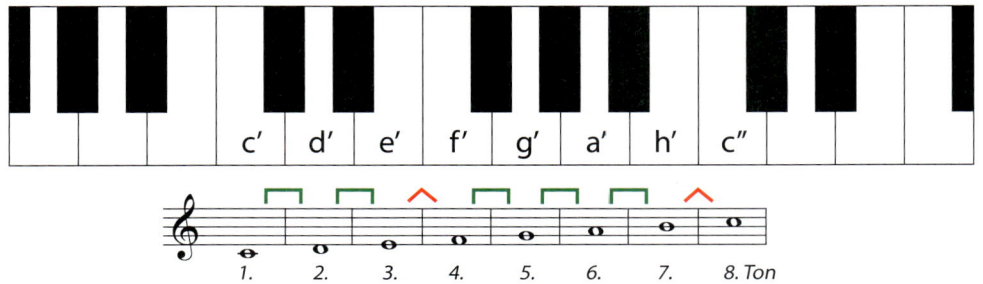

Regel: In jeder Dur-Tonleiter ist zwischen dem 3. und 4. und dem 7. und 8. Ton ein Halbtonschritt.
Alle Töne einer C-Dur-Tonleiter in Liedern: S. 20, 76, 77

Die G-Dur-Tonleiter

Beim Betrachten der weißen Tasten von g bis g' stellt man fest, dass die Halbtonschritte zwischen dem 3. und 4. und dem 6. und 7. Ton liegen.

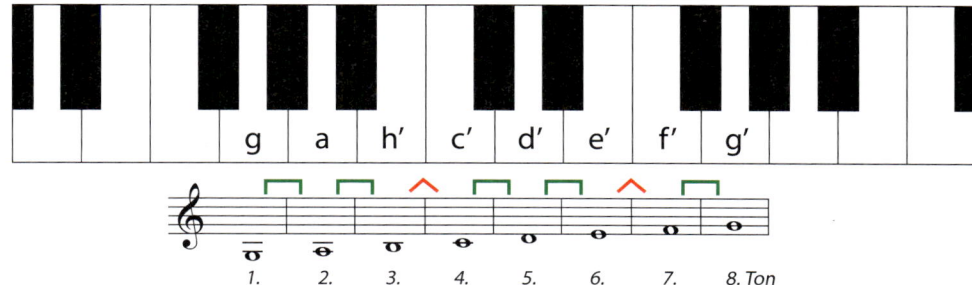

Vergleicht man dies mit der Regel für Dur-Tonleitern (→ S. 212), wird deutlich, dass der Halbtonschritt zwischen dem 6. und 7. Ton falsch liegt. Um das zu korrigieren, wird das f durch ein Kreuz (#) erhöht.

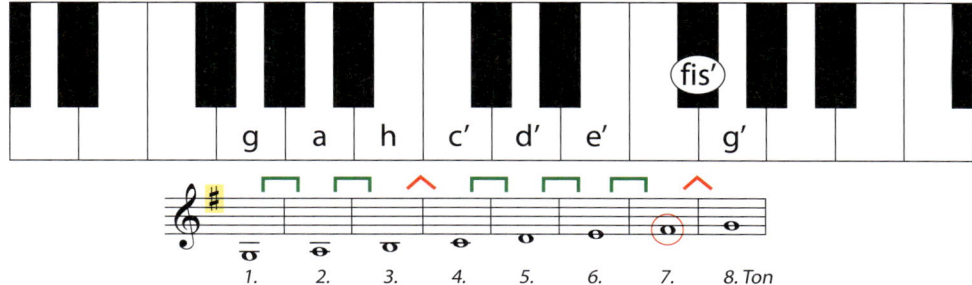

Die F-Dur Tonleiter

Beim Betrachten der weißen Tasten von f' bis f" stellt man fest, dass die Halbtonschritte zwischen dem 4. und 5. und dem 7. und 8. Ton liegen. Vergleicht man dies mit der Regel für Dur-Tonleitern (→ S. 212), wird deutlich, dass der Halbtonschritt zwischen dem 4. und 5. Ton falsch liegt. Um das zu korrigieren, wird das h durch ein B (♭) erniedrigt.

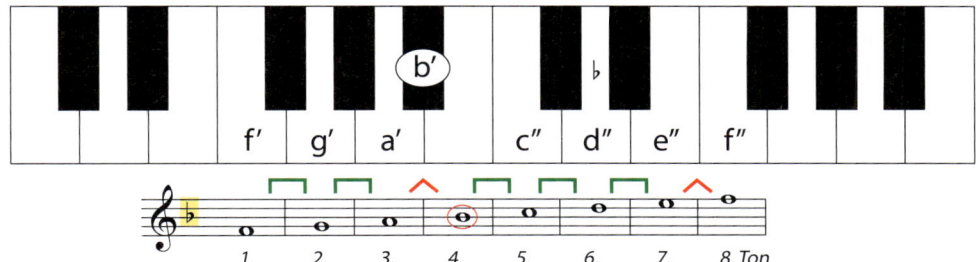

Dur und Moll – zwei Klangwelten

Lieder und Musikstücke stehen in bestimmen Tonarten, z. B. C-Dur, G-Dur. Neben den Dur-Tonarten gibt es auch Moll-Tonarten. Die Klangwelten Dur und Moll werden als Tongeschlechter bezeichnet. Den Unterschied zwischen Dur und Moll kann man gut erkennen, wenn man bekannte Melodien in einer Dur- und in einer Moll-Fassung singt oder spielt.

Bruder Jakob – Dur-Fassung (G-Dur)

No   no   no   ...

Melodie: aus Frankreich

Tonleitern

Bruder Jakob – Moll-Fassung (g-Moll)

No   no   no   …

Melodie (verändert): aus Frankreich

Der Unterschied ist auch am Notenbild erkennbar: Die Vorzeichen in der Moll-Fassung führen dazu, dass ein h zum b und ein e zum es wird.

Beispiele zur Unterscheidung von Dur und Moll: S. 114, 115, 116, 117, 118, 119

Die a-Moll-Tonleiter

Beim Anschlagen der weißen Tasten von a' bis a" fällt auf, dass die Tonfolge anders klingt als die bisher kennengelernten Tonleitern. Der Unterschied liegt in der Folge der Ganz- und Halbtonschritte.

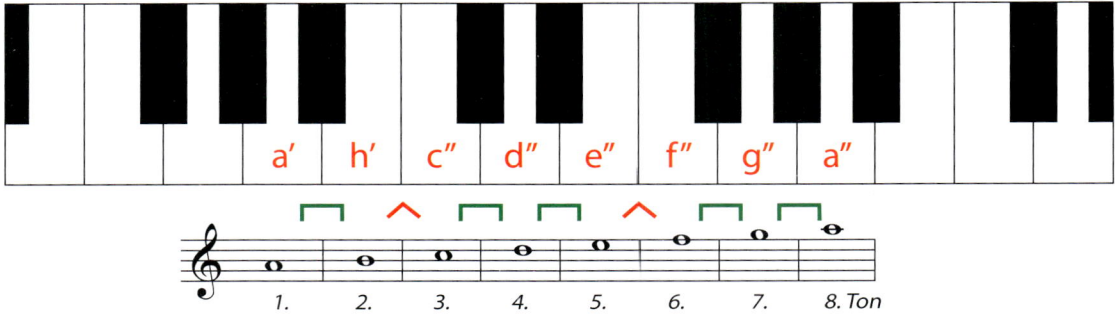

Regel: Bei der a-Moll-Tonleiter sind die Halbtonschritte zwischen dem 2. und 3. und dem 5. und 6. Ton. Diese a-Moll-Tonleiter ist ein Beispiel für das natürliche Moll. Für alle Tonleitern des natürlichen Moll gelten die gleichen Regeln. Für die anderen Moll-Arten (harmonisches Moll und melodisches Moll) gelten andere Regeln.

Variant-Tonart

Die Variant-Tonarten zeichnen sich dadurch aus, dass sie mit dem gleichen Grundton (Anfangston einer Tonleiter) beginnen. So ist ihr Name in Dur oder in Moll gleich. Beispiel: G-Dur ➔ Variant-Tonart ist g-Moll (➔ s. o. „Bruder Jakob")

Parallel-Tonarten

Zu jeder Dur-Tonart gibt es eine parallele Moll-Tonart. Parall-Tonarten haben die gleichen Vorzeichen, lediglich der Grundton ist verschieden. Der Abstand zwischen den Grundtönen der Parallel-Tonarten beträgt drei Halbtonschritte. Beim Quintenzirkel (➔ S. 215) liegen sich die Parallel-Tonarten gegenüber, die Dur-Tonarten außen, die Moll-Tonarten innen.

Beispiel F-Dur und d-Moll

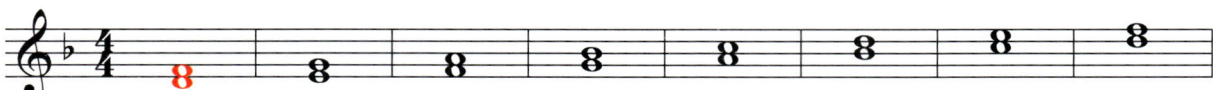

Der Quintenzirkel

Die Darstellung heißt so, weil der Abstand vom Grundton einer Tonart zum Grundton der benachbarten Tonart (z. B. C ➞ G) immer eine Quinte beträgt.

Dem Quintenzirkel kann man 2 Informationen entnehmen:

1. Parallel-Tonarten
Beispiele:
C-Dur und a-Moll, G-Dur und e-Moll

2. Die Vorzeichen
Beispiele:
C-Dur und a-Moll, keine Vorzeichen
G-Dur und e-Moll, ein Kreuz (1 #)
B-Dur und g-Moll, zwei B (2♭)

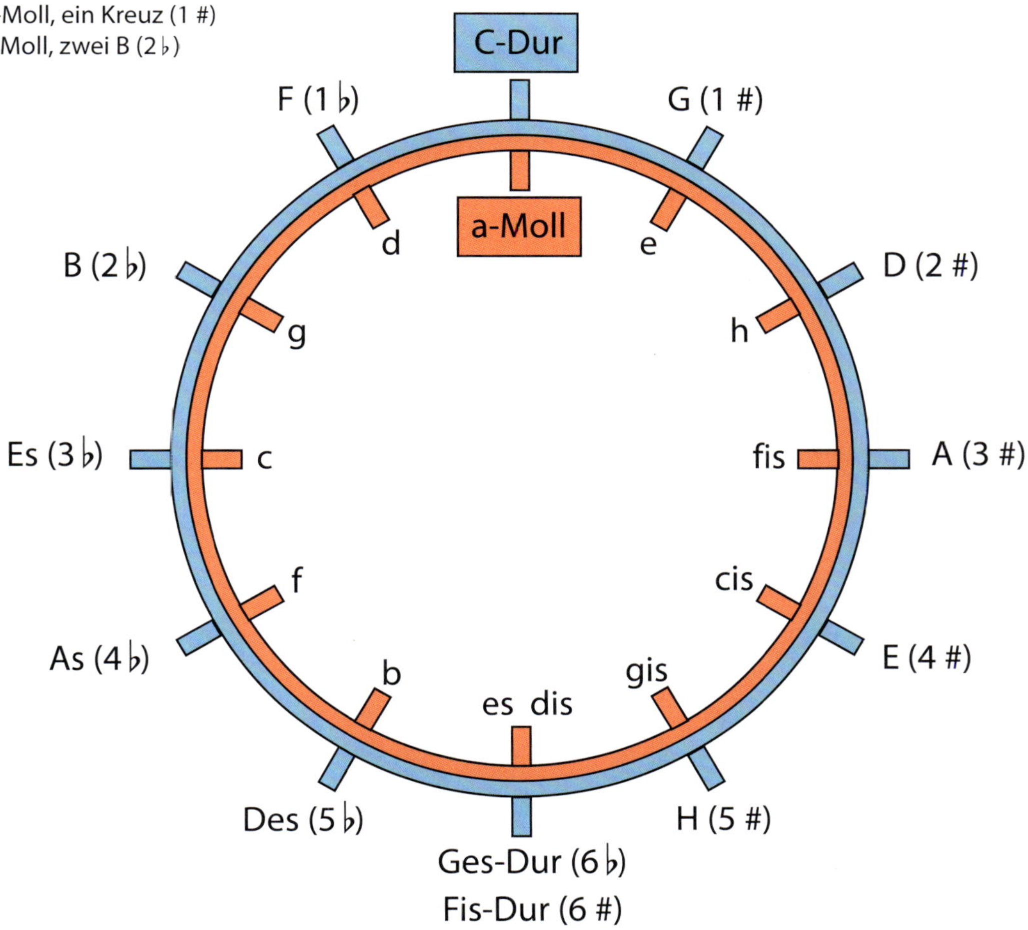

```
                    C-Dur
        F (1♭)              G (1 #)
                    a-Moll
   B (2♭)      d          e      D (2 #)
          g                  h
 Es (3♭)    c              fis    A (3 #)
            f              cis
 As (4♭)  b                  gis  E (4 #)
            es  dis
      Des (5♭)          H (5 #)
            Ges-Dur (6♭)
            Fis-Dur (6 #)
```

Tonarten bestimmen

Tonarten von Liedern oder Musikstücken können bestimmt werden, wenn die Vorzeichen im Notenbild angesehen werden. Manchmal ist es auch hilfreich, zusätzlich den Schlusston zu betrachten.

Beispiele:

Lied	Vorzeichen	Schlusston	Tonart
Hi, guten Morgen! (➞ S. 4)	/	c	C-Dur
Morning has come (➞ S. 23)	1 #	g	G-Dur
Geht die Abendsonne schlafen (➞ S. 32)	1 ♭	f	F-Dur
My Bonnie is over the ocean (➞ S. 93)	3 #	a	A-Dur

Intervalle

Der Begriff „Intervall" kommt vom lateinischen Wort „intervallum" und bedeutet „Zwischenraum". Das Intervall ist demnach der Abstand zwischen zwei Tönen, die gleichzeitig oder nacheinander erklingen können. Intervalle werden nach den lateinischen Ordnungszahlen benannt (Prime, Sekunde usw.). Um ein Intervall zu bestimmen, wird die Anzahl der Töne der Reihe nach vom untersten bis zum obersten Ton gezählt. Der erste und der letzte Ton werden mitgezählt.

Beispiele:

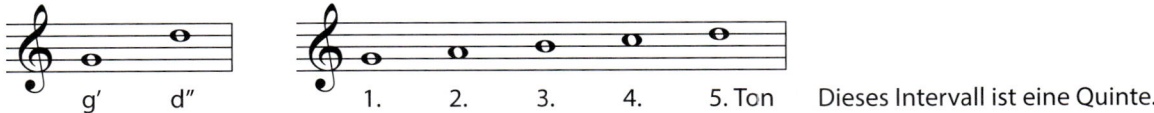

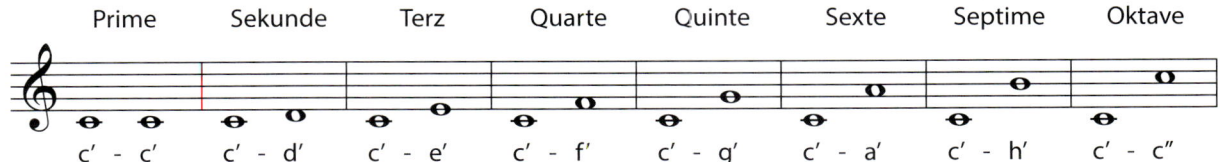

Intervalle kann man sich gut merken, wenn man sie oft singt oder sich Liedanfänge einprägt.

Die Prime (von primus = der Erste)

Die Prime wird als Intervall bezeichnet, obwohl es sich um eine Tonwiederholung oder um den Zusammenklang zwei gleicher Töne handelt.

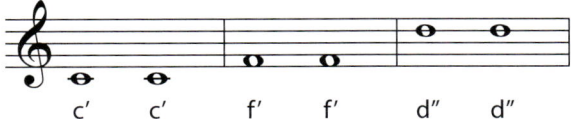

Lieder, die mit einer Prime beginnen: S. 4, 6, 20, 73, 84, 173, 178

Die Sekunde (von secundus = der Zweite)

In einer Tonleiter nennt man den Abstand von einem Ton zum nächsten „Sekunde". Beträgt der Abstand zwischen den beiden Tönen einen Ganztonschritt, so handelt es sich um eine große Sekunde. Beträgt er einen Halbtonschritt, so ist es eine kleine Sekunde.

Kleine Sekunde

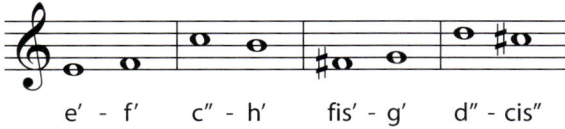

Große Sekunde

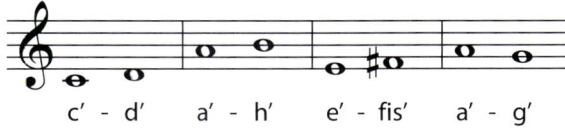

Lieder, die mit einer kleinen Sekunde beginnen: S. 5; mit einer großen Sekunde: S. 23, 38, 49, 63

Die Terz (von tertius = der Dritte)

Die kleine Terz besteht aus 3, die große Terz aus 4 Halbtonschritten. Der Kuckucksruf ist eine kleine Terz.

Kleine Terz

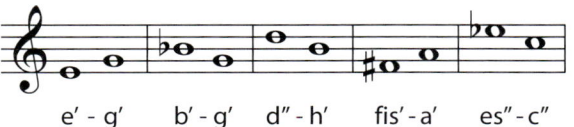

Große Terz

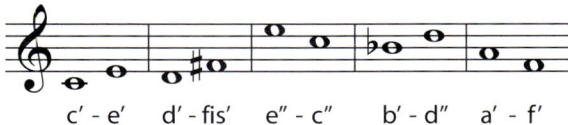

Lieder, die mit einer kleinen Terz beginnen: S. 170; mit einer großen Terz: S. 21, 76, 171

Die Quarte (von quartus = der Vierte)

Die reine Quarte besteht aus 5 Halbtonschritten. Der Tusch bei Karnevalsveranstaltungen ist eine reine Quarte.

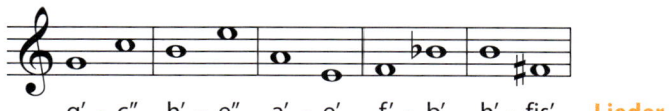

g' - c"   h' - e"   a' - e'   f' - b'   h' - fis'   **Lieder, die mit einer reinen Quarte beginnen: S. 33, 46, 47, 62, 82, 179**

Die Quinte (von quintus = der Fünfte)

Auch bei diesem Intervall gibt es die reine Quinte. Sie besteht aus 7 Halbtonschritte.

d' - a'   c" - f'   g' - d"   a' - e"   e' - h'   **Ein Lied, das mit einer reinen Quinte beginnt: S. 52**

Die Sexte (von sextus = der Sechste)

Es gibt die kleine (8 Halbtonschritte) und die große (9 Halbtonschritte) Sexte.

Kleine Sexte   **Große Sexte**

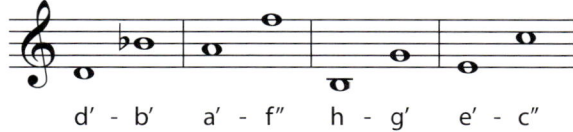   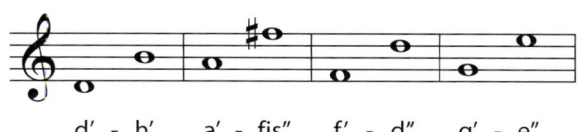

d' - b'   a' - f"   h - g'   e' - c"   d' - h'   a' - fis"   f' - d"   g' - e"

Lieder, die mit einer kleinen Sexte beginnen: S. 164; mit einer großen Sexte: 93

Die Septime (von septimus = der Siebte)

Es gibt die kleine (10 Halbtonschritte) und die große (11 Halbtonschritte) Septime. Man findet sie eher innerhalb als am Anfang von Liedern, z.B. „Heut kommt der Hans zu mir" S. 178 Takt 2/3.

Kleine Septime      **Große Septime**

c'   b'   c'   h'

Die Oktave (von octavus = der Achte)

Die Oktave gehört wie die Prime, Quarte und Quinte zu den reinen Intervallen. Sie besteht aus 12 Halbtonschritten. In der „Deutschen Nationalhymne" sind alle 8 Intervalle vertreten.

Ei - nig - keit und Recht und   Frei - heit für das   deut - sche   Va - ter - land!
Da - nach lasst uns   al - le   stre - ben brü - der - lich mit   Herz und Hand!

Ei - nig - keit und Recht und   Frei - heit sind des   Glü - ckes Un - ter - pfand.

Blüh' im   Glan - ze   die - ses   Glü - ckes, blü - he,   deut - sches Va - ter - land!

Text: Hoffmann von Fallersleben   Melodie: Joseph Haydn

217

Dreiklänge

Wenn drei oder mehr Töne zusammenklingen, spricht man von einem Akkord. Ein Akkord aus 3 Tönen wird Dreiklang genannt. Die Töne eines Dreiklangs können gleichzeitig oder nacheinander erklingen. Erklingen die Töne nacheinander, so spricht man von einem gebrochenen Dreiklang.

Die Bezeichnung des Dreiklangs richtet sich nach seinem Grundton. Die anderen beiden Töne werden nach ihrem Abstand zum Grundton benannt. Der Abstand beträgt jeweils 1 Terz.

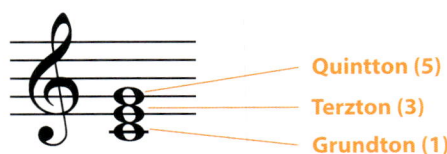

Quintton (5)
Terzton (3)
Grundton (1)

Dur-Dreiklänge

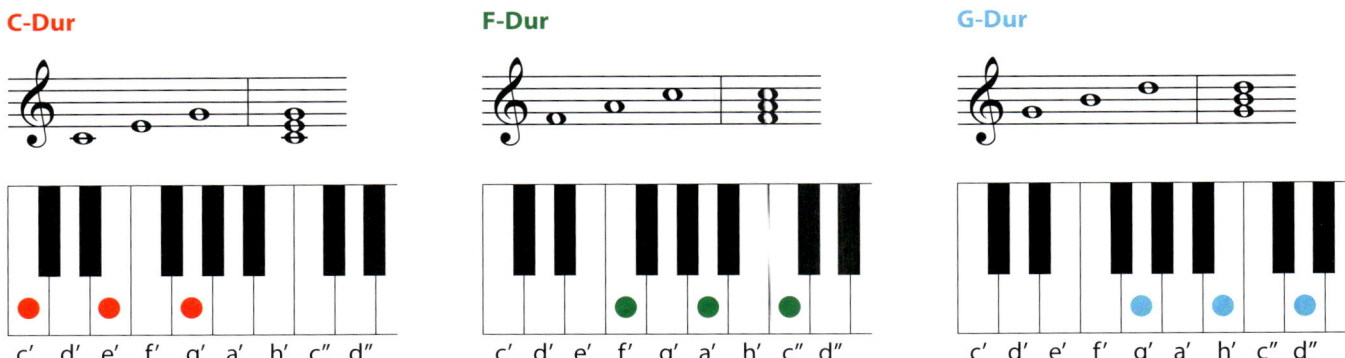

C-Dur

F-Dur

G-Dur

Regel: Bei jedem Dur-Dreiklang (z. B. f' – a' – c') befindet sich die große Terz (z. B. f' – a', 4 Halbtonschritte) unten und die kleine Terz (z. B. a' – c", 3 Halbtonschritte) oben.

Lieder, die mit einem Dur-Dreiklang beginnen: S. 20, 21, 48

Moll-Dreiklänge

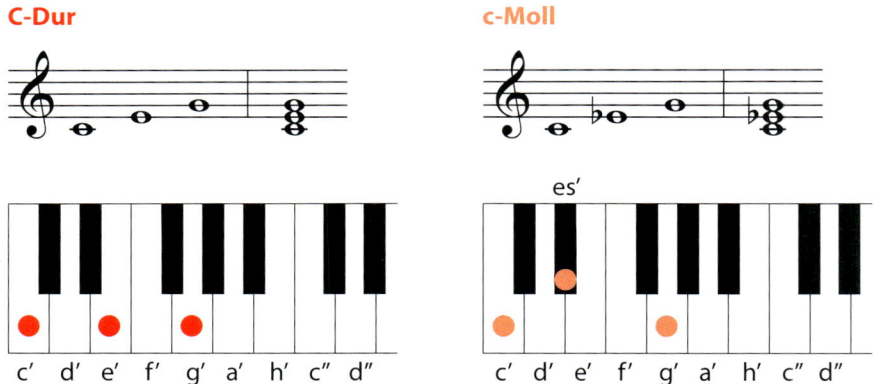

C-Dur

c-Moll

es'

Regel: Bei jedem Moll-Dreiklang (z. B. c' – es' – g') befindet sich die kleine Terz (z. B. c' – es', 3 Halbtonschritte) unten und die große Terz (z. B. es' – g', 4 Halbtonschritte) oben.

Vortragsbezeichnungen

Vortragsbezeichnungen sind Hinweise des Komponisten oder der Komponistin, wie das Werk vorgetragen werden soll. Unter anderem sollen dadurch das Tempo, die Dynamik und die Artikulation bestimmt werden. Beim Musizieren lassen sich die Vortragsbezeichnungen gut nachvollziehen, vor allem dann, wenn ein Musikstück mit unterschiedlichen Vortragsbezeichnungen vorgetragen wird.

Tempo

Abhängig vom vorgegebenen Tempo kann z. B. eine Viertelnote unterschiedlich lang sein. Seit der Erfindung des Metronoms 1816 kann das Tempo genau bestimmt werden. Beispiel: Die Abkürzung ♩ = 60 heißt 60 Viertelschläge pro Minute. Es gibt aber auch Komponisten, die einen Zeitstrahl in Sekunden vorgeben (→ S. 142, 143).

Tempobezeichnungen (Auswahl):

Italienisch	Deutsch
Largo	breit, sehr ruhig
Lento	langsam
Grave	ernst, schwer
Adagio	ruhig
Andante	gehend
Andantino	etwas schneller als Andante
Moderato	mäßig schnell

Italienisch	Deutsch
Allegretto	etwas langsamer als Allegro
Allegro	schnell
Vivace	lebhaft
Presto	sehr schnell
Prestissimo	so schnell wie möglich
ritardando (rit.)	langsamer werdend
accelerando (accel.)	schneller werdend

Dynamik (Lautstärke)

Komponisten setzen in ihren Werken oft unterschiedliche Dynamik ein, um sie interessanter zu machen.

Abkürzung	Italienisch	Deutsch
ppp	pianopianissimo	äußerst leise
pp	pianissimo	sehr leise
p	piano	leise
mf	mezzoforte	halblaut

Abkürzung	Italienisch	Deutsch
f	forte	laut
ff	fortissimo	sehr laut
fff	fortefortissimo	äußerst laut

Soll sich die Lautstärke allmählich verändern, dann werden u. a. folgende Begriffe verwendet:

cresc. = crescendo = lauter werden = ◁   decresc. = decrescendo = leiser werden = ▷

Artikulation

Unter Artikulation versteht man die Spielweise der Töne. Beispiele:

staccato: gestoßen, sehr kurz abgesetzt   portato: gehalten, aber abgesetzt   tenuto: sehr lang gehalten   legato: gebunden

Betonung

Die Artikulation bezieht sich auch auf die Betonung von Tönen. Beispiele:

Akzent   sforzato oder sforzando: mit plötzlicher Betonung

Musikstücke mit verschiedenen Vortragsbezeichnungen: S. 24, 25, 80, 102, 103, 106, 114, 118, 119, 183, 195

Liedform

In der Musik entstehen aus Motiven und Themen (→ Kap. 13) längere Abschnitte, die schließlich eine gesamte Komposition ergeben. Das lässt sich gut mit der Sprache vergleichen: Aus Silben bilden wir Wörter, aus Wörtern Sätze und aus Sätzen Geschichten.

Die Liedform

Zur Gliederung von Musikstücken können folgende Begriffe verwendet werden:

Motiv: → S. 112, 113

Phrase: Eine Einheit, die aus einem oder mehreren Motiven besteht. Oft kann eine Phrase in einem Atemzug gesungen werden.

Vordersatz: In ihm wird eine musikalische Spannung mit offenem Ende aufgebaut. Er besteht in der Regel aus einer oder zwei Phrasen.

Nachsatz: Eine Art Antwort auf den Vordersatz mit einem spannungsauflösenden Ende (meist Grundton).

Periode: Vordersatz und Nachsatz zusammengenommen, wird auch „musikalischer Satz" genannt.

Beispiel „Komm, lieber Mai" (→ S. 48):

Vordersatz
Phrase a
Motiv 1   Motiv 2

Nachsatz
Phrase b
Motiv 1   Motiv 2'

Text: Christian Adolf Overbeck   Melodie: W. A. Mozart

Die zweiteilige und dreiteilige Liedform

Viele Lieder sind aus mehreren Teilen zusammengestellt, die in der Regel mit Buchstaben gekennzeichnet werden. Beispiele für die zweiteilige Liedform:

Lieder mit zweiteiliger Liedform: S. 5, 37, 38, 49, 50, 53, 57, 73, 93, 174

Beispiele für die dreiteilige Liedform:

Lieder mit dreiteiliger Liedform: S. 33, 47, 52, 62, 63, 173

Formteilbezeichnungen in der Pop-, Rock- und Jazz-Musik und im Rap

In diesen Musikgenres werden meist folgende Formteilbezeichnungen verwendet: **Intro:** Einleitung
Bridge: Überleitung
Outro: Schlussteil

Besetzungen

„Besetzungen" in der Musik meint die Anzahl oder Art von Instrumenten oder Singstimmen, die an der Darbietung eines Musikstücks beteiligt sind. Als Besetzung wird bereits der Solist bezeichnet, bis hin zum kompletten Orchester oder Chor.

Ein Solist tritt alleine auf oder er wird bei seinem Solo von anderen Musikern im Hintergrund begleitet. Solisten sind besonders gute Instrumentalisten oder Sänger.

Neben den Solisten gibt es zahlreiche weitere instrumentale, vokale (Gesang) oder gemischte Besetzungen. Es gibt das Orchester, das Streichquartett, die Band, das Ensemble usw. Als Ensemble wird eine kleinere Gruppe von Musikern bezeichnet. Das können reine Vokal- oder Instrumentalensembles oder gemischte Ensembles sein. Streichquartette haben in der Regel eine feste Instrumentenbesetzung: 2 Violinen, 1 Viola, 1 Violoncello (→ S. 102).

Bei den Bezeichnungen gibt es Unterschiede zwischen Instrumentalisten und Sängern. So wird z. B. eine Gruppe von zwei Instrumentalisten „Duo", eine Gruppe von zwei Sängern „Duett" genannt.

Ein Solist am Saxofon

Ein Trio aus Kuba

Instrumente

Ein Duo besteht aus zwei Instrumentalisten. Sie können mit oder ohne Begleitung durch andere Musiker auftreten.

Von einem Trio spricht man, wenn drei Musiker zusammen spielen.

Beim Quartett sind es vier, beim Quintett fünf, beim Sextett sechs, beim Septett sieben und beim Oktett acht Personen.

Infos über Bands und Orchester findet ihr u. a. auf den Seiten 43, 154, 155 und 137.

Stimmen

Ein Chor, in dem Männer und Frauen zusammen singen, ist ein gemischter Chor. Er umfasst die Stimmlagen Sopran, Alt, Tenor und Bass. Im Sologesang gibt es noch mittlere Stimmlagen: Mezzosopran bei den Frauen, Bariton bei den Männern. Singen zwei Sängerinnen oder Sänger mit oder ohne Begleitung zusammen, so spricht man von einem „Duett". Bei drei Personen heißt es „Terzett". Stimmumfänge der verschiedenen Stimmlagen:

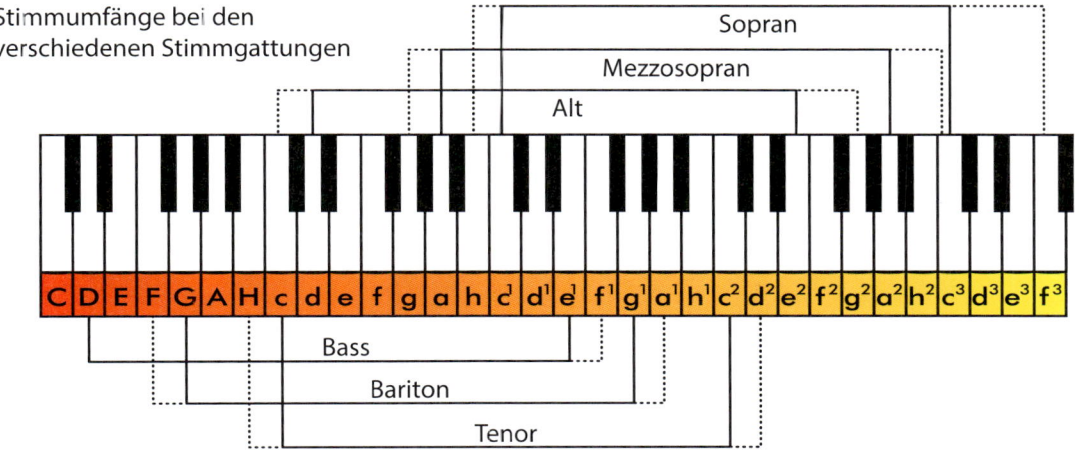

Stimmumfänge bei den verschiedenen Stimmgattungen

Solmisation

Relative Solmisation

Für das Musizieren, für die musikalische Entwicklung und für das musikalische Lernen ist der Umgang mit der eigenen Stimme von zentraler Bedeutung. Die relative Solmisation kann helfen, ein Gefühl für den Grundton heranzubilden, tonale Strukturen zu erkennen und ein Tonraumbewusstsein zu entwickeln. Das innere Hören wird somit geschult, was zu einer besseren ganzheitlichen Erfassung von Melodien und einer zunehmenden Intonationssicherheit beitragen kann.

Die Silben „do", „re", „mi", „fa", „so", „la", „ti" bezeichnen bei der relativen Solmisation die Funktion und die Beziehung der einzelnen Töne innerhalb eines Tonraums. Jede Silbe steht für eine Stufe in der Tonleiter.

Unterstützt wird das Singen durch festgelegte Handzeichen, die vor dem Körper an ganz bestimmten Stellen ausgeführt werden:

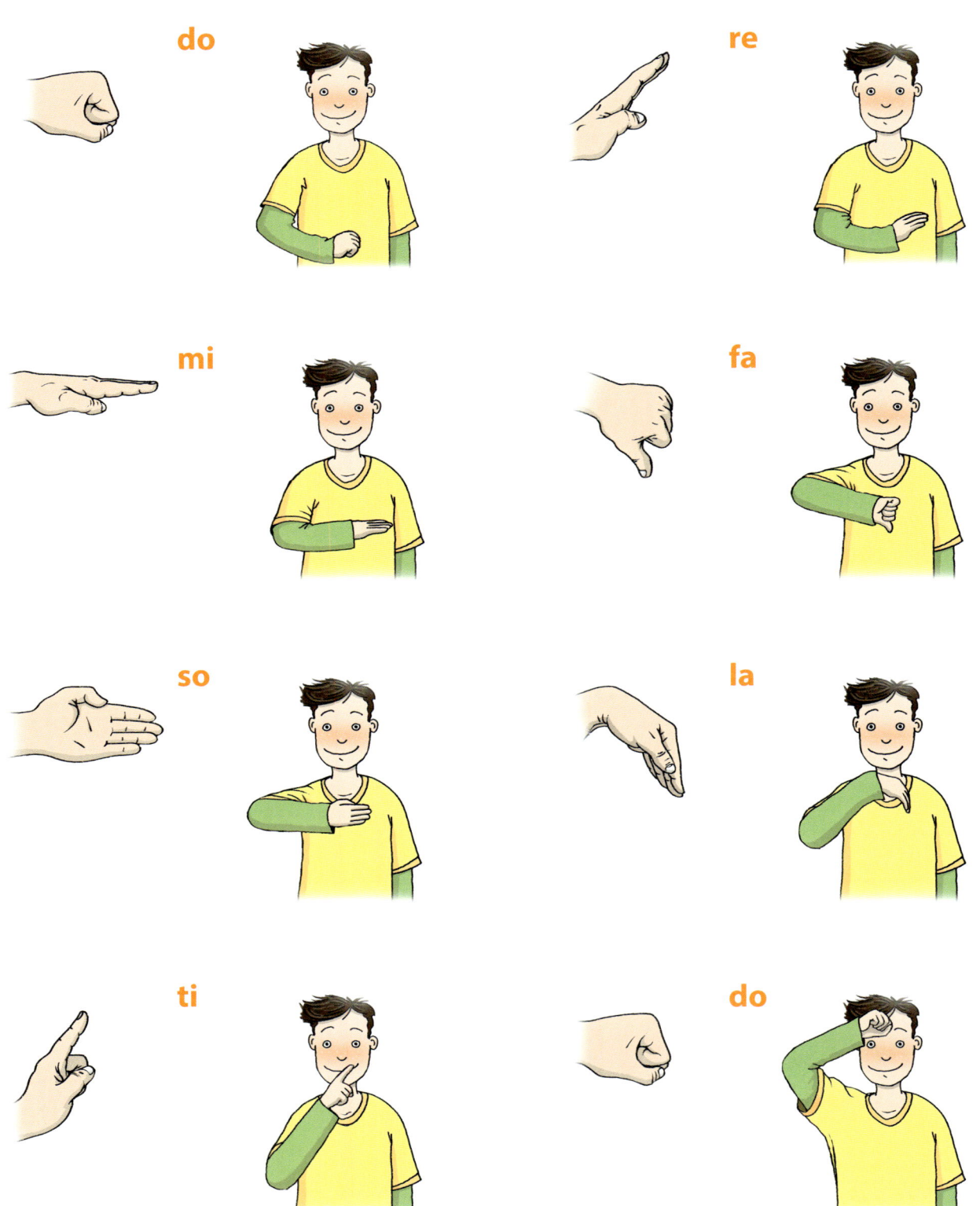

Grundton in Dur und Moll

Bei Melodien in Dur wird die Tonsilbe „do", bei Melodien in Moll die Tonsilbe „la" als Grundton verwendet.

C-Dur-Tonleiter

do   re   mi   fa   so   la   ti   do

F-Dur-Tonleiter

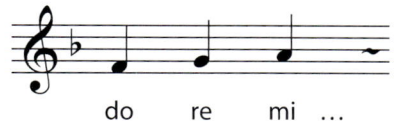

do   re   mi   …

G-Dur-Tonleiter

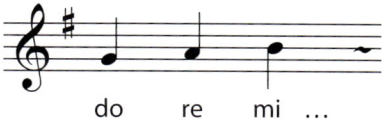

do   re   mi   …

G-Moll-Tonleiter

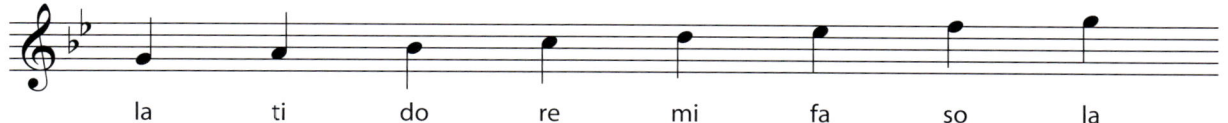

la   ti   do   re   mi   fa   so   la

Heute zeigt der Komponist – Eine Grundtonbegleitung

Gm · D · Gm · D

Heu - te zeigt der Kom - po - nist   ei - nen fei - nen Trick.

la   mi   la   mi

Gm · D · Gm · D · Gm

Kennt ihr's o - der kennt ihr's nicht, die - ses klei - ne Stück?

la   mi   la   mi   la

Text: Mechthild Fuchs   Musik: Grunow, Gordon, Azzara

Dialoge singen und Melodien anzeigen

so   so   mi   mi   so   so   mi   mi   so
Lehrer: Seid ihr al - le da?   Kinder: Ja, wir sind da!

Text und Melodie: Ulrike Wingenbach

223

Solmisation

Dur-Dreiklänge singen

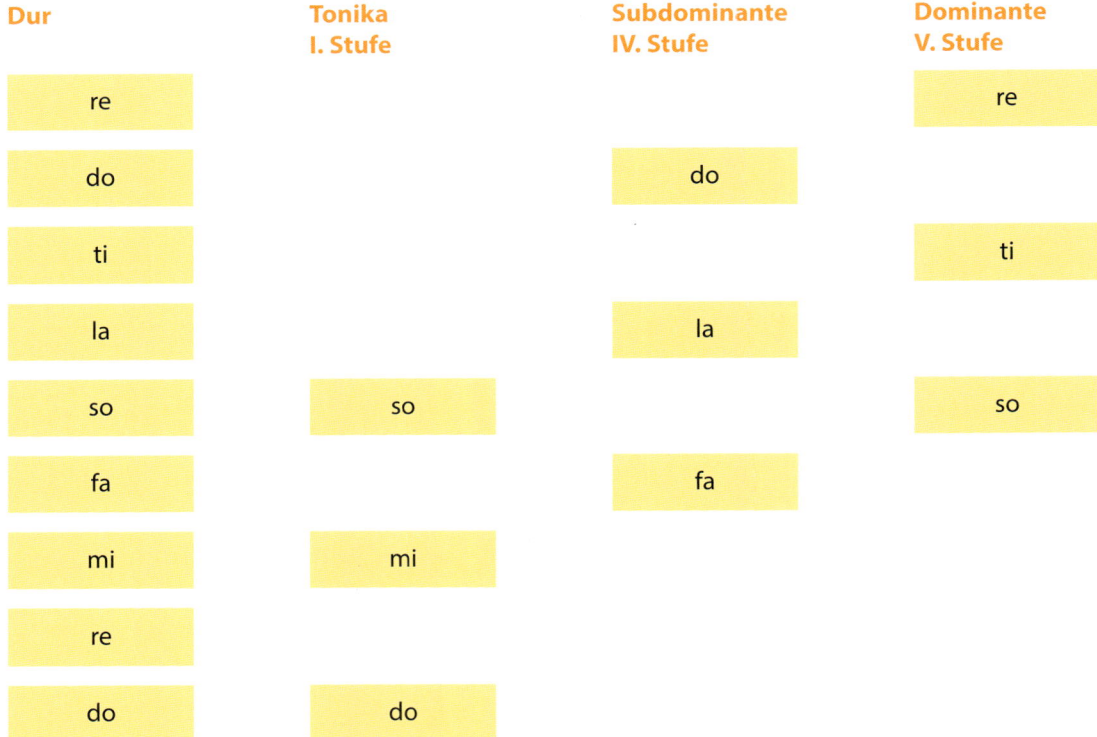

Dur	Tonika I. Stufe	Subdominante IV. Stufe	Dominante V. Stufe
re			re
do		do	
ti			ti
la		la	
so	so		so
fa		fa	
mi	mi		
re			
do	do		

Rhythmische Solmisation

Das Einüben unterschiedlicher Rhythmen wird oft durch die Sprache (Hilfssätze oder Silben) unterstützt. Dies kann auch über die rhythmische Solmisation erfolgen. Die Silbe „du" bezeichnet hierbei immer die betonten Zählzeiten, die im Allgemeinen dem Grundschlag oder dem Metrum entsprechen. Die unbetonten Zählzeiten werden mit anderen Silben bezeichnet, entsprechend der Unterteilung der Rhythmen.

Beispiel Unterteilung im 2/4-Takt:

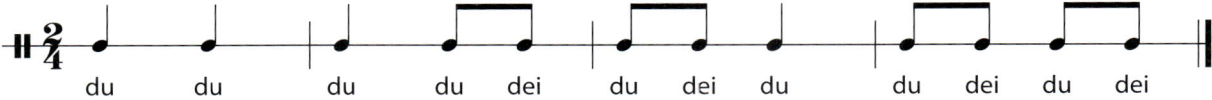

Beispiel Unterteilung im 6/8-Takt:

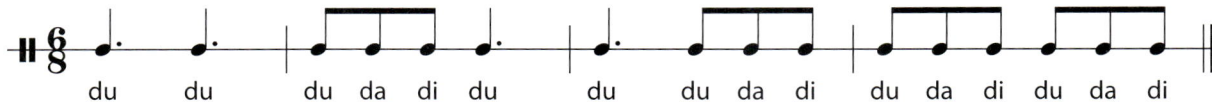

Beispiel Unterteilung im 4/4-Takt:

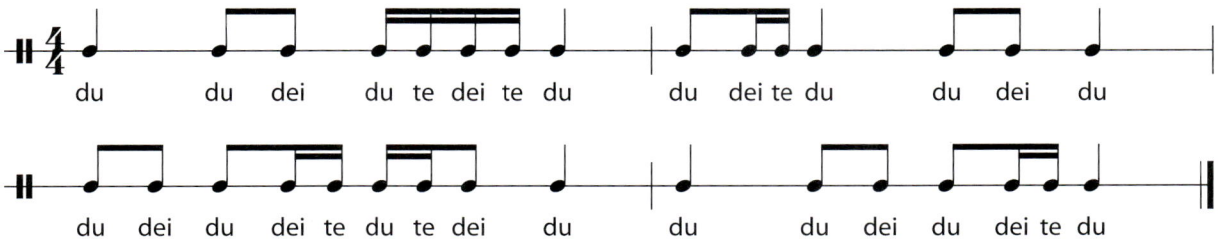

Anwendungsmöglichkeiten der Solmisation: S. 34, 88, 112, 143, 180, 181

Lexikon

Hier findest du Erklärungen von weiteren Begriffen, die im Schulbuch gekennzeichnet wurden.

Beatboxing: Mit Geräuschen imitierte Schlagzeugklänge, die im Mund, der Nase und im Rachen erzeugt werden.

Bodypercussion: Ausschließlich mit dem eigenen Körper erzeugte Klänge.

Bordun: Ein oder mehrere tiefe Haltetöne, die das ganze Musikstück über mitklingen.

Drum-Groove: 1. Ein oder mehrere Rhythmusbausteine, die am Schlagzeug gespielt werden.
2. Ein sich wiederholender Schlagzeugrhythmus, mit dem das Tempo eines Stücks gesetzt, gehalten oder vorangetrieben wird.

Intonation: Die genaue Abstimmung von Tonhöhen.

Kantate: Abfolge von Solo- oder Chorgesangstücken mit Instrumentalbegleitung. Rezitative in Form von Gedichten und Vor- und Zwischenspiele können mit einbezogen werden.

Klangfarbe: Art und Weise, wie ein Ton klingt. Im Instrumentalbereich hängt das von der Spielweise, aber auch von der Instrumentenauswahl ab.

Medley: Ein mehrteiliges Lied, dessen Teile aus unterschiedlichen Liedern bestehen. Die Übergänge dieser Teile sind fließend.

Parameter: Aspekte wie Tondauer, Tonhöhe und Lautstärke. Das Aufstellen von Parametern hilft, Musiken miteinander zu vergleichen oder einzelne Musikstücke zu beschreiben.

Performance: Durchführung, Aufführung, Darstellung (mit Bezug auf die Kunst). Eine Performance umfasst mehrere Aspekte wie Tanz, Schauspiel, Gesang, Instrumentalspiel und Gedichtvortrag.

Präludium: Instrumentales Vorspiel eines Werks.

Rezitativ: Eine Art Sprechgesang, der solo vorgetragen wird.

Riff: Vor allem in der Rockmusik verwendetes, kurzes melodisch oder rhythmisch prägnantes Motiv mit hohem Wiedererkennungswert. Es wird an mehreren Stellen eines Stücks wiederholt oder durchgängig gespielt.

Satz: Einteilung einer Sinfonie, meist in drei oder vier Sätze.

Sinfonie: Ein aus meist drei oder vier Sätzen bestehendes Orchesterwerk ohne Solo-Instrumente. Gelegentlich wird auch ein Chor einbezogen, der allerdings keine führende Rolle einnimmt.

Swing: Stilrichtung des Jazz, die Mitte der 1930er-Jahre in Amerika aufkam. Musikalisch handelt es sich um den spannungsgeladenen Gegensatz zwischen den Grundschlägen der Musik und kleinen rhythmischen Abweichungen in den Melodien.

synchron: Das zeitgleiche und übereinstimmende Musizieren, Singen oder Tanzen.

Über Musik sprechen

Gespräche über Musik finden täglich statt, in der Schule, auf dem Heimweg, zu Hause, nachmittags beim Sport usw. Oft drehen sich diese Gespräche um das eine oder andere Lied oder Musikstück, das einem besonders gut gefällt. Damit der Gesprächspartner gut nachvollziehen kann, was gemeint ist, ist eine möglichst genaue Beschreibung der Musik und deren Merkmale erforderlich. Genaue Beschreibungen sind darüber hinaus auch beim Vergleichen und Kritisieren von Liedern und Musikstücken hilfreich.

Eine wichtige Rolle beim Beschreiben von Musik spielen musikbezogene Parameter (→ Kap. 23), die Ideen des Komponisten bzw. der Komponistin (z. B. Variationen, Form, Instrumenteneinsatz), aber auch die Empfindungen der Zuhörenden.

Musik beschreiben

Schritt 1
Hört zunächst das Musikstück in einer bequemen Hörhaltung und ohne Zeitdruck. Lasst es auf euch wirken. Überlegt anschließend, was euch sofort aufgefallen ist. War es z. B. die Wirkung, die Lautstärke, das Tempo oder die Form?

Schritt 2
Hört die Musik erneut und sucht euch aus, worauf ihr besonders achten wollt. Helfen können euch die Wortfelder. Schreibt beim Hören oder kurz danach eure Höreindrücke in Stichwörtern auf. Sprecht zu zweit oder in der Gruppe darüber.

Tempo
sehr schnell   rasend   Largo
bewegt   langsam   schleppend
accelerando   gehend   schnell
hektisch   Lento   ungleichmäßig

Dynamik
plötzlich laut   crescendo   flüsternd
forte   decrescendo   lärmend
äußerst leise   sehr laut   leise

Tonhöhe
hoch   tief   aufsteigend
absteigend   Tonwiederholungen
Tonschritte   Tonsprünge
wellenartig   sprunghaft

Klangfarbe
weich   verschwommen   grell
kalt   hell   warm   dunkel
bunt   glänzend   düster   hölzern

Besetzung
Band   Tenor   Gemischter Chor
Streichquartett   Bass   Sopran
Gitarre   Duo   Kinderchor
Solist   Schlagzeug

Form
Strophe   Rondo   Refrain
Thema   Motiv   Bridge   Ablauf
Formteil   Variation   Einleitung

Zusammenklang
durcheinander   dicht   Dur
ausgewogen   schräg
Moll   einstimmig

Wirkung
humorvoll fremd feierlich traurig
kraftvoll aufgewühlt friedlich leicht
geheimnisvoll gefühlvoll munter
tänzerisch majestätisch verspielt
ruhelos   aufregend

Spielweise
staccato   legato   portato
tenuto   pizzicato   mit Akzent

Schritt 3
Untersucht die Wortfelder genauer. Welche Begriffe kennt ihr schon? Welche noch nicht? Welche fehlen? Erkundigt euch über die Bedeutung von Begriffen, die ihr noch nicht kennt (→ Kap. 23).

Schritt 4
Hört die Musik erneut und ergänzt eure Stichwortliste aus Schritt 2.

Schritt 5
Verfasst zu zweit oder in kleineren Gruppen einen Text, der die Musik gut beschreibt. Hört dabei mehrmals die Musik.

Den Klang von Instrumenten beschreiben

Beim Sprechen über Musik kann eine genaue Klangbeschreibung von Instrumenten auch dazu beitragen, dass Aussagen für alle Beteiligten nachvollziehbarer werden. Allerdings wird der Klang eines Instruments auch von dem Werk bestimmt, das das Instrument gerade spielt.

Beispiele:

Querflöte
• luftig, leicht, weich, schwebend, graziös, durchdringend, klar, schrill, hell, pfeifend, wispernd

Oboe
• durchdringend, herb, scharf, rau, näselnd, robust, voll, eindringlich

Klarinette
• weich, warm, sanft, melodisch, rund, leuchtend, heiser, schmeichelnd, belebt, grell

Fagott
• samtig, mild, sonor, warm, malerisch, lebendig, durchdringend, klagend, voll, rund, glucksend

Trompete
• metallisch, hell, intensiv, strahlend, glänzend, füllig, kraftvoll, edel

Horn
• füllig, warm, samtig, klar, weich, metallisch

Violine
• voll, singend, ausdrucksvoll, glänzend, hell, vibrierend, klar, scharf, rein, herb, rau, schwebend

Cello
• weich, warm, voll, vibrierend, singend, edel, ausdrucksvoll, klar, schwebend

Kontrabass
• gewichtig, dunkel, schwebend, erdig, breit, wuchtig, hauchend

Harfe
• zart, metallisch, verweht, klangvoll, hell, glänzend, glitzernd, fließend, spitz, plätschernd

Pauke
• dumpf, donnernd, grollend, dröhnend, tief, schwer, wuchtig, füllig, voll, bebend, hohl

Xylofon
• hart, hölzern, hell, klappernd, spitz, durchdringend, spröde, trocken, hohl, transparent

Glockenspiel
• hell, glänzend, glitzernd, glockenähnlich, schimmernd, grell, durchdringend, spitz

Gong
• metallisch, rauschend, gewaltig, majestätisch, exotisch

Den Klang der Stimme beschreiben

Ein ganz bestimmter Stimmenklang eines Sängers oder einer Sängerin kann maßgeblich dazu beitragen, ob ein Lied gefällt oder nicht gefällt. Aber auch hier wird der Klang der Stimme oft vom Lied, das gesungen wird, geprägt.

Beispiele:

rau, zart, weich, kratzig, grölend, dünn, voll, durchdringend, warm, hart, fröhlich, hoch, tief, näselnd, klar, kräftig, leise, laut, mächtig, piepsig, dunkel, hell, gepresst

Ergebnisse auswerten und beurteilen

Beim Üben und Vortragen eines Musikstücks ist es wichtig, sein eigenes Handeln und das der anderen genauso wie die eigenen Ergebnisse und die der anderen kritisch zu betrachten. So können Stärken deutlich werden, die dann gewinnbringend für sich und die anderen im weiteren Unterricht eingebracht werden können. Genauso können sich aber auch Schwächen zeigen. Diese zu überwinden, gelingt am besten, wenn die Kritik weiterhilft und sachlich und begründet ist. Hilfreich ist dabei die Verwendung von Kriterien.

Ergebnisse von Auswertungsgesprächen sind für den Einzelnen und die Gruppe umso wertvoller, wenn sie gleich umgesetzt werden können. Daher ist es hilfreich, hin und wieder Zwischenergebnisse zu besprechen. So können Tipps und Hinweise sofort genutzt werden.

Mögliche Kriterien

Zu vielen Themenfeldern können allgemeine Auswertungskriterien verwendet werden, z. B.:

Beim Musizieren und Singen:	**Beim Erfinden von Musik:**
• Wirkung / Gesamteindruck • Korrekte Wiedergabe des Stücks • Ausgewogene Lautstärke • Intonation (→ S. 225) • Genauigkeit im Zusammenspiel • Sicherheit (Spieltechnik, Vortrag)	• Wirkung/Gesamteindruck • Umgang mit Parametern wie Dynamik und Tempo • Art des Einsatzes von Stimme und Instrumenten • Spielweise • Genauigkeit im Zusammenspiel • Umsetzung eigener Ideen

Die Auswertungskriterien sollten sich nicht nur auf musikalische Aspekte beziehen. Wichtige Kriterien, insbesondere zur Selbstreflexion, sind z. B. die Qualität der Zusammenarbeit in der Gruppe oder Freude.

Eigene Kriterien aufstellen

Das Aufstellen eigener Kriterien hat den Vorteil, dass diese viel genauer auf das Thema zugeschnitten werden können. Viele Auswertungskriterien ergeben sich aus den Aufgaben. Beispiel: „Erfindet eine Melodie zum Stück ‚Roots'. Achtet darauf, dass eure Melodie Tonwiederholungen, Tonschritte und Tonsprünge enthält." Bei der Auswertung der Ergebnisse wird dann darauf geachtet, inwieweit Tonwiederholungen, Tonschritte und Tonsprünge eingesetzt wurden und ob sie in einem ausgewogenen Verhältnis zueinander stehen.

Kritik anbringen

Kritik ist nur dann sinnvoll, wenn sie weiterhilft und dem Einzelnen oder der Gruppe aufzeigt, was verbessert werden kann und wie. Es kommt sehr darauf an, wie die Kritik formuliert wird.

Beispiele: „Ich finde gut, dass die Gruppe …" ; „Beim nächsten Mal könnte die Gruppe …" .

Wie kann ich mich verbessern?

Kritik soll helfen. Daher ist es immer gut, wenn mit der Kritik auch Strategien angesprochen werden, die zu einer Verbesserung der Leistungen führen können. Beispiel Begleitung „Weihnachten ist auch für mich", S. 74: Neben der Feststellung, dass die Metallofonspieler ihren Ton auf Zz 3 zu früh spielen, wäre es gut, wenn sie den Hinweis bekämen, auf den zweiten Glockenspielton zu warten. Erst danach spielen sie ihren zweiten Ton.

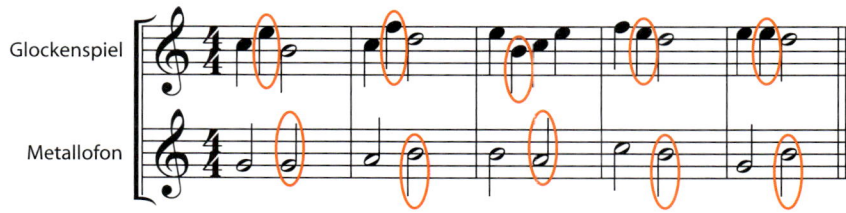

Plakate erstellen

Um Wandplakate oder auch Informationsplakate erstellen zu können, ist es notwendig, Informationen zu einem bestimmten Thema zu suchen und diese in einem gegliederten Ablauf auf einem Plakat darzustellen.

Schritt 1
Informationsbeschaffung

Neben dem Schulbuch, Büchern aus der Bücherei oder dem Lexikon ist das Internet ein geeignetes Medium für die Informationsbeschaffung. Passende Informationen findet ihr auf Internetseiten, die von speziellen Kinder-Suchmaschinen angeboten werden.

Solche Suchmaschinen sind z. B.:

- www.fragfinn.de
- www.helles-koepfchen.de

Sucht Stichwörter aus, die zu eurem Thema passen (z. B. Antonio Vivaldi, Leben Piraten, Kontrabass), und gebt sie in die Suchmaschine ein.

Um zu einem späteren Zeitpunkt erneut mit den Informationstexten arbeiten zu können, ist es sinnvoll, die entsprechende Seitenzahl im Buch oder die Internetadresse zu notieren.

Schritt 2
Texte verfassen und Karteikarten schreiben

Habt ihr genügend Informationen zu eurem Thema gesammelt, ist es notwendig, einen Ablauf zu notieren, der auf dem Plakat dargestellt werden soll. Um das Plakat später besser präsentieren zu können, ist es sinnvoll, kurze Texte aufzuschreiben, und für euren Vortrag ist es gut, Stichwörter auf Karteikarten zu notieren.

Schritt 3
Auswahl von Bildern

Die passende Gestaltung eines Plakats ist wichtig, denn dadurch wird deutlich, über welchen Inhalt das Plakat informiert. Bilder können die kurzen Texte gut ergänzen. Wählt demnach Bilder, die zu euren Texten passen und diese eventuell näher erklären.

Beispiel: Ein Bild, das Piraten darstellt; dazu einen kurzen Text über das Leben von Piraten.

Schritt 4
Präsentation des Plakats

Bei der Präsentation eures Plakats gibt es ein paar Tipps, die ihr beachten solltet:

- Präsentiert die Inhalte eures Plakats mit guter Laune.
- Sprecht langsam, laut und deutlich.
- Versucht, die Texte mithilfe eurer Stichwortkarten frei vorzutragen.

Multi-Interview

Beim „Multi-Interview" handelt es sich um eine Form des gemeinsamen Lernens innerhalb einer Gruppe. Bereits bekannte Inhalte könnt ihr durch Partnerwechsel innerhalb eurer Gruppe gut wiederholen und vertiefen. Wichtig dafür ist, dass jedes Gruppenmitglied eine andere Aufgabe oder Fragestellung hat.

Schritt 1
Anfertigung der Karteikarten

Zunächst formuliert jeder in Einzelarbeit eine Aufgabe (z. B. zum Thema „Die Teile der Violine") auf einer Karteikarte. Dabei ist wichtig, dass jeder über einen anderen Teil der Violine (Steg, Bogen, Saiten, Korpus, Schallloch / F-Loch, Griffbrett) schreibt. Zur Sicherung wird die Karteikarte überprüft. Die Überprüfung übernimmt entweder die Lehrkraft oder ein anderes Kind (Experte). Eine Aufgabenkarte zum Thema „Die Teile der Violine" könnte so aussehen:

<table>
<tr><td align="center">**Vorderseite**</td><td align="center">**Rückseite**</td></tr>
<tr><td align="center">

**Beschreibe
den Steg
und seine Funktion.**

</td><td>

Der Steg

Beschreibung:
Er wird aus Ahornholz hergestellt und zwischen die Saiten und die Decke geklemmt.

Funktion:
Er überträgt die Schwingungen der Saiten auf die Decke.

Er hält die Saiten im richtigen Abstand über dem Griffbrett.

</td></tr>
</table>

Schritt 2
Partnergespräche

Jetzt sucht sich jeder einen Partner und stellt ihm die Aufgabe, indem die Vorderseite der Karte vor den Partner gehalten wird.

Dieser muss die Aufgabe beantworten, wird jedoch von dem Aufgabensteller unterstützt oder verbessert. Danach werden die Rollen getauscht. Sind beide Partner mit ihren Aufgaben fertig, suchen sie nach einem neuen Paar und arbeiten auf dieselbe Weise mit jeweils einem neuen Partner. So wird das „Multi-Interview" mit unterschiedlichen Partnern durchgeführt.

Schritt 3
Gesamtaustausch

Ist das „Multi-Interview" abgeschlossen, wird das Ergebnis des Partneraustauschs mit der gesamten Klasse besprochen. Falls noch Fragen auftauchen, können diese von der Klasse beantwortet werden.

Mit Legeplättchen arbeiten

Mit Liedern könnt ihr auf unterschiedliche Art und Weise arbeiten. Das Singen ist eine Voraussetzung für jede weitere Arbeit an der Melodie. Das Legen des Melodieverlaufs mithilfe von Legeplättchen dient euch als Hilfe, um z. B. den Verlauf von unterschiedlichen Tonhöhen auch ohne Notenbild sichtbar zu machen:

Schritt 1
Vorbereitung

Mit Legeplättchen könnt ihr mit einem Partner oder in einer kleinen Gruppe arbeiten. Ihr braucht eine stabile Unterlage, z. B. einen Tisch, und genügend Legeplättchen. Alle Legeplättchen werden in einer waagerechten Reihe auf den Tisch gelegt:

Schritt 2
Das Lied singen

Einigt euch zu Beginn auf einen Anfangston für das Singen. Als Hilfe für die Tonfindung könnt ihr z. B. ein Glockenspiel verwenden. Dann wird das Lied mehrmals gemeinsam gesungen. Zeigt gleichzeitig den Melodieverlauf mit der Hand an. Achtet dabei besonders auf Tonwiederholungen, denn bei diesen werden die Plättchen später in derselben Höhe auf den Tisch gelegt.

Schritt 3
Das Legen der Plättchen

Nachdem ihr das Lied mehrmals gesungen habt, beginnt ihr mit dem Legen der Plättchen. Verschiebt dabei je nach Tonhöhe die Plättchen nach oben oder unten.

Beispiel Liedanfang „Hotaru Koi" (→ S. 177):

Sprecht über eure Ergebnisse nach dem Legen der Plättchen: Wurden die Tonhöhen richtig gelegt? Wurden Pausen berücksichtigt? Wie sieht es mit den Notenlängen aus? Zur Kontrolle wird das Lied anschließend mit gleichzeitigem Anzeigen des Melodieverlaufs mit der Hand gesungen.
Verändert, falls nötig, die Legeplättchen.

Schritt 4
Gruppenkontrolle

Wenn ein Paar alle Töne mit Legeplättchen gelegt hat, wird ein anderes Paar (oder eine Gruppe) gesucht, das ebenfalls mit dem Legen fertig ist. Vergleicht eure Ergebnisse miteinander und verbessert euch, wenn es nötig ist.

Tanzbausteine

Bevor man sich einen Tanz ausdenken kann, muss man die Musik mehrmals gründlich hören und gut kennen. Um einzelne Tanzteile zu choreografieren, ist es hilfreich, Formteile aus der Musik herauszuhören.

Schritt 1
Einen Ablauf erstellen

Erstellt Formteilkarten und hört die Musik mehrmals an. Zählt dabei stets auf 8 Zählzeiten. Ausnahmen sind Taktarten wie z. B. der 6/8-Takt (→ S. 91), hier zählt man nur auf 6 Zz. Versucht anschließend, die Formteilkarten in einen Ablauf zu bringen.

Beispiel:

| Intro 6x8 Zz | Strophe 8x8 Zz | Refrain … |

Schritt 2
Aufstellungen und Tanzrichtungen

Nun solltet ihr euch für eine Aufstellungsform mit entsprechenden Tanzrichtungen entscheiden.

Je nach Tanzart könnt ihr zwischen verschiedenen Aufstellungsmöglichkeiten und Tanzrichtungen wählen. In Poptänzen wird meist die „Formation" oder die „Formation auf Lücke" gewählt, während Volkstänze in anderen Aufstellungsformen getanzt werden.

Einzelaufstellung

Paaraufstellung

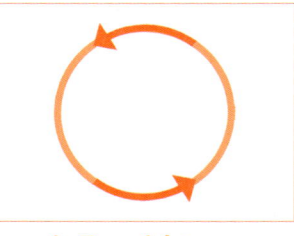

in Tanzrichtung (gegen Uhrzeigersinn)

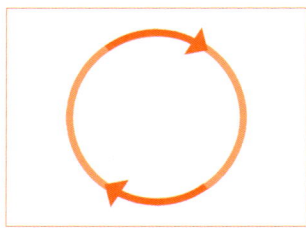

gegen Tanzrichtung (im Uhrzeigersinn)

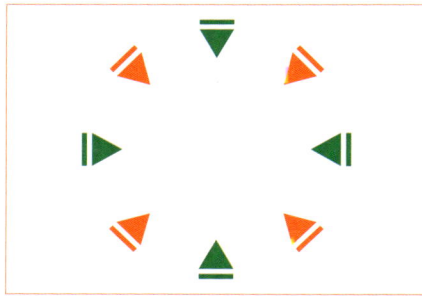

Stirnkreis

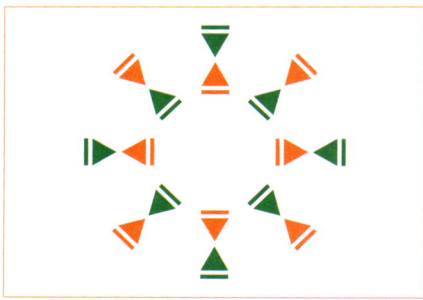

Paarkreis, zugewandt

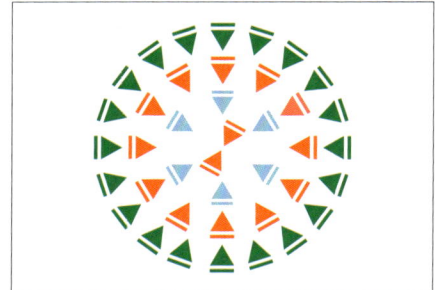

Konzentrische Kreise

Formation

Formation auf Lücke

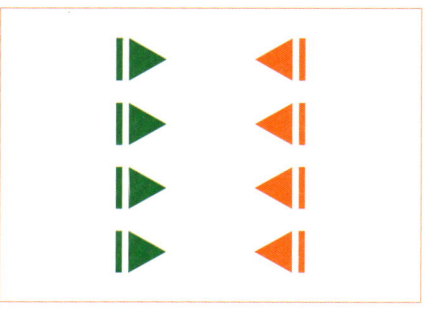

Gasse

Schritt 3
Fassungen

Im Folgenden überlegt ihr euch, welche Fassung ihr anwenden wollt. Soll eine Fassung während der gesamten Choreografie beibehalten werden oder ändert sich die Fassung innerhalb eures Tanzes?

Offene Fassung

W-Fassung

Zweihandfassung

ohne Fassung

Schritt 4
Tanzbausteine erarbeiten und erfinden

Jetzt beginnt die eigentliche Arbeit der Choreografie zur Musik. Durch eine Aneinanderreihung vorgegebener und selbst erfundener Tanzbausteine und Schrittkombinationen gestaltet ihr eure eigene Choreografie.

Seitgaloppschritt im 6/8-Takt

Zz 1–2	Zz 3	Zz 4–6
Re 1 Schritt nach rechts seit.	Li an re ran.	Re 1 Schritt nach rechts seit.

Die Arme beschreiben während des Schritts einen großen Kreis in die jeweilige Tanzrichtung der Füße.

Kreuzschritt

Zz 1	Zz 2
Li kreuzt vor re.	Re 1 Schritt nach rechts seit.

Seit-tipp-Schritt mit Arm

Zz 1	Zz 2	Zz 3	Zz 4
Re 1 Schritt nach rechts seit.	Li tippt an rechts ran.	Li 1 Schritt nach links seit.	Re tippt an links ran.

Der rechte Arm beschreibt einen Halbkreis über dem Kopf, erst nach rechts, dann nach links.

Alphabetisches Verzeichnis der Lieder und Rhythmicals

Personenregister

Sachregister

Quellenverzeichnis der Lieder und Musikstücke

Bildnachweis / Verzeichnis der Illustratorinnen und Illustratoren

Bildnachweis

Umschlag: Trompete © Henry Schmitt – stock.adobe.com; Blackboard © Stillfx – stock.adobe.com; Trumpet Mouthpiece © corbis_micro – stock.adobe.com; S. 10: Entspannungsübung © Leonard Küßner; S. 19: Schallpegelmesser © Sabine Schaal; Mädchen mit Kopfhörer © Andrey Kiselev – stock.adobe.com; S. 20: Sonnenaufgang mit Händen (Bildausschnitt) © Masson – stock.adobe.com; S. 21: Cat Stevens 1975 © Picture-Alliance / Photoshot; Yusuf 2015 © Bryan Ledgard – commons.wikimedia.org; S. 24: Edvard Grieg © Karl Anderson – commons.wikimedia.org; S. 28: Querflöte, Oboe, Fagott, Horn, Trompete © Karlheinz Arian Kolster, Titisee-Neustadt; Kontrafagott © Comugnero Silvana – stock.adobe.com; S. 29: Pauke, Violine, Viola, Cello, Kontrabass © Karlheinz Arian Kolster, Titisee-Neustadt; Sänger © Juanmonino – istockphoto.com; S. 30: James Last © ullstein bild – JazzArchivHamburg; Piccoloflöte, Trompete, Posaune, Violine © Karlheinz Arian Kolster, Titisee-Neustadt; Chor © GlobalStock – istockphoto.com; Glocken © Xylosmygame – commons.wikimedia.org; Schlagzeug © montego6 – stock.adobe.com; S. 33: Abendstimmung (Bildausschnitt) © Martin Gebhardt – pixelio.de; S. 36: Mutter mit Kind © Renate Wefers – stock.adobe.com; S. 41: Becher-Rap © Matthias Schurwanz; S. 42: Maurice Ravel – commons.wikimedia.org; S. 43: Jimmy Page © Michael Brito / Alamy Stock Photo; Yardbirds © mauritius images / Alamy / Pictorial Press; Jeff Beck und Jimmy Page © mauritius images / Alamy / ZUMA; S. 54: Avishai Cohen © ataelw – commons.wikimedia.org; S. 58: Geri Halliwell © mauritius images / Alamy / Stills Press; S. 66: Alexander Borodin © commons.wikimedia.de; S. 68: Arthur Honegger © Arthur Honegger – wikimedia commons; Dampflok © goldpix – stock.adobe.com; S. 69: Pat Metheny © Pat Metheny – mauritius images / Alamy / massimo barbaglia; S. 70: Tarzan bei den Gorillas © Stage Entertainment; Tarzan und Jane © Stage Entertainment; S. 72: Samuel Barber © mauritius images; Trauer © Jaroslav Moravcik – 123rf.com; S. 73: Schuhe © robynmac – clipdealer.de; S. 78: Johann Sebastian Bach © André Pöhlmann – mauritius-images.com; Chor mit Solisten und Orchester © Schorle – commons.wikimedia.org; S. 79: Orgel © Karl-Heinz Laube – pixelio.de; Pauke, Querflöte, Oboe, Fagott, Trompete, Violine, Viola, Cello, Kontrabass © Karlheinz Arian Kolster, Titisee-Neustadt; S. 80: Orgelpfeifen © Hartmut910 – pixelio.de; S. 81: Harfe © dino4ka2020 – stock.adobe.com; Camille Saint-Saëns © Georgios – clipdealer.com; S. 83: Santa Claus © Leonard Küßner; S. 90: Piraten © mauritius images / Alamy / Magite Historic; S. 92: Piraten-Werkzeug © Guido Grochowski – stock.adobe.com; Piraterie © imacture – stock.adobe.com; S. 94: Gewitter über dem Meer © De Agostini / A. Dagli Orti – agephotostock; Brandung © Rosel Eckstein – pixelio.de; ruhiges Meer © twinlili – pixelio.de; Wellen © Andreas Hermsdorf – pixelio.de; S. 96: Antonio Vivaldi © United Archives – mauritius-images.com; Markusplatz Venedig © Antonio Canaletto – akg-images.de; S. 97: Konzert am Fürstenhof © AKG images; Cello, Querflöte, Oboe, Fagott, Horn, Trompete © Karlheinz Arian Kolster, Titisee-Neustadt; Mandoline © Yur V – clipdealer.com; S. 98: Georg Friedrich Händel © commons.wikimedia.org; Händel-Denkmal © Stanford Lone – stock.adobe.com; S. 99: Feuerwerk im Green Park © AKG images – J. BROOKES; S. 100: Joseph Haydn © commons.wikimedia.org; Stephansdom © Traumrune / Wikimedia Commons / CC-BY-3.0 – commons.wikimedia.org; Schloss Esterházy © Zairon – commons.wikimedia.org; S. 102: Streichquartett © Karlheinz Arian Kolster, Titisee-Neustadt; S. 104: Wolfgang Amadeus Mozart © Erich Lessing – akg-images.de / IAM; Mozart bei Kaiserin Maria Theresia © Eduard Ender – akg-images.de; Salzburg © JD – commons.wikimedia.org; S. 105: Autograph „Requiem" © imslp.org; S. 108: Fagottspieler © Hybrid Images, gettyimages – iStockphoto.com; S. 110: Louise Farrenc © commons.wikimedia.org; S. 118: Franz Schubert © Wilhelm August Rieder – commons.wikimedia.org; S. 121: Klarinette, Mundstück und Rohrblatt © Karlheinz Arian Kolster, Titisee-Neustadt; S. 122: Doppelrohrblatt © Patrick Roddelkopf, Berlin; Fagott © Karlheinz Arian Kolster, Titisee-Neustadt; S. 123: Querflöte, Piccoloflöte, Saxofon, Klarinette, Oboe, Fagott © Karlheinz Arian Kolster, Titisee-Neustadt; S. 126: Posaunenteile, Posaunenspieler © Karlheinz Arian Kolster, Titisee-Neustadt; S. 127: Posaune, Tuba, Trompete, Fanfare, Jagdhorn, Horn © Karlheinz Arian Kolster, Titisee-Neustadt; S. 129: Violine, Viola, Violoncello, Kontrabass © Karlheinz Arian Kolster, Titisee-Neustadt; S. 130: Violine, Violinbogen © Karlheinz Arian Kolster, Titisee-Neustadt; S. 131: Geigenbauer © mauritius images / Alamy / Archivio World 3; Nigel Kennedy © mauritius images / Alamy / Barrie Harwood Faces; S. 132: Mandoline © Yur V – clipdealer.com; Zither, Gitarre © Karlheinz Arian Kolster, Titisee-Neustadt; Harfe © dino4ka2020 – stock.adobe.com; S. 133: E-Gitarre, Plektrum © Patrick Roddelkopf, Berlin; S. 134: Klavier © Tiler84 – stock.adobe.com; Flügel © Karlheinz Arian Kolster, Titisee-Neustadt; S. 135: Keyboard © Kurt Schlegel; S. 136: Schlagzeug, Schlagzeugspieler © Leonard Küßner; S. 139: Krzysztof Penderecki © mauritius images / Alamy / ZUMA Press; S. 140: Synthesizer © https://commons.wikimedia.org/wiki/User:Maximilian_Sch%C3%B6nherr? uselang=de; S. 142 / 143: Epitaph for Moonlight © Universal Edition, Wien; S. 144: Mädchen am Computer © Kurt Schlegel; Screenshots © hoerspielbox.de, findsounds.com, audacity.de; S. 145: Screenshots © audacity.de; S. 147: Rockband © Dmitry Mordvintsev – istockphoto.com; Kirchenchor © killerbayer – istockphoto.com; Klassisches Konzert © Efrain Padro / Alamy Stock Photo; Tänzer © skynesher – istockphoto.com; Schüler-Bigband © Christopher Futcher – istockphoto.com; Batucada © mmeee – istockphoto.com; S. 148: Berliner Dom © Sven Klöpping – pixelio.de; S. 148 / 149: Schüler-Interview © Maren Glockner, Berlin; S. 150: Tin Whistle © Scott Griessel – stock.adobe.com; Cajón © mariesacha – stock.adobe.com; Berimbau © geribody – clipdealer.com; S. 151: Kantele © mauritius images / Alamy / Jon Sparks; Bouzouki © myszolow – clipdealer.com; Pipa © picture alliance / ZUMAPRESS.com / Yang Lei; Mbira © 2020 Shutterstock; S. 152: Regieraum © Nejron Photo – shutterstock.com; Aufnahmeraum © Pavel L Photo and Video – shutterstock.com; S. 154: Rainbirds 1988 © imago stock & people; Katharina Franck 2014 © IMAGO / STAR-MEDIA; S. 157: Rojas, Mutter © picture alliance / dpa / Henning Kaiser; Rojas hofft auf Sieg © picture alliance / dpa; Leo Rojas 2013 © imago / STAR-MEDIA; S. 158: Amy McDonald © mauritius images / Alamy / Björn Deutschmann; S. 160: GEMA Logo © gema.de; Radio Swiss POP Logo © 2016 Schweizerische Radio- und Fernsehgesellschaft; Dialog © sergein – 123rf.com; Jamendo Music Logo © blog.jamendo.com (PressKit); hoerspielbox Screenshot © hoerspielbox.de; S. 161: internet-abc.de Logo © Internet-ABC e.V.; klicksafe.de Logo © © EU-Initiative klicksafe c/o Landeszentrale für Medien und Kommunikation; Jan © devas – 123rf.com; Eva © Tseytlin – stock.adobe.com; Julia © stryjek – stock.adobe.com; Peter © Alexandre Nunes – stock.adobe.com; S. 162: JIM-Studie © Medienpädagogischer Forschungsverbund Südwest (mpfs); Smartphone-Fotografie © Dr. Stephan Barth – pixelio.de; Computerspiel © artush – stock.adobe.com; SWR 3 Logo © SWR3, www.swr.de; S. 163: Basta © Axel Schulten – z management; S. 164: Conquest of Paradise © mauritius images / United Archives/"1492: Conquest of Paradise" – US Poster 1992 Paramount Pictures; S. 165: Ice Age Plakat © Poster Ice Age 2002, 20th Century Fox; S. 166: David Newman © Alan Weißman; Newman dirigiert © IMAGO / POP-EYE; S. 167: Newman im Studio © courtesy of The Film Music Society, Los Angeles, California USA http://www.filmmusicsociety.org; Newman Autograph © David Newman; S. 176: Etta James © picture-alliance / jazzarchiv; S. 178: Schuhplattler © Dieter Hawlan – stock.adobe.com; S. 179: Frühling © ffenzi.de – pixelio.de; S. 180: Howlin' Wolf © mauritius images / Alamy / Pictorial Press; S. 184: Bild A © Maya Kunzke; Bild B © Wolfgang Junge; S. 185: Bild A © Rainer Sturm – pixelio.de; Bild B © prill – clipdealer.com; Bild C © m loje – stock.adobe.com; S. 191 / 192: Serail © Leonard Küßner; S. 194: Peer-Gynt-Aufführung © Alamy – mauritius-images.com; S. 196: Junge mit Gitarre © Fxquadro – stock.adobe.com; Mädchen am Klavier © pete pahham – stock.adobe.com; Mädchen am Bass © Chris Tefme – stock.adobe.com; Junge am Schlagzeug © tunedin – stock.adobe.com; Pinnwand © Saphira – clipdealer.com; S. 198 / 199: Eno sagrado en vigo © Andrea Spengler; S. 200 Tinguely-Brunnen © Kurt Schlegel; S. 201: Meer © Kurt Schlegel; Verkehr © Hartmut910 – pixelio.de; Maschine © Robin Radegast – pixelio.de; S. 204 / 205: Screenshots © www.drumbot.com; S. 205: Mikrofon, Buchsen, Kopfhörer, Aufnahme Gitarre, Aufnahme Glockenspiel © Matthias Schurwanz; S. 206: Neumen © wikipedia.org; Mensuralnotation © Loyset Compére – commons.wikimedia.org; S. 208: Stimmgabel © Smileus – clipdealer.com; S. 221: Saxofonspieler © moodboard Premium – stock.adobe.com; Trio aus Kuba © epmuts – pixelio.de

Verzeichnis der Illustratorinnen und Illustratoren

Konrad Algermissen, 21493 Basthorst: Kapitel 12, 18
Benjamin König, 85617 Lorenzenberg: Kapitel 2, 8, 10, 14, 23
Elisabeth Lottermoser, 33334 Gütersloh: Kapitel 4, 6, 13, 19, 21, 24
Achim Schulte, 44263 Dortmund: Kapitel 3, 7, 11, 15, 22
Jutta Wetzel, 53721 Siegburg: Kapitel 1, 5, 9, 16, 20